utb 3657

Eine Arbeitsgemeinschaft der Verlage

Brill | Schöningh – Fink · Paderborn
Brill | Vandenhoeck & Ruprecht · Göttingen – Böhlau · Wien · Köln Verlag
Barbara Budrich · Opladen · Toronto
facultas · Wien
Haupt Verlag · Bern
Verlag Julius Klinkhardt · Bad Heilbrunn
Mohr Siebeck · Tübingen
Narr Francke Attempto Verlag – expert verlag · Tübingen
Psychiatrie Verlag · Köln
Ernst Reinhardt Verlag · München
transcript Verlag · Bielefeld
Verlag Eugen Ulmer · Stuttgart
UVK Verlag · München
Waxmann · Münster · New York
wbv Publikation · Bielefeld
Wochenschau Verlag · Frankfurt am Main

Prof. Dr. Silke Traub, geb. 1964, lehrt Schulpädagogik und allgemeine Didaktik an der PH Karlsruhe (University of education). Sie leitet außerdem ein Erwachsenenbildungsstudium und ein Tutorentraining sowie das Zentrum für Schulpraktische Studien.

Silke Traub

Projektarbeit erfolgreich gestalten

Über individualisiertes, kooperatives Lernen zum selbstgesteuerten Kleingruppenprojekt

2., aktualisierte Auflage

Verlag Julius Klinkhardt
Bad Heilbrunn • 2022

Online-Angebote oder elektronische Ausgaben zu diesem Buch sind erhältlich unter utb.de und elibrary.utb.de

Die Deutsche Bibliothek – CIP-Einheitsaufnahme
Die Deutsche Nationalbibliothek verzeichnet diese Publikation in der Deutschen Nationalbibliografie; detaillierte bibliografische Daten sind im Internet über http://dnb.d-nb.de abrufbar.

Grafik Umschlagseite 1: Kay Fretwurst, Spreeau.
Einbandgestaltung: Atelier Reichert, Stuttgart.

Druck und Bindung: Friedrich Pustet, Regensburg.
Printed in Germany 2022.
Gedruckt auf chlorfrei gebleichtem alterungsbeständigem Papier.

utb-Band-Nr.: 3657
ISBN 978-3-8385-5786-1 digital
ISBN 978-3-8252-5786-6 print

Inhaltsverzeichnis

Vorwort

Nur in der reinen Lust eigenen Denkens, eigenen Empfindens, eigenen Urteils atmet man den frischen Hauch geistiger Selbständigkeit

Moritz von Egidy

Als ich vor ca. 25 Jahren meine Diplomarbeit genau mit diesem Zitat überschrieben habe, begann meine „reine Lust eigenen Denkens", meine wissenschaftliche Laufbahn. Ich begann mich für viele Bereiche der Schulpädagogik zu interessieren, blieb in meiner eigenen geistigen Auseinandersetzung aber immer wieder an der Gestaltung von Lehr-Lernprozessen und hierfür geeigneten Lernkonzepten hängen, beziehungsweise ich kehrte dahin immer wieder zurück.
Deshalb setzte ich mich in meiner bisherigen publizistischen Tätigkeit mit Freiarbeit, kooperativem Lernen und mit dem selbstgesteuerten Lernen intensiv auseinander.
Diese Lehr-Lernkonzepte beschäftigten mich aber auch schon als Realschullehrerin. Auch hier stellte sich immer wieder die Frage, welches Lernkonzept ist für welche Klasse und welche Zielsetzungen das am besten geeignete. In dieser – meiner praktischen Erprobungszeit – lernte ich die Höhen und Tiefen der einzelnen Konzepte kennen und wurde, wenn mein eigenes Denken zu „geistig" und zu wenig „praktisch" wurde, von meinen Schülerinnen und Schülern auf den Boden der Tatsachen zurückgeführt.
Damals wie heute war mein Augenmerk auch auf ein weiteres Lehr-Lernkonzept gerichtet: auf den Projektunterricht.
Dieser bekam zu Beginn der 90er Jahre im Zusammenhang mit der Einführung der Bildungspläne 1994 in Baden-Württemberg erneut eine Aufwertung und wir Lehrerinnen und Lehrer setzten uns zusammen, um herauszufinden, wie man ihn denn umsetzt – den so hoch gelobten Projektunterricht, damals vor allem im Zusammenhang mit fächerübergreifendem Lernen. So richtig wussten wir es eigentlich nicht, aber wir haben nach unserem eigenen Empfinden und unseren Erfahrungen Ordner mit Vorschlägen für Projektunterricht gefüllt, die nach Abschluss der Pädagogischen Tage in einem Regal in der Lehrerbibliothek neben anderen „wichtigen" Ordnern verstaut wurden und dort auch verstaubten. Auch heute stehen in vielen Lehrerzimmern Ordner und Bücher zur Projektarbeit.
Immer wieder stellte ich mir die Frage, wie denn Projektunterricht „richtig" funktioniert und was damit tatsächlich erreicht werden könnte.

Für meine Zeit als Lehrerin fand ich durchaus eine Lösung: Auf der einen Seite machte ich mit bei den meist für Schulfeste wichtigen Projekttagen, führte Theaterprojekte durch und organisierte mit den Schülerinnen und Schülern gemeinsam Kuchenbuffets und Ausstellungen für das Schulfest. Das war irgendwie schon nett, hat uns Lehrende mit den Lernenden stärker verbunden, ich lernte viele meiner Schülerinnen und Schüler auch besser kennen, aber um auf das Zitat zurückzukommen – für meine Schülerinnen und Schüler war das kein selbstständiges Lernen, kein eigenes Urteilen, das entwickelt wurde, sondern Spaß, Action, Erlebnisse und manchmal vielleicht auch nur blinder Aktionismus.
Meine Anforderungen an Projektunterricht waren damit nicht erfüllt.
Letztlich waren es meine Schülerinnen und Schüler, die mich auf die Spur selbstgesteuerten Lernens in Projekten brachten. Sie äußerten in der Freiarbeit den Wunsch, an eigenen Themen problemorientiert zu arbeiten und sich über die Ergebnisse auszutauschen und hatten dafür auch schon Vorschläge. So begann eine Projektarbeit, die tatsächlich dazu führte, dass die Schülerinnen und Schüler „eigenes Denken, eigenes Empfinden, eigenes Urteilen" erlernten und damit „den frischen Hauch geistiger Selbständigkeit" atmen konnten.
Mit diesem Ansatz habe ich mich bis heute weiter beschäftigt, viel dazu studiert, erprobt, gesehen, um letztendlich meine Ergebnisse in dieser Arbeit zu veröffentlichen. Bis heute, 10 Jahre nach Erscheinen der ersten Auflage dieses Buches sind die darin enthaltenen Gedanken und Überlegungen zur Projektarbeit immer noch bedeutsam und für die Umsetzung zielführend. Für diese zweite Auflage wurde die Literatur aktualisiert, die Inhalte auf den neuesten Stand gebracht und das Buch um ein Kapitel zum Lerncoaching erweitert.
Ich wünsche den Leserinnen und Lesern, Lehramtsstudierenden, meinen Kolleginnen und Kollegen, allen Schülerinnen und Schülern und nicht zuletzt mir selbst, dass uns das obere Zitat zu einem Grundsatz für alles Lehren und Lernen werden möge.
Wer sich intensiver mit selbstgesteuertem Lernen und Projektunterricht auseinandersetzen möchte und wen die empirischen Studien dazu interessieren, den verweise ich auf das Buch:

Silke Traub
Projektarbeit – ein Unterrichtskonzept selbstgesteuerten Lernens? –
Eine vergleichende empirische Studie
erschienen im Klinkhardt-Verlag 2012.

Wie bei jeder Forschungsarbeit und Publikation gibt es viele Menschen, denen ich für die Unterstützung danke.

- Herrn Prof. Dr. Ludwig Haag von der Universität Bayreuth und Herrn Prof. Dr. Diethelm Wahl von der Pädagogischen Hochschule Weingarten, die während der gesamten Entstehungszeit dieser Arbeit mit Rat und Tat in vielen Gesprächen zur

Verfügung standen, hilfreiche Tipps gaben und bis zuletzt an die Fertigstellung dieser Arbeit geglaubt haben;

- meinem mittlerweile verstorbenen Vater Paul Traub für das sprachliche Gegenlesen der Arbeit;
- Dr. Anne Zapf, Johann-Frédéric Freund und Dr. Steffen Wagner für die Durchführung der Pilotstudie und der jeweiligen Erstellung eines Praxisberichtes.
- Dr. Maresa Coly für die Erstellung eines Praxisberichtes, vor allem aber für das Schreiben des Kapitels zum Lerncoaching.

Um den Lesefluss nicht zu beeinträchtigen und beiden Geschlechtern gerecht zu werden, wurde – wenn möglich – die neutrale Form „Lehrende“ und „Lernende“ verwendet. Wo dies nicht möglich war und es das Lesen nicht erschwerte, wurde über Schülerinnen und Schüler sowie von Lehrerinnen und Lehrern geschrieben. Bei Zitaten oder Gedankengängen anderer wurde deren Formulierungsweise beibehalten.
Schien der Lesefluss zu sehr zu leiden, dann wurde auf die Formulierung Schüler und Lehrer zurückgegriffen, immer aber gedanklich die Schülerin und die Lehrerin mitgedacht.

Karlsruhe im August 2022 — Silke Traub

Einleitung

„Lernen muss individualisiert werden!", „Selbstgesteuertes Lernen in Schule und Unterricht muss stärker gefördert werden!"
Solche und ähnliche Ausrufe hört man schon seit über 10 Jahren und sie werden immer lauter.
Schule und Unterricht verändern sich – endlich müsste man eigentlich sagen, nach so langer Starrheit wird es Zeit, dass Bewegung in die Frage nach optimalem Lernen Einzug in unser Bildungssystem erhält.
Neben den Forderungen nach mehr Selbstständigkeit aus der Wirtschaft, der Politik und der Frage wie man adäquat auf gesellschaftliche Veränderungen schulisch reagieren kann, steht auch ein verändertes Menschenbild im Hintergrund dieser Überlegungen. Ein Menschenbild, das sich in der Psychologie und der Pädagogik immer mehr von einem passiven, extern gesteuerten Menschen abwendet, hin zu einem aktiv-reflexiven, intern gesteuerten Menschen. Der Lernende ist nicht mehr länger Informationsempfänger, sondern eine Person, die aktiv und konstruktiv neues Wissen hervorbringt und verarbeitet. „Unterlegt wird damit ein Grundverständnis des Menschen, das sich durch tätige Aneignung der Wirklichkeit und auf der Grundlage eigener Interessen und eigenen Vorwissens als Subjekt produziert und das durch seine reflexiven Fähigkeiten zu Selbstkontrolle und Selbststeuerung fähig wird." (Konrad 2008, S.12)
In einigen Bundesländern, unter anderem auch in Baden-Württemberg, sind Projekte in die Schulstrukturen integriert worden. Dies geht im Wesentlichen zurück auf eine Initiative des Mitbegründers der Bielefelder Modellschule (von Hentig), der im Bildungsplan von 2004 im Vorwort zu den methodischen und didaktischen Prinzipien geschrieben hatte, dass im Schulcurriculum „ein erhöhtes Interesse für und ein intensiver Einstand in die projektierte Pädagogik erwartet" würde. (von Hentig, 2004, S. 17). In Ganztagsschulen könnten die damit verbundenen zeitlichen Spielräume auch für das Zusammenwirken mit außerschulischen Partnern und für besondere Lernprojekte in der Förderung benachteiligter oder begabter Schülerinnen und Schüler genutzt werden (vgl. von Hentig, 2004, S. 19).
Weiter postuliert Hartmut von Hentig in seiner Einleitung zum Bildungsplan 2004, die Bildung der jungen Menschen sowie die Entfaltung und Stärkung ihrer gesamten Persönlichkeit – so, dass sie am Ende das Subjekt dieses Vorgangs sind (Hentig, 2004, S. 7). Er unterscheidet dabei zwischen einer persönlichen, einer sozialen und einer politischen bzw. demokratischen Bildung. Alle drei Aspekte der

Bildung sind gleichwertig und sollen als zentrale Zielsetzungen in der Schule angestrebt werden. Damit dieses Streben gelingt, nennt Hartmut von Hentig vier Kompetenzen, die als Grundlagen der Bildung in der Schule zu vermitteln sind: die personale, die soziale, die methodische und die fachliche bzw. sachliche Kompetenz. Dabei versteht er Kompetenz als eine komplexe Fähigkeit, die sich aus richtigem Wahrnehmen, Urteilen und Handeln-Können zusammensetzt und darum notwendig das Verstehen der wichtigsten Sachverhalte voraussetzt.
Diese Kompetenzen werden entwickelt durch Einstellungen, Fähigkeiten und Kenntnisse. Einstellungen entwickeln sich dabei nicht absolut, sondern sind von erworbenen Fähigkeiten und Kenntnissen abhängig, wenn sie wirksam sein sollen. Auch die Fähigkeiten sind verbunden mit den Einstellungen und den Kenntnissen sowie auch die Kenntnisse ohne Einstellungen und Fähigkeiten im alltäglichen Handeln nicht angewandt und damit zu nutzlosem Wissen werden würden (Hentig in Kultus und Unterricht 2004, S. 7).
Kompetenz ist sowohl Qualifikation als auch Qualität. Qualifikation heißt hier jemanden kompetent machen, in dem ihm Wissen und Methoden, richtiges Sozialverhalten und Wissen über Verantwortlichkeiten vermittelt werden. Qualität bedeutet, jemanden zum Aufbau von Haltungen zu befähigen, ihn zum Reflektieren zur Diskursfähigkeit zu bringen, also selbstgesteuertes, bewusstes Handeln zu ermöglichen (vgl. Löwisch 2000).
Kompetenzen können aber nur durch den selbständigen Erwerb der dazu notwendigen Fähigkeiten, Einstellungen und Kenntnisse erworben werden. Was wird unter den jeweiligen Kompetenzen verstanden?
Sachkompetenz:
Sachkompetenz besteht aus einem Fach- oder Sachwissen und steht damit für die Sachlichkeit des Handelns in entsprechenden Handlungsfeldern. Sachwissen ist auch verknüpft mit Einsichten in die Zusammenhänge eines Bereiches und die Möglichkeit, in diesem Bereich weiter zu denken, Gedanken zu entwickeln. Der professionell Handelnde muss über entsprechendes Fachwissen verfügen, damit er die notwendigen Voraussetzungen aufweist, in entsprechenden Bereichen urteils- und handlungsfähig zu sein. Um diese Kompetenz zu erwerben, benötigt man umfassendes Wissen und die Fähigkeit, sich Wissen anzueignen. Dieses Wissen muss auch bewertet und reflektiert werden.
Methodenkompetenz:
Die Methodenkompetenz kann als Könnenskomponente bezeichnet werden. Sie ist notwendig, um sich Wissen anzueignen und mit diesem adäquat umzugehen. Problemlösungen müssen geplant, Mittel zur Ausführung bereitgestellt werden, Lösungswege erarbeitet und Ergebnisse reflektiert werden. Methoden helfen, Wissen zu strukturieren, zu ordnen, es zu vernetzen und damit vom Wissen zum Handeln zu kommen. Es schließt die Fähigkeit ein, das Lernen zu lernen, Lernprozesse selbstständig und selbsttätig voranzubringen.

Sozialkompetenz:
Der Sozialkompetenz kommt eine große Bedeutung für die Bildung von Handlungskompetenz zu. Handeln findet immer in einem sozialen Raum, meist in Interaktion mit anderen statt. Handeln ist Handeln zwischen Menschen. Sozialkompetenz meint nun, sich in diese Interaktionen einzubringen, darin auszugleichen, aber auch die eigene Ich-Identität zu bewahren. Die Fähigkeiten, sich auf andere einzulassen, Aufgaben in Rollen und Gruppen zu übernehmen, andere gelten zu lassen, sich aber auch mal durchzusetzen sind zentrale Aspekte der Sozialkompetenz.
Personale Kompetenz:
Personale Kompetenz könnte auch mit Selbstkompetenz gleichgesetzt werden oder mit Verantwortungskompetenz. Der Mensch muss als Person hinter dem stehen, was er tut und dies auch selbst verantworten können. Er muss ein eigenes Welt- und Selbstbild entwickeln, dieses nach außen vertreten und reflektierend über andere nachdenken. Die personale Kompetenz ist eng verbunden mit den anderen Kompetenzen, da ein Mensch nur dann eigenverantwortlich handeln kann, wenn er Wissen besitzt über den Entscheidungsprozess, wenn er über Methoden verfügt, sich Lösungen zu suchen und wenn er die sozialen Fähigkeiten besitzt, dies in Kooperation mit anderen zu tun (vgl. Löwisch 2000).
Die nähere Erklärung dieser Kompetenzen macht deutlich, dass es sich dabei um Grundlagen handelt, die in einem lebenslangen Prozess erworben und vertieft werden.
Die Entwicklung von personaler, sozialer, methodischer und fachlicher Kompetenz wird als Fundament der Bildung gesehen und diese Kompetenzen müssen in Schule und Unterricht entwickelt und dann darüber hinaus weiter ausgereift werden. Damit in der Schule ein Fundament gelegt werden kann, ist es notwendig, Unterricht als selbstgesteuerte Lernumgebung aufzubauen und die Prinzipien der Kooperation, des aktiv-entdeckenden, reflexiven und situativen Lernens zu ermöglichen. Dadurch kann Eigenverantwortung für das Lernen übernommen und Bildung ermöglicht werden.
Die Verwirklichung dieser selbstgesteuerten Lernumgebungen wird, wie die oberen Ausführungen zeigen, häufig in Konzepten des "Offenen Unterrichts" gesehen, hauptsächlich in Form des Projektunterrichts.
Leider ist es aber gar nicht so einfach, Unterricht zu verändern und mit dem Projektunterricht als solchem ist auch noch nicht quasi per Begriff ein Lernkonzept gefunden, durch das die genannten Veränderungen automatisch eintreten und selbstgesteuertes Lernen umsetzbar ist. Die Forderung an Projektunterricht ist klar: Er soll den Lernenden großen Denk- und Handlungsspielraum gewähren und – neben der Kenntnisvermittlung – in erheblichem Maß zur Förderung der Selbst- und Sozialkompetenz sowie der funktional-kognitiven Fähigkeiten der Schüler beitragen.
Im Rahmen meiner Habilitation 2011 wurde allerdings empirisch nachgewiesen, dass der Projektunterricht diesem Anspruch nur rudimentär und nur sequentiell gerecht werden kann (vgl. Traub 2012).

Die Ansprüche, die von der Lehr-Lernforschung, der Pädagogik und Didaktik, aber auch von der Wirtschaft oder den Bildungsplanverantwortlichen an den Projektunterricht gestellt werden und die als Reaktion auf die Ergebnisse der PISA-Studie formuliert wurden und die von der Projektliteratur nochmals bekräftigt werden, werden bisher in der Projektpraxis kaum oder nur unzureichend realisiert. In der Theorie wird Projektunterricht als selbstgesteuerte Lernumgebung gesehen, durch die selbstgesteuertes Lernen möglich wird, die Praxis hingegen macht deutlich, dass weder Lehrende noch Lernende im Projektunterricht eine starke Verbindung zum selbstgesteuerten Lernen sehen und dies eher wenig beobachtet werden kann.
Projektunterricht kann nach dieser Untersuchung den an ihn gestellten Anspruch in der Schulwirklichkeit nicht gerecht werden und löst diesen nicht ein: So wird im Schulalltag viel unter dem Deckmäntelchen Projekt praktiziert, was aber kaum den Kriterien, die an ein Projekt angelegt werden, entspricht. Die in der Theorie für die Praxis entwickelten Modelle bleiben unberücksichtigt. Die Merkmale selbstgesteuerten Lernens werden nur ansatzweise oder gar nicht eingelöst, so dass in der Projektwirklichkeit nicht von einer selbstgesteuerten Lernumgebung gesprochen werden kann (vgl. Traub 2012).

Im Zuge der Veröffentlichung meiner Arbeit habe ich mich entschieden, zwei getrennte Publikationen zu gestalten. Die erste mit dem Titel „Projektarbeit – ein Unterrichtskonzept selbstgesteuerten Lernens? Eine vergleichende empirische Studie“ ist eine empirische orientierte Publikation. Hier wird der derzeit in der Literatur beschriebene und in der Praxis durchgeführte Projektunterricht auf den Prüfstand gestellt und empirisch der Zusammenhang zwischen Projektarbeit und selbstgesteuertem Lernen analysiert. Ebenso wird das neue entwickelte Projektmodell „selbstgesteuerte Kleingruppenprojektarbeit auf der Basis der PROGRESS-Methode“ evaluiert und die Ergebnisse dargestellt.
In meiner empirischen Studie konnte eine große Diskrepanz zwischen den Ansprüchen an Projektunterricht als selbstgesteuerte Lernform und der Umsetzungswirklichkeit nachgewiesen werden. Dieses Ergebnis macht eine neue Projektkonzeption notwendig. Sie basiert auf historisch gewachsenen und aktuellen Kriterien eines Projektunterrichts sowie auf den Merkmalen selbstgesteuerten Lernens und den Überlegungen der Gestaltung einer Lernumgebung nach dem Sandwich-Prinzip. Das auf dieser Grundlage entwickelte Modell wird durch eine schrittweise und prozesshafte Umsetzung (PROGRESS) für die Unterrichtspraxis nutzbar.
In der vorliegenden, nun aktualisierten Publikation liegt der Schwerpunkt auf der Darstellung des neu entwickelten Projektmodells und der Durchführung derselben mit Hilfe der PROGRESS-Methode. Um beide Abhandlungen getrennt voneinander lesbar und verstehbar zu machen, gibt es ab und an Doppelungen zwischen beiden Veröffentlichungen, (da Vorkenntnisse entscheidend für den Lernprozess sind, ist dies aber für das Verstehen des Buches nur von Vorteil). Insgesamt handelt es sich aber um zwei getrennt voneinander zu bearbeitende Werke, die jedes für

sich genommen einen Beitrag zur Weiterentwicklung des Projektunterrichts auf der Basis selbstgesteuerten Lernens leisten möchte.
Grundüberlegungen für diesen Teil der Arbeit ist die Überlegung, dass ein effektives Projektmodell folgende Aspekte beinhalten muss:

- es muss umsetzbar sein;
- es muss die Projektkriterien enthalten;
- es muss den Merkmalen selbstgesteuerten Lernens entsprechen;
- es muss Lehrende und Lernende langsam Schritt für Schritt in die Projektarbeit einführen und dadurch die im weiteren Ablauf zu entwickelnde Selbststeuerung anbahnen;
- es muss Lehrende überzeugen.

Dies soll mit Hilfe des entwickelten Projektkonzepts „Selbstgesteuerte Kleingruppenprojekte auf der Basis der PROGRESS-Methode" geschehen.
„Selbstgesteuert" impliziert hier, dass die Merkmale selbstgesteuerten Lernens diesem Konzept zu Grunde gelegt werden. „Kleingruppenprojektarbeit" erhebt den Anspruch, dass die Kriterien eines Projektes berücksichtigt werden und dass sowohl den Merkmalen als auch den Kriterien am ehesten entsprochen werden kann, wenn ein Projekt in kleinen Gruppen (3-5 Lernende) durchgeführt wird.
Damit Lernende zur Projektarbeit fähig sind, benötigen sie die sogenannte PROGRESS-Methode, d.h. eine Unterstützung, die sie zum selbstgesteuerten Projektlernen befähigt. Damit ist gemeint, dass die Projektgruppen - wenn sie selbstverantwortlich und selbstgesteuert Inhalte entdecken und erarbeiten sollen - die dazu benötigten Fähigkeiten in einem Methodenkurs erwerben müssen. Die Basis der Methodenkompetenz muss zunächst geschaffen werden, bevor sie im Kleingruppprojekt angewandt werden kann. (PROGRESS = PROjektGRuppen Entdecken Selbstverantwortlich und Selbstgesteuert).
Die zentrale Fragestellung lautet demnach:
Wie sieht eine Projektkonzeption aus, die sowohl ein Modell selbstgesteuerter Projektarbeit als auch eine Vorgehensweise enthält, durch die das Modell in die Schulwirklichkeit implementiert werden kann?
Um sich mit dieser Fragestellung auseinanderzusetzen und Lösungsansätze zu entwickeln, wird folgendermaßen vorgegangen:

1. Kapitel: Das Sandwich-Prinzip als Lernumgebung für individualisiertes und kooperatives Lernen

In diesem Kapitel werden die Grundlagen selbstgesteuerten Lernens beschrieben und zunächst für sich stehend aufgearbeitet: das individualisierte und kooperative Lernen. Beide Formen zusammen machen selbstgesteuertes Lernen aus, was an zentralen Merkmalen des selbstgesteuerten Lernens dargestellt wird. Die Umsetzung im Unterricht kann mit Hilfe des Sandwich-Prinzips erfolgen, das als Lernumgebung vorgestellt wird.

2. Kapitel: Entwicklung einer Grundkonzeption für selbstgesteuerte Kleingruppenprojektarbeit

In diesem Kapitel wird eine Rahmendefinition als Grundlage der Konzeption entwickelt und mit entsprechenden Richtlinien versehen. Diese Richtlinien werden aus den Merkmalen selbstgesteuerten Lernens abgeleitet und durch die Kennzeichen eines im historischen Kontext verstandenen Projektunterrichts ergänzt. Diese Rahmenrichtlinien dienen als Abgrenzung für die in Theorie und Praxis benannten „Scheinprojekte", die in der Schulwirklichkeit durchaus auch eine gewisse Berechtigung haben, aber nicht den Ansprüchen einer Projektarbeit im Sinne der zu entwickelnden Rahmendefinition entsprechen.

3. Kapitel: Selbstgesteuerte Kleingruppenprojektarbeit: Entwicklung eines Modells

Auf der Grundlage der in Kapitel 2 entwickelten Rahmendefinition entsteht hier ein Modell, das die Umsetzung der Projektkonzeption ermöglicht und die Richtlinien auf die Aspekte der Unterrichtswirklichkeit überträgt. Dieses Modell bietet Möglichkeiten der Umsetzung des Projektunterrichts und beinhaltet alle Merkmale und Kriterien einer selbstgesteuerten Kleingruppenprojektarbeit. Dabei werden die Stärken bereits vorhandener Projektmodelle übernommen und versucht, die Schwächen auszumerzen. Das entstandene Projektmodell wird grafisch dargestellt.

4. Kapitel: Umsetzung des Projektmodells: Die PROGRESS-Methode

Die Umsetzung des Projektmodells geschieht nicht von heute auf morgen, sondern muss prozesshaft vollzogen werden. Lehrende und Lernende müssen erst mit bestimmten Methoden vertraut sein, um erfolgreich das Projektmodell anwenden zu können. Die PROGRESS-Methode unterstützt den Prozess vom angeleiteten zum selbstgesteuerten Lernen im Rahmen des Projektmodells. Sie schafft die Grundlagen und Voraussetzungen für einen effektiveren Projektunterricht. Unter der PROGRESS-Methode wird eine Projektarbeit verstanden, die darauf beruht, dass die Projektgruppen - wenn sie selbstverantwortlich und selbstgesteuert Inhalte entdecken und erarbeiten sollen - die dazu benötigten Fähigkeiten in einem Methodenkurs erwerben müssen.

5. Kapitel: Lerncoaching als besonderer Baustein der PROGRESS-Methode

Maresa Coly hat im Rahmen der Forschungen zu ihrer Dissertation erkannt, dass für die Umsetzung der PROGRESS-Methode eine intensive Begleitung vonnöten ist und sowohl die Lehrerinnen und Lehrer im Rahmen von Weiterbildungen zur

Projektarbeit und der anschließenden Umsetzung „gecoacht“ werden müssen, als auch die Schülerinnen und Schüler während der Projektarbeit ein intensives Lerncoaching benötigen. Dieses Kapitel wird neu in die zweite Auflage aufgenommen und erläutert zunächst den Begriff und die Bedeutung des Lerncoachings, bevor ein mögliches Coaching im Rahmen der PROGRESS-Methode vorgestellt wird.

6. Kapitel: Beurteilung der Schülerleistungen im Rahmen des Projektmodells

Da die Projektarbeit mittlerweile in vielen Bundesländern als prüfungsrelevanter Bestandteil der jeweiligen Abschlussprüfung herangezogen wird, ist es wichtig darzustellen, wie die Schülerleistung im hier zu Grunde gelegten Projektmodell und in der PROGRESS-Methode bewertet werden kann. Im Zuge der Leistungsmessung spielen sowohl die diagnostische und beurteilende Kompetenz des Lehrenden als auch der Grad der Umsetzung selbstgesteuerten Lernens eine große Rolle.

7. Kapitel: Praxisberichte

In diesem Kapitel kommen Praktiker zu Wort. Diese beschreiben ihre Erfahrungen und Vorgehensweisen mit der PROGRESS-Methode mit ihren Klassen in ihren Schularten. Zwei Lehrerinnen und zwei Lehrer stellen das Durchlaufen der PROGRESS-Methode vor und reflektieren ihre Erfahrungen.

8. Kapitel: Fazit

In diesem Kapitel folgen eine Zusammenfassung und eine Schlussbetrachtung des Themas. Hier wird die Fragestellung nochmals aufgegriffen und überprüft, inwiefern eine Antwort in diesem Studienbuch gefunden werden konnte.

Das Buch ist als Studienbuch aufgebaut und versteht sich auch so.
Studierende, Referendare, Lehrerinnen und Lehrer aller Schulstufen, aber auch Dozentinnen und Dozenten finden ein Konzept vor, durch das es möglich wird, selbstgesteuerte Kleingruppenprojektarbeit im eigentlichen Sinne der Projektarbeit anzuleiten und selbst durchzuführen.
Das Buch beinhaltet zahlreiche didaktische Hilfen, um den Weg zur selbstgesteuerten Kleingruppenprojektarbeit erfolgreich zurücklegen zu können:

1. Jedes Kapitel wird mit einer grafischen Darstellung (in Anlehnung an den Advance Organizer) eingeleitet.
2. Eine Zusammenfassung schließt das jeweilige Kapitel ab.
3. Innerhalb der Kapitel werden Inhalte wiederholt und in leicht veränderten Zusammenhängen immer wieder dargestellt, damit einmal die Inhalte im Kontext verstanden werden können, aber auch im Sinne der Wiederholung und Übung,

damit die Informationen besser behalten und in die eigene Gedächtnisstruktur nachhaltig aufgenommen werden können.

4. Arbeitsaufgaben am Ende eines jeden Kapitels helfen, dieses für sich zu strukturieren, zu bearbeiten und die dargestellten Ideen in die Praxis umzusetzen. Inhalte können in die eigenen semantischen Netze integriert werden.
5. Eine weitere Publikation ermöglicht eine direkte Anwendung des Gelernten in der schulischen Praxis und ein Methodenrucksack unterstützt die Lernenden auf ihrem Weg zur Selbststeuerung.

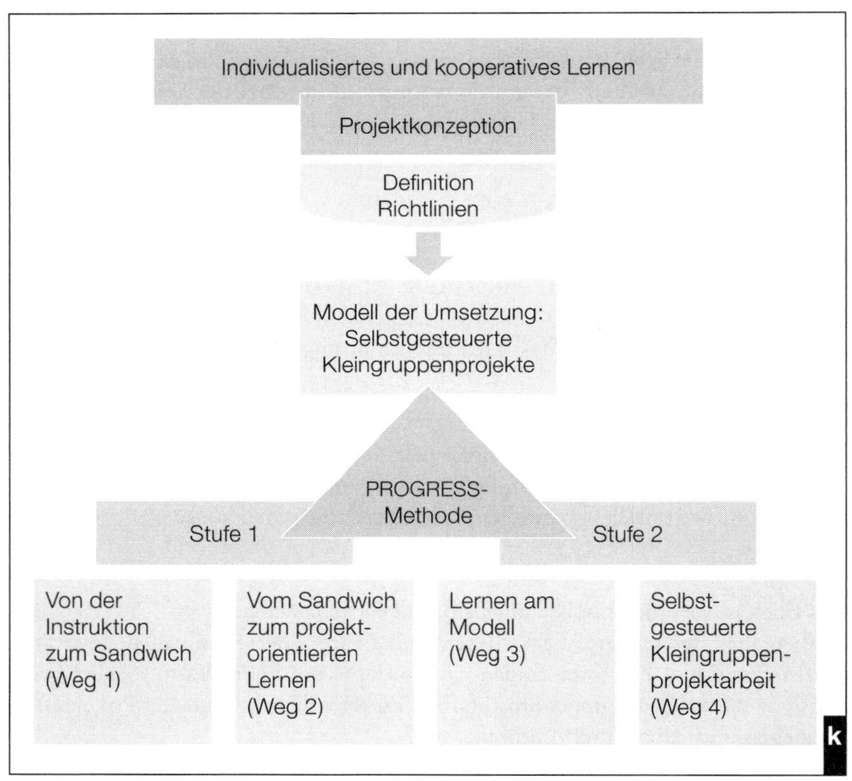

Abb.1: Grafische Darstellung des Buches

1 | Das Sandwich-Prinzip als Lernumgebung für individualisiertes und kooperatives Lernen

In diesem Kapitel wird zunächst auf individualisierte Lernprozesse eingegangen. Ausgehend von Forschungsergebnissen wird Lernen als ein hochgradig individueller Prozess verstanden, durch den Lernende sich Wissen aneignen, verarbeiten und nutzen können. Ergänzt wird das individuelle Lernen durch kooperatives Lernen, das ebenfalls laut der empirischen Lehr-Lernforschung einen wichtigen Beitrag zum erfolgreichen Lernen leistet. Beide Teilaspekte finden ihren Zusammenschluss im selbstgesteuerten Lernen als einer Form des Lernens, bei der der Lernende selbstbestimmt Maßnahmen für das Lernen ergreift und seinen Lernprozess selbst überwacht und kontrolliert. Das Sandwich-Prinzip stellt eine Lernumgebung dar, das Lernenden die Möglichkeit bietet, selbstgesteuert, individuell oder kooperativ zu lernen, gleichzeitig aber auch Orientierungshilfe und Informationsquelle zu sein. Außerdem handelt es sich hierbei um eine Lernumgebung, die auch als Rahmen für Projektarbeit als sinnvoll erscheint.

Während es in den nächsten Kapiteln vor allem um die Möglichkeiten zur Umsetzung selbstgesteuerter Projektarbeit geht, sollen in diesem Kapitel die Grundvoraussetzungen hierfür beschrieben werden. Dabei wird mitgedacht, dass sowohl individualisiertes als auch kooperatives Lernen im Rahmen des Sandwich-Prinzips für sich allein im Unterricht eingesetzt werden können, unabhängig von Projektarbeit, gleichzeitig aber für Projektarbeit eine zentrale Basis darstellen.

Deshalb werden hier auch Methoden des individualisierten und kooperativen Lernens im Rahmen des Sandwich-Prinzips beschrieben.

● Bevor Sie mit dem Lesen beginnen...

Schauen Sie sich den Advance Organizer genau an und kennzeichnen Sie Begriffe, die Ihnen unbekannt sind mit einem Fragezeichen, Begriffe, die Sie schon kennen und einordnen können mit einem Ausrufezeichen.

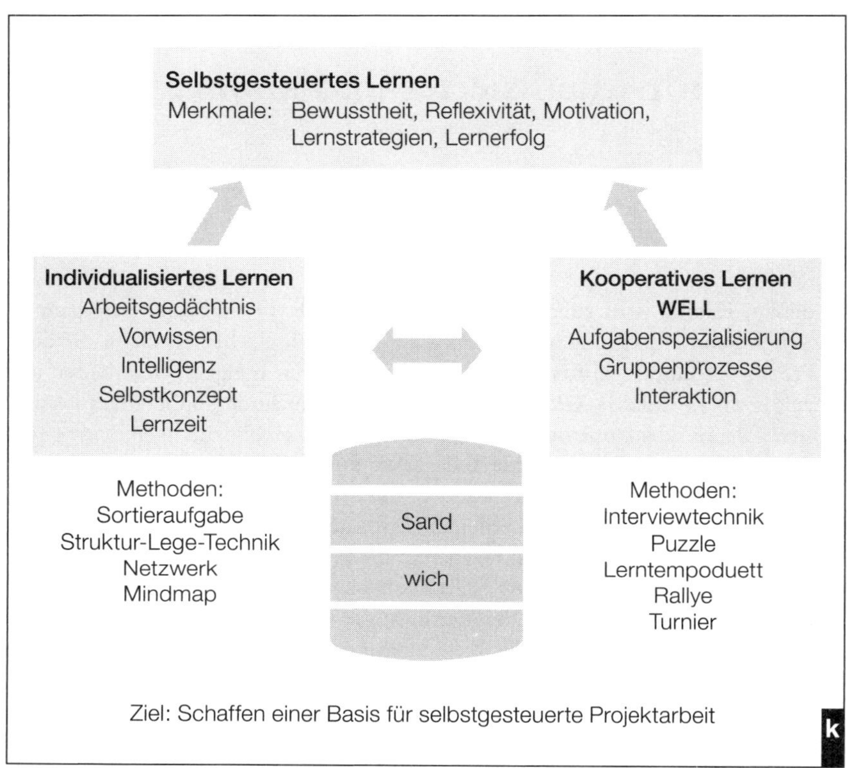

Abb. 2: Advance Organizer, Kapitel 1

1.1 Individualisiertes Lernen

Lange Zeit galt die Überlegung, Lernen sei eine mehr oder weniger organisierte oder doch zumindest absichtsvolle Form der Aneignung von Wissen, Fähigkeiten und Fertigkeiten und diese könne an Lernende vermittelt werden. Neue Erkenntnisse zeigen aber, dass sich Wissen nicht von Lehrende auf Lernende einfach 1:1 übertragen lässt, sondern von den Lernenden jeweils individuell auf dem Hintergrund der eigenen Vorkenntnisse und Erfahrungen aufgebaut werden muss (Renkl 1996).

Lernende unterscheiden sich in ihren Lernaktivitäten und im Erfolg dieser Aktivitäten sowie im Lernerfolg insgesamt voneinander. Es stellt sich also zunächst die Frage, welche individuellen Voraussetzungen erfolgreiches Lernen ausmachen.

Individuelle Voraussetzungen des Lernens lassen sich nach Hasselhorn & Gold (2017) im Wesentlichen vier Bereichen zuordnen:

1. Den Aufmerksamkeits- und Arbeitsgedächtnisfunktionen: Die Qualität der dem Lernen zugrundeliegenden Informationsverarbeitung hängt stark von der Steuerung der Aufmerksamkeit und der Funktionstüchtigkeit des Arbeitsgedächtnisses ab, was zu interindividuellen und intraindividuellen Differenzen führt. Begründet werden kann dies mit dem Informationsverarbeitungssystem unseres Gehirns. Informationen werden gefiltert und selektiert und dies variiert von Person zu Person, vor allem auch, ob relevante oder eher irrelevante Informationen gespeichert werden. Dies ist deshalb besonders bedeutsam, da nur wenige Informationen weiterverarbeitet werden können. Und auch hier variiert die Gedächtnisspanne (also die Menge der weiter zu verarbeitenden Informationen) und die Geschwindigkeit, in der diese Informationen weiterverarbeitet und dann wieder abrufbar sind.
2. Dem Umfang und der Qualität des im Langzeitgedächtnis verfügbaren Vorwissens: Wissen ist das Ziel des Lernens, aber nicht nur als Repräsentationsinhalt unseres Langzeitgedächtnisses, sondern es stellt auch eine zentrale Voraussetzung für weiteres Lernen dar. Bereits verfügbares Wissen wird als Vorwissen bezeichnet. Je mehr inhaltsbezogenes Vorwissen wir haben, umso erfolgreicher sind wir beim Lernen. Da das Vorwissen im Ausmaß und in der Qualität wiederum stark variiert, ist es größtenteils für interindividuelle Unterschiede beim Lernerfolg verantwortlich. Lernerfolge stellen sich aber nur ein, wenn das Vorwissen auch tatsächlich aktiviert werden kann. Ob das Vorwissen sinnvoll genutzt werden kann, hängt auch davon ab, ob dieses mit den neu zu lernenden Informationen kompatibel ist oder nicht.
3. Der Nutzung und metakognitiven Regulation von Lernstrategien: Die Qualität verfügbarer Strategien gehört zu den entscheidenden individuellen Bedingungen erfolgreichen Lernens. Es werden kognitive, metakognitive und Stützstrategien unterschieden. Strategien müssen erworben und eingeübt werden, bevor sie angewandt werden können. Dies ist ein langwieriges Unterfangen und hängt vom Entwicklungsstand des Kindes ab. Außerdem zeigen sich nicht gleich Erfolge bei der Anwendung der Strategien, was einen Motivationsverlust mit sich bringen könnte. Zudem erwerben sich Personen unterschiedlich schnell bestimmte Strategien und wenden diese auch individuell erfolgreich an.
4. Den motivationalen Dispositionen und Selbstkonzepten mit ihren Auswirkungen auf die Intensität und Aufrechterhaltung von Lernprozessen: Die Motivation korreliert geringfügig mit dem Lernerfolg. Trotzdem spielt sie für das Lernen eine wesentliche Rolle. Die Qualität des eigenen Lern- und Leistungsmotivationssystems (misserfolgsorientiert oder erfolgsorientiert) und das Selbstwertkonzept haben einen großen Einfluss auf das schulische Lernen. Hinzu kommt das Interesse an der Sache, die intrinsische Motivation, die ebenfalls wieder hochgradig interindividuell ist.

5. Hinzu kommen die weiteren Bereiche der Willensbildung (Volition) und der Bereich der Emotionen: Um ein Ziel zu erreichen, braucht es mehr als Interesse und Motivation: die Initiierung und Ausführung geeigneter Handlungen, durch die Lernen gewissenhaft und diszipliniert ausgeführt werden kann. Dies ist auch bedeutsam bei der Kontrolle der eigenen Handlung. Auch hier bestehen interindividuelle Differenzen zwischen Lernenden. Lernen insgesamt wird dabei von Emotionen begleitet, die das Lernen gefährden oder begünstigen können und die wiederum bei Lernenden unterschiedlich ausgeprägt sind.
(vgl. Hasselhorn & Gold 2017[4], S. 66-113).

Guldimann rechnet zu den individuellen Eingangsvoraussetzungen für schulischen Lernerfolg folgende Faktoren:

1. Bereichsspezifisches Vorwissen:
Das Vorwissen eines Lernenden hat den besten Vorhersagewert für die Lernleistung. Lernende haben unterschiedliches Vorwissen, sowohl in der Quantität als auch in der Qualität.
2. Lernstrategien:
Lernende verfügen über unterschiedliche allgemeine und bereichsspezifische Strategien und auch die Entwicklung des Strategiewissens variiert von Lernendem zu Lernendem. Manche Lernende haben nur gering ausgebildete Strategien, andere verfügen zwar über gewisse Strategien, können sie aber nicht anwenden, wieder andere können Strategien nur durch Vormachen anwenden und manchen gelingt es, Strategien sinnvoll und passgenau anzuwenden und verfügen auch über ganze Strategiebündel.
3. Lernzeit:
Zwischen Lernenden gibt es große Unterschiede im Lerntempo, die sich in der Bearbeitungszeit verschiedener Aufgaben zeigen.
4. Mediale Repräsentation des Lerninhalts:
Je nach Entwicklungsstand und der kognitiven Anforderung der Aufgabenstellung brauchen die Lernenden unterschiedliche Repräsentationen der Lerninhalte.
5. Motivation, Interesse, Selbstkonzept:
Das Zustandekommen einer Lernleistung wird stark von Faktoren wie Ängstlichkeit, Motivation, Interesse und dem jeweiligen Selbstkonzept beeinflusst. Lernende mit hohem Interesse und hoher Erfolgsorientierung entwickeln ein positives Selbstkonzept, während Lernende, die eher Misserfolgserlebnisse haben, eher negative Selbstkonzepte entwickeln.
6. Metakognitives Wissen:
Das Lernen wird stark von der eigenen Einstellung zu sich als Lernender beeinflusst; dazu gehört wie man sich selbst als Lernender wahrnimmt, wie man seine Strategien einschätzt und wie man mit eigenen Stärken und Schwächen umgeht.

7. Intelligenz:
   Studien zeigen, dass Intelligenz höchstens 25% der Schulleistung erklärt. Je weniger die Lernvoraussetzungen berücksichtigt werden, umso größer wird die Bedeutsamkeit der Intelligenz.
   (Guldimann 2010, S. 109 ff)

Auch Wahl (2011 und 2013) geht von verschiedenen Faktoren aus, die das Lernen beeinflussen bzw. ausmachen. Wie Guldimann sieht auch Wahl die bereichsspezifischen Vorkenntnisse als bedeutsamsten Faktor für schulische Lernerfolge an. Die Motivation korreliert mit dem Lernerfolg r = .30, was einer gemeinsamen Varianz von weniger als 10% entspricht. Zu Beginn der Beschäftigung mit einer Thematik ist vor allem die Intelligenz wichtig, weil sie hilft, Informationen zu entschlüsseln. Die Korrelationen liegen hier bei r = .50, was einer gemeinsamen Varianz von etwa 25% mit dem Lernerfolg entspricht. Fachspezifische Kenntnisse treten an die Stelle der Intelligenz, je weiter der Lernprozess voranschreitet. Je nach Untersuchung gehen die Korrelationen zurück auf Werte zwischen r = .30 und kleiner. Wichtigster Faktor im Lernprozess scheinen die bereichsspezifischen Vorkenntnisse zu sein. Sie hängen mit dem Lernerfolg meist zwischen r = .50 und r = .70 zusammen, was einer gemeinsamen Varianz von etwa 25% bis 50% entspricht (vgl. Wahl 2011, S.186). Zur Erklärung wird hier meist die Metapher „Matthäus-Effekt" verwendet. Im Bibelzitat Matthäus 13 Vers 12 steht in etwa „wer hat, dem wird gegeben werden". Gemeint ist damit, wer Vorwissen besitzt, erwirbt leichter neues Wissen. „Wer nichts oder nur Weniges hat, dem wird auch noch das Wenige genommen werden". Die Fortführung des Bibelzitats verdeutlicht die Problematik: wer wenige oder keine Vorkenntnisse hat, der kann neues Wissen nicht verknüpfen und dadurch kann dieses Wissen auch nicht nachhaltig gespeichert oder genutzt werden (Wahl 2013, S. 100). Dies gilt auch für den Besitz, die Anwendung und den Transfer von Lernstrategien.
Auch die Motivation wird davon stark beeinflusst. Auf dem Hintergrund der Wahrnehmung einer Situation und der subjektiven Einschätzung der Bewältigung dieser Situation wird der Kräfteeinsatz abgewogen. Bei Erfolgsaussicht wird dieser eher erbracht, bei Gefahr eines Misserfolgs eher weniger. Auch hier tritt eine individuelle Entscheidung zutage.
Konrad (2011) sieht Lernen als komplexes Ereignis an, bei dem die interne Lernsteuerung im Zentrum steht. Auf diese wirken Lernprozesse, die Charakteristika des Lernenden und der Lernkontext bzw. die Lernumgebung ein.

- Lernprozesse: Lernen ist ein kognitiver Prozess, bei dem die Innensicht des Lernenden und seine Kontrolle des Lernprozesses eine bedeutsame Rolle spielen. Es existieren bestimmte Zielsetzungen, an denen sich ein Lernender orientieren kann. „Im Lernverlauf überwacht und reguliert das Individuum kognitive, motivationale, verhaltensbezogene oder kontextbezogene Aktivitäten, um diese Ziele

zu erreichen." (Konrad 2011, S. 16). Die Lernaktivitäten werden durch Prozesse der Selbstregulation moderiert. „Die Strategien der Selbstregulation vermitteln zwischen Eigenschaften der Person, Merkmalen des Kontextes und der resultierenden Lernleistung." (Konrad 2011, S. 16).
- Charakteristika der Person: Lernen wird auch durch Persönlichkeitsmerkmale des Lernenden bestimmt, hierbei handelt es sich um überdauernde Merkmale des Individuums. Dazu gehören Faktoren wie Intelligenz, Motive für das Lernen, emotionale Dispositionen, Selbstkonzepte und dergleichen mehr.
- Lernkontext bzw. Lernumgebung: Diese Einflussgröße meint externe Bedingungen, die den gesamten Lernkontext ausmachen. Dazu zählen Aufgaben und Anforderungen und die Möglichkeit der Bewältigung derselben.
- (vgl. Konrad 2011)

Fasst man die wesentlichen Aussagen zusammen, so kommt man insgesamt zum Schluss, dass Lernen ein hochgradig individueller Prozess ist, weshalb ein Lernen im „Gleichschritt" nicht möglich ist, sondern individuell gestaltet werden muss. Dies lässt sich mit der Einzigartigkeit subjektiver Begriffe, subjektiver Theorien, bereichsspezifischer Vorkenntnisse und Lernstrategien sowie Lernmotivationen begründen. All diese Faktoren wirken sich dann auch auf das Lerntempo des einzelnen Lernenden aus. Dieses kann stark variieren, in der Primarschule gibt es Lerntempounterschiede von ca. 1:5, in der Sekundarstufe von ca. 1:3 (vgl. Wahl 2013). Ein Lernen im „Gleichschritt" nötigt Lernende mit guten Vorkenntnissen, guten Lernstrategien dazu, auf die anderen zu warten, was ihre Lernmotivation einschränkt und den Lernprozess wenig effektiv gestaltet. Für Lernende mit geringen Vorkenntnissen bzw. ungünstigen Lernstrategien wird das Lerntempo zu hoch sein, sie fühlen sie überfordert, was ebenfalls zu geringer Motivation führt.
Ein Lernprozess muss demnach so gestaltet werden, dass er sich an das Lerntempo jedes Lernenden anpasst und sich deshalb individuell ausgestaltet.
In der Schulpraxis wird individualisiertes Lernen häufig mit differenziertem Unterricht gleichgesetzt, in dem Materialien für einzelne Lernende individuell zugeschnitten sind wie z. B. in der Freiarbeit oder aber indem die Gruppengröße für bestimmte Lernphasen verringert wird (Förderstunden). Die Umsetzung individualisierten Lernens wird insgesamt im sogenannten „Offenen Unterricht" gesehen, in dem meist Lernen nach individuellen Lernplänen an entsprechend vorbereiteten Materialien stattfinden kann. Dieser „Offene Unterricht" wird zeitlich, teilweise auch räumlich und auch inhaltlich vom „normalen Unterricht" separiert. Konkret bedeutet dies, dass in einer Unterrichtswoche zwischen 1 und 6 Stunden individuelles Lernen an allgemeinen Themen möglich ist, die restliche Zeit aber doch „Lernen im Gleichschritt" stattfindet.
Deshalb sollten neben solchen Lernkonzepten wie der Freiarbeit, dem Wochenplan, der Binnendifferenzierung und dergleichen mehr, in allen Unterrichtssituati-

onen den Lernenden die Möglichkeit eingeräumt werden, individualisiertes Lernen durchzuführen, um entsprechend ihrer Intelligenz, Motivation, Vorkenntnissen, Lernstrategien für sich selbst erfolgreiches Lernen zu ermöglichen und vermitteltes Wissen entsprechend aufzuarbeiten.

Im Folgenden werden nun einige Methoden dargeboten und beschrieben, die sowohl im „Offenen Unterricht" als auch in Phasen individualisierten Lernens im Rahmen des Sandwich-Prinzips eingesetzt werden können und die im Zusammenhang der selbstgesteuerten Kleingruppenprojektarbeit erneut erwähnt werden, da sie hierfür bedeutsam sind.

Besonders wichtig für individualisiertes Lernen sind die kognitiven Landkarten. Darunter versteht man grafische Darstellungen, durch die Wissen visualisiert oder hörbar gemacht werden kann. „Vielen heute gebräuchlichen Mapping-Methoden liegt die semantische Gedächtnistheorie zugrunde, die davon ausgeht, dass Wissen bzw. Bedeutungen netzwerkartig gespeichert sind, wobei begriffliche Knoten und verbindende Relationen die Bausteine darstellen." (Wahl 2013, S. 176). Damit kann es den kognitiven Landkarten gelingen, Wissen so zu vernetzen und zu konstruieren, dass es langfristig behalten und als Vorwissen für neue Wissenskonstruktionen aktiviert werden kann. Sie helfen also die Lernprozesse im Arbeitsgedächtnis zu vollziehen und ebenso bei der Vernetzung der Lerninhalte zu Informationseinheiten, die dann im Langzeitgedächtnis gespeichert werden können.

Kognitive Landkarten können als Strategien zur Unterstützung von Lernprozessen eingesetzt werden. Vorwissen wird dadurch aktiviert, dass die durch die Beschäftigung mit neuen Begriffen bereits vorhandenen Wissensstrukturen zugänglich gemacht werden können. Außerdem können die neuen Inhalte durch die Elaboration derselben in die vorhandenen Wissensstrukturen integriert werden. Neues Wissen kann an bereits vorhandenes Wissen angedockt und dadurch vernetzt werden. Durch die aktive Auseinandersetzung mit den Lerninhalten werden diese organisiert und strukturiert und können dadurch besser behalten sowie leichter abgerufen werden (vgl. Wahl 2013).

Allerdings eignen sich nicht alle Formen kognitiver Landkarten zur Unterstützung des individuellen Lernprozesses. Die Verfahren dürfen nicht zu aufwändig sein, sie dürfen nicht zu viel Lernzeit in Anspruch nehmen und zu komplex sein (wie z. B. die Concept Map). Die Verfahren dürfen auch nicht zu starr sein, da sie sonst den individuellen kognitiven Strukturen nicht mehr gerecht werden können (vgl. Wahl 2013).

Bei der jetzt folgenden Methodendarstellung handelt es sich um einzelne Beispiele kognitiver Landkarten, die keine Vollständigkeit beanspruchen, aber Orientierungshilfe bieten können. Die Beschreibungen entstammen verschiedener eigener Publikationen und werden hier teilweise wörtlich wiedergegeben, aber immer unter Angabe der Originalquellen.

Mindmapping:

Im Mittelpunkt des Mindmaps steht immer das Thema. Dieses wird in die Mitte eines Papierbogens geschrieben und mit einem Kreis versehen.
Von diesem Kreis gehen Verzweigungen ab, die das Thema in seine einzelnen Bereiche auffächern. Für einen Gedanken oder Einfall oder einen Wissensaspekt schreibt der Lernende ein Stichwort auf einen Ast. Stichworte, die als Oberbegriffe gelten können, werden auf die Äste in Großbuchstaben geschrieben, Unterbegriffe auf kleinere Verzweigungen in Kleinbuchstaben. Dabei kann auch mit Symbolen gearbeitet werden.
Gedanken aller Art, Ideen und Informationen sowie Problemstellungen können mit der Mindmap-Methode festgehalten werden. Es ist am besten, zunächst alles so aufzuzeichnen, wie einem die Ideen einfallen, später sollen diese dann geordnet werden. Dabei stellen die Oberbegriffe übergeordnete Sachverhalte dar, die Unterbegriffe untergeordnete Sachverhalte. Sie bestehen in der Regel jeweils nur aus einem Wort oder Symbol, um die Übersichtlichkeit zu gewährleisten.
Mit Hilfe des Mindmaps können die Lernenden den Textinhalt besser strukturieren und damit behalten. Sie können in der Übungsphase mit solchen Maps arbeiten, aber auch um sich zum Experten über einen Lerninhalt zu machen. Mit Hilfe der Mindmap kann der Lerninhalt gut an andere vermittelt werden. Dabei erklärt jeweils ein Lernender seine Mindmap den anderen. Auch für den wechselseitigen Austausch ist die Erklärung mit Hilfe einer Mindmap eine gute unterstützende Maßnahme. Eine weitere Aufgabe im Bereich der Verarbeitung könnte sein, dass die Lernenden aus ihren jeweiligen Mindmaps eine gemeinsame Map entwickeln, die alle Aspekte des gesamten Lernthemas beinhaltet (wörtlich entnommen aus Konrad & Traub 2018, S. 145, vgl. Traub 2021a).

Sortieraufgabe:

Die Sortieraufgabe ist eine Technik, die vor allem zur Wiederholung bestimmter Lerninhalte angewendet wird. Es handelt sich um eine Methode der individuellen Wissensverarbeitung und gehört damit in die Kategorie der individuellen Lern- und Arbeitsformen (vgl. Wahl 2013, S. 178 ff). Die Lernenden erhalten am Ende einer Unterrichtseinheit oder einer Lernsequenz Gelegenheit, ihre individuellen Wissenslücken zu schließen. Von der Lehrkraft kann diese Technik aber auch eingesetzt werden, um herauszufinden, welches Vorwissen die Lernenden mitbringen bzw. auf welche Lerninhalte verzichtet oder besonders intensiv eingegangen werden muss. Die Sortieraufgabe kann sich auch an eine Netzwerkphase anschließen, indem die Kärtchen des Netzwerks an alle Lernenden verteilt werden und mit diesen Kärtchen dann die Sortieraufgabe durchgeführt wird. Schließlich ist es möglich, die Sortieraufgabe einer Struktur-Lege-Technik vorzuschalten, damit sich die Lernenden zunächst einmal über die Bedeutung einzelner Begriffe Klarheit verschaffen können. Bei der Sortieraufgabe schreibt die Lehrperson alle zentralen Begriffe einer

Unterrichtseinheit auf verschiedene Kärtchen, so dass auf je einem Kärtchen ein Begriff steht. Diese Kärtchen werden für alle Lernenden vervielfältigt. Jeder Teilnehmer erhält einen Stapel mit Kärtchen.
Die Aufgabe besteht nun darin, den Stapel in zwei Hälften zu teilen. Auf die linke Seite werden die Kärtchen gelegt mit jenen Begriffen, die der Lernende beherrscht, die er also sicher kennt und auch erklären kann. Auf die rechte Seite kommen jene Begriffe, bei denen sich der Lernende unsicher ist oder die er nur teilweise kennt. Dieser Sortiervorgang geschieht in Einzelarbeit, da die Teilnehmer in der Regel unterschiedliche Wissenslücken aufweisen. Nach dem Sortieren nimmt sich der Lernende den rechten Stapel und befasst sich mit den entsprechenden Begriffen. Er versucht, die Begriffe zu klären. Dazu kann er Bücher, eigene Unterlagen usw. verwenden. Wird ein Begriff ausreichend geklärt, wandert das entsprechende Kärtchen auf den linken Stapel.
Ziel ist es, alle Kärtchen auf den linken Stapel zu bekommen. Die Sortieraufgabe dient der Lernwegdiagnose. Sie unterstützt den Einzelnen darin, festzustellen, wo seine persönlichen Lernlücken in dieser Unterrichtseinheit liegen; zugleich werden Maßnahmen ergriffen, diese Lücken zu schließen. Die zur Verfügung stehende Lernzeit wird somit optimal zur Informationsverarbeitung genutzt. Die Lehrperson kann feststellen, wo Wissenslücken sind und den weiteren Lernprozess darauf abstimmen bzw. auf einzelne Begriffe nochmals erklärend eingehen (wörtlich übernommen Konrad & Traub 2018, S. 148; vgl. Traub 2021a).
„Mit der Sortieraufgabe wird sichergestellt, dass allen Lernenden alle Begriffe klar sind, bevor sie an das Legen der Strukturen herangehen. Ein großer Vorteil der Sortieraufgabe ist es, dass jede Person ihre eigenen Wissenslücken schließen kann und dass nicht noch einmal der Stoff mit allen zusammen wiederholt werden muss." (Wahl 2013, S. 179).
Die Sortieraufgabe als solche ist noch keine kognitive Landkarte, da Begriffe hier nicht in ein semantisches Netz gelegt werden. Sie ist aber hilfreich als Vorstufe der Vernetzung und dient der Auseinandersetzung mit Inhalten, um Begrifflichkeiten zu klären, bevor sie endgültig vernetzt werden.

Struktur-Lege-Technik:

Die Struktur-Lege-Technik hat dort ihren Platz, wo eine gedankliche Ordnung und Wiederholung geeignet erscheint, also vor allem am Ende einer Lernsequenz. Systematisch betrachtet vereint die Struktur-Lege-Technik zwei Lernstrategien: die Organisations- und die Elaborationsstrategie. In diesem Sinne handelt es sich um eine Anschlussmethode an die Sortieraufgabe. Zunächst werden die zentralen Begriffe auf Kärtchen geschrieben, je ein Begriff auf ein Kärtchen. Die Begriffe sollten in einem engeren oder größeren Zusammenhang zueinander stehen. Die Lernenden erhalten nun einen Stapel Kärtchen oder fertigen sich diese selbst an, je nachdem wie groß die Vorkenntnisse zum Themenbereich sind und wie vertraut die Lernenden mit dieser Methode arbeiten können. Sinnvoll sind etwa 15-20 Kärtchen, darunter lohnt es sich kaum mit der Methode zu arbeiten, darüber wird die Struktur eher unübersichtlich. Die Lernenden haben die Aufgabe, die Begriffe in eine Struktur zu legen, so dass erkennbar wird, welche Begriffe inhaltlich zusammengehören oder von einem Einzelnen als zusammengehörend betrachtet werden. Die Strukturen differenzieren dabei stark. „Manche Lernende ordnen nach Ober- und Unterbegriffe und kommen zu Strukturen, die wie Reihen aussehen. Andere Lernende vernetzen eher nach allen Seiten und kommen zu kreisförmigen Strukturen." (Wahl 2013, S. 179). Diese Aufgabe kann in verschiedenen Sozialformen angegangen werden: Einzelarbeit, Partnerarbeit oder Kleingruppenarbeit bieten sich an.

Die gelegten Strukturen werden anschließend miteinander verglichen und eventuelle Meinungen ausgetauscht. Dazu gehen die Lernenden im Raum umher und betrachten sich die gelegten Strukturen. Die Struktur-Lege-Technik ist eine Arbeitstechnik zur Unterstützung des individuellen selbstgesteuerten Lernens. Für die Lernenden ist gewährleistet, dass sie die Lerninhalte individuell speichern und verarbeiten können. Die Inhalte werden auf eine tiefe Weise verarbeitet, indem das Wissen in den eigenen Strukturen organisiert wird. Durch den Austausch werden diese Wissensorganisationen erklärt und die gelegte Struktur begründet. In eher spielerischer Form werden die vielfältigen Verknüpfungen, in die einzelne Begriffe eingebunden sind, sichtbar. Durch den Vergleich mit den visualisierten Strukturen der anderen Teilnehmer/innen oder einer Expertenstruktur können die Lernenden ihr eigenes Denken überprüfen und gegebenenfalls relativieren. Sie können sich anderen Denkformen öffnen und die Informationsverarbeitung kann flexibler werden.

Die Struktur-Lege-Technik ist darüber hinaus auch bedeutsam als Unterstützungsstrategie beim kooperativen Lernen (entnommen und leicht variiert aus Konrad & Traub 2010, S. 149; vgl. Traub 2021a)

Der Vorteil der Struktur-Lege-Technik gegenüber der Mindmapping-Methode ist die hohe Flexibilität. Die Kärtchen können jederzeit verschoben werden und die Begriffe können nach unterschiedlichen Gesichtspunkten geordnet werden. Die Struktur-Lege-Technik kann zu einer Concept-Map erweitert werden, indem die Kärtchen aufgeklebt und die Beziehungen der Begriffe über Pfeile verdeutlicht werden (Wahl 2013, S. 180).

Netzwerk:

Beim Netzwerk kommt es darauf an, Beziehungen zwischen den Begriffen zu verbalisieren und weniger auf das Sichtbarmachen des eigenen Wissens.

Besonders geeignet ist das Netzwerk am Ende einer Unterrichtseinheit zur Wiederholung und zur gedanklichen Ordnung. Durch das Netzwerk kann sich jeder eine eigene gedankliche Struktur über den bisher besprochenen Stoff bilden. Das Netzwerk kann auch sinnvoll eingesetzt werden, um daran anschließend eine Sor-

tieraufgabe oder eine Struktur-Lege-Technik durchzuführen. Für das Netzwerk werden verschiedene zentrale Begriffe auf Kärtchen geschrieben. Es sollten mehr Kärtchen sein als Teilnehmer. Jeder bekommt nun nach dem Zufallsprinzip ein Kärtchen zugewiesen. Anschließend besteht die Möglichkeit des Tauschhandels mit den Kärtchen. Es kann mit anderen Teilnehmer/innen getauscht werden oder eines der Kärtchen gewählt werden, das noch niemand an sich genommen hat. In einer zweiten Phase vergewissern sich die Lernenden, ob sie zu ihrem Begriff etwas sagen können. Sie können dabei auch Informationen bei anderen Teilnehmern erfragen oder aus ihren Unterlagen entnehmen.
Nach dieser Vergewisserungsphase setzen sich alle Lernenden in einen Kreis und halten ihr Kärtchen in der Hand. Einer beginnt nun, seinen Begriff zu erklären. Dann fährt derjenige fort, der glaubt, sein Begriff passe in den Zusammenhang der ersten Erklärung. So wird fortgefahren, bis alle Teilnehmer/innen ihre Begriffe erklärt haben. Wer mit seiner Erklärung fertig ist, legt sein Kärtchen sichtbar vor sich hin. Durch das eigenständige Verknüpfen der Begriffe kann der/die Lernende seine/ihre in seinem/ihrem Gedächtnis befindlichen Strukturen mit den aktuellen Begriffen verknüpfen und so den Lernstoff individuell verarbeiten. Verfügen die Lernenden noch über wenige Kompetenzen oder ist es besonders wichtig, die Begriffe in einer bestimmten Reihenfolge zu erklären, bietet sich die Moderation des Netzwerkes an. Diese kann über die Kärtchen stattfinden (die Reihenfolge wird durch Nummerierung angezeigt) oder die Lehrperson moderiert selbst. Das Netzwerk gibt den Lernenden die Möglichkeit, ihre bisherigen Gedankenstrukturen mit den neu gewonnenen Begrifflichkeiten zu vernetzen, um dadurch neuen Lerninhalten Sinn zu verleihen. Es handelt sich hierbei um eine Elaborationsmethode, deren Anwendung im Zuge des selbstgesteuerten Lernens unerlässlich ist. (entnommen aus Konrad & Traub 2010, S. 146; vgl. Traub 2021a).
Damit kommt diesen Methoden sowohl beim individualisierten Lernen als auch als Unterstützungsstrategien beim kooperativen Lernen und als wichtige Methode bei der Projektarbeit eine wesentliche Bedeutung zu. Sie eignen sich vor allem dann „als Lernmethode, wenn der Stoff wiederholt werden soll und wenn es auf ein vertieftes Verstehen ankommt. Durch die visuelle Vernetzung (Wissen sichtbar machen) und die akustische Vernetzung (Wissen hörbar machen), werden zahlreiche Querverbindungen zwischen den Begriffen geschaffen. Dies erleichtert das Abrufen der Inhalte.“ (Wahl 2013, S. 183).
Die Methoden sind deshalb vor, während und nach einer Unterrichtseinheit einsetzbar.

1.2 Kooperatives Lernen

Die folgenden Überlegungen entstammen bereits publizierten Arbeiten zum kooperativen Lernen und werden hier in gekürzter Fassung teilweise wörtlich wiedergegeben, um den Zusammenhang zwischen individualisiertem, kooperativem Lernen und dem Sandwich-Prinzip besser verdeutlichen zu können sowie der Bedeutsamkeit des kooperativen Lernens für die selbstgesteuerte Projektarbeit gerecht zu werden, aber auch zu ermöglichen, kooperatives Lernen als eigenständiges Lernkonzept im Unterricht umzusetzen. Wer sich genauer mit dem kooperativen Lernen auseinandersetzen möchte, den verweise ich auf meine Veröffentlichungen (vgl. Traub 2004a; Konrad & Traub 2019; Traub 2010, Traub 2021b).

Bei den üblichen Partner- und Gruppenarbeitsformen werden die Lernenden meist aufgefordert, ein gemeinsames Gruppenprodukt zu erstellen, etwa ein Arbeitsblatt auszufüllen oder aus einem Text gemeinsam etwas zu erarbeiten. Stellt man solche Aufgaben, so steht das Gruppenprodukt im Mittelpunkt, nicht aber das Lernen der einzelnen Gruppenmitglieder. Es kann leicht passieren, dass sich einzelne Gruppenmitglieder gar nicht an der gemeinsamen Aufgabe beteiligen, die Arbeit also nur von wenigen gemacht wird. Dieses Phänomen wird als „Trittbrettfahren"' oder als „soziales Faulenzen" bezeichnet (Renkl 1996; Traub 2021b). Ein solches Verhaltensmuster ist bereits durch die Aufgabenstellung impliziert. Für die Qualität des Gruppenproduktes und die Schnelligkeit seiner Erstellung kann es von großem Vorteil sein, auf die Mitarbeit schwacher und unmotivierter Gruppenmitglieder zu verzichten.

Kooperative Lernformen legen dagegen Wert darauf, die Lernsituation so zu gestalten, dass das Lernen der Gruppenmitglieder im Mittelpunkt steht und angeregt wird und nicht etwa das Erstellen des Gruppenprodukts. Dadurch können interindividuelle Differenzen einzelner Gruppenmitglieder (siehe Kapitel 1.1.) optimal in den gemeinsamen Lernprozess einbezogen werden. Dabei wird auch das individuelle Lerntempo berücksichtigt (entnommen Traub 2017, Traub 2021b).

Kooperatives Lernen bezeichnet eine Interaktionsform, bei der zwei bis vier Personen gemeinsam und in wechselseitigem Austausch Kenntnisse und Fertigkeiten erwerben und auf ein gemeinsames Ziel hinarbeiten. Im Idealfall sind alle Gruppenmitglieder gleichberechtigt am Lerngeschehen beteiligt und tragen gemeinsam Verantwortung. Während dieses Lernprozesses findet keine Supervision durch die Lehrkraft statt (vgl. Konrad & Traub 2019).

Neueren Formen kooperativen Lernens werden meist motivationale (z. B. STAD-Programm nach Slavin 1995) und soziale Überlegungen (z. B. Gruppenpuzzle nach Johnson 1992) zugrunde gelegt. In der pädagogisch-psychologischen Lernforschung wird Kooperation dann unter dem Aspekt diskutiert, inwieweit gegenüber individuellem Lernen eine höhere bzw. bessere Leistung zu erzielen sei. Zur

Erklärung unterscheidet man mehrere theoretische Perspektiven, aus denen sich Leistungseffekte kooperativen Lernens erschließen lassen:
Beim kooperativen Lernen steht der persönliche Lernzuwachs im Vordergrund, und zwar persönliches Lernen auf zwei Ebenen: auf der inhaltlichen (Erwerb neuen Wissens bzw. Vertiefung bereits vorhandenen Wissens) und auf der sozialen (Erwerb von Handlungskompetenzen wie Teamfähigkeit und Kommunikationsfähigkeit).
In diesem Zusammenhang wird ein bedeutsamer, aber häufig noch nicht richtig gesehener Sachverhalt mit voller Klarheit deutlich: Die Güte eines Unterrichtsprojekts hängt nicht in erster Linie von der Ansehnlichkeit des Produkts ab, sondern vor allem davon, in welchem Maß den beteiligten Schülerinnen und Schülern durch Aktivierung der entsprechenden Gruppenfunktionen effektive Lerngelegenheiten in Bezug auf die über den Kenntniserwerb hinausgehenden Lernzielbereiche geboten werden. Auch in Projekten, in denen die Produkterstellung scheitert, können sie Wesentliches lernen.

Folgende Aspekte bereichern die Arbeit in Gruppen:

- Produktion von Ideen: Jede Gruppe kann zu einer den Kenntnishorizont der Mitglieder nicht wesentlich überschreitenden Fragestellung bedeutend mehr Ideen produzieren als ihr erfolgreichstes Mitglied. Insbesondere diese enorme Überlegenheit von Gruppen im divergenten Denken gegenüber dem Individuum befähigt Schülergruppen dazu, ansehnliche Produkte hervorzubringen.
- Nutzung von Ressourcen: Andere Menschen verfügen über andere Ressourcen und Informationen. Beim gemeinsamen Arbeiten erhöht sich die Wahrscheinlichkeit, auf Personen zu treffen, die für das eigene Lernen hilfreiche Informationen geben können. Außerdem können so Fehler besser entdeckt und über Problemlösungen aus vielfältiger Perspektive diskutiert werden. Allerdings darf eine Gruppe auch nicht zu groß werden, da sonst die Perspektivenvielfalt nicht mehr zu nutzen wäre.
- Einfälle sammeln: z. B. Gewinnung von Ideen zur Zielbestimmung, Produktgestaltung, Arbeitsorganisation durch Brainstorming, in Diskussionen usw.
- Kritik, Beurteilung, Verbesserung von Arbeitsergebnissen: Es kommt hier nicht nur auf logische Konsequenz, sondern in hohem Maß auch auf passende Einfälle an, die sich aus den unterschiedlichen Perspektiven mehrerer Gruppenmitglieder viel wahrscheinlicher ergeben als aus der Sicht eines Einzelnen.
- Problemlösen: z. B. im Zusammenhang mit der Planung von Arbeitsschritten, der Organisation arbeitsteiligen Vorgehens, der Bewältigung von unerwarteten Schwierigkeiten oder der Behandlung eines Problems als zentraler Arbeitsaufgabe.
- Kontroversen austragen: Behandlung einer innerhalb der Arbeitsgruppe oder zwischen Gruppen umstrittenen Frage mit dem Ziel, den Dingen so weit wie möglich auf den Grund zu gehen.

- Entscheidungsbildung: z. B. hinsichtlich Arbeitsziel, Arbeitsaufteilung auf Gruppenmitgliedern, Wahl zwischen verschiedenen Vorgehensmöglichkeiten usw.
- Das Gruppenverhalten reflektieren: Diese Gruppenfunktion kann sowohl in speziellen, von der übrigen Gruppentätigkeit deutlich abgesetzten Reflexionsphasen als auch die laufende Gruppenarbeit begleitend und unterstützend erfüllt werden.
- Beziehungen aufbauen: Auf der Beziehungsebene geht es darum, das Interaktionsverhalten innerhalb der Gruppe zu betrachten und vor allem beobachtbares und wünschenswertes Verhalten zu würdigen, über anzustrebende Verhaltensänderungen zu beraten und sich auf besonders wichtige Verhaltensnormen und Methoden der Sicherung ihrer Einhaltung zu einigen.
- Sachlich korrekt arbeiten: Auf der Sachebene wird das Vorgehen der Gruppe hinsichtlich arbeitstechnischer Zweckmäßigkeit und sachlicher Richtigkeit geprüft. Aus festgestellten Mängeln können Konsequenzen für die Gestaltung künftiger Arbeit gezogen werden.
- Lernende aktivieren: Im Gruppenunterricht können sich mehr Lernende aktiv am Unterrichtsprozess beteiligen als im Frontalunterricht.
- Freie Meinungsäußerung: Die Lernenden können sich, falls sie nicht durch ein ungünstiges soziales Klima daran gehindert werden, ohne Scheu äußern und erst einmal „ins Unreine“ reden.
- Zusammengehörigkeit entwickeln: Sie können ein Zusammengehörigkeitsgefühl in der Gruppe entwickeln und festigen.
- Selbstständiges Arbeiten: Sie können, falls die Arbeitsaufträge entsprechend gestaltet und die Lernvoraussetzungen gegeben sind, relativ selbständig arbeiten.
- Umwege gehen: Sie können Lernumwege und Seitenpfade betreten, die im Frontalunterricht aus Zeit- und Kompetenzgründen zumeist blockiert werden.
- Neugierde ausleben: Sie können ihre Neugierde ausleben; sie können neue, von der Lehrkraft nicht vorhergesehene Aspekte des Themas einbringen und bearbeiten.
- Beobachtung: Gruppenunterricht erlaubt es der Lehrkraft, ihre Schülerinnen und Schüler genauer, mit mehr Muße und in anderen Rollen als im Frontalunterricht zu beobachten.
- Mehraufwand positiv nutzen: Die Lernenden brauchen länger, um einen Sach-, Sinn- oder Problemzusammenhang in eigener Regie zu erarbeiten. Langfristig zahlt sich dieser Mehraufwand jedoch durch wachsende Methodenkompetenz aus.
- Nachhaltiges Wissen: Erworbenes Wissen wird nachhaltiger behalten, wenn es in Kleingruppen erarbeitet wurde.
- Erweiterte Wahrnehmung, erweiterte Gedächtniskapazität in Gruppen: Durch die anderen Gruppenteilnehmer wird die eigene Gedächtnisleistung angesprochen und erweitert. Dank Anstößen kommt man auf Dinge, auf die man alleine nicht kommen würde.

- Modelllernen und Anstöße von anderen in Gruppen: Das Vorbild anderer Personen steigert die Lernleistung. Man kann von deren Wissen profitieren, aber auch das Lernverhalten nachahmen. Somit profitiert man vor allem von kompetenten anderen Personen.
- Bewertung durch andere Gruppen: Gruppenmitglieder können zu mehr Leistung anstacheln, da man in der Gruppe sein Bestes geben will.
- Soziale Kohäsion und positives Gefühlsklima in der Gruppe: Wenn die Gruppenmitglieder sich gut verstehen, dann nimmt meist auch die Leistungsfähigkeit zu. Deshalb sollte versucht werden, ein positives Klima in der Gruppe zu schaffen.
- Externalisierung von Wissen innerhalb von Gruppen: Lernende, die anderen Informationen erklären oder ihre Meinung mitteilen müssen, verarbeiten diese damit besser und haben größere Chancen, sie sinnvoll zu reflektieren. Damit wird das eigene Wissen besser verfügbar.

(vgl. Huber 1999; Huber, Konrad & Wahl 2008; Traub 2021; Konrad & Traub 2019)

Allerdings muss die Zusammenarbeit der Lernenden unbedingt mit einer oder mehreren der folgenden Maßnahmen unterstützt werden (vgl. Traub 2021b; Konrad & Traub 2019):

- Unterstützung der aufgabenspezifischen Interaktionen: Den Lernenden werden Lern- und Lehrstrategien beigebracht oder nahe gelegt, die für das Lernen als effektiv erachtet werden, wie z. B. Präsentationstechniken, wechselseitiges Fragenstellen oder Vermittlungsmethoden.
- Unterstützung der Gruppenprozesse: Den Lernenden wird vermittelt, wie sie in der Gruppe effektiv miteinander umgehen können, z. B. durch das Aufstellen von Gruppenregeln, die Verteilung von Gruppenrollen oder die Evaluation der Gruppenprozesse.
- Feedback bzw. Anerkennung der Lernleistung der Gruppe: Die Lernenden erhalten den Lernfortschritt ihrer Gruppenmitglieder zurückgemeldet. Dadurch sind alle Gruppenmitglieder motiviert, sich gegenseitig beim Lernen zu unterstützen und zum Lernen anzuspornen.
- Aufgabenspezialisierung: Die Gruppenmitglieder verfügen nur über einen Teil der Ressourcen (Informationen, Materialien) und erwerben somit einen Expertenstatus, den sie dann den anderen Gruppen oder ihren Mitgliedern weitergeben müssen.

Forschungsarbeiten bestätigen die Effektivität kooperativer Lernformen für die unterschiedlichsten Bildungsanliegen (vgl. Johnson et al. 1992).
Huber (1999) variiert in ihrer Forschungsarbeit verschiedene Bedingungen kooperativen Lernens und kommt dabei zum Ergebnis, dass kooperatives Lernen in den untersuchten Bereichen dem Lernen in Einzelarbeit überlegen ist. Dabei spielt es

nur eine geringe Rolle, ob in der Gruppe mit oder ohne Lernskripte gearbeitet wurde. Allerdings konnte sie nachweisen, dass Lernende über Lernstrategien verfügen müssen, um effizient in Gruppen arbeiten zu können.
Haag, Fürst und Dann (2000) untersuchen die Lehrervariablen erfolgreichen Gruppenunterrichts. Sie stellten fest, dass präzise und verständliche Arbeitsaufträge entscheidend zur Orientierung der Lernenden beitragen und dass dadurch Lehrerinterventionen vermeidbar sind und gute Arbeitsergebnisse zustande kommen.
Huber, Konrad und Wahl (2008) erproben die Methoden des wechselseitigen Lehrens und Lernens in verschiedenen Schulklassen und konnten dabei feststellen, dass Lernende der Versuchsgruppen deutlich bessere Ergebnisse in der Leistung, in sozialen Verhaltensweisen zeigen und deutlich motivierter waren als ihre „Kolleginnen und Kollegen" der Kontrollgruppen. Allerdings kommt dieses Ergebnis ebenfalls nur dann zustande, wenn die Methoden schrittweise eingeführt und mit den Lernenden eingeübt werden. Dabei spielt die Anwendung verschiedener Unterstützungsstrategien eine wichtige Rolle. Über die kognitiven Kompetenzen hinaus gewinnen soziale Fähigkeiten an Bedeutung. Wenn die Lernenden ihre Rolle im kooperativen Geschehen erkennen und dies zu einer angemessenen Aufgaben- bzw. Rollenverteilung führt, können sie besser kooperativ lernen. Solche Fähigkeiten sind aber nicht nur Voraussetzungen, sie sind auch Konsequenzen der Kooperation. Durch das kooperative Lernen können Offenheit, Hilfsbereitschaft und gemeinsame Verantwortlichkeit entwickelt und gefördert werden. Zugleich kann Konkurrenz mit den Mitlernenden, die bei der individualistischen Anreizstruktur des konventionellen Unterrichts häufig hervorgerufen wird, durch das kooperative Lernen gemildert werden. In der Regel wird in Gruppensequenzen Egoismus gegenüber anderen überwunden und Solidarität sowie Zusammengehörigkeit gefördert (entnommen Traub 2017).
Eine besondere Form kooperativen Lernens ist das Lernen durch wechselseitiges Lehren. Lernumgebungen, die sich daran orientieren, wirken sich, so der Kerngedanke, sowohl auf den Lernerfolg als auch auf die sozialen und personalen Kompetenzen der Lernenden positiv aus. Neben dem Umgang mit anderen sollten die Lernenden ihre Selbstregulation und ihre Lernkompetenzen (Lernen zu lernen) verbessern. Außerdem soll das Lernen durch wechselseitiges Lehren positive Auswirkungen auf die Lernmotivation, das Erleben von Selbstwirksamkeit, das Selbstwertgefühl, die sozialen Beziehungen zwischen den Lernenden und auf das soziale Klima zeitigen (vgl. Huber, Konrad & Wahl 2008).
Unter wechselseitigem Lehren und Lernen sind kooperative Lernformen zu verstehen, bei denen die Lernenden für einen umschriebenen Teil der Inhalte zu Expertinnen und Experten werden und sich diese anschließend wechselseitig vermitteln. Entscheidend ist dabei eine Gleichberechtigung der Rollen in drei Lernphasen:

1. In einer Aneignungsphase wird das Expertenwissen erworben. Alle Lernenden ohne jede Ausnahme eignen sich einen Teil der Inhalte an. Es gibt so viele Expertinnen und Experten wie es Lernende gibt.

2. In einer Vermittlungsphase werden die Inhalte wechselseitig vermittelt. Dabei werden im Wechsel die jeweils komplementären Rollen von Experte und Novize bzw. Novize und Experte eingenommen. Dadurch ergibt sich eine insgesamt symmetrische Kooperation.
3. In einer Verarbeitungsphase wird die subjektive Auseinandersetzung mit den angeeigneten und vermittelten Inhalten noch einmal besonders akzentuiert, um nachhaltige Effekte zu erreichen. (vgl. Traub 2021b)

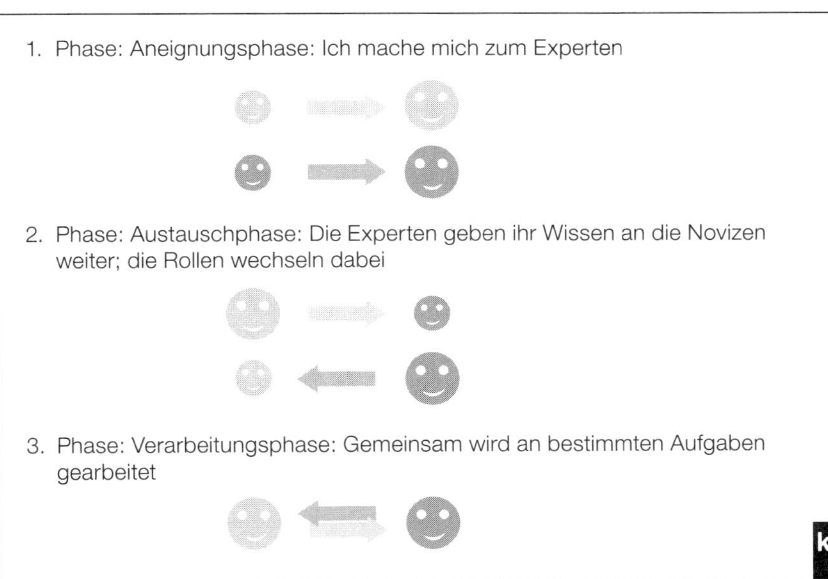

Abb. 3: Wechselseitiges Lehren und Lernen

Im Folgenden werden nun exemplarisch fünf Methoden des wechselseitigen Lehrens und Lernens herausgegriffen und genauer dargestellt.

Das Partner- und Gruppenpuzzle:

Vier Phasen lassen sich unterscheiden:

Einführung: Die Lehrperson organisiert heterogene Stammgruppen (3-5 Teilnehmende). Dann führt sie in die Thematik ein. Die Lernenden erhalten in den Stammgruppen ihre Teilgebiete, so dass Schüler 1 Text A bearbeitet, Schülerin 2 Text B, Schüler 3 Text C und Schülerin 4 Text D. Zunächst beschäftigt sich jeder Lernende mit seinem Textteil.

Expertengruppen: Lernende mit den gleichen Textteilen arbeiten in einer Expertengruppe zusammen. Sie stellen sich gegenseitig Fragen, machen sich Notizen oder

lösen anstehende Probleme. Wichtig ist dabei stets die Überlegung, wie sie anschließend als Experte ihr Wissen in der Stammgruppe weitergeben.
Stammgruppe: Die Teilnehmerinnen und Teilnehmer berichten nacheinander über ihre Arbeit und ihre Ergebnisse der Expertengruppen. Auch hierbei erhalten sie Unterstützung über geeignete Aufgabenstellungen. Dabei sind offen gebliebene Fragen zu klären, so dass am Ende einer jeden Darstellung jedes Mitglied der Stammgruppe das vorgetragene Teilgebiet verstanden hat und in den Gesamtzusammenhang einordnen kann.
Evaluationsphase: Das Gelernte wird nun überprüft. Dazu kann ein Test geschrieben werden, der Fragen zu jedem Teilgebiet enthält. Neben dem Test gibt es auch die Möglichkeit, eine Wandzeitung zu erstellen oder eine Mindmap anzufertigen. Bestandteil dieser Evaluation ist auch eine Metakommunikation über die abgelaufene Gruppenarbeit.
Im Partnerpuzzle gibt es statt Gruppen Tandems, ansonsten ist der Ablauf identisch (vgl. Traub 2021b).

Das Lerntempoduett:

Das Lerntempoduett wurde von Diethelm Wahl (2006) entwickelt. Für die zu vermittelnden Lerninhalte werden zwei Texte vorbereitet. Die eine Hälfte der Lernenden erhält den einen, die andere Hälfte den anderen Text. Nun soll jede Person den Text im eigenen Lerntempo lesen und dazu eine geeignete Form der Verarbeitung verwenden (z. B. Mindmap, Struktur-Lege-Technik usw.) und entsprechende Arbeitsaufgaben bearbeiten. Neben Texten könnten auch andere Darstellungsformen Inhalt des Lerntempo-Duetts sein.
Zwei Lernende, die ein gleiches Lerntempo aufweisen und unterschiedliche Texte bearbeitet haben, bilden ein Tandem und tauschen nun mit Hilfe der Visualisierungen ihre Informationen aus. Im Anschluss daran lesen sie jeweils den anderen Text in Einzelarbeit und suchen sich erneut – wieder dem Lerntempo entsprechend – einen Partner oder eine Partnerin. In dieser Phase werden weitere Aufgaben bearbeitet und die Inhalte vertieft und damit verarbeitet. Auch hier wird der Heterogenität Rechnung getragen, dadurch dass das individuelle Lernen im Vordergrund steht, die Zuteilung zu Partnern nach dem Lerntempo und nicht nach Sympathie oder Antipathie entschieden wird und ein gemeinsames Lernergebnis nur durch gemeinsames Agieren möglich ist (vgl. Traub 2021b).

Das Partner- bzw. Gruppeninterview:

Durch das Partnerinterview können verschiedene kommunikative Ziele wie genaues Zuhören, genaue sprachliche Formulierung und das Eingehen auf die Äußerungen des Partners geübt werden. Als inhaltliche Zielsetzungen gelten die Bearbeitung von Problemen, das Wiederholen von Lerninhalten und auch das Erfassen von Vorwissen und Interessen. Das Partnerinterview lässt sich in drei Phasen gliedern:

In einer *ersten Phase* werden Tandems gebildet.
Die Paare erhalten in der *zweiten Phase* ein Fragenblatt, auf dem eine bestimmte Anzahl von Fragen steht. Die Partner stellen sich abwechselnd diese Fragen. Partner A stellt alle Fragen mit geraden Zahlen, Partner B alle mit ungeraden Zahlen. Der andere Partner muss die an ihn gestellte Frage beantworten. Die Antworten können schriftlich festgehalten werden. Für gewöhnlich werden die Teilnehmerinnen und Teilnehmer die Antworten des jeweils anderen Partners ergänzen. Auch ein Nachschlagen in Unterlagen ist durchaus möglich.
In einer *dritten Phase* bringen dann die Paare ihre Antworten ins Plenum ein. Dort können sie weiter diskutiert und Unklarheiten beseitigt werden. Das Einbringen der Antworten kann auch in anderer Weise geschehen, z. B. durch Dokumentation an einer Wandzeitung. Wichtig ist, dass die Antworten in einem weiteren Schritt zum Unterrichtsthema gemacht werden.
Der Vorteil des Partnerinterviews liegt darin, dass alle Lernenden zum Sprechen kommen. Beide Partner haben die gleichen Redeanteile, beide Partner tragen gleichermaßen zur Lösung bei. Besonders wichtig ist, dass die Lernenden in ihrem Lern- und Arbeitstempo arbeiten können. Beim Gruppeninterview arbeiten drei Lernende zusammen und stellen sich gegenseitig die Aufgaben. Hier werden in der Regel weniger, dafür komplexere Aufgaben formuliert (vgl. Traub 2021b).

Gruppenturnier:
Das Gruppenturnier umfasst zwei Phasen.
In der *ersten Phase* erwerben sich die Schülerinnen und Schüler Informationen mit Hilfe geeigneter Übungsmaterialien. Die Materialien werden von der Lehrkraft vorbereitet und den Schülerinnen und Schülern zur eigenständigen Arbeit überlassen. Diese arbeiten mit Hilfe dieser Materialien in leistungsheterogenen Gruppen. Die Einteilung der Gruppen kann die Lehrkraft nach bisher ermittelten Leistungsmessungen durchführen. Sie kann aber zum entsprechenden Inhalt auch einen kurzen Vortest erstellen und nach den Ergebnissen die Gruppen einteilen. In jeder Gruppe sollten ein bis zwei starke, zwei mittelstarke und ein bis zwei schwächere Schülerinnen und Schüler sitzen. In den eingeteilten Gruppen üben die Mitglieder gemeinsam. Sie erklären sich gegenseitig noch nicht Verstandenes, helfen einander und lösen gemeinsam bestimmte Aufgaben. Das Ziel dieser ersten Phase besteht darin, dass alle Gruppenmitglieder am Ende dieser Übungsphase den Inhalt verstanden haben und ihr Wissen entsprechend anwenden können.
Die Überprüfung des Wissens und die Anwendung des Gelernten erfolgt in der *zweiten Phase*. Hier findet das eigentliche Turnier statt. Dafür stehen Frage- und Antwortkärtchen zur Verfügung. Die Gruppen der ersten Phase werden für die Turnierphase aufgeteilt. Die besten Schülerinnen und Schüler der einzelnen Gruppen treffen sich an einem Turniertisch, die mittleren Schülerinnen und Schüler an weiteren festgelegten Tischen und die schwächsten an einem weiteren Tisch. Die

Zusammensetzung erfolgt nach der Leistung im Vortest oder der entsprechenden Leistungsmessung durch die Lehrkraft. An jedem Turniertisch befindet sich nun ein Stapel mit Frage- und Antwortkärtchen. Dabei kann nochmals differenziert werden. Am Turniertisch der Starken befinden sich die schwersten Aufgaben, am Turniertisch der Schwächsten die einfachsten. Möglich ist aber auch, an allen Tischen die gleichen Frage- und Antwortkärtchen auszulegen. Im Rotationsverfahren beantworten diese die auf den Kärtchen stehenden Fragen an ihren „Turniertischen" und dürfen die Kärtchen bei richtiger Antwort auch behalten. Bei falscher Antwort hat der Nachbar eine Chance zum Erwerb des Kärtchens, ansonsten wird dieses in den Stapel zurückgelegt.
Nach der Turnierphase gehen alle Schülerinnen und Schüler in ihre ursprünglichen Gruppen zurück. Dort werden die gewonnenen Kärtchen aller Gruppenmitglieder zusammengelegt. Gewonnen hat die Gruppe, die gemeinsam die meisten Kärtchen erreicht hat.
Das Gruppenturnier bietet sich besonders am Ende von Lernsequenzen, z. B. am Schluss einer Unterrichtseinheit oder zur Wiederholung und Übung an. Das Gruppenturnier stellt eine Möglichkeit für den einzelnen Lernenden dar, seine Lernlücken zu schließen (vgl. Traub 2021b).

Die Gruppenrallye

Diese von Slavin (1995) entwickelte Methode dient dem Üben und Wiederholen. Einführung, Vortest und die Übung erfolgen wie beim Gruppenturnier. Nach der Gruppenarbeitsphase wird ein Test durchgeführt, der aus Fragen zum gerade bearbeiteten Material besteht. Die Fragen sollten sich sowohl auf den von der Lehrkraft vermittelten Unterricht als auch auf die Inhalte der Arbeitsblätter der Gruppenarbeit beziehen. Jedes Mitglied kann für seine Gruppe in diesem Test eine maximale Punktzahl erwerben, wenn es sich im Vergleich zu der zurückliegenden Leistung (Vortest) verbessert hat. Gemessen wird der persönliche Lernzuwachs. Die Zuwachspunkte jeder Stammgruppe werden addiert und bekannt gegeben. Je besser die Schüler und Schülerinnen in den Stammgruppen kooperieren, desto mehr lernen alle Gruppenmitglieder dazu und desto höher ist der Gruppenwert (vgl. Traub 2021b).

Konstruktive Kontroverse:

Die Methode der konstruktiven Kontroverse nach Johnson und Johnson (1992) basiert auf dem kognitiven Entwicklungsansatz von Piaget und will das akademische Lernen durch strukturierte intellektuelle Kontroversen fördern. Johnson und Johnson nehmen darüber hinaus an, dass der Prozess der Kontroverse selbst zum Beherrschen der Lerninhalte führt.
Im Zentrum steht eine strukturierte Argumentationsmethode, bei der die Beteiligten zu beiden Seiten eines kontroversen Themas Stellung nehmen. Am Ende sollen

die Teilnehmer einen Konsens über die zunächst divergierenden Definitionen und Problemlösungen dieses Themas finden. Sie erfahren auf diese Weise viele mögliche Perspektiven desselben Wissens. Indem sie ihre Position des Konzeptes vor den anderen verteidigen, diese aber auch wiederum ihre Positionen vertreten, praktizieren die Lernenden Konflikt-Management-Fähigkeiten.
Bei der Anwendung dieser Methode werden sieben Schritte unterschieden:

1. Zur Anregung konstruktiver Kontroversen kann in der üblichen Lerngruppe ein komplexer Sachverhalt zunächst einmal gemeinsam so strukturiert werden, dass die verschiedenen Dimensionen für alle erkennbar werden.
2. Anschließend werden Gruppen zu je vier Personen gebildet.
3. Jeweils ein Lerntandem wendet sich einem Teilgebiet einer kontroversen Frage- bzw. Problemstellung zu. Jedes Tandem arbeitet seinen Teil aus. In Partnerarbeit klären die Teilnehmer die eigene Position, suchen Argumente zur Stützung der eigenen, aber auch zur Entkräftung der vermeintlichen Gegenargumente des anderen Paares.
4. Anschließend werden die Inhalte in der Vierer-Gruppe zusammengetragen und diskutiert. Hier wird die Kontroverse ausgetragen.
5. Nach einer festgelegten Zeitspanne wechseln die Lernpaare die Seite und argumentieren aus der Sicht des oppositionellen Paares.
6. Um konstruktive Debatten und die Präsentation vor der Gesamtgruppe zu unterstützen, erhalten die Gruppen die folgende Zusatzaufgabe: am Ende ein gemeinsames Kommunique, eine Presse-Erklärung, eine Wandzeitung etc. zu erarbeiten.
7. Bei Bedarf erhält jedes Gruppenmitglied einen Testbogen, anhand dessen es sein Verständnis überprüfen kann.

Bei der „Konstruktiven Kontroverse“ handelt es sich um eine kooperative Lernmethode, die sich auch zur Anwendung in großen Gruppen eignet. Die Rolle des Lehrers besteht darin, Aufgaben auszuwählen, welche die Kooperation fördern. Zudem erleichtert er das Arbeiten durch Unterstützung und Erklärungen.
Soll die Methode der „Konstruktiven Kontroverse“ wirksam eingesetzt werden, müssen mehrere Voraussetzungen erfüllt sein. Lerngegenstände sollten mehrere Dimensionen aufweisen, zu unterschiedlichen Sichtweisen herausfordern oder alternative Formen der Auseinandersetzung oder gar widersprüchliche Interpretationen zulassen. Sind diese Voraussetzungen gegeben, dann kann jedes Gruppenmitglied seinen Fähigkeiten und Interessen entsprechend etwas zum gemeinsamen Lernprozess beitragen (entnommen aus Konrad & Traub 2019, S. 126-128, vgl. Traub 2021).

1.3 Selbstgesteuertes Lernen

Betont wird derzeit von vielen Pädagogen der aktive, konstruktive und autonome Charakter des schulischen Lernens (Helmke 2015).
Lernen

- ist ein aktiver und konstruktiver Prozess – und somit das Gegenteil von extern vermittelter, passiv aufgenommener und mechanisch verarbeiteter Information.
- ist und wirkt produktiver, wenn das Individuum Gelegenheit hat, das zu erwerbende Wissen und die zu lösenden Probleme als Teil eines subjektiv bedeutungshaltigen Kontextes aufzufassen (kontextuiertes und situiertes Lernen).
- erfolgt effizienter, wenn es durch Interesse an den Lerninhalten gestützt und durch selbstwahrgenommene Lernfortschritte stimuliert wird (intrinsisch motiviertes Lernen).
- sollte möglichst selbstgesteuert, kontrolliert und verantwortet sein; wobei allerdings zu beachten ist, dass selbstständiges Lernen vor allem in der Kindheit Voraussetzung, Mittel und Ziel der Instruktion sein muss (selbstorganisiertes und selbstkontrolliertes Lernen) (Weinert 1996a).

Hier treffen die Überlegungen aus dem individualisierten Lernen zusammen mit den Gedanken zum kooperativen Lernen und vereinen sich zum sogenannten selbstgesteuerten Lernen. Das selbstgesteuerte Lernen wird als ein Lernkonzept angesehen, durch das träges Wissen vermieden werden kann. Das heißt, dass erworbenes Wissen zwar gespeichert und reduzierbar wird, dem Lernenden aber nicht so flexibel zur Verfügung steht wie es müsste, damit er eigenständig handeln könnte (Renkl 1996).
Selbstgesteuertes Lernen ist ein zielorientierter Prozess des aktiven und konstruktiven Wissenserwerbs, der auf dem reflektierten und gesteuerten Zusammenspiel kognitiver und motivational-emotionaler Ressourcen einer Person beruht.
Selbstgesteuertes Lernen setzt voraus, dass Entscheidungen über Lernziele (woraufhin?), über Inhalte (was?), über Lernressourcen (Medien, Lernmittel, womit?), über zeitliche Aspekte (wann?) und über methodische Aspekte (mentale Verarbeitung des Lerninhalts, wie?), über die Art und Weise der Feststellung der Lernzielerreichung (Evaluation, Was bringt es?) und über weitere Aspekte des Lernens getroffen werden (Weinert 1982; Siebert 2006, S. 24).
„Selbstgesteuertes Lernen ist eine Form des Lernens, bei der die Person in Abhängigkeit von der Art ihrer Lernmotivation selbstbestimmt eine oder mehrere Selbststeuerungsmaßnahmen (kognitiver, volitionaler oder verhaltensmäßiger Art) ergreift und den Fortgang des Lernprozesses selbst (metakognitiv) überwacht, reguliert und bewertet.“ (Konrad & Traub 2018, S. 8).
Das selbstgesteuerte Lernen vereinigt in sich das individualisierte und kooperative Lernen.

Für Unterricht lassen sich aus der Diskussion zum selbstgesteuerten Lernen (vgl. Traub 2012) folgende Merkmale ableiten:

Prozessmerkmale selbstgesteuerten Lernens: Selbstregulation

Entscheidungsfreiräume der Lernenden werden wahrgenommen und im Unterricht eingesetzt und für das eigene Lernen genutzt. Lernende werden selbst aktiv mit und ohne Hilfe anderer. Die Lernenden steuern ihr Verhalten volitional. Ohne den individuellen Erfahrungs- und Wissenshintergrund und eigene Interpretationen finden im Prinzip keine kognitiven Prozesse statt. Neues Wissen wird mit bereits vorhandenem verknüpft. Lernen ist Wissenskonstruktion, dies impliziert, dass die Lernenden neue Wissensstrukturen aufbauen, untereinander vernetzen, mit bestehenden Konzepten verknüpfen und immer wieder in verschiedenen Situationen verwenden und mit neuen Kontexten verbinden. Nur durch solches Vorwissen ist die Konstruktion, Rekonstruktion und Dekonstruktion möglich. Konsequenterweise muss auch in aktivierenden Lernarrangements der inhaltliche Input eine wichtige Rolle spielen, auch wenn die Lernform eher offen gestaltet ist: Für Lernende muss ein Angebot geschaffen werden, durch das es ihnen ermöglicht wird, sich nach und nach selbst Inhalte zu erschließen. Selbstreguliertes Lernen umfasst auch die Lernorganisation. Damit sind Tätigkeiten gemeint wie Lernziele festlegen, Lernschritte sequenzieren, den Lernort auswählen und gestalten. Lernkoordination besteht darin, das Lernen mit anderen Tätigkeiten abzustimmen.
Zum selbstregulierten Lernen gehören jedoch nicht nur (meta)kognitive, sondern auch emotionale und motivationale Komponenten, die bei der Förderung der Selbststeuerung einzubeziehen sind. Selbstreguliertes Lernen kann sich auf unterschiedliche Tätigkeiten beziehen: auf die Vorbereitung des Lernens, auf die Ausführung und Regulation der Lernhandlungen, auf die Bewertung der eigenen Leistungen sowie auf die Aufrechterhaltung von Konzentration und Motivation. Deshalb kann die Selbstregulation noch in folgende Teilmerkmale untergliedert werden:

Motivation:

Die Lernenden setzen sich gerne mit einem Inhalt auseinander; das Thema trifft ihre Interessen; sie haben Freude an ihrer Aufgabe. Dieses motivationale Element betrifft die Frage, warum und mit welcher Intensität eine Person eine bestimmte selbststeuernde Maßnahme ergreift.
Motivation zum Lernen ist eine Voraussetzung jedes Wissenserwerbs. Dabei spielen die intrinsische Motivation und das Interesse eine wesentliche Rolle. Intrinsisch motiviert ist eine Handlung dann, wenn die Person diese um ihrer selbst willen ausführt und nicht, wie bei extrinsischer Motivation, aufgrund der damit verbundenen Konsequenzen. Diese motivierten Handlungen sind dann Prototypen selbstbestimmten Verhaltens. Durch eine entsprechende Gestaltung des sozialen Kontextes besteht die Möglichkeit, Kompetenz- und Autonomieerfahrungen der Lernenden

zu unterstützen, etwa durch Sicherstellung eines optimalen Anforderungsniveaus, positives Feedback oder informative Rückmeldungen. Entscheidend ist, dass sich die Lernenden sozial eingebunden fühlen und realistische Kompetenzerwartungen ausbilden. Dazu müssen sie in geeigneten Situationen selbstbestimmt aktiv werden. Interessen im Sinne von stabilen Präferenzen für bestimmte Tätigkeiten oder Gegenstände beeinflussen den Prozess des Wissenserwerbs erheblich. Positive Gefühle können sich dabei entwickeln. Deshalb muss auf bestehende Interessen der Lernenden eingegangen werden oder neue Interessen geweckt werden. Durch Lerninhalte kann ebenfalls Interesse aufgebaut werden. Motivation und Interesse kann vor allem dann aufgebaut werden, wenn sich Lernen in situierten Kontexten abspielt. Damit dies gelingt, sollten authentische Lernsituationen angeboten werden, da ein Transfer von Wissen auf neue und komplexe Probleme auch ein Lernen in komplexen Situationen erfordert.

Kognitive Lernstrategien:
Lernen als selbstgesteuertes Handeln setzt neben Zielbildungs- und Bewertungsvorgängen auch zielgerichtete Regulationstätigkeiten und damit den Einsatz von Lernstrategien voraus (Konrad 2008, S. 47). Die Lernenden eignen sich Informationen selbständig an. Sie können Wissen vernetzen, ihr Vorwissen abrufen, Zusammenhänge herstellen und an Vorerfahrungen anknüpfen oder über geeignete Lernstrategien verfügen und die eigenen methodischen Kompetenzen nutzen und zielorientiert arbeiten. Damit ihnen dies gelingt, benötigen die Lernenden eine Methodenkompetenz. Darunter wird die Disposition verstanden, Anforderungen und Handlungen kreativ zu entwickeln, zu strukturieren und zu gestalten.
Mit kognitiven Strategien sind solche gemeint, die sich auf das Lernen, die Informationskodierung und die Reproduktion von Gedächtnisinhalten beziehen. Drei Varianten werden unterschieden:

- Wiederholungs- und Einprägungsstrategien heben auf die Aufmerksamkeit und das genaue Einprägen des Lerninhalts im Kurzzeitgedächtnis ab. Durch Wiederholen und Üben wird verhindert, dass bereits Gelerntes im Gedächtnis „verblasst“ oder gar „zerfällt“. Neue Informationen werden wieder schnell aus dem Arbeitsspeicher verdrängt, wenn sie nicht aktiv memoriert werden. Deshalb müssen Informationen immer wiederholt werden, damit sie ins Langzeitgedächtnis übernommen werden (z. B. mehrfache Wiederholung des Lernstoffes, schriftliches Zusammenfassen der wichtigsten Informationen, Textauszüge markieren).
- Enkodier-/Elaborationsstrategien dienen dazu, Informationen im Langzeitgedächtnis zu verankern, indem neue Informationen mit vorhandenem Wissen und vorhandenen Erfahrungen in Beziehung gesetzt werden. Sie tragen dazu bei, neue Informationen dauerhaft zu speichern. Eine der besten Enkodierstrategien ist, etwas zu verstehen versuchen. Dies erfordert einen aktiven Umgang mit dem neuen Wissen, beispielsweise es mit vorhandenem Wissen zu verknüpfen, seine

Struktur zu analysieren (etwa durch Mapping-Techniken), es auf das Wesentliche zu reduzieren, Schlussfolgerungen aus dem neuen Wissen zu ziehen, es anzuwenden, Fragen zu stellen, Analogien herzustellen usw.
- Organisations-/Abrufstrategien, die den gezielten Abruf von Gelerntem aus dem Gedächtnis unterstützen, z. B. durch die Nutzung von Gliederungen, Stichwortlisten, Schemata, Maps und anderen Abrufhilfen. Sie helfen dem Lerner bei der Auswahl relevanter Wissensinhalte und beim Aufbau eines Netzwerkes von Beziehungen zwischen den gelernten Informationen (auch Metaplan- und Netzwerktechnik). Ziel- bzw. aufgabenadäquates Wissen wird in einer zum Lernen geeigneter Weise verdichtet und geordnet (Friedrich & Mandl 1992; Boekaerts 1999; Konrad & Traub 2018; Konrad 2008).

Metakognitive Strategien:
Die Aufgabe metakognitiver Strategien ist es, den Lernfortschritt zu regulieren, zu steuern und zu überwachen. Während kognitive Strategien unmittelbar auf den kognitiven Fortschritt abheben, wird dieser hier reguliert und überwacht. Es können Strategien zur Planung, Überwachung und Regulation kognitiver Prozesse unterschieden werden, ebenso wie Kontrollstrategien, welche die situationsangemessene Planung („Wie packe ich dieses Problem an?"), Überwachung („Das habe ich nicht verstanden!") und Regulation („Das muss ich nochmals versuchen") der oben skizzierten Prozesse unterstützen.
Bei diesen Aspekten des Lernens und Problemlösens handelt es sich um Funktionen zur Selbststeuerung exekutiver Prozesse, welche als höchst bedeutsam eingestuft werden (Konrad 2008, S. 50).

Reflexivität und Bewusstheit:
Die Lernenden machen sich über das eigene Lernen Gedanken, thematisieren ihre Stärken und Schwächen und gliedern und durchdenken den Lernprozess in einzelnen Schritten. Sie haben Klarheit über das eigene Lernen und die eigene Person. Die Bedeutung des Lernens ist ihnen bewusst. Die Lernenden beeinflussen in kognitiver bzw. metakognitiver, motivationaler und verhaltensbezogener Hinsicht den Lernprozess selbst aktiv. Außerdem ist eine selbstbezogene Feedbackschleife während des Lernprozesses wirksam. Die Lernenden überwachen im Lernprozess ständig ihre Lernaktivitäten und reagieren auf verschiedene Weise auf dieses Feedback.

Leistungsbezogenes Merkmal der Selbststeuerung: persönlicher Lernerfolg

Die Frage, wie Selbststeuerung mit Aspekten der Leistung verbunden sind, ist für schulisches Lernen zentral. Die Förderung selbstgesteuerten Lernens macht nur dann Sinn, wenn damit auch die Leistung günstig beeinflusst werden kann. Beob-

achtungen aus dem Alltag sprechen eher für einen Zusammenhang (Weinert 1982). Ein Lerner, der Lernstrategien besitzt und diese sinnvoll einsetzt, der motiviert ist und seinen Lernprozess reflexiv und bewusst beeinflussen kann, muss eigentlich auch zu einer besseren Leistung kommen, zumal, wenn er durch kooperatives Lernen auch von den Erfahrungen, den Strategien und dem Vorwissen seiner Mitlerner profitieren kann. Dabei ist aber nicht nur wichtig, dass ein solcher Zusammenhang besteht, sondern auch, dass der Lernende diesen Zusammenhang wahrnimmt und entsprechend einschätzen kann. Deshalb besteht bei diesem Merkmal, die wichtige Überlegung darin, ob sich die Lernenden über ihren eigenen Lernprozess Feedback geben und sich mit den Ergebnissen auseinandersetzen können, so dass sie die Auswirkungen des Lernens auf sich selbst erkennen und bewerten können. Sie wissen, warum sie etwas lernen und können den Lernerfolg auch selbst einschätzen. Dadurch evaluieren sie ihre Lernergebnisse. Sie reflektieren die einzelnen Lernschritte und überdenken ihr eigenes Vorgehen in Bezug auf das Ergebnis.
Zu diesen beiden Merkmalen kommt das Kooperative Lernen als soziales Merkmal hinzu.

Soziales Merkmal der Selbststeuerung: Kooperation

Selbstgesteuertes schulisches Lernen ist in der Regel „sozial gestaltet" und findet in sozialen Kontexten statt, weshalb innerhalb des selbstgesteuerten Lernens der Kooperation eine enorme Bedeutung zugemessen werden muss.
Kooperatives Lernen bezeichnet eine Interaktionsform, bei der alle Beteiligten gemeinsam und in wechselseitigem Austausch Kenntnisse und Fertigkeiten erwerben. Vom kooperativen Lernen verspricht man sich, dass Lernende einen größeren Lernerfolg haben, wenn sie Gelegenheit erhalten, sich über Inhalte auszutauschen. Dadurch sollen Zusammenhänge besser verstanden und Probleme leichter gelöst werden. Außerdem werden Zuwächse im kommunikativen und kooperativen Bereich gesehen (Konrad & Traub 2019; Traub 2021a).
Die Überlegungen zum kooperativen Lernen sind ausführlich in Kapitel 1.2. dargestellt und deshalb werden sie hier nicht nochmals aufgegriffen.
Die Merkmale und die Begründung ihrer Herleitung finden sich im empirischen Teil zur selbstgesteuerten Projektarbeit und kann dort ausführlich nachgelesen werden (vgl. Traub 2012).
Das Prozessmerkmal der Selbstregulation und das Leistungsmerkmal des persönlichen Lernerfolgs sind abgeleitete Merkmale aus den in Kapitel 1.1. genannten Eingangsvoraussetzungen für Lernen, und das soziale Merkmal der Kooperation entspricht den Überlegungen zum kooperativen Lernen.
Sie gelten als Grundlage für die selbstgesteuerte Projektarbeit, die ab dem 2. Kapitel in den Fokus der Betrachtung rückt.

1.4 Das Sandwich-Prinzip

Wie aber kann nun Unterricht gestaltet werden, der sowohl individualisiertes und kooperatives Lernen beinhaltet, aber eben auch Orientierung für Lernende bietet und instruktionale Aspekte berücksichtigt?
Wichtig scheint die Balance des Unterrichts zu sein. „Ein ausschließlich belehrender Unterricht ist in der Schulrealität ebenso wenig denkbar wie ein rein entdeckender; ein völlig gelenkter Unterricht ebenso unrealistisch wie das vollkommen autonome Lernen. Die Realität eines effektiven Unterrichts liegt zwischen den vier Eckpunkten des Methodenrepertoires. Die didaktisch begründete Wahl der jeweils besten Unterrichtsmethode erfordert eine Kenntnis der spezifischen Leistungsfähigkeit der verschiedenen Unterrichtsmethoden." (Wiechmann 2000, S. 17)
Hilbert Meyer kommt bei der Darstellung seiner Merkmale guten Unterrichts zur Aussage, „dass ein hohes Niveau der Schülerbeteiligung am Unterricht nicht automatisch zu besseren Lernerfolgen führt. Eine klare Lehrersprache, gute Strukturierung und geschickte Steuerung des Lerntempos müssen hinzukommen." (Meyer 2019, S. 8)
Meyer unterscheidet 10 Merkmale guten Unterrichts und eines davon ist die Methodenvielfalt (vgl. Meyer 2019). Er begründet die Forderung nach Methodenvielfalt zum einen damit, „um der Vielfalt der unterrichtlichen Aufgabenstellungen gerecht zu werden, zum anderen, um die Heterogenität der Lernvoraussetzungen und der Interessen der Schülerinnen und Schüler zu beachten." (Meyer 2019, S. 74)
Meyer versteht unter Methodenvielfalt,

- wenn der Reichtum der verfügbaren Inszenierungstechniken genutzt wird,
- wenn eine Vielfalt von Handlungsmustern eingesetzt wird,
- wenn die Verlaufsformen des Unterrichts variabel gestaltet werden,
- und das Gewicht der Grundformen des Unterrichts ausbalanciert ist (Meyer 2019, S. 74).

Für Meyer ist der Projektunterricht ein wichtiges Konzept für die Selbstorganisation des Lernens. Sie erlaubt darüber hinaus auch die Einübung solidarischen Handelns. Sie vermittelt Handlungskompetenz und Selbstwertgefühl und kann auf die Anforderungen des Berufslebens vorbereiten. Allerdings ist sie weniger geeignet, um neu erworbenes Wissen zu üben und zu festigen (vgl. Meyer 2019).
Meyer sieht durch die Forschungsergebnisse gut bestätigt, dass eine Kombination von Methoden der direkten Instruktion und konstruktivistischen Methoden gute Ergebnisse entstehen können, wobei die direkte Instruktion ein wenig erfolgreicher ist auf die Wissensaneignung bezogen und „offener Unterricht" erfolgreicher ist bezogen auf die Vermittlung von Methoden- und Sozialkompetenz (Meyer 2019).
Auch Gudjons (2006) appelliert für eine neue Unterrichtskultur und sieht in diesen Forderungen neben einigen anderen Kernelementen vor allem das selbstständige,

selbstorganisierte und selbstverantwortete Lernen der Schüler gefordert (Gudjons 2006). Er versucht in seinem Buch „Neue Unterrichtskultur- veränderte Lehrerrolle" den Sinn einer neuen Unterrichtskultur zu begründen und zu legitimieren. Unter Unterrichtskultur versteht Gudjons die „Gesamtheit aller Vorgänge, die mit dem Lehren und Lernen in der Schule zusammenhängen." (Gudjons 2006, S. 15) Grundlagen der neuen Unterrichtskultur sind neben historischen Vorbildern vor allem die Forschung der neueren Lernwissenschaften. Für Gudjons stellt sich das Fördern selbstgesteuerten Lernens als zentrales Element einer solchen neuen Lernkultur dar. Er begründet dies damit, dass Lernen ein aktiver Prozess ist, der nur vom Lernenden selbst vollzogen werden kann. „Lernen ist Prozess und Ergebnis der aktiven Auseinandersetzung des erkennenden und handelnden Subjekts mit seiner äußeren Welt. Lernen ist also ein höchst individueller, konstruktiver Prozess." (Gudjons 2006, S. 16) Gudjons beruft sich dabei auf die Überlegungen des Konstruktivismus und auch der Hirnforschung.

Die Konsequenz dieser Überlegungen und theoretischer Modelle sieht er darin, den aktiven Prozess des Lernens bei den Schülern so intensiv wie möglich zu unterstützen. Unterricht muss die aktive, selbstorganisierte und eigentätige Rolle der Schüler und Schülerinnen beachten und ausdrücklich fördern.

Die Lernenden müssen zur Selbststeuerung des Lernens qualifiziert werden, indem sie geeignete Lernstrategien kennen und anwenden lernen, Arbeitsmethoden sinnvoll einsetzen und damit ihren Lernprozess gestalten können.

Gudjons sieht aber selbstgesteuertes Lernen auch in Verbindung mit Instruktion, auch für ihn kann es Selbststeuerung ohne Fremdsteuerung nicht geben sowie keine Fremdsteuerung ohne selbstgesteuerte Anteile möglich ist. Insofern sieht auch er selbstgesteuertes Lernen in Verbindung mit instruktionalen Überlegungen. Damit Schule den heutigen Anforderungen im Alltag gerecht werden kann, muss sie zweierlei tun:

Sie muss allgemeine Strategien vermitteln, wie man Probleme löst (z. B. eine klare Frage formulieren, Hypothesen bilden, diese mit Informationen oder Experimenten prüfen, Ergebnisse formulieren und auf die Ausgangsfrage rückbeziehen).

Die Schule muss aber auch bereichsspezifisches Wissen so vermitteln, dass es auf komplexe Situationen angewendet werden kann. Schon bei der Wissensaufnahme müssen also multiple Kontexte eine Rolle spielen (Gudjons 2006, S. 21).

Gudjons zieht als Fazit, dass schulischer Unterricht auf dieses „Lernen-Machen" zielen muss, d. h. die aktive selbstorganisierte und eigentätige Rolle der Schülerinnen und Schüler muss beachtet und ausdrücklich gefördert werden. Hierzu müssen sich die Lernumgebungen ändern, eine Mischung von Instruktion und Konstruktion muss entstehen. Gudjons sieht die Förderung selbstgesteuerten Lernens allerdings eher in offeneren Lernumgebungen verwirklicht, weil hier der Zeitrahmen flexibler ist, die Reihenfolge der Lernhandlungen und die Bemessung der Lernzeiten bleiben stärker den Lernenden überlassen. Aber auch offene Lernumgebungen zeichnen sich durch qualitativ angemessene Lernhilfen und Unterstützungsangebote aus sowie durch gezielte Beratung seitens der Lehrkraft (Gudjons 2006).

Zusammenfassend lässt sich dabei feststellen, dass in allen ausgewählten Ansätzen selbstgesteuertes Lernen als wichtige Lernform angesehen wird und es werden bei allen Ansätzen gemeinsame Begründungsstränge sichtbar:
Allen diesen Ansätzen ist gemein, dass sie aktives, selbstgesteuertes Lernen fordern und dieses als wichtige Lernform in der Schule sehen.

- Alle gehen davon aus, dass durch selbstgesteuertes Lernen ermöglicht wird, neues Wissen mit bereits vorhandenem Wissen zu vernetzen und somit transferfähiges Wissen zu entwickeln.
- Gemeinsam ist auch allen die Auffassung, dass Vorkenntnisse für den Lernerfolg bedeutsam sind und diese in einer selbstgesteuerten Lernumgebung besser und effizienter genutzt werden können.
- Wichtig ist auch die geteilte Auffassung, dass selbstgesteuertes Lernen als ein Prozess zu verstehen ist, auf dem die Lernenden durch Lehrende zu begleiten und zu unterstützen sind. Nur dann kann selbstgesteuertes Lernen erfolgreiches Lernen werden. Hierzu gehört vor allem die Vermittlung von Lernstrategien.
- In allen Ansätzen wird die Verwirklichung selbstgesteuerten Lernens im schulischen Kontext in Formen des „offenen Unterrichts" gesehen. Genannt werden in erster Linie der Projektunterricht und teilweise die Freiarbeit.

Neben diesen Formen „Offenen Unterrichts" können Lernumgebungen hilfreich sein, die sowohl instruierte als auch selbstgesteuerte Lernphasen enthalten.
Das von Wahl (2013) entwickelte Sandwich-Prinzip stellt eine solche Lernumgebung dar, bei dem ein systematischer Wechsel von Vermittlungs- und Transferphasen stattfindet. Zwischen die Phasen der Vermittlung von Expertenwissen (bzw. intersubjektiver Theorien) werden Phasen der subjektiven Aneignung bzw. Phasen der Auseinandersetzung, Analyse und Bewertung geschoben. Dies wird damit begründet, dass sowohl bei ausschließlich kollektivem Lernen kein nachhaltiges Wissen erreicht werden kann als auch beim ausschließlich selbstgesteuerten Lernen das Wissen meist oberflächlich gespeichert wird. Um „träges Wissen" zu verhindern, muss eine Lernumgebung gefunden werden, die sowohl Anteile der Anleitung als auch der Selbststeuerung aufweist. Lernen muss zwar jedes Individuum allein, aber eine Unterstützung durch eine geeignete Lernumgebung kann gegeben werden und dies ist auch die zentrale Aufgabe der Schule und des Unterrichts. Das Sandwich-Prinzip ist ein „planvoll hergestelltes Arrangement", „in dem den Lernenden einerseits eine aktive Auseinandersetzung mit den vermittelten Inhalten ermöglicht wird, in dem ihnen jedoch andererseits thematische und lernstrategische Orientierung angeboten wird." (Wahl 2013, S. 103). Im Sandwich-Prinzip werden verschiedene Phasen und Gelenkstellen unterschieden, die den systematischen Wechsel zwischen

Orientierung gebenden Phasen und selbsttätiger Auseinandersetzung mit Inhalten kennzeichnen. Die Gelenkstellen leiten dabei von einer Phase in die nächste über und schaffen so fließende Übergänge. Gelenkstelle A markiert den Beginn eines Sandwichs. Hier werden beispielsweise die Teilnehmenden begrüßt und es wird ihnen mitgeteilt, worum es im Unterricht geht (vgl. Wahl 2013). Auf die Gelenkstelle A erfolgt der Einstieg in das Sandwich. Je nach Umfang des Lernprozesses wird auch der Einstieg unterschiedlich lang ausfallen. Dieser ist wieder selbst wie ein Sandwich aufgebaut, um eine dialogische Situation zu erreichen. Wichtig für die Lehrperson sind dabei folgende Komponenten:

Transparenz schaffen:

Die Lernenden sollen den Lernprozess selbst in die Hand nehmen, also autonom handeln und selbstgesteuert agieren können. Damit dies gelingt, müssen die Lernenden wissen, wie der Verlauf des Lernprozesses geplant ist, nur dann können sie sich sinnvoll daran beteiligen.

Folgende Instrumente können dabei helfen:

- Agenda: Sie macht den Teilnehmenden den Ablauf der Lernsequenz deutlich: Anfang und Ende, Pausen, Arbeitsphasen usw. Die Lernenden wissen also, was auf sie zukommt und können sich entsprechend daran orientieren oder auch ihre Wünsche und Interessen einbringen. Die Agenda stellt einen ersten Plan des Arbeitsprozesses dar. Während des Lernprozesses kann immer wieder auf die Agenda verwiesen werden, um zu zeigen, wie weit der Arbeitsprozess bereits gediehen ist.
- Advance Organizer: Darunter versteht man früh im Lernprozess präsentierte Vernetzungen der Inhalte, um die Themen inhaltlich und in ihrem Zusammenhang zu verstehen und nachvollziehen zu können.
- Kommunikation erleichtern:
- Hier geht es darum, eine vertrauensvolle Atmosphäre zu schaffen, die es den Lernenden ermöglicht, sich gleich zu Beginn zu äußern und sich so in das Geschehen einzubringen.

  Folgende Verhaltensweisen können helfen, die Kommunikation zu erleichtern:
  - Redeschwelle überwinden: Hier helfen Gesprächsphasen in kleinen Sozialformen, also Tandems oder Gruppen. Diese Phasen sind eher kurz zu halten, so dass keine zu hohen Anforderungen auf den Einzelnen zukommen. Wichtig ist, dass sich alle Lernenden äußern können. Murmelphasen, Vergewisserungsphasen, Partnergespräche, Partnerinterviews, Kugellager usw. können hier eingesetzt werden.
  - Mischen: Die Gruppen werden immer wieder gemischt, damit die Teilnehmer viele Personen kennen lernen und mit diesen arbeiten. Dies ist vor allem in Lerngruppen wichtig, wo sich die einzelnen Personen noch nicht oder nicht gut kennen.

Mitgestaltung/Selbststeuerung ermöglichen:
Lernende sollen selbstgesteuert und selbstbestimmt handeln. Um dies zu ermöglichen, muss der Lernprozess an den Interessen der Lernenden ausgerichtet werden. Dies kann dadurch ermöglicht werden, dass

- Interessen erhoben werden: Durch Blitzlicht oder Hitparade bzw. Kartenabfrage können Interessen abgefragt werden. Interessen können aber nur dann sinnvoll erhoben werden, wenn die Lernenden eine grobe Vorstellung von der Thematik haben.
- Vorkenntnisse erfassen: Um Lernende ernst zu nehmen ist es wichtig, ihre Vorkenntnisse zu berücksichtigen und danach den Lernprozess auszurichten. Um Vorkenntnisse abzurufen, bietet sich die Schwarz-Weiß-Methode oder die Sortieraufgabe an. Um Vorkenntnisse zu implantieren, ist der Advance Organizer ein sinnvolles Instrument (vgl. Wahl 2013).

Nach dem Einstieg kann auf zwei verschiedene Weisen weiter verfahren werden: Es kann eine Phase der Vermittlung folgen oder eine subjektive Verarbeitungsphase. Die Phase der Vermittlung: Dies können eine Präsentation, ein Vortrag, ein Referat usw. sein. Das wäre eine kollektive Lernphase. In ihr werden, was die Form und den zeitlichen Ablauf angeht, alle gleich geschaltet. Den Lernenden wird von der vortragenden Person ein einheitliches Lerntempo vorgegeben. Dabei wird nicht gefragt, wem dieses Tempo zu langsam oder zu schnell ist. Es hat sich herausgestellt, dass Präsentationen dann besonders lernwirksam sind, wenn sie prägnant, inhaltlich anspruchsvoll und mehrfachcodiert sind. Wenn die Teilnehmenden dem von der Leitungsperson aufgezwungenen, gemeinsamen Lerntempo nur eine kurze Zeit folgen können, dann ist es wichtig, in dieser Zeit den Sachverhalt auf den Punkt zu bringen. Die Lernenden suchen ja nach Lösungen für ihre Probleme und sind neugierig, welche professionellen Wissensbestände hier helfen können. Wenn die Aufmerksamkeit der Lernenden nachlässt (nach ca. 15 Minuten), dann müsste sich eine subjektive Arbeitsphase anschließen. Die Gelenkstelle B stellt die Überleitung zur individuellen Lernphase dar. Hier geht es darum, genau festzulegen, in welcher Form nun weiter gearbeitet werden soll. Wichtig ist, dass die Teilnehmer schnell arbeitsfähig werden, dass sie nicht durch schlechte Organisation und durch unverständliche Aufgaben wertvolle Zeit verlieren, die sie zur individuellen Verarbeitung benötigen. In der individuellen Verarbeitungsphase sollte sich der Leiter nicht einmischen, die Lernenden haben die Möglichkeit, im eigenen Lerntempo zu arbeiten. Möglich wäre es, den Lernenden Hilfen anzubieten, wie sie ihr bereichsspezifisches Vorwissen ordnen können, zum Beispiel durch eine Struktur-Lege-Technik. Jede Person durchläuft dabei einen anderen Lernprozess und kommt in der zur Verfügung gestellten Zeit unterschiedlich weit voran. Es könnte auch eine Partnerarbeit oder dergleichen stattfinden. „Jetzt arbeiten die Teilnehmenden vollständig im eigenen Lerntempo (bei Einzelarbeit) oder nahe am eigenen Lerntempo (bei Partner- oder

Kleingruppenarbeit) bzw. haben die Möglichkeit, in den kleinen Sozialformen das Lerntempo mitzubestimmen. Sie denken, analysieren und bewerten in ihrer eigenen gedanklichen Struktur und müssen sich nicht mühen, einer fremden kognitiven Struktur zu folgen. Das sind Faktoren, die den Problemlöse-Prozess begünstigen und die mit dazu beitragen, dass die Teilnehmenden die Phasen der subjektiven Aneignung im Sandwich-Prinzip als positiv erleben." (Wahl 2013, S. 109)
Diese Vorgehensweise ist im Sinne eines aktiven, selbstgesteuerten Lernprozesses besonders wichtig. Das wechselseitige Lehren und Lernen (WELL) stellt eine geglückte Verbindung zwischen aktiven Vermittlungsphasen und aktiven Auseinandersetzungsphasen dar. Wichtig ist es auch, dass die Lernenden ihr Wissen immer wieder ordnen und organisieren. Hierfür helfen verschiedene Formen kognitiver Landkarten, durch die Wissen sichtbar gemacht werden kann. In der Gelenkstelle C müssen die Teilnehmenden wieder im Plenum zusammengebracht werden. Dies ist schwierig, da die Lernenden sich subjektiv mit den vermittelten Informationen auseinandergesetzt haben und dabei unterschiedlich weit gekommen sind. Hier schließt sich nun eine weitere kollektive Lernphase an, die an die individuelle Phase anknüpfen sollte. Ein oder zwei Teilnehmer könnten ihre Ergebnisse aus der individuellen Phase vortragen. Wichtig ist hierbei, dass die Plenumsarbeit pünktlich fortgesetzt wird. Die Teilnehmer haben hier einen individuellen Lernweg beschritten und es wäre unsinnig, jetzt wieder alle auf das gleiche Niveau bringen zu wollen (vgl. Wahl 2013). Das Sandwich schließt mit einem Ausstieg, einem Abschluss. Hier kann man inhaltlich abschließen, reflektieren, das Gesagte emotional verarbeiten lassen.

Inhaltlicher Abschluss:

- Lernlücken schließen: Um sicher zu gehen, dass alle Lernenden den Kern der vermittelten Inhalte beherrschen, kann hier nochmals mit verschiedenen Methoden wie der Sortieraufgabe, der Schwarz-Weiß- Methode, dem Partner-, Gruppen- oder Multi-Interview oder der Gruppenrallye gearbeitet werden.
- Fragen klären: Beim individuellen Lernen können sich Fragen ergeben, die hier nochmals angesprochen und im Plenum oder in Kleingruppen bearbeitet werden können. Es bietet sich die Vergewisserungsphase oder die Kartenabfrage als methodische Zugangsweise an.
- Verständnis vertiefen: Um nachhaltig lernen und zu einem tiefen Verständnis zu kommen, müssen neue Lerninhalte in bereits vorhandenes Wissen integriert werden. Um dies zu verstärken, helfen die Struktur-Lege-Technik, das Netzwerk, das Stellen komplexer Aufgaben oder die Erklärung mit einem Abschluss (post)-Organizer.
- Zur Reflexion anregen: Der Lernprozess wird nochmals unter inhaltlichen, emotionalen, lernstrategischen und kommunikativen Aspekten betrachtet. Konsequenzen für zukünftiges Handeln können gezogen werden. Eingesetzt werden können Feedbackbögen, Punktabfragen, Blitzlicht, Partnerinterview usw.

- Emotionale Verarbeitung unterstützen: Dies ist vor allem bei Lernenden der Fall, die nicht weiter im Klassenverband zusammen arbeiten.

Dieser Ausstieg ist mit der Gelenkstelle D verknüpft. Der Lernprozess wird abgeschlossen (vgl. Wahl 2013).
Das Sandwich-Prinzip ist für Schule und Unterricht in verschiedenen Studien erforscht und evaluiert worden. Dabei konnte über viele positive Auswirkungen berichtet werden:

- Hohe Aufmerksamkeit: Die Konzentration der Lernenden wird länger aufrechterhalten. Somit wird die zur Verfügung stehende Lernzeit in hohem Maße genutzt.
- Guter Lernerfolg: Der Prozess des Vergessens wird verringert. Dadurch, dass neues Wissen stets mit Vorwissen verknüpft wird, kann es zu einer tiefen und nachhaltigen Verarbeitung kommen.
- Positives Lernklima: Störungen werden im Lernprozess vermieden. Das aktive und kooperative Lernen fördert eine Integration von schwierigen Schülerinnen und Schülern.
- Entlastete Lehrende: Zunächst ist der Vorbereitungsaufwand hoch, im Laufe der Zeit relativiert er sich. Allerdings ist insgesamt ein geringerer Kräfteverschleiß und eine größere Freude am Unterrichten zu beobachten.
- Verändertes Handeln: Das Wissen kann leichter in Handlung umgesetzt werden und Wissen wird nachhaltig gespeichert (vgl. Wahl 2013).

1.5 Zusammenfassung

In diesem Kapitel wurde der Versuch unternommen deutlich zu machen, dass individualisiertes und kooperatives Lernen Bestandteile des selbstgesteuerten Lernens sind und dass diese Formen des Lernens sowohl in „normalen Unterrichtssequenzen“ in Form des Sandwich-Prinzips umgesetzt werden können als auch als Voraussetzung für selbstgesteuerte Projektarbeit zentral sind.
Um zur selbstgesteuerten Projektarbeit zu kommen, müssen die Lernenden die Voraussetzungen hierfür mitbringen. Diese Voraussetzungen sind verknüpft mit den Fähigkeiten zum individualisierten Lernen wie z. B. die Aktivierung und Nutzung der eigenen Vorkenntnisse, die Auswahl, welche Lerninhalte wann und wie verarbeitet werden, die sinnvolle Anwendung geeigneter Lernstrategien und die eigene Motivierung, sich auf einen solchen Lernprozess einzulassen. Da Lernen aber immer auch ein soziales Geschehen ist und durch die Auseinandersetzung mit anderen fruchtbar gestaltet werden kann, ist es notwendig, auch kooperative Elemente in den Lernprozess zu integrieren. Hierbei spielt das kooperative Lernen eine bedeutsame Rolle. Vor allem das wechselseitige Lehren und Lernen hilft dabei, Wissen zu verarbeiten und auszutauschen, um dieses nachhaltig zu speichern und somit für

weitere Lernprozesse zur Verfügung zu stellen. Gelingt einem Lernenden individualisiertes und kooperatives Lernen, dann kann davon gesprochen werden, dass er selbstgesteuert lernen kann.
Hierzu braucht er aber auch Lerngelegenheiten. In der Schule wird überwiegend angeleitet gelehrt und weniger selbstgesteuert gelernt. Um die Vorteile beider Pole – des angeleiteten und des selbstgesteuerten Lernens – miteinander zu verbinden, steht das Sandwich-Prinzip zur Verfügung. In dieser Lernumgebung scheint es möglich, Phasen instruierten Lernens mit Phasen selbstgesteuerten Lernens systematisch zu verbinden und damit erfolgreiches Lernen zu initiieren.
In diesem Kapitel sollte der Leser Gelegenheit erhalten, sich zunächst mit den Formen des individualisierten, kooperativen und selbstgesteuerten Lernens auseinanderzusetzen und diese für sich genommen zu prüfen, inwieweit sie im Unterricht umsetzbar sind. Hierzu sollten die Darstellungen zum Sandwich-Prinzip helfen.
In den weiteren Kapiteln wird der Fokus auf die selbstgesteuerte Projektarbeit gelegt.
In den nun folgenden Arbeitsanweisungen erhält der Leser nochmals Gelegenheit, sich mit der Thematik auseinanderzusetzen.

● Arbeitsvorschläge

Überprüfen Sie mit Hilfe des Advance Organizers, ob Sie das Kapitel verstanden haben. Ihre Fragezeichen müssten sich zu Ausrufezeichen verändern. Bei Begriffen, die noch nicht mit einem Ausrufezeichen versehen werden können, sollten Sie nochmals im Text nachschauen.

In diesem Kapitel wurden Ihnen Methoden aus den Bereichen des individualisierten, kooperativen und selbstgesteuerten Lernens vorgestellt, die im Sandwich-Prinzip im Rahmen der subjektiven Aneignung genutzt werden können.

1. Ergänzen Sie die folgende Tabelle, um den Einsatz der Methoden zielführend zu gestalten.

Methode	**individualisiertes Lernen**	**kooperatives Lernen**	**Strategieerwerb**	**Ziel**
Gruppeninterview		X	Organisations- und Abrufstrategie	Wissen verarbeiten
Gruppenpuzzle				

Methode	individualisiertes Lernen	kooperatives Lernen	Strategie-erwerb	Ziel
Gruppenrallye				
Gruppenturnier				
Konstruktive Kontroverse				
Lerntempoduett				
Mindmapping				
Netzwerk				
Partnerinterview				
Partnerpuzzle				
Sortieraufgabe				
Struktur-Lege-Technik				

2. Erklären Sie die Methode einer fiktiven Gruppe und erörtern Sie die jeweiligen Chancen und Grenzen (lautes Denken).

Lesevorschläge

In diesem Kapitel wurden vor allem drei Formen des Lernens angesprochen: das individualisierte, das kooperative und das selbstgesteuerte Lernen. Um sich mit diesen Formen intensiver auseinander zu setzen, bietet sich die folgende Literatur an:

Traub, S. (2021). Schritt für Schritt zum kooperativen Lernen. Stuttgart: UTB Klinkhardt
Nach einem historischen Abriss zum Gruppenunterricht und kooperativem Lernen geht es in diesem Buch vor allem darum, sich auf den Weg zum kooperativen Lernen zu begeben. Es werden Methoden des kooperativen Lernens dargestellt und an schulischen Beispielen die Umsetzung illustriert.

Konrad, K. & Traub, S. (2018). Selbstgesteuertes Lernen. Grundwissen und Tipps. Hohengehren: Schneider
Das Buch befasst sich mit Weg und Ziel des selbstgesteuerten Lernens und klärt Fragen nach der Definition, den theoretischen Begründungszusammenhängen, den

Unterschieden zu anderen Lernformen. Es zeigt Instrumente zur Diagnose selbstgesteuerten Lernens auf und stellt verschiedene Unterrichtskonzepte vor, die als selbstgesteuerte Lernkonzepte in der Schule praktiziert werden. Ebenfalls wird darauf eingegangen wie selbstgesteuertes Lernen gezielt in Schule und Hochschule sowie in der Erwachsenenbildung gefördert werden kann.

Um die pädagogische Komponente des kooperativen Lernens durch eine psychologische zu ergänzen bietet es sich auch an, die folgenden Bücher zu lesen:
Konrad, K & Traub, S. (2019). Kooperatives Lernen. Theorie und Praxis in Schule, Hochschule und Erwachsenenbildung. Hohengehren: Schneider
In diesem Buch wird zunächst das kooperative Lernen theoretisch geklärt und mit Hilfe psychologischer Modelle begründet. Wege zum kooperativen Lernen in der Schule werden beispielhaft aufgezeigt. Außerdem werden auch Überlegungen vorgestellt, wie kooperatives Lernen in der Hochschule bzw. in der Erwachsenenbildung eingesetzt werden kann.

Wahl, D. (2013). Lernumgebungen erfolgreich gestalten. Vom trägen Wissen zum kompetenten Handeln. Bad Heilbrunn: Klinkhardt.
Die Formen des Lernens können in einer Lernumgebung zum Tragen kommen. Entscheidende Hinweise wie dies geschehen kann und wie Lernprozesse unterstützt werden können, zeigt das Buch von Diethelm Wahl auf. Hier wird das Sandwich-Prinzip als Lernumgebung beschrieben, die Hintergründe aufgezeigt und die Lernumgebung in einen größeren theoretischen Zusammenhang gestellt. Eine Methodensammlung gibt außerdem konkrete Umsetzungsmöglichkeiten.

2 | Entwicklung einer Grundkonzeption für selbstgesteuerte Kleingruppenprojektarbeit

Während in Kapitel 1 zunächst einmal allgemeine Überlegungen zum individualisierten, kooperativen und selbstgesteuerten Lernen vorgestellt und in die Lernumgebung des Sandwich-Prinzips integriert wurden, um damit aufzuzeigen, wie Unterricht sich verändern kann, damit Lernen erfolgreich wird, geht es ab diesem Kapitel weniger um allgemeine Aussagen, sondern um konkrete Überlegungen zur Entwicklung einer Grundkonzeption für selbstgesteuerte Kleingruppenprojektarbeit.

Es werden verschiedene Zugänge für eine Projektkonzeption dargestellt. Zunächst werden die Ideen der historischen Projektmodelle für eine aktuelle Projektarbeit diskutiert, anschließend werden die Merkmale selbstgesteuerten Lernens in ihrer Grundbedeutung für die Projektkonzeption dargestellt und die Überlegungen des Sandwich-Prinzips auf eine Projektlernform übertragen.

● Bevor Sie mit dem Lesen beginnen...

Schauen Sie sich den Advance Organizer genau an und kennzeichnen Sie Begriffe, die Ihnen unbekannt sind mit einem Fragezeichen, Begriffe, die Sie schon kennen und einordnen können mit einem Ausrufezeichen.

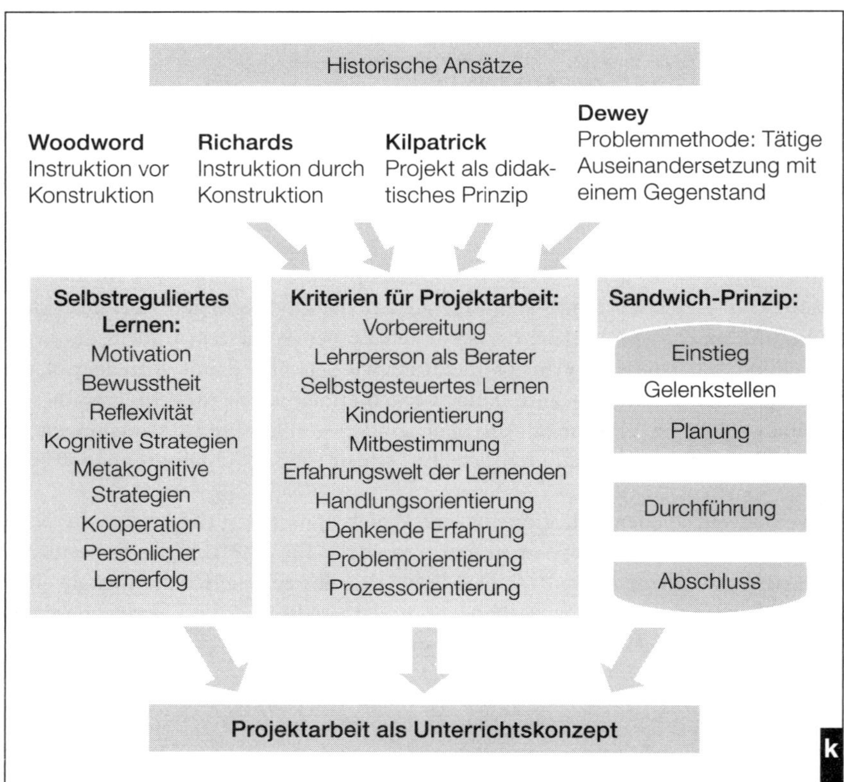

Abb. 4: Advance Organizer zu Kapitel 2

2.1 Kriterien eines „idealen" Projektunterrichts

Ob wie in der Projektliteratur immer wieder diskutiert, die Geschichte des Projektgedankens aus Amerika oder aus der italienischen Architekturausbildung kommt, spielt für schulische Projektarbeit keine Rolle. Einig sind sich die „Projektforscher" aber darüber, dass vor allem immer wieder vier Namen mit den Anfängen und Entwicklungen des Projektunterrichts in Zusammenhang gebracht werden: Woodward, Richards, Dewey, Kilpatrick. Diese werden hier auf der Grundlage des Werkes von Apel und Knoll (2001) beschrieben. Hierbei handelt es sich um historische Modelle, aus denen sich fundamentale Kriterien einer echten Projektarbeit ableiten und in das zu entwickelnde Projektkonzept integrieren lassen. Diese stellen die Grundlagen einer echten Projektarbeit dar.

2.1.1 Das lineare Modell von Woodward

Woodward geht von zwei Phasen aus: Instruktion und Konstruktion. Zuerst müssen den Lernenden Kenntnisse und Fertigkeiten vermittelt werden, danach können sie sich einen Plan machen und diesen ausführen. Außerdem dürfen die Lernenden dabei nicht über- oder unterfordert werden. Woodwards lineares Vorgehen beinhaltet den Lehrgang, die Übung und dann das Projekt. Es müssen elementare Prinzipien vermittelt werden, diese müssen geübt und trainiert werden, dann können die Lernenden sie selbständig anwenden. Das Projekt selbst wird von den Lernenden geplant, ist komplex und wird von ihnen selbst durchgeführt. Deshalb kann das Projekt nicht am Anfang, sondern nur am Ende einer Unterrichtseinheit stehen. Im Projekt selbst kann dann die Lehrperson zum Helfer und Berater werden. Woodward sieht die Konstruktions- oder Projektphase zweifelsfrei als eine Phase der freien Selbsttätigkeit an. Er hebt aber hervor, dass auch bei der Projektarbeit die Freiheit der Schüler nicht unbeschränkt ist. Er legt zwei Rahmenbedingungen fest, damit Aufwand und Ertrag zueinander passen:

- Die Projekte dürfen nicht zu lange dauern (ca. 10% des Unterrichts).
- Die Projekte dürfen nicht zu einfach, aber auch nicht zu kompliziert sein. Deshalb müssen sich die Lernenden ihre Ideen genauestens von der Lehrperson absegnen lassen.

Die Arbeit am Projekt ist für Woodward zentral, aber er stellt sie nicht in den Mittelpunkt des Unterrichts. Ihm ist die Instruktion wichtiger als die Konstruktion. Um effektiv und wirksam zu sein, müsse Werken linear und systematisch unterrichtet werden und zwar linear insofern, als es in drei nicht umkehrbaren Schritten (Lehrgang, Übung, Projekt) von den elementaren Prinzipien zu den praktischen Anwendungen führe und synthetisch insofern, als es vom Lernen und Üben einzelner Elemente zum Kombinieren und Konstruieren ganzer Einheiten voranschreite. „Ohne Instruktion hat der Junge kein Verständnis für die Bedeutung der Reihenfolge und für die Notwendigkeit von Erfahrung im Umgang mit Werkzeugen. Im Projekt auf sich allein gestellt, unternimmt er, auf was er nicht vorbereitet ist. Er gebraucht die falschen Werkzeuge oder die richtigen Werkzeuge auf falsche Weise und seine Arbeit ist immer schlecht.“ (Woodward 1905, S. 268)
Durch unvorbereitete Projektarbeit, so argumentiert Woodward, lernen die Schüler weder logisches Denken noch vernünftiges Handeln (nach Apel & Knoll 2001, S. 21 ff.).

Abzuleitende Kriterien:

- Projektarbeit muss vorbereitet werden: Auf die Instruktion folgt die Konstruktion.
- Die Lehrperson fungiert während der Projektarbeit als Berater; sie ist mit dafür verantwortlich, dass sich Lernende für ein ihrem Anforderungsniveau entsprechendes Vorhaben entscheiden.

- Während der Projektphase findet selbstgesteuertes Lernen statt.
- Das Projekt ist eine Unterrichtsmethode neben anderen und darf nicht als Unterrichtsprinzip eingesetzt werden.

2.1.2 Das integrative Modell von Richards

Richards erweitert den Ansatz Woodwards, in dem er die Interessen des Kindes mit einbringt. Er betont die natürliche Erziehung. Darunter versteht er eine Methode, die den höchsten Grad absichtsvoller Selbsttätigkeit erlangt, indem sie direkt an das Leben und die Interessen der Kinder appelliert. Das Element Projekt bleibt. Aber er rückt es ab von der Peripherie in das Zentrum des Werkunterrichts und gibt diesem gemäß Deweys Theorie der aktiven Beschäftigungen eine neue Aufgabe. Nun geht es nicht mehr um technische Bildung und berufliche Bewährung, sondern um Selbstausdruck und sozialen Dienst. Die Schüler sollen natürliche Ganzheiten vor Augen haben, ehe sie sich mit den Teilaspekten beschäftigen. Sie müssen Verständnis für die ganze Aufgabe entwickeln, dann können sie Probleme und Schwierigkeiten erkennen und genügend Kraft und Phantasie entfalten, um die Notwendigkeit für Informationen und Fertigkeiten zu erfassen, die erlernt und eingeübt werden müssen, damit sie das Projekt effektiv und erfolgreich zu Ende führen können. Die Schüler sind an der Planung und Gestaltung des gesamten Unterrichts beteiligt. Außerdem werden die notwendigen Lehrgänge und Übungen nicht dem Projekt vorgeschaltet, sondern in das Projekt integriert. Sein Ansatz lautet daher Instruktion durch Konstruktion, nicht Instruktion vor Konstruktion.
Richards stellt klar, dass es sich in der Schule nur um Mitbestimmung und Mitgestaltung, nicht um Selbstverwirklichung und Selbstbestimmung handeln kann. Wie Woodward und Dewey betrachtet er eine schülerzentrierte, d. h. von Belehrung und Lehrplan und Benotung losgelöste Projektarbeit als verfehlt und undurchführbar. Richards versucht das Verhältnis von Schülerfreiheit und Lehrerherrschaft in eine sinnvolle Balance zu bringen. Doch dies lässt sich im integrierten System nicht einfach verwirklichen. Die Stellung des Lehrers ist hier weniger eindeutig als im linearen Modell. Hat der Lehrer bei Woodward nacheinander zwei klar erkennbare Rollen gespielt, zunächst im Lehrgang und Übung die des Instrukteurs, dann im Projekt die des Beraters, so besteht nun die Gefahr, dass sich beide Rollen tendenziell überlagern und konflikthaft stören. Darum weist Richards dem Lehrer auch im Projektunterricht die Aufgabe zu, die Schüler zu lenken, zu leiten und zu führen (nach Apel & Knoll 2001, S. 26 ff.).

Abzuleitende Kriterien:

- Kindorientierung: Anknüpfung an deren Interesse;
- Mitbestimmung der Schüler bei Planung und Durchführung;
- Instruktion durch Konstruktion;
- Überblick und Orientierung über das gesamte Themengebiet ist erforderlich, bevor sich Lernende mit einzelnen Aspekten befassen;

- Lernende wenden Strategien aus dem Bereich des selbstgesteuerten Lernens an;
- Lehrer lenkt, leitet und führt durch die Projektarbeit;

2.1.3 Das universelle Modell nach Kilpatrick

Kilpatrick begründet sein Projektkonzept mit Deweys Theorie der Erfahrung. Die Kinder sollen Erfahrungen sammeln und Probleme der sozialen Umwelt bearbeiten, indem sie den ganzen Akt des Denkens – vom Begegnen der Schwierigkeit über das Entwerfen eines Plans bis zum Lösen des Problems – durchlaufen, um auf diese Weise neue und für Alltag und Leben nützliche Kenntnisse und Fertigkeiten zu erwerben. Noch mehr als auf Deweys pragmatistische Erfahrungstheorie stützt sich Kilpatrick auf die behavioristische Lernpsychologie von Thorndike. Kilpatrick zieht aus dessen Überlegungen den Schluss, dass die Psychologie des Kindes das ausschlaggebende Moment im Lernprozess ist. Das Kind müsse sich frei entscheiden können, was es tun will, denn in dem Maße, in dem es seinen eigenen Absichten und Neigungen nachgehen könne, erhöhen sich sein Wohlbefinden und damit auch sein Lernerfolg. Diese lernpsychologischen Einsichten fasst Kilpatrick in die Schlagworte Freiheit zum Handeln und Handeln mit Befriedigung zusammen und legt sie seinem Projektkonzept zu Grunde. Dabei knüpft er nicht am engen didaktischen, sondern am weiten allgemeinen Sprachgebrauch des Projektbegriffs an. Das Projekt ist etwas Projektiertes, etwas Im-Geiste-Entworfenes und Zur-Durchführung-Akzeptiertes. Was auch immer das Kind unternimmt, solange es absichtsvoll geschieht, handelt es sich um ein Projekt. Kilpatrick definiert das Projekt daher als absichtsvolles Handeln aus ganzem Herzen, das in einer sozialen Umgebung stattfindet. Die Einstellung des Lernenden ist ihm besonders wichtig. Kilpatrick unterscheidet vier Typen von Projekten: Produktionsprojekt, Problemprojekt, Lernprojekt, Konsumtionsprojekt. In allen Typen werden jeweils unterschieden: Absicht, Planen, Durchführen und Beurteilen. Dabei soll alles in der Hand des Schülers liegen. Denn nur, wenn die Schüler die Freiheit zum Handeln besitzen und das Handeln mit Befriedigung ausführen, können sie Selbstsicherheit, Entscheidungskraft und Lebensfreude erwerben. Das Projekt selbst ist dabei inhaltlich und methodisch völlig offen. Dies ist ein universelles Modell eines Projektes. Jedes Tun des Kindes kann an jedem Ort, zu jeder Zeit, auf jede Art und Weise zum Projekt werden. Entscheidendes Kriterium ist die Absicht des Schülers. Absicht setzt Freiheit und Selbstbestimmung voraus, sie kann nicht zugewiesen werden. Im Grunde ist Kilpatricks Projektmethode gar keine Methode. Sie bezeichnet nicht das Arrangement des Unterrichts durch den Lehrer, sondern die Einstellung des Schülers zu seinem Tun, wobei die momentanen und subjektiven und nicht die dauerhaften und objektiven Interessen des Kindes die ausschlaggebende Rolle spielen. Was Kilpatrick unter dem Begriff Projekt propagiert, ist kein spezielles methodisches Verfahren, es ist vielmehr ein allgemeines didaktisches Prinzip, das Prinzip der radikalen Schüler- und Kindzentrierung. Diese Überlegungen stießen aber allgemein auf Kritik (Apel & Knoll 2001, S. 29 ff.).

Abzuleitende Kriterien:

- Auseinandersetzung mit für den Schüler momentan bedeutsamen Alltagsproblemen
- Projektarbeit als denkender Akt: Planen, Durchführen und Problemlösen
- Schüler- und Kindorientierung
- Handlungsorientierung: Freiheit zum Handeln: Projekt wird im Geist entworfen und geplant; Plan wird akzeptiert und ausgeführt. Befriedigung durch Handeln tritt ein: herzhaftes absichtsvolles Tun
- Lernen ist selbstgesteuert, wobei die Absicht im Zentrum steht.

2.1.4 Die Problemmethode nach Dewey

In Deutschland gilt John Dewey, der Philosoph, Pädagoge und Gründer der Laborschule in Chicago, als der eigentliche große Vertreter des Projektunterrichts. Dies ist aber so nicht eindeutig zu bestimmen. Dewey hat sich zwar zur Projektmethode geäußert, aber nie eine eigenständige Theorie des Projektunterrichts hervorgebracht. John Dewey ist viel eher ein Vertreter der Problemmethode.
Welchen Beitrag kann John Deweys Theorie der Erziehung für eine moderne Konzeption von Projektunterricht leisten?
Der Mensch gewinnt nach Dewey Erkenntnis, indem er sich tätig mit der Welt auseinandersetzt, kurz: indem er Erfahrungen macht. Diese Vorstellung geht davon aus, dass der Mensch nicht nur auf seine Umgebung reagiert und sich dieser anpasst, sondern diese aktiv und bewusst gestaltet, sich also handelnd mit ihr auseinandersetzt. Der Mensch wirkt aktiv auf seine Umgebung ein und erfährt die Folgen seiner Handlungen, indem die Umgebung auf ihn zurückwirkt und gewinnt dadurch Erkenntnis. Der beschriebene Erkenntnisprozess beschränkt sich jedoch nicht auf einen bloßen Nachvollzug, als ein Erfassen vergangener oder festgelegter Vorgänge, sondern als Prozess mit grundsätzlich offenem Ausgang.
Bezieht man diese Aussage auch auf den Unterrichtsprozess, so wird deutlich, dass der Planbarkeit von Erkenntnisprozessen durch den Lehrer Grenzen gesetzt sind. Letztlich kann im Vorhinein nicht vollständig bestimmt werden, was ein Lehrgegenstand bei einem Schüler bewirken kann.
Erfahrungsprozesse werden nicht voraussetzungslos aus sich selbst heraus immer neu generiert, sondern bauen auf vorhergehenden auf und sind zukunftsorientiert auf einen Fortschritt gerichtet. Demnach gewinnt der Mensch Erkenntnis, indem er sich tätig mit der Welt auseinandersetzt und, aufbauend auf alten Erfahrungen, neue Erfahrungen macht. Mit tätiger Auseinandersetzung ist aber nicht nur manuelle Tätigkeit gemeint, vielmehr sind gerade die Veränderung des Gegenstands im Prozess der Erfahrung und der Nachvollzug dieser Veränderung im Denken eine grundlegende Bedingung. Denken und Erfahrung stehen für Dewey in einem engen Zusammenhang.

Mit der Zunahme des Anteils des Denkens wird Denken zu einer besonderen Form der Erfahrung, der denkenden Erfahrung, die er auch als die bildende (educative) Methode der Erfahrung bezeichnet. Dewey bezieht sich dabei auf die philosophische Tradition des Pragmatismus. Die wesentlichen Merkmale der Methode sind darum identisch mit den wesentlichen Merkmalen des Denkens. Es sind folgende:

- dass der Schüler eine wirkliche, für den Erwerb von Erfahrung geeignete Sachlage vor sich hat – dass eine zusammenhängende Tätigkeit vorhanden ist, an der er um ihrer selbst willen interessiert ist;
- dass in dieser Sachlage ein echtes Problem erwächst und damit eine Anregung zum Denken;
- dass er das nötige Wissen besitzt und die notwendigen Beobachtungen anstellt, um das Problem zu behandeln;
- dass er auf mögliche Lösungen verfällt und verpflichtet ist, sie in geordneter Weise zu entwickeln;
- dass er die Möglichkeit und die Gelegenheit hat, seine Gedanken durch praktische Anwendung zu erproben, ihren Sinn zu klären und ihren Wert selbständig zu entdecken.

Eine Erfahrung ist dann wertvoll und bildend, wenn sie die beschriebenen Stufen des Denkens beinhaltet. Dewey beschreibt mit den fünf Stufen des Denkens einen idealtypischen Prozess, der zu Erziehung und Bildung des Menschen führt.

Die wichtigste Aufgabe von Erziehung ist nach Dewey die Sicherstellung von Erfahrungsprozessen der Lernenden. Eine Erziehung, die der Höherentwicklung des Individuums und der Gesellschaft dient, kann für Dewey nur über Erfahrungsprozesse verlaufen, und umgekehrt wirken Erfahrungsprozesse erzieherisch, wenn sie auf Entwicklung ausgerichtet sind. Erziehungsprozesse wirken nur vermittelnd über die Umgebung. Der Mensch lernt also durch die tätige Auseinandersetzung mit seiner Umgebung, die nicht nur konstitutiver Teil des Prozesses ist, sondern diesen auch initiiert, indem sie sich dem Menschen als Widerstand oder Problem darstellt, das Ausgangspunkt denkender Erfahrung sein kann. Nach Dewey lernt der Mensch nicht, indem er sich losgelöstes Wissen aneignet, sondern dann, wenn der Gegenstand mit der augenblicklichen Situation des Lernenden zusammenhängt. Dies bedeutet zum einen, dass der Kontext der konkreten Lernsituation einbezogen werden muss, und zum anderen, dass das Interesse der Lernenden berücksichtigt werden muss. Dewey betont, dass die Ereignisse für den Lernenden von Bedeutung sein müssen, und rückt damit das Individuum in das Zentrum der Betrachtung. Neben der Orientierung an den Betätigungen und Interessen der Lernenden ist genauso entscheidend, dass die Schülerinnen und Schüler die Bedeutung der Gegenstände für ihre eigenen Tätigkeiten erkennen. Dewey versteht den Menschen als ein soziales Wesen, das – um Mensch sein zu können – in einer sozialen Gemeinschaft lebt. Grundlage dieser Gemeinschaft ist die Demokratie.

Dewey sieht in der Trennung von Lehrstoff und Methode einen unzulässigen Dualismus und hält in pragmatistischer Sichtweise beide für untrennbar miteinander verwoben. Für ihn gibt es keine Lehre vom Lehren, in der die Methode ohne die Kenntnis des zu vermittelnden Inhaltes betrachtet wird, da beide immer in einer Wechselwirkung verbunden sind. Die Frage, wie Unterricht methodisch aufgebaut sein soll, welche Methoden vorzuziehen sind, ist für Dewey nur zu beantworten, wenn der zu vermittelnde Inhalt mitbedacht wird. Gleiches gilt für die Auswahl der Inhalte, die ohne die vermittelnden Methoden nicht getroffen werden kann. Daraus folgt, dass es beim Nachdenken über die Inhalte und Methoden von Unterricht immer die konkrete Situation und die in ihr handelnden Personen zu berücksichtigen gilt. Dies bedeutet in letzter Konsequenz auch, dass es nicht eine Methode geben kann, die für alle Unterrichtssituationen in gleicher Weise sinnvoll ist. Folglich würde Dewey niemals annehmen, dass die Projektmethode die einzige und wahre Unterrichtsmethode sei.

Zusammenfassend kann man sagen, dass allgemeine Methoden des Lehrens auf die individuelle Art der Auseinandersetzung der Schüler, die persönliche Methode und die jeweilige Situation zugeschnitten werden müssen.

Inhalte sind keine abstrakten Wissensbestände, sondern müssen unmittelbar an ein bestimmtes Problem sowie eine konkrete Situation gebunden sein. Daraus folgt allerdings nicht, dass Unterrichtsinhalte ausschließlich der konkreten Situation erwachsen, da sie eine weitere, gesellschaftliche Dimension besitzen: Sie sind eine geordnete Form der von einer Gesellschaft als zur Vermittlung an eine nachfolgende Generation für wichtig erachteten Inhalte des sozialen Lebens.

Der Lehrstoff muss mit der Erfahrung des Kindes zusammengebracht werden. Eine Erfahrung ist für Dewey immer ein sozialer Prozess, da sie durch die Vorstellungen der sozialen Gruppe und der Umwelt, in der das Kind lebt, mitbestimmt wird. Der Lehrstoff muss sich letztlich dadurch auszeichnen, dass er sich auf das Leben der Kinder bezieht und diese befähigt, ihr Leben in Zukunft besser zu meistern. Lernstoffe müssen genau geplant werden, damit an vorhergehende Erfahrungen angeknüpft werden kann, als auch die Weiterführung in einer strukturierten Form begründet werden kann. Die Lehrenden müssen die Lernprozesse vorstrukturieren, so dass Erfahrungsprozesse bei Kindern in Gang gesetzt werden können.

Dem Projektunterricht ähnlich sind die Überlegungen der „constructive occupations“. Diese konstruktiven Beschäftigungen haben für Dewey erzieherische Bedeutung, da die wissenschaftliche Erkenntnis und die technischen Möglichkeiten der Menschheit sich aus diesen grundlegenden Betätigungen entwickelt haben. Dewey weist darauf hin, dass die „constructive occupations“ in den letzten Jahren zunehmend als Projekte Eingang in die Klassenzimmer gefunden haben.

Er nennt vier Bedingungen, damit diese Projekte erzieherisch wirken können:

Die erste Bedingung weist darauf hin, dass Projekte im Interesse der Schülerinnen und Schüler liegen sollen. Wenn sie deren Gefühle und Bedürfnisse nicht berücksichtigen und keine Bedeutung für sie gewinnen, so wird sich auch deren Verstand von ihnen abwenden. Interesse allein reicht jedoch nicht aus, denn auch die Art des Gegenstandes und der Handlung spielen eine wichtige Rolle. Es sollte sich um etwas von bleibendem Interesse handeln, nicht lediglich einer kurzfristigen Begeisterung entspringen und die Gedanken betreffen.

Die zweite Bedingung fordert, dass die Aktivität sich auf etwas Wesentliches richtet. Dies bedeutet nicht, dass es sich um etwas lediglich aus der Sicht der Erwachsenen Sinnvolles handeln soll.

Die dritte Bedingung betont die Notwendigkeit, dass ein Projekt im Verlauf seiner Entwicklung Probleme aufzeigt, die die Neugierde und das Verlangen nach weiterer Information der Kinder wecken und weitere Beobachtungen usw. nach sich zieht.

Die vierte Bedingung hebt die zeitliche Dimension in den Blick. Ein Projekt sollte eine gewisse Zeitspanne umfassen, damit eine angemessene Bearbeitung möglich wird, und der Gegenstand muss die fortschreitende Entwicklung ermöglichen.

Ein Projekt bedeutet für Dewey die tätige Auseinandersetzung mit einem Gegenstand über einen längeren Zeitraum hinweg, einem Gegenstand der von bleibendem Interesse für den Schüler und die Gesellschaft ist, der über sich hinausweist und weitergehende Probleme aufzeigt, mit dem Ziel, Erfahrungsprozesse bei den Schülern zu initiieren. Projekte müssen geplant werden, aber nicht alles ist planbar. Diesen Dualismus sieht Dewey als wichtig an und er gilt auch für den Projektunterricht (vgl. Dewey 1993; vgl. Apel & Knoll 2001).

Abzuleitende Kriterien:

- Möglichkeit zur denkenden Erfahrung: Der Schüler hat eine wirkliche, für den Erwerb von Erfahrung geeignete Sachlage vor sich und interessiert sich für die damit zusammenhängende Tätigkeit. Aus dieser Sachlage erwächst ein echtes Problem und regt zum Nachdenken an. Der Lernende verfügt über notwendiges Wissen und Strategien, um das Problem zu behandeln. Er kann Lösungen entwickeln und darstellen und damit seine Gedanken ordnen und sich so mit der Welt auseinandersetzen.
- Situiertes Lernen: Die Auseinandersetzung mit einem Lerngegenstand muss aus dem Erfahrungsbereich des Lernenden kommen, damit Erfahrung entstehen kann.
- Schülerorientierung: Die Interessen und Neigungen der Lernenden sind zentral.
- Projektunterricht als eine Methode neben anderen, die dann eingesetzt wird, wenn sie zur Erarbeitung der Inhalte passt.
- Problemorientierung: Das Problem erwächst aus dem Erfahrungskontext der Lernenden und nimmt gesellschaftliche Dimensionen an.
- Die Lehrperson muss die Lernenden auf Projektarbeit vorbereiten.
- Ein Projekt wird über einen längeren Zeitraum durchgeführt.

2.2 Merkmale selbstgesteuerten Lernens

Die Merkmale selbstgesteuerten Lernens stellen eine wesentliche Basis der Projektarbeit dar. Deshalb werden die Merkmale aus Kapitel 1 hier unter der Perspektive der Umsetzung im Projektunterricht analysiert. Es lassen sich aus jedem Merkmal bestimmte Ansprüche für Projektarbeit ableiten. Im Rahmen der PROGRESS-Methode wird diesen Richtlinien mehr oder weniger stark entsprochen, je nachdem auf welcher Ebene der Umsetzung man ansetzt. Die Richtlinien werden in ihrer maximalen und in ihrer minimalen Ausprägung vorgestellt.

2.2.1 Prozessmerkmal selbstgesteuerten Lernens: Selbstregulation

Es lassen sich verschiedene Teilaspekte unterscheiden, die hier getrennt betrachtet werden.

Motivation:

Die Lernenden setzen sich in der Projektarbeit in der Regel gerne mit einem Inhalt auseinander; das Thema trifft ihre Interessen, sie haben Freude an ihrer Aufgabe.
Im Projektunterricht müssen Themen aus dem Lebensbereich der Schülerinnen und Schüler gewählt werden. Nur so haben sie Zugang zum Thema und können sich auf das Gebiet einlassen. Nur dann gelingt ihnen auch die Verknüpfung der einzelnen Aspekte eines Themengebietes zu einem Ganzen. Sie erhalten dadurch einen Lebensweltbezug und können die Inhalte mit ihrer Alltagswelt verknüpfen. Damit werden die Themen authentisch und wirken motivierend, sie haben etwas mit dem Leben der Lernenden zu tun. Außerdem spielt hierbei der Kerngedanke eine Rolle, dass Wissen nicht ausschließlich in den Köpfen der Lehrenden und Lernenden repräsentiert ist, sondern dass es auch im physikalischen und sozialen Kontext distribuiert sein kann. Wissen kann also nicht von einer Person zu einer anderen eins zu eins weitergereicht werden, sondern muss selbstständig und aktiv im Handlungskontext erworben werden (Mandl, Gruber & Renkl 2002).
Aus dem Merkmal der Motivation lassen sich für Projektunterricht folgende Ansprüche ableiten:

- Thema /Problemstellung nach Interesse festlegen
  - Maximale Realisierung: Interesse ist vorhanden.
  - Minimale Realisierung: Interesse wird geweckt.
- Einbeziehen sozialer Kontexte
  - Maximale Realisierung: Lernende fühlen sich in der Lerngruppe und mit dem Thema wohl und arbeiten in einer für sie angenehmen Lernumgebung.
  - Minimale Realisierung: Eine positive Lernumgebung muss geschaffen werden, Lernende müssen mit der Art des Arbeitens und mit dem Thema vertraut gemacht werden.
- Ermöglichen situierten Lernens; in Gang setzen eines Lernprozesses

– Maximale Realisierung: Das Thema trifft die Lebenswelt der Lernenden. Sie haben einen authentischen Bezug zum Thema und können dieses in ihren persönlichen Zusammenhang einordnen.
– Minimale Realisierung: Der Zusammenhang zwischen Thema und Lebenswelt der Lernenden muss hergestellt werden; den Lernenden muss bewusstgemacht werden, dass ein Zusammenhang besteht; Authentizität muss aufgebaut werden.

Kognitive und metakognitive Lernstrategien:
Für die Gestaltung von Projektunterricht beinhalten metakognitive Strategien, dass die Lernenden an der Entwicklung des Projektthemas und Plans beteiligt sind. Dabei wird auf ihr Interesse und ihr Wissen Bezug genommen. Eine von und mit den Lernenden entwickelnde Problemstellung muss dem Projektunterricht zu Grunde gelegt werden. Die Lernenden sollten sich mit der Problemstellung identifizieren können und sie sollte ansprechend sein.
Verbunden mit dieser Annahme ist auch, dass Vorwissen und Vorerfahrungen entwickelt und implementiert werden müssen, damit Lernende effektiv an einem Projektthema arbeiten können. Um Wissen zu entwickeln und zu nutzen, müssen Wissensnetze aktiviert und neues mit altem Wissen verknüpft werden. Damit dies gelingen kann, muss im Projektunterricht auf die Vorerfahrungen und Vorkenntnisse der Lernenden eingegangen und diese auch aktiviert werden. Nur so kann das Projektthema erfolgreich konstruiert und bearbeitet werden. Die Lernenden müssen selbst erkennen wie sie lernen sollen. Sie müssen also selbst vorhandene Lernlücken wahrnehmen, Lernstrategien nutzen usw. Dazu benötigen sie neben dem Vorwissen kognitive und metakognitive Strategien. Ihr Einsatz ermöglicht die Konstruktion von neuem Wissen. Die Planung des eigenständigen Lernens gelingt nur, wenn die Lernenden über Strukturelemente verfügen, in die das Neue eingeführt werden kann, also neues Wissen mit bereits vorhandenem Wissen verknüpft werden kann.
Lernende arbeiten im Projekt eigentätig und selbst verantwortlich. Sie wählen geeignete Strategien aus und wenden diese an. Somit arbeiten sie selbstreguliert während der Planung, Durchführung und Reflexion des Projekts.
Kognitive und metakognitive Strategien müssen im und durch Projektunterricht prozesshaft und schrittweise erlernt werden. Die Lernenden können dann immer mehr selbstreguliert Anteile übernehmen und somit kann Projektunterricht nach und nach dem ersten Merkmal entsprechen.
Aus dem Merkmal Strategien lassen sich für Projektunterricht folgende Ansprüche ableiten:

- Thema / Problemstellung nach Interesse festlegen:
  – Maximale Realisierung: Interesse ist vorhanden und wird von den Lernenden benannt; daraus entwickelt sich ein Thema.

  - Minimale Realisierung: Interesse wird geweckt, indem die Lehrenden Themen vorschlagen, darüber diskutiert wird und so gemeinsam ein Thema festgelegt werden kann.
- Vorkenntnisse und Vorerfahrungen aktivieren:
  - Maximale Realisierung: Vorkenntnisse sind vorhanden und werden aktiviert. Lernende nutzen diese und können dadurch Inhalte verknüpfen und Wissen aufbauen. Vorerfahrungen helfen, ein günstiges Selbstkonzept aufzubauen und entsprechende Strategien zu wählen.
  - Minimale Realisierung: Vorkenntnisse müssen aktiviert oder entwickelt werden. Das Thema wird durch die Lehrperson aufbereitet und auf bereits vorhandenes Wissen wird hingewiesen.
- Kognitive Lernstrategien:
  - Maximale Realisierung: Die Lernenden verfügen über ein Strategierepertoire, aus dem sie der Situation angemessene Formen auswählen und einsetzen können. Dadurch wird die Bearbeitung und der Zugang vereinfacht und die Projektarbeit optimal durchgeführt.
  - Minimale Realisierung: Die Lernenden benötigen Hilfe, um geeignete Strategien auswählen zu können; bestimmte Strategien müssen erst erlernt werden und ihre Anwendung geübt werden, damit sie erfolgreich sind.
- metakognitive Lernstrategien: Entwickeln eines Plans: Dieser enthält die Zielsetzung, die Lernschritte und koordiniert die Lernabläufe.
  - Maximale Realisierung: Die Lernenden entwerfen diesen Plan eigenständig, sie greifen dabei auf ihre Kompetenzen zurück und nutzen sowohl Vorkenntnisse als auch Lernstrategien.
  - Minimale Realisierung: Die Lernenden werden beim Entwurf durch die Lehrperson mehr oder weniger stark unterstützt, die Planung erfolgt kleinschrittig und mit Unterstützung.

Reflexivität und Bewusstheit:
Zu Beginn der eigentlichen Arbeit im Projekt muss gemeinsam mit den Lernenden festgelegt werden, welche Ziele mit dieser Arbeit verbunden sein sollen und über welche Inhalte diese Ziele erreicht werden. Dabei muss allen am Projekt Beteiligten diese Zielsetzung bewusst und verständlich sein, so dass die Lernenden immer wissen, woran sie sind und sich dadurch bei ihrer Arbeit an einem „roten Faden“ orientieren können. Lernende müssen in ihrer Projektarbeit auch Fehler machen dürfen und Irrwege gehen. Nur so lernen sie in komplexen Zusammenhängen zu denken und kommen selbst auf sinnvolle Lösungswege. Lernende sollen bei der Projektarbeit an geeigneten Stellen innehalten und darüber reflektieren, wie sie mit ihrer Arbeit vorankommen. Dies geschieht sowohl allein als auch in der Gruppe. Dabei stellen sich die Lernenden Fragen, wie

- kann ich den Plan einhalten?

– habe ich die Ziele noch im Auge?
– ist mein Vorgehen effizient und gut strukturiert?
– in welche Richtung geht meine Tätigkeit?
– wie arbeiten wir zusammen? usw.

Aus den Merkmalen der Reflexivität und der Bewusstheit lassen sich folgende Ansprüche für Projektunterricht ableiten:

- Teilziele festlegen und Erreichbarkeit überprüfen
  - Maximale Realisierung: Lernende setzen sich selbst die Ziele und schätzen deren Erreichbarkeit realistisch ein.
  - Minimale Realisierung: Lernende legen zusammen mit den Lehrenden Teilziele fest und überlegen gemeinsam, ob sich diese Ziele erreichen lassen. Dabei lenkt die Lehrperson.
- Denken in komplexen Zusammenhängen
  - Maximale Realisierung: Lernende gestalten selbstständig die Lösungswege aus und beziehen dabei die gesamte Situation mit ein.
  - Minimale Realisierung: Lernende werden auf verschiedene Lösungswege hingewiesen und sie werden schrittweise in komplexe Strukturen eingeführt.
- Überwachen des eigenen Lernprozesses
  - Maximale Realisierung: Lernende halten immer wieder an geeigneten Scharnierstellen inne und überprüfen ihren bisherigen Lernprozess; sie relativieren das weitere Vorgehen, setzen sich eventuell neue Ziele oder gehen den bisherigen Weg weiter.
  - Minimale Realisierung: Lernende werden zu Metareflexionen angeleitet, dafür notwendige Strategien werden vermittelt.

2.2.2 Das soziale Merkmal: Kooperation

Lernen schließt immer auch soziale Komponenten ein, so besteht zum Beispiel immer eine persönliche Beziehung zwischen den Lernenden. Die Lernenden unterstützen sich wechselseitig und helfen sich gegenseitig. Gedanken und Erkenntnisse werden miteinander geteilt, die Viabilität der Ideen diskutiert. Es wird aufeinander eingegangen und gemeinsam gearbeitet. Lernumgebungen, in denen kooperativ gelernt werden kann, sind hierfür von großer Bedeutung. Die Maßnahmen kooperativen Lernens sind auch in einer erfolgreichen Projektarbeit zu berücksichtigen. Lehrende und Lernende weisen darauf hin, dass Projektarbeit manchmal überfordernd wirkt. Die für das kooperative Lernen benannten Unterstützungsmaßnahmen sind als solche auch für die Kleingruppenarbeit im Projekt anzuwenden.
Ein Projekt wird in Kleingruppen erarbeitet, weil hier die verschiedenen Gedanken und Aspekte besser zusammengebracht und zu einem Ganzen entwickelt werden können. Die gemeinsame Arbeit und das gemeinsame Entwickeln stehen im Vordergrund. Projektunterricht ist ein interaktives Geschehen. Deshalb findet die Projekt-

arbeit auf der Basis kooperativen Lernens statt. Kooperatives Lernen ist notwendig, um die komplexen Themengebiete eines Projektes sinnvoll bearbeiten zu können. Kooperative Lernsituationen erscheinen dann besonders günstig, wenn es um Problemlöseprozesse, um divergentes Denken oder um kreative Aufgaben geht. Im Allgemeinen sind alle Aufgaben für kooperative Bearbeitung geeignet, die keine eindeutigen Lösungen vorgeben, sondern bei denen es darauf ankommt, Meinungen auszutauschen, Informationen einzuholen, Entscheidungen zu treffen (Traub 2021b, S. 18 ff).

Diese Überlegungen spielen gerade für die Projektarbeit eine große Rolle, deshalb muss sie in Kleingruppen durchgeführt werden, um möglichst eine hohe Effizienz zu erzeugen.

Aus dem Merkmal der Kooperation werden folgende Ansprüche für Projektunterricht abgeleitet:

- Einsatz kooperativer Methoden und Strategien
  - Maximale Realisierung: Die Lernenden besitzen kooperative Methodenkompetenz und setzen diese strategisch ein.
  - Minimale Realisierung: Die Lernenden werden darauf hingewiesen, mit welchen Methoden und Strategien am besten kooperativ gearbeitet werden kann.
- Gemeinsames Erarbeiten des Projektthemas
  - Maximale Realisierung: Die Lernenden teilen die Arbeit kompetent untereinander auf und nutzen die Möglichkeit in kleinen Gruppen erfolgreich zu arbeiten.
  - Minimale Realisierung: Die Lernenden werden darauf hingewiesen, dass es vorteilhaft ist miteinander zu arbeiten und es wird ihnen gezeigt, wie sie dies erfolgreich tun können.
- Voneinander und miteinander lernen
  - Maximale Realisierung: Die Lernenden helfen und unterstützen sich gegenseitig. Sie wissen wie man miteinander erfolgreich lernt.
  - Minimale Realisierung: Die Lehrperson vermittelt geeignete Strategien und übt diese ein, damit die Lernenden sinnvoll miteinander lernen können.

2.2.3 Das Merkmal der Einschätzung des persönlichen Lernerfolgs

Die Lernenden geben sich selbst Feedback über ihren Lernprozess, in dem sie sich mit den Ergebnissen auseinandersetzen, so dass sie die Auswirkungen des Lernens auf sich selbst erkennen und bewerten können. Sie wissen, warum sie etwas lernen und können den Lernerfolg auch selbst einschätzen. Dadurch evaluieren sie ihre Lernergebnisse. Um die Motivation aufrecht zu erhalten, müssen die Lernenden immer wieder Feedback zu ihren Lernprozessen erhalten und notfalls auch Hilfestellungen bekommen.

Im Projektunterricht müssen regelmäßige Feedbackschleifen in Form von Metagesprächen stattfinden, damit die Lernenden den Überblick über die gesamte

Projektarbeit behalten und sich bewusstwerden können, wie sie am besten an Problembearbeitungen herangehen können. So können sie ihren eigenen Lernfortschritt überwachen und einschätzen und sind fähig, über ihr eigenes Lernen zu reflektieren. Sie müssen sowohl über eigene Misserfolge nachdenken können als auch zunächst einmal ihr Ergebnis mit dem Ziel vergleichen können.
Aus dem Merkmal des persönlichen Lernerfolgs werden für den Projektunterricht folgende Ansprüche abgeleitet:

- Rückmeldungen zu den Ergebnissen geben und bekommen
  - Maximale Realisierung: Die Lernenden bewerten ihren Lernerfolg mit geeigneten Strategien und Metaanalysen. Sie können einschätzen wie erfolgreich sie waren und ob die Projektarbeit erfolgreiches Lernen ermöglicht hat. Sie sind auch in der Lage, die Ergebnisse der anderen zu bewerten und entsprechend zu analysieren und zu kritisieren.
  - Minimale Realisierung: Die Lernenden werden in Reflexionsgesprächen auf ihre Ergebnisse angesprochen und sie werden dazu angeleitet, Ziele und Resultate miteinander zu vergleichen. Dazu gibt die Lehrperson Hilfestellung.

2.3 Das Sandwich-Prinzip als Lernumgebung für selbstgesteuerte Projektarbeit

In den bisher erarbeiteten Überlegungen zum Projektunterricht wurde als Manko bemängelt, dass in diesem häufig Orientierungslosigkeit herrsche und der „rote Faden“ fehle. Dies konnte deutlich in den empirischen Studien (Traub 2012) herausgefiltert, aber ebenso der kritischen Literaturanalyse entnommen werden. Deshalb braucht die Projektarbeit einen Rahmen, in den sie eingebettet ist und durch den die Lernenden Orientierung erfahren. Genau dies ist der Anspruch des Sandwich-Prinzips (siehe Kapitel 1.4).
Die positiven Befunde des Sandwich-Prinzips legen es nahe, das Sandwich-Prinzip als Rahmen einer selbstgesteuerten Projektarbeit zu nutzen. „Eine auf der Grundlage des Sandwich-Prinzips aufgebaute Lernumgebung unterstützt selbstgesteuertes Lernen, fördert Metakognitionen und Reflexivität, steigert kommunikative wie metakommunikative Kompetenzen und erleichtert die Integration von Denken, Fühlen und Agieren.“ (Wahl 2013, S. 211). Damit entspricht diese Lernumgebung genau den geforderten Merkmalen selbstgesteuerten Lernens und eignet sich deshalb hervorragend als Rahmen der selbstgesteuerten Kleingruppenprojektarbeit.
Gerade beim selbstgesteuerten Lernen wurde in einigen Untersuchungen deutlich, dass Lernende Orientierung und Unterstützung benötigen, um erfolgreich selbstgesteuert lernen zu können. Bei der Entwicklung eines Projektmodells muss dieser Überlegung Rechnung getragen werden. Dabei rückt die Begründung und theoretische Einordnung des Sandwich-Prinzips als möglicher Rahmen für ein Projektmodell in den Fokus der Betrachtung. Auf der einen Seite spielt beim Lernen die

Einzigartigkeit jedes Individuums eine Rolle. Sie wird wichtig bei den Vorkenntnissen und Strategien, denn diese sind ein wichtiger Indikator für künftige Leistungen. Wenn neues Wissen nicht mit vorhandenen Vorkenntnissen vernetzt werden kann, dann bleibt dieses lückenhaft und schlecht organisiert. Vergessen ist dann eine wahrscheinliche Folge. Durch biografisch durchlaufene Lernprozesse bilden sich Lernstrategien heraus, die von Person zu Person und von Situation zu Situation unterschiedlich sind. Diese Annahmen machen deutlich, warum Lernende ihren Lernprozess unterschiedlich planen, überwachen und evaluieren. Dazu kommt, dass auch die Entwicklung des Selbstkonzepts und die Motivation durch die bisher durchlaufenen Lernprozesse ebenfalls stark beeinflusst werden (Wahl 2006, Wahl 2013). Gerade diese Aspekte spielen aber beim selbstgesteuerten Lernen und bei der Projektarbeit eine zentrale Rolle. Bei der Modellentwicklung muss auf ihre Umsetzung besonders geachtet werden. Berücksichtigt werden muss auch die aus den Überlegungen abzuleitende Konsequenz, dass bei Lernenden sehr unterschiedliche Lerntempi vorliegen, was ein Lernen im „Gleichschritt" unmöglich macht. Gerade im Projektunterricht kann dieser Konsequenz Rechnung getragen werden, da jeder individuell seinem Lerntempo, seinen Lernstrategien und seinen Vorkenntnissen gemäß lernen kann. Damit ist die Projektarbeit ein geeignetes Unterrichtskonzept, allerdings muss das Konzept in eine sinnvolle Lernumgebung eingebettet werden. Das Sandwich-Prinzip stellt hierfür einen geeigneten Rahmen dar.
Folgende Abläufe werden einer Projektkonzeption zu Grunde gelegt:

- Das Projektmodell muss aus einzelnen, einander ergänzenden und zueinander überleitenden Phasen bestehen.
- Eine Einstiegsphase ermöglicht den Beginn des Projekts und schafft die Voraussetzungen für eine effektive Projektarbeit. Hierbei werden inhaltliche, emotionale, soziale und kooperative Komponenten berücksichtigt.
- Im Sinne eines „Projekt-Sandwichs" wechseln kollektive und individuelle, subjektive Verarbeitungsphasen einander ab. Diese können je vom Umfang her variieren.
- Im Projekt müssen verschiedene Gelenkstellen bzw. Schnittstellen eingerichtet werden, in denen über das bisher Geleistete reflektiert wird, wo Absprachen erfolgen können oder flexibel weiter bzw. anders geplant werden kann.
- Damit Informationen gut verarbeitet werden können, müssen Phasen geschaffen werden, in denen über die Kleingruppenprojektarbeit hinaus Informationsaustausche stattfinden. Damit diese für alle effektiv sind, können hier besonders die WELL-Methoden erfolgreich eingesetzt werden.
- Das Projekt endet mit einem bewusst gewählten Abschluss, der wiederum inhaltliche, emotionale und soziale Komponenten aufweist. Beispielhaft könnte dies ein erstelltes Produkt als inhaltlicher Abschluss oder ein gemeinsames Fest als emotionaler Abschluss oder eben auch eine gemeinsame Fahrt als sozialer Abschluss sein.

2.4 Neukonzeption einer selbstgesteuerten Kleingruppenprojektarbeit

Aus den hier beschriebenen Teilbereichen können nun eine Rahmendefinition, grundlegende Maßgaben und Richtlinien einer Projektkonzeption abgeleitet werden.

2.4.1 Rahmendefinition

Folgende Rahmendefinition dient als Basis der Kleingruppenprojektarbeit und stellt das Fundament für die Modellvorstellungen dar:

Rahmendefinition:
Die Projektarbeit stellt ein Unterrichtskonzept neben anderen dar, das in immer wiederkehrenden Abständen einen längeren Zeitraum des Lernens ausmacht. Dabei sind die Fachgrenzen aufgehoben und es kann auch klassen- und jahrgangsübergreifend gearbeitet werden. In dieser Zeit setzen sich die Lernenden aktiv mit einem sie interessierenden Thema auseinander, das situiertes und selbstgesteuertes Lernen ermöglicht und aus der gegenwärtigen oder zukünftigen Lebenswelt der Lernenden entnommen ist. Das Thema weist über sich hinaus und zeigt weitergehende Probleme auf, mit dem Ziel, Erfahrungsprozesse bei den Lernenden zu initiieren. Dabei greifen die Lernenden auf Vorkenntnisse zurück und wenden geeignete Lernstrategien an. Sie überwachen die Lernaktivitäten selbst und organisieren ihren Lernprozess eigenständig, sie legen Ziele fest und koordinieren Lösungswege.
Projekte sind in mehrere Phasen gegliedert. Sie nützen alle Sozialformen und Methoden des Lernens, wobei ein eindeutiger Schwerpunkt auf Kooperationen innerhalb der Lernenden, aber auch mit anderen Partnern liegt.
Projektarbeit fördert neben den stofflichen Lernzielen, also der Fachkompetenz, auch die soziale, methodische und personale Kompetenz.
Die Projektarbeit steht in Wechselbeziehung zu anderen Unterrichtskonzepten wie Freiarbeit oder lehrgangsorientiertem Unterricht und auch zwischen sukzessiven oder parallellaufenden Projekten und gleichen oder verschiedenen Lerngruppen.
Die Lehrperson fungiert als Berater und falls notwendig als Coach.
Die Lernenden evaluieren ihren Lernprozess und geben einander konstruktives Feedback.

2.4.2 Maßgaben

Maßgeblich für die Projektarbeit ist einerseits, dass sie aus einem Ablauf von Phasen besteht, die miteinander zusammenhängen und die fließende Übergänge und damit wichtige Stationen der Projektarbeit aufgreifen. Außerdem wird dem Konzept des

kooperativen Lernens Rechnung getragen, in dem diese als grundlegende Methode der Projektarbeit fungiert.
In Orientierung am Sandwich-Prinzip werden bei der Projektarbeit verschiedene Phasen unterschieden: eine Einstiegsphase, systematischer Wechsel von kollektiven und individuellen Phasen und eine Ausstiegsphase. Damit eine Überleitung stattfinden kann, werden zwischen diesen Phasen Gelenkstellen eingebaut.

- Einstieg in die Projektarbeit:
  Thematische Vernetzungen von bereichsspezifischem Vorwissen mit den zentralen Inhalten, das In-Gang-Bringen der Kommunikation sowie das Erfassen von Interessen sind hier sehr wichtig.
- Durchführung der Projektarbeit mit kollektiven und individuellen Phasen:
  Es kann hier zwischen dicken individuellen und dünnen kollektiven Lagen unterschieden werden. In den individuellen Phasen findet die selbstgesteuerte Planung und Durchführung des Projektes statt, bei den kollektiven Phasen handelt es sich um Austauschphasen und Orientierung bietenden Phasen. Hier tauschen die Lernenden ihre Standpunkte aus und erläutern, wo sie im Projektprozess stehen und was sie bisher erreicht haben. Die kollektiven Phasen sind notwendig, um die einzelnen Teilgruppen in den individuellen Phasen am Laufen zu halten und mit neuen Informationen zu versehen. In kollektiven Phasen können auch für alle Gruppen wichtige Hinweise gegeben und allgemein notwendiges Wissen vermittelt werden.
- Abschluss:
  Hier muss das Ergebnis der Projektarbeit zusammengebracht und ausgetauscht werden. Es steht vor allem ein inhaltlicher Abschluss im Mittelpunkt, aber auch die Reflexion über die Zusammenarbeit.
- Berücksichtigung von Gelenkstellen:
  Diese werden eingesetzt vor dem Einstieg in die Projektarbeit, bei den Übergängen und vor dem Ausstieg. Der Lehrperson obliegt die Organisation der Gelenkstellen. Dadurch werden die Gruppenergebnisse zusammengeführt und Informationen können besser ausgetauscht werden.

Folgende Aspekte sind für die Projektkonzeption hervorzuheben:

- Soziale Kontexte müssen in der Projektarbeit einbezogen und berücksichtigt werden.
- Einsatz kooperativer Methoden und Strategien sind notwendig, um entsprechende Ergebnisse im Zeitraum zu erreichen.
- Das Projektthema muss gemeinsam erarbeitet werden.
- Projektarbeit ist ein Voneinander- und Miteinander - Lernen.
- Wissen wird sozial konstruiert. Die Diskussion individueller Interpretationen einer komplexen Lernsituation hilft, die eigene Interpretation zu überdenken und ihr Wissen in der Interaktion mit anderen Lernenden besser zu strukturieren.

2.4.3 Rahmenrichtlinien

Im Folgenden werden nun die aus der Literatur herausgearbeiteten Richtlinien einer Projektarbeit dargestellt, da diese dem neu zu konzipierenden Projektmodell zugrunde gelegt werden.

1. Schülerorientierung

- Die Interessen und Neigungen der Lernenden sind zentral und müssen geweckt bzw. in den Mittelpunkt des Lernens gestellt werden. Wissenskonstruktionen basieren immer auf bereits vorhandenem Wissen. Deshalb müssen Vorerfahrungen, Vorwissen und Interessen der Lernenden zum Ausgangspunkt der Unterrichtsgestaltung genommen werden.
- Die Lernenden setzen sich mit für sie momentan bedeutsamen Alltagsproblemen und den jeweiligen Aspekten auseinander. Wissen ist untrennbar mit dem Kontext seiner Anwendung verbunden und prinzipiell kaum transferierbar. In Alltagssituationen brauchbares Wissen kann deshalb nur in authentischen Kontexten erworben werden.
- Möglichkeit zur denkenden Erfahrung geben: Der Lerner hat eine wirkliche, für den Erwerb von Erfahrung geeignete Sachlage vor sich und interessiert sich für die damit zusammenhängende Tätigkeit. Aus dieser Sachlage erwächst ein echtes Problem und regt zum Nachdenken an. Der Lernende verfügt über notwendiges Wissen und Strategien, um das Problem zu behandeln. Er kann Lösungen entwickeln und darstellen und damit seine Gedanken ordnen und sich so mit der Welt auseinandersetzen.
- Vorkenntnisse und Vorerfahrungen müssen aktiviert und genutzt werden. Unterricht muss neue Erfahrungen ermöglichen, die es dem Lernenden erlauben, auf der Grundlage seines Vorwissens ein eigenes, individuelles Verstehen und Interpretieren zu entwickeln und eventuell am Schließen eigener Lücken zu arbeiten.
- Situiertes Lernen: Die Auseinandersetzung mit einem Lerngegenstand muss aus dem Erfahrungsbereich des Lernenden kommen, damit Erfahrung entstehen kann.
- Der Lernende als individuelles Wesen: Die Überlegungen zum Lernen als hochgradig individuellem Prozess verlangen das Aufbrechen des Prinzips der Gleichzeitigkeit (Alle tun zur gleichen Zeit dasselbe). Hierfür kann arbeitsteiliges Handeln hilfreich sein: Die Lernenden organisieren sich für eine gewisse Zeit in Gruppen, die unterschiedliche Themen / Projekte anhand unterschiedlicher Lernressourcen in unterschiedlichem Tempo bearbeiten.

2. Handlungsorientierung

- Die Lernenden entwickeln einen Plan: Dieser enthält die Zielsetzung, die Lernschritte und koordiniert die Lernabläufe.
- Es werden Teilziele festgelegt und deren Erreichbarkeit überprüft.

- Denken in komplexen Zusammenhängen muss gefördert werden.
- Projektarbeit als denkender Akt: Planen, Durchführen und Problemlösen liegt in der Hand der Lernenden.
- Freiheit zum Handeln: Das Projekt wird im Geist entworfen und geplant; der Plan wird akzeptiert und ausgeführt und anschließend reflektiert.
- Im Projekt müssen auch Übungs- und Trainingsphasen eingebaut werden, damit Wissen nachhaltig gespeichert und somit in Handlungen transferierbar wird. Dazu sind die Bereitstellung und der Erwerb von deklarativem und prozeduralem Wissen notwendig.

3. Prozessorientierung

- Lernstrategien müssen entwickelt und situationsbezogen eingesetzt werden.
- Einsatz geeigneter Methoden, um zur Problemlösung zu gelangen.
- Rückmeldungen zu den Ergebnissen müssen untereinander gegeben werden; auch die Lehrperson gibt Feedback. Fehler müssen gemacht werden dürfen, sie gehören als Bestandteile zum Lernprozess. Die Reflexion über Fehler und die Diskussion fördern das Verständnis und damit den Lernprozess.
- Projektarbeit muss vorbereitet werden: Auf die Instruktion folgt die Konstruktion bzw. die Projektarbeit enthält instruktionale und konstruktive Elemente.
- Lehrperson fungiert während der Projektarbeit als Berater; sie ist mit dafür verantwortlich, dass sich Lernende für ein ihrem Anforderungsniveau entsprechendes Vorhaben entscheiden.
- Lehrperson muss Lernende auf Projektarbeit vorbereiten.
- Die Wissenskonstruktion ist nicht ergebnis-, sondern prozessorientiert und bleibt immer vorläufig, da sie immer veränderbar ist. Lernstrategien sind deshalb erforderlich, sie werden zu unabdingbaren Bestandteilen des Projektunterrichts.

4. Inhaltsorientierung (Bildungswert)

- Projekte müssen einen Bildungswert aufweisen und unterscheiden sich damit von reinen Vergnügungs-, -Erlebnis- oder Bastelprojekten.
- Sie fördern die Selbstbestimmungsfähigkeit und die Entwicklung einer eigenständigen, verantwortungsvollen Persönlichkeit.
- Sie helfen dem Einzelnen einen Zugang zur Welt zu finden und sich mit in der Welt wichtigen (für die einzelne Person bedeutsamen) Situationen auseinanderzusetzen.

2.5 Zusammenfassung

In diesem Kapitel stand die Grundkonzeption für ein Projektmodell im Blickpunkt. Hierfür wurden zunächst die historischen Vorbilder der Projektarbeit kurz vorgestellt und in ihrer Bedeutung für heute analysiert. Neben diesen Überlegungen spielen im Zusammenhang des Projektunterrichts mit selbstgesteuertem Lernen natürlich auch die Merkmale des selbstgesteuerten Lernens eine wesentliche Rolle. Deshalb wurden diese hier ebenfalls im Kontext der Umsetzung im Projektunterricht auf den Prüfstand gestellt und untersucht, in welchen Realisierungsformen sie in der Unterrichtspraxis umgesetzt werden könnten. Um selbstgesteuerte Projektarbeit insgesamt umzusetzen, wird das Sandwich-Prinzip in Form eines Projektsandwichs als ideal empfunden und deshalb in diesem Zusammenhang nochmals analysiert.

Die genannten Aspekte flossen dann in eine eigene Rahmendefinition für selbstgesteuerte Projektarbeit und eine damit einhergehende Phasenstruktur ein. Wesentliche Richtlinien wurden ebenfalls benannt.

Auf der Basis dieser Grundkonzeption kann nun im nächsten Kapitel ein eigenes Projektmodell entwickelt und vorgestellt werden.

Um sich die einzelnen Aspekte der Grundkonzeption nochmals zu verdeutlichen, können die hier dargestellten Aufgaben genutzt werden.

● Arbeitsvorschläge

Überprüfen Sie mit Hilfe des Advance Organizers, ob Sie das Kapitel verstanden haben. Ihre Fragezeichen müssten sich zu Ausrufezeichen verändern. Bei Begriffen, die noch nicht mit einem Ausrufezeichen versehen werden können, sollten Sie nochmals im Text nachschauen.

1. Bitte lesen Sie sich die Rahmendefinition, die Maßgaben und die Rahmenrichtlinien für eine Projektarbeit nochmals genau durch und fertigen Sie für sich daraus eine Mindmap. Folgende Begriffe könnten in dieser enthalten sein: Projektarbeit, Unterrichtskonzept, ein Konzept neben anderen, Aufhebung der Fachgrenzen, individuelle Lernphasen, situiertes Lernen, Problemorientierung, Gelenkstellen, Handlungsorientierung, Abschluss, Prozessorientierung, Schülerorientierung, Kooperatives Lernen, Selbstgesteuertes Lernen, Interesse der Lernenden, Phasenstruktur, soziale Kontexte, kollektive Lernphasen, Einstieg, Durchführung der Projektarbeit.
2. Auf welche theoretischen Überlegungen haben Sie sich bisher bei Ihrer Projektarbeitsplanung gestützt? Notieren Sie Gemeinsamkeiten und Unterschiede.

Lesevorschläge

Um einen Überblick über die historischen Modelle des Projektunterrichts und die Möglichkeit der Umsetzung zu erhalten, empfiehlt sich das Buch

Apel, H. & Knoll, M (2001). Aus Projekten lernen. Grundlegung und Anregungen. München: Oldenbourg.

Um sich mit den Merkmalen des Lernens, insbesondere das selbstgesteuerte Lernen weiter auseinanderzusetzen, bietet die folgenden Bücher interessante, weiterführende Aspekte:

Konrad, K. (2011). Wege zum erfolgreichen Lernen. Ansatzpunkte, Strategien, Beispiele. Weinheim und Basel: Juventa

Traub, Silke (2021[3)]. Lehren und Lernen mit Methode. Hohengehren: Schneider

Traub, Silke (2021). Schritt für Schritt zum kooperativen Lernen. Stuttgart. UTB-Studienbuch: Klinkhardt

3 | Selbstgesteuerte Kleingruppenprojektarbeit: Neukonzeption eines Modells

Projektunterricht muss eine Lernform darstellen, in der fachliche, soziale, personale und methodische Kompetenzen erworben, weiterentwickelt und verfestigt werden können. Außerdem muss sie auf andere Lerninhalte transferiert werden. Im und durch Projektunterricht müssen produktives handlungsnahes Wissen, produktive Fähigkeiten und Fertigkeiten ebenso entfaltet werden wie das Lernen durch Erfahrung an typischen Problemen unserer Zeit in eigenverantwortlicher Arbeit. Mit dieser Grundcharakterisierung fallen bereits alle bisherigen Projektbeispiele heraus, die sich überwiegend als Freizeitbeschäftigung, Hobby oder Bastelei entlarven lassen. Projektunterricht muss also hohen theoretischen Ansprüchen genügen. Deshalb muss auch überlegt werden, wie Projektarbeit im Unterricht verankert, vorbereitet, durchgeführt und abgeschlossen wird. Die eher defizitäre Praxis zeigt, dass in der Konzeption der Umsetzung von Projektunterricht noch deutliche Lücken vorhanden sind. Um diese zu schließen, ist es erforderlich, das Grundgerüst bisheriger Projektunterrichtskonzeptionen mit Inhalt zu füllen. Dabei kann durchaus an bisherigen Schritten des Projektunterrichts wie der Entwicklung einer Projektinitiative, der Planungsphase, der Durchführungsphase und der Reflexionsphase festgehalten werden (Gudjons 2001; Frey 1998 u. a.), allerdings muss genauer bestimmt werden, was in diesen Phasen und Schritten von den Lernenden zu erwarten ist und mit welchen Zielsetzungen diese Abläufe durchgeführt werden.

Das Modell zur selbstgesteuerten Kleingruppenprojektarbeit entwickelt sich aus der in Kapitel 2 vorgelegten Grundkonzeption. Es berücksichtigt und integriert die Rahmendefinition, die Maßgaben und die Rahmenrichtlinien. Es handelt sich um ein Phasenmodell, bei dem verschiedene Phasen durchlaufen werden müssen, die sich aber durchaus von Umfang und Anspruch her unterscheiden und dabei die Überlegungen zum Sandwich-Prinzip aufgreifen sowie die Modellvorstellungen bisheriger Projektmodelle. Wie eine Lehrperson mit der Lerngruppe diese Phasen durchlaufen kann und welche Hilfestellung es dafür gibt, wird in Kapitel 4 in der PROGRESS-Methode erläutert.

Teilhandlungen vollziehen sich in Kleingruppen und sind ständig begleitet von Rückkoppelungen, Prozesswahrnehmung und denkender Steuerung. Hier wird die zweite Maßgabe der Projektkonzeption aufgegriffen: das kooperative Lernen. Die selbstgesteuerte Kleingruppenarbeit vollzieht sich auf der Basis des kooperativen Lernens und berücksichtigt dementsprechend Methoden aus diesem Bereich.

Im sozial-psychologischen Sinne ist der Lernprozess im „engeren Sinne immer individuell“ und vollzieht sich innerhalb einer Person. Allerdings kann die Situation, in der Lernen stattfindet, „sozial gestaltet“ sein, also andere Personen einschließen. Vygotski (1986) geht davon aus, dass die Entwicklung aller höheren psychischen Funktionen, also Gedächtnis, Problemlösen, Denken usw. prinzipiell soziokulturell vermittelt ist. Er betrachtete in seinem kulturhistorischen Ansatz die menschliche Entwicklung als Prozess, in dem das Individuum in der Interaktion mit anderen in einer spezifischen Umgebung die kulturellen Werkzeuge beherrschen lernt (Vygotsky 1986; Konrad 2008).
Das Modell wird dem Anspruch an Projektlernen dadurch gerecht, dass es sich nicht im praktischen Tun erschöpft. Projektarbeit zielt in diesem Sinne auf Kognition, auf Denken, Verstehen und Lernen. Schon im Entwickeln der Planung, aber auch bei der Durchführung des Projekts, bei der Steuerung der Bearbeitung und dann auch bei der Überprüfung der Ergebnisse und der Reflexion des Gesamtprozesses stecken erhebliche kognitive Leistungen. Damit konkret gehandelt werden kann, muss vorher gedacht werden (Aebli 1980) und nicht jeder Denkleistung muss ein vorzeigbares Produkt folgen. Am Anfang der Themenfindung steht eine „Dissonanz“, eine echte Fragestellung. Erst der Wunsch nach der Behebung dieser Dissonanz setzt kognitive Prozesse in Gang und ist Voraussetzung für die Übernahme von Verantwortung. Die Projektarbeit hat also ein gesetztes Ziel, sie beinhaltet eine bewusste und gewollte Tätigkeit und ist damit auch eine entdeckende Auseinandersetzung mit der umgebenden Welt, wobei diese wiederum auf die Person zurückwirkt (Humboldt). Dem Ziel folgt ein Plan. Eine Handlung strebt also nach Ordnung und Struktur (Aebli 1980). Zum Erwerb von Handlungskompetenz gehört vor allem die Fähigkeit des Menschen, seine Handlungen zu reflektieren. Dieser Denkakt geht aus der Handlung hervor und wirkt steuernd auf diese zurück (Aebli 1980). Damit Wissensbestände abgerufen und für Handlungen fruchtbar gemacht werden können, müssen sie vernetzt und gut strukturiert werden. Im Handeln werden die „Fäden“ dieses Wissens wieder vernetzt und für die Bewältigung der Probleme genutzt. In dieser Grundüberlegung wird die Rahmenrichtlinie der „Inhaltsorientierung“ berücksichtigt, durch die dem Projekt ein Bildungswert zugewiesen wird. Er zieht sich gleichsam als „roter Faden“ durch das Phasenmodell.

● Bevor Sie mit dem Lesen beginnen...

Bei diesem „Advance Organizer“ handelt es sich um das Modell der selbstgesteuerten Kleingruppenprojektarbeit. Bitte schauen Sie sich das Modell genau an und überprüfen, welche der Aspekte in den einzelnen Phasen Ihnen bereits bekannt sind.

Phase 0: Vorbereitungsphase: Kollektiv und individuelles Arbeiten

Voraussetzungen schaffen
Kompetenzstand feststellen
Positives Lernklima schaffen
Ideenbörse zur Themenfindung

Phase 1: Einstieg in die Projektarbeit:
Thema festlegen
Vorkenntnisse erfassen und implementieren
Zielsetzung festlegen
Gruppen einteilen
Großen Projektplan entwickeln

Phase 2: Selbstgesteuerte Kleingruppenarbeit
Kleinen Projektplan ausarbeiten
Schnittstelle A: Informationen austauschen
Projektplan umsetzen: Informationen sammeln, auswerten und sichern
Schnittstelle B: Reflexion
Ergebnisse für andere Gruppen aufbereiten
Schnittstelle C: Pufferzonen nutzen

Phase 3: Austausch der Informationen zwischen den Kleingruppen
Durchführung von Schnittstelle A
Durchführung eines Gruppenpuzzles

Phase 4: Verarbeitungsphase
Subjektive Verarbeitungsphase
Kollektive Verarbeitungsphase
Gesamtergebnis erarbeiten

Phase 5: Ausstieg aus der Projektarbeit
Inhaltlicher Abschluss
Reflexion und emotionale Verarbeitung

k

Abb. 5: Modell selbstgesteuerter Projektarbeit zu Kapitel 3

3.1 Vorbereitungsphase (Phase 0)

Diese Phase wird als Phase 0 bezeichnet, da sie bereits vor der eigentlichen Projektarbeit durchgeführt werden muss. Sie ist Voraussetzung für den Beginn der Projektarbeit und legt die Grundstruktur derselben fest. Sie lässt sich in verschiedene Teilaspekte aufgliedern, wobei die Reihenfolge der Darstellung nicht unbedingt der Reihenfolge der Abfolge entspricht. Vielmehr laufen viele der Aspekte parallel.

Schul- und unterrichtsorganisatorische Voraussetzungen schaffen
Um Projektarbeit langfristig planen und Schülerinnen und Schüler darauf vorbereiten zu können, ist es unumgänglich, Zeiträume für deren Durchführung früh festzulegen. Idealerweise werden solche Zeiträume von der Schule zu Beginn des Schuljahres im Curriculum fest eingeplant, so dass alle Lehrerinnen und Lehrer und auch die Schülerinnen und Schüler wissen, wann ein Zeitraum für Projektlernen vorgesehen wird.
Maximal scheinen 4-6 Projekte in einem Schuljahr durchführbar. Dabei wird davon ausgegangen, dass jedes Projekt ca. eine Woche eines Schuljahres einnimmt. Der Zeitraum hängt allerdings auch etwas von der Thematik des Projektes ab. In einem Schuljahr sollten mindestens ein Klassenprojekt und ein Schulprojekt fest eingeplant und durchgeführt werden. Dazu sollte noch mindestens ein freies Klassenprojekt pro Schuljahr kommen. Den Lernenden wird dieser Zeitraum benannt mit Beginn und Ende des Projekts.

Klassenprojekt
Die Klasse überlegt sich gemeinsam ein Projektthema, das dann im dafür vorgesehenen Zeitraum durchgeführt wird. Bei einem Klassenprojekt bleibt die Klasse als Lerngruppe zusammen und es beteiligen sich die Lehrkräfte am Projekt, die hauptsächlich in der Klasse unterrichten und deren Fächer zum Thema passen. In jeder Klasse ist eine Lehrperson verantwortlich für die Projektarbeit (meist wird dies der Klassenlehrer sein). Eine weitere Lehrkraft sollte als Ansprechpartner für diese Klasse fungieren und bei Exkursionen und sonstigen Erkundigungen und Arbeiten die Aufsichtspflicht mit übernehmen. Der schulische Zeittakt und die Fächereinteilung sind für diesen Zeitraum aufgehoben, der Stundenplan ist außer Kraft gesetzt. Da in allen Klassen Projektarbeit für diesen Zeitraum vorgesehen ist, gibt es keine schulorganisatorischen Hinderungsgründe. Alle Klassen verfügen über eine verantwortliche Lehrkraft und eine weitere Ansprechperson.
Neben dem bereits zu Beginn des Schuljahres festgelegten Zeitraum für die Durchführung eines Klassenprojekts sollte auch die Möglichkeit bestehen, Projektzeiträume innerhalb der Klasse selbst festzulegen. Dies ist sehr wichtig, da hier vor allem auch Raum für spontan aufkommende interessierende Themen gelassen werden kann und die Klasse gemeinsam entscheidet, wann sie ein Projekt durchführt. Die-

ses findet dann während des regulären Schulunterrichts in den Fächern und bei den Lehrpersonen statt, die thematisch am Projekt beteiligt sind oder die bereit sind, hier mitzuwirken. Damit ist der schulorganisatorische Aufwand eher gering.

Schulprojekt

Da die Durchführung eines Schulprojektes organisatorische Aspekte einschließt, müssen diese zu Beginn des Schuljahres festgelegt und eine verbindliche Größe im Curriculum ausmachen. Lehrende und Lernende können sich auf diese Zeiträume einstellen und in ihrer Planung berücksichtigen. Es bietet sich an, in jedem Schuljahr einen solchen Zeitraum einzurichten. Diese dürfen aber nicht unmittelbar vor oder nach Ferien liegen, sondern in einer Zeit, in der anspruchsvolles Lernen möglich ist. Hier ist das Lernen in der Klassengemeinschaft aufgehoben. Es werden mögliche Themen gesammelt, eine Lehrkraft ist für die Lerngruppe und das Thema verantwortlich (die Themenvorschläge kommen aber von den Lernenden). Gearbeitet wird dann in jahrgangsübergreifenden und altersheterogenen Lern- und Leistungsgruppen. Die Gruppe setzt sich ausschließlich nach Interesse am Thema zusammen. In dieser Zeit des Schulprojekts sind der Klassenunterricht, der Stundenplan und die Zeittaktung aufgehoben.

Kompetenzstand der Lernenden diagnostizieren und den Weg der PROGRESS-Methode wählen

Um eine Projektarbeit durch Lernende durchführen zu können und den Grad der selbstgesteuerten Anteile zu bestimmen, muss die Lehrkraft wissen, über welche Kompetenzen die Lernenden bereits verfügen. Nur so kann sie im nächsten Schritt den Weg der PROGRESS-Methode festlegen, der mit dieser Lerngruppe am besten zu gehen ist.

Da selbstgesteuertes Lernen nicht von heute auf morgen realisiert werden kann, sondern erst die Voraussetzungen für ein derartiges Lernen geschaffen werden müssen, ist es für den Erfolg dieser Lernform im weiteren Sinne und für die Projektarbeit im engeren Sinne maßgeblich, dass die Lehrenden wissen, auf welcher Ebene der Projektarbeit sie gerade mit dieser Lerngruppe einsteigen können. Deshalb wird die Diagnose der Kompetenzen im Bereich der Selbststeuerung für Lehrende als auch für Lernende sehr wichtig. Mit Hilfe einer Diagnose können die Voraussetzungen und Bedingungen für die folgende Projektarbeit analysiert werden. Damit kann der Projektverlauf auf die Lernenden abgestimmt werden. Verschiedene Maßnahmen können nach Konrad (2008) eingesetzt werden:

- Prospektive Maßnahmen werden vor einer Lernaufgabe eingesetzt und beziehen sich auf die vergangenen Erfahrungen eines Lernenden. Als Methoden kommen zum Beispiel schriftliche und mündliche Befragungen in Betracht. Allerdings hängen verwertbare Ergebnisse davon ab, ob die Lernenden die Fragen verstehen und einordnen können und diese selbsteinschätzend beantworten. Dazu müssen sie ihr bisheriges Lernverhalten analysieren, was nicht allen gelingt. Außerdem müssen sie auch Auskunft geben wollen. Es liegen Fragebögen vor wie der Motivated Strategies of Learning Questionnaire (MSLQ), der motivationale Überzeugungen und verschiedene Lernstrategien erfasst. Lernenden werden dabei Fragen vorgelegt, die sie nach kurzer Reflexion beantworten sollen, wie zum Beispiel: „Beim Lernen sage ich mir das Lernmaterial so lange vor, bis ich es mir merken kann" oder „Eine gute Note zu bekommen ist für mich im Augenblick das Wichtigste".

Der zweite wichtige Fragebogen ist der im empirischen Teil (vgl. Traub 2012b) bereits eingesetzte CLES (Constructivst Learning Environment Survey), der selbstgesteuertes Lernen in Lernumgebungen misst. Dieser könnte zum Beispiel zu Beginn eines Schuljahres eingesetzt werden, um erste Anhaltspunkte über die Kompetenzen der Lernenden zu erhalten. Danach könnte eine Stufe der PROGRESS-Methode gewählt werden, um dann mit dem CLES erneut den Kompetenzstand zu überprüfen. Da dieser Fragebogen bereits überprüft ist, bietet er sich in diesem Zusammenhang gut an.

Nach dem Einsatz eines Fragebogens kann dieser verwendet werden, um mit den Lernenden über ihre Lernstrategien ein Gespräch zu führen und damit die Antworten im Fragebogen besser analysieren und einschätzen zu können. Allerdings dürfen die Ergebnisse hier nicht überbewertet werden, da die Fragen doch verhältnismäßig theoretisch sind und meist der konkrete Situationsbezug fehlt. Aber eine grobe Einschätzung kann sicher vorgenommen werden.

Eine andere Form der Befragung wäre das Interview, in dem die Lernenden zu ihren im Unterricht eingesetzten Strategien befragt werden und frei antworten können. Hierbei könnten Situationen beschrieben und die Lernenden dazu aufgefordert werden, in diesen Situationen entsprechend zu handeln und dabei ihre Wahl an einzusetzenden Strategien zu beschreiben. Im Interview können zwar Rückfragen getätigt werden, ob die Lernenden ihre Vorgehensweise aber richtig beschreiben können, kann trotzdem nicht mit Sicherheit gesagt werden.

- Simultane Methoden messen das selbstgesteuerte Lernen (bzw. die dabei eingesetzten Strategien) während der Bearbeitung einer Aufgabe. Im Projektunterricht könnten die Kleingruppen dazu aufgefordert werden, ihre Aktivitäten laut zu beschreiben und ihre Gedanken zu äußern, also die Methode des lauten Denkens genutzt werden. Dadurch erhalten die Lehrenden Einblick in die mentalen Prozesse des Lerners und auch über ihren Kompetenzstand kann einiges erfahren werden. Lernende können mit diesem Vorgehen aber auch überfordert werden, wenn sie sowieso schon eine für sie sehr komplexe Aufgabe lösen müssen.

  Eine weitere wichtige Methode während der Bearbeitung ist die Beobachtung durch die Lehrperson. Diese beobachtet einzelne Lerner während verschiedener selbstgesteuerter Lernphasen oder während der Projektarbeit und gewinnt dadurch Daten, die er anschließend auswerten kann. Dabei kann systematisch oder

unsystematisch beobachtet werden. Wenn eine Lehrperson über eine Klasse oder einzelne Kinder noch wenige Informationen hat, bietet sich sicher zunächst eine unsystematische Beobachtung an, um einen Einblick und Überblick zu erhalten. Danach können dann einzelne relevante Situationen herangezogen werden. Die Methoden des MFB (Minutenweise freie Beobachtung) und des BIRS (Beobachtung in relevanten Situationen) bieten sich hier an. Bei der MFB handelt es sich um eine unstrukturierte Beobachtung, bei der in einem Protokollbogen pro Minute eine Eintragung zu machen ist. Der Protokoll- bzw. Beobachtungsbogen enthält eine Situations- und eine Reaktionsspalte. Damit kann man vor allem Interaktionsgeschehen recht gut erfassen. Bei der Durchsicht des Beobachtungsprotokolls werden Zusammenhänge deutlich; es lassen sich auch Quantifizierungen vornehmen. Bei der MFB ist nicht von vornherein festgelegt, was genau in die Situations- und in die Reaktionsspalte einzutragen ist. Festgelegt ist nur der Zeitrhythmus (Wahl 2006, 2013, Traub 2021a).
- Retrospektive Ansätze werden nach der Aufgabenbearbeitung eingesetzt. Hier können wiederum die bereits beschriebenen Fragebögen oder auch das Interview eingesetzt werden. Dabei können sich die Lernenden aber auf die jeweils im Detail abgelaufene Situation konzentrieren und sind somit mit ihren Reflexionen wesentlich näher am Geschehen als beim Einsatz vor der Aufgabenbearbeitung. Es können kognitive, emotionale und soziale Aspekte genauso abgefragt werden, ebenso wie der Einsatz bestimmter Strategien.

Alle Methoden sind mit einem recht hohen Aufwand verbunden, der sich allerdings lohnt, wenn man bedenkt, dass die richtige Wahl der PROGRESS-Stufe von einer genauen Diagnose abhängen kann. Verfügen die Lernenden noch über wenige oder gar keine Lernstrategien, dann muss zunächst ein Fundament geschaffen werden, da eine Basis an Kompetenzen zu Beginn jeglicher Projektarbeit vorhanden sein muss. Diese kann während der Projektarbeit – durch die PROGRESS-Methode – weiter ausgebaut und intensiviert werden. Um den Kompetenzstand der Klasse herauszufinden, bietet es sich an, in herkömmlichen Unterrichtssequenzen immer wieder selbstgesteuerte Aufgaben zu geben und dabei zu beobachten, wie die Lernenden damit umgehen. So kann am ehesten herausgefunden werden, in welcher Weise welche Lernstrategien von Lernenden bereits angewandt werden und wo hier weitere Strategien vermittelt werden müssen.

Über folgende Kompetenzen müssen die Lernenden für eine erfolgreiche Projektarbeit verfügen Diese werden auf dem ersten Weg der PROGRESS-Methode, dem Lernstrategietraining erworben:
1. Das eigene Lernen vorbereiten können: Ziele festlegen, das Vorgehen planen, sich motivieren.
2. Die notwendigen Lernschritte ausführen.

3. Lernen selbst regulieren: Strategien des Überwachens, Testens, Hinterfragens, Revidierens und Bewertens kommen hier zum Einsatz.
4. Sich selbst Feedback geben: Das Ergebnis wird beurteilt und gegenseitige Rückmeldung wird gegeben.

Positives Lernklima herstellen

Zentral für das Lernklima ist es, dass sich Lernende als wirksam erleben, dass sie Kontrollerlebnisse haben und keine Hilflosigkeitserfahrungen machen. Der amerikanische Motivationspsychologe De Charms (1979) hat hierfür die Begriffe „origin“ und „pawn“ geprägt. Ein Kontrollverlust kann sowohl bei zu starker Strukturierung auftreten (wenig Entscheidungsmöglichkeiten, geringes Wirksamkeitserleben) als auch bei zu geringer Strukturierung (Orientierungslosigkeit, erlebte Ineffizienz, Hilflosigkeit). Um zu vermeiden, dass sich Lernende so erleben (als „pawn“), muss ein Lernklima geschaffen werden, das durch Transparenz, Kommunikation, Akzeptanz und Empathiefähigkeit sowie durch Autonomiebestreben gekennzeichnet ist („origin“-Erfahrung).

• Herstellen von Transparenz
Die Lehrkraft muss die Schülerinnen und Schüler rechtzeitig darüber informieren, wann ein Projekt ansteht und welche Lernziele mit einer Projektarbeit erreicht werden sollen. Die Lernenden müssen wissen, was auf sie zukommt. Sie müssen als aktive Lernende wahrgenommen und ernst genommen werden. Nur so kann ein positives Lernklima entstehen, das für jegliche Projektarbeit notwendig ist. Dabei können auch die Kriterien eines erfolgreichen Projekts genannt und die Definition erläutert werden. Somit wird deutlich, was als Projekt einzustufen ist und was nicht. Dies erspart manche Enttäuschung bei der Festlegung des Projektthemas. Außerdem kann auch hier das Phasenmodell vorgestellt werden, so dass die Lernenden erkennen, in welcher Form das Projekt bearbeitet werden soll.

• Kommunikation
Die Vorgehensweise muss kommuniziert werden. Wichtig ist, dass die Lernenden bereits in diese Vorbereitungsphase mit einbezogen sind, also ein Mitspracherecht bei der Zeiteinteilung, der Thematik und beim weiteren Vorgehen haben. Hier bieten sich vor allem auch Vergewisserungs- und Murmelphasen an, damit die Lernenden die Redeschwelle schnell überwinden und sich aktiv am Gespräch beteiligen können. Bei Entscheidungsfindungen und der Herstellung eines Meinungsbildes stellt die Ampelmethode ein geeignetes Instrumentarium dar.

• Akzeptanz und Empathiefähigkeit
Die Lernenden müssen angenommen werden. Es muss ihnen Verständnis für ihre Lernsituation und ihren Lernstand entgegengebracht werden. Sie müssen bei der weiteren Projektarbeit so weit unterstützt werden, damit sie diese erfolgreich bewältigen können. Auch wenn Lernende viele der Voraussetzungen nicht mitbringen,

müssen sie als Person akzeptiert werden. Dann müssen diese Voraussetzungen geschaffen werden.

- Autonomiebestreben

Lernende müssen sich im Projektunterricht umstellen, da von ihnen in wesentlich höherem Maße selbstgesteuertes Arbeiten gefordert wird. Sie können in ihrem individuellen Lerntempo an eigenen Problemstellungen arbeiten. Sie steuern damit ihren Lernprozess selbst. Dies muss den Lernenden immer wieder bewusstgemacht werden. Solche Lernvorgänge wirken sich erheblich auf Motivation und Kompetenzerleben und damit auch auf den Lernfortschritt aus.

Ideenbörse; Sammeln von Informationen zu den Themen

Die Themen, die für eine Projektarbeit in Frage kommen, müssen die Lernenden interessieren, sie ansprechen und neugierig machen. Es ist anzustreben, dass sie aus dem gegenwärtigen oder zukünftigen Lebensbereich der Lernenden stammen, so dass aktives und situiertes Lernen überhaupt in Gang gesetzt werden kann. Reale, lebensweltliche Probleme sind gewöhnlich nicht von einem einzelnen Fach her, sondern nur interdisziplinär zu verstehen und zu bearbeiten. Deshalb sollte es sich um interdisziplinäre Themen handeln.

Damit bei der eigentlichen Projektarbeit eine Festlegung auf ein Thema möglich wird, sollten in dieser Phase Themen gesammelt werden. Diese können von Lehrenden und Lernenden eingebracht werden. Neben der Benennung des Themas ist es auch wichtig, dass bereits erste Informationen zur möglichen Bearbeitung des Themas eingebracht werden, also um was es dabei genauer gehen soll und welche ersten Informationen darüber bereits vorliegen. Dies ist für eine endgültige Entscheidung wichtig. Hier sind Moderationsmethoden hilfreich. Zur Beschaffung von Informationen sollten verschiedene Medien genutzt werden. Die Lehrperson kann ebenfalls Informationen mitbringen, aber vor allem die Schülerinnen und Schüler sollten sich hier auf das Beschaffen von Informationen einstellen und diese dann kurz ihren Mitschülern präsentieren können. Hierbei können Präsentationsmethoden eingesetzt werden.

In dieser Phase müssen die Lernenden das Spektrum der Themen bereits eingrenzen; mehr als drei Themen sollten nicht mit in die Einstiegsphase genommen werden.

Die Themenfindung wird dabei als besonders sensible Phase eingeschätzt, die entscheidend für den weiteren Projektverlauf ist. Nur wenn Lernende sich mit dem Thema wirklich identifizieren können, gelingt ihnen die individuelle Anschlussmöglichkeit und damit die Auseinandersetzung. Dies geschieht in der Regel im Dialog zwischen Lehrenden und Lernenden. Deshalb können auch Lehrende Vorschläge für Projektthemen machen, die dann aber auf das Interesse von Lernenden stoßen müssen.

3.2 Einstieg in die Projektarbeit (Phase 1)

Mit dieser Phase wird in die eigentliche Projektarbeit eingestiegen. Sie kennzeichnet den Beginn des Projekts. Dem Einstieg kommt eine besondere Bedeutung zu, da hier die Grundlagen für die Projektarbeit gelegt werden. Wenn hier nicht sorgfältig und stimmig gearbeitet wird, dann kann daran das ganze Projekt scheitern.

Thema festlegen

Aus der Vorbereitungsphase stehen ca. drei mögliche Projektthemen fest. Über die Kurzinformationen haben die Lernenden eine grobe Vorstellung von der Thematik und der möglichen Problemstellung jedes einzelnen Themas. Hier wird nun demokratisch über das zu behandelnde Thema abgestimmt. Die ausgewählten Problemstellungen müssen den Lernbedürfnissen der Lernenden entsprechen und so umfassend sein, dass sinnvolles Wissen konstruiert werden kann. Die Schülerinnen und Schüler müssen das Problem internalisieren, es als interessant empfinden und in seiner Bedeutung des Ganzen verstehen. Das Thema muss den Ansprüchen einer echten Projektarbeit genügen.

Sollte für ein Thema keine absolute Mehrheit zustande kommen, dann können auch mehrere Themen gleichzeitig bearbeitet werden. Konsequent wäre, dass die Gruppe sich aufteilt und die Teilgruppen eben nicht einzelne Aspekte eines Themas bearbeitet, sondern sich mit zwei verschiedenen Themen beschäftigt. Hier muss aber abgewogen werden, ob sich ein Thema dann auch umfassend bearbeiten lässt, wenn nur wenige Gruppen daran arbeiten. Eine Alternative bestünde darin, zunächst das Thema mit den meisten Stimmen zu bearbeiten und das zweite Thema dann bereits für den nächsten Projektzeitraum oder im Rahmen des selbst festzulegenden Klassenprojekts festzumachen.

Dieser Aspekt muss allerdings nur beim Klassenprojekt berücksichtigt werden, im Schulprojekt wird das Thema bereits in der Vorbereitungsphase festgelegt; dort können sich die Lernenden nach Interesse zuteilen.

Vorkenntnisse erfassen und implementieren

Jetzt beginnt die eigentliche inhaltliche Arbeit am Thema. Die Vorkenntnisse der Lernenden müssen erfasst bzw. Vorkenntnisse implementiert werden. Dies ist teilweise bereits dadurch geschehen, dass in der Vorbereitungsphase zu allen Themengebieten erste Informationen ausgetauscht wurden. Diese noch eher ungeordneten Informationen müssen jetzt in eine Struktur gebracht werden, damit die Lernenden den Weg der Projektarbeit erkennen und sich auf diesen einlassen können.

Dies ist in mehreren Schritten zu bewältigen:

- Vorkenntnisse und Interessen erfassen

Bei diesem Schritt steht die kollektive Vorgehensweise im Vordergrund. Sie kann aber durch eingeschobene Phasen wie Murmeln und Vergewissern oder auch durch Sortieraufgaben und Partnerinterviews unterbrochen werden.

Zunächst muss mit den Lernenden gemeinsam festgelegt werden, was sie denn am ausgewählten Thema interessiert und welche Vorstellungen sie zum Thema haben. Hier können bereits Schwerpunktsetzungen und mögliche Vorgehensweisen diskutiert sowie einzelne Problembearbeitungswege dargestellt werden.

• Strukturierung bieten

Bei diesem Schritt handelt es sich um eine zunächst ausschließlich kollektiv gelenkte Phase, da die Lehrperson hier die Strukturierung vorgibt.

Da die Lehrperson die Verantwortung für das Projekt hat und schneller und besser an Informationen kommt als die Lernenden, ist es jetzt ihre Aufgabe, das Projekt inhaltlich zu strukturieren. Dabei werden die Überlegungen der Lernenden, die im ersten Schritt geäußert wurden, gebündelt und berücksichtigt. Zusammen mit dem Expertenwissen des Lehrenden kann dieser eine Orientierung geben und Zusammenhänge des Themas erläutern. Dazu bietet sich der Advance Organizer an. Er dient vor allem der Strukturierung von Inhalten. Er wird von Lehrenden für Lernende gemacht. Die Grundidee, Lernprozesse mit den so genannten Organisationshilfen transparent und nachhaltig zu gestalten, stammt von David Ausubel (1974). Die vorausgehenden Strukturierungen sollen dabei umfassender, allgemeiner und abstrakter sein als die folgenden Inhalte. Lernenden soll mit klarem und verständlichem Einführungsmaterial der Einstieg in die jeweilige Thematik erleichtert werden. Ausubel verspricht sich dadurch positive Konsequenzen:

1. Die Vorkenntnisse der Lernenden werden mobilisiert.
2. Sinnvolle Verknüpfungen zwischen schon vorhandenem und neuem Wissen werden ermöglicht.
3. Verstehen wird angebahnt (Ausubel 1974, S. 147 f.; Traub 2021a).

Ein Advance Organizer ist eine im Voraus gegebene Lernhilfe (in advance). Er soll Inhalte organisieren und strukturieren. Im Gegensatz zur „Osterhasenpädagogik“ wird beim Advance Organizer zu Beginn des Lernprozesses ganz offen das Thema vor den Lernenden ausgebreitet. Aber nicht in Form einer Aufzählung, sondern in ihrem inhaltlichen Zusammenhang. Es handelt sich um eine Präsentation mit hoher Verständlichkeit, welche die subjektive Auseinandersetzung mit der vermittelten Thematik erleichtert. Damit ist der Advance Organizer eine Brücke. Er verbindet die bereichsspezifischen Vorkenntnisse mit der sachlogischen Struktur der Inhalte und damit die Experten- mit der Novizenstruktur. Die wesentlichen Grundgedanken müssen mit hoher Verständlichkeit präsentiert werden, damit ein tragfähiges Vor-Verständnis entstehen kann, das die folgende subjektive Auseinandersetzung an Projektteilthemen erleichtert. Der Advance Organizer ist gut erforscht und erzielt positive Wirkungen, auch wenn dies in der Originalliteratur bei Ausubel (1974) eher weniger der Fall ist. Mittlerweile zeigt eine breitere Forschung, dass der Organizer bei den Lernenden für erhöhtes Interesse, für auf das Thema gerichtete Aufmerksamkeit, für gesteigerte Selbstwirksamkeit, für eine bessere Orientierung im

Themenbereich und für besseres Behalten sorgt. Auch können inhaltliche Missverständnisse vermieden werden und ein Transfer bzw. eine Problemlösung wird leichter angestrebt (vgl. Wahl 2006, 139 ff, 2013, Traub 2021a).
Diese genannten Wirkungen sollen und können auch bei der Projektarbeit genutzt werden. Für die Lernenden ist es hilfreich, wenn sie bereits wissen, um was es beim Projektthema geht, welche Fragen aufgeworfen werden können und in welche Richtung Lösungsvorschläge einzubringen sind. Der Advance Organizer kann sich als „roter Faden" durch die gesamte Projekteinheit ziehen und beim Innehalten und Reflektieren immer wieder als Maßstab und Orientierungshilfe herangezogen werden. Dies scheint – wenn man die Lehrer- und Schülerbefragungen einbezieht – ein ganz wichtiges Kriterium für erfolgreiche selbstgesteuerte Projektarbeit zu sein, weshalb der Advance Organizer als zentrales Instrument an dieser Stelle des Modells eingeführt wird. In weiteren Phasen wird immer wieder auf ihn zurückgegriffen.

- Teilbereiche und Teilschritte im Advance Organizer festlegen und Themenschwerpunkte setzen

Hier erhalten die Lernenden die Möglichkeit, sich individuell und subjektiv mit dem Advance Organizer auseinander zu setzen.
Nachdem die Lernenden eine Orientierung und Strukturierung zum Themenbereich erhalten haben, sollen sie sich selbst wieder stärker einbringen können. Sie ergänzen den Advance Organizer an den Stellen, an denen sie weitere Ideen und Überlegungen einbringen können. Sie überlegen sich, wie das Thema sinnvoll aufzugliedern ist und wie viele Teilbereiche abzuleiten sind. Sie markieren Schwerpunkte, die sie im Thema gerne setzen wollen.

Zielsetzung festlegen

In diesem Schritt wird wieder stärker kollektiv vorgegangen, da die Ziele im Plenum festgelegt bzw. im Bereich der Kompetenzen auch von der Lehrperson vorgegeben werden. Nach dem die Lernenden eine Orientierung über das Thema erhalten haben und eine Strukturierung inhaltlicher Art gegeben wurde, muss nun das Ziel der Projektarbeit festgelegt werden. Wohin soll die Arbeit führen? Zu welchem Ergebnis wollen die Lernenden kommen? Die Zielsetzung muss ebenfalls den Interessen und Neigungen der Lernenden entsprechen und einen Zusammenhang zu ihrem Alltag aufweisen bzw. gesellschaftliche Relevanz haben. Hier kann ein Produkt das Ergebnis sein, eine theoretische oder praktische Ausarbeitung, eine Skizze, eine Problemlösung usw. Wichtig ist hierbei, dass die Lernenden – durch die Lehrperson – unterstützt eine reale Zielsetzung festlegen. Lernende sollen durch die Projektarbeit verschiedene Kompetenzbereiche erwerben und ausbauen. Diese gilt es bei der Zielerreichung ebenfalls zu berücksichtigen. Lernende sollen in unterschiedlichen Bereichen Erfahrungen sammeln und Lernprozesse in Gang setzen. Somit werden in der Projektarbeit sowohl inhaltliche Lernziele (Fachkompetenz) als auch Ziele im sozialen, methodischen und personalen Kompetenzbereich festgelegt. Dabei soll insbesondere den Merkmalen selbstgesteuerten Lernens Rechnung getragen werden. Welche Ziele im Einzelnen festgelegt werden, hängen von der Thematik und dem Leistungsniveau der Lernenden ab. Die Ergebnisse der Projektarbeit sollen wieder fruchtbar in das weitere Unterrichtsgeschehen eingebracht und für weitere Lernprozesse genutzt werden können.

Gruppen einteilen

Bei diesem Schritt handelt es sich um eine organisatorische Maßnahme.
Bei einer selbstgesteuerten Kleingruppenprojektarbeit liegt es auf der Hand, dass in Kleingruppen gearbeitet wird. Diese Kleingruppen werden in dieser Phase eingeteilt. Bei der arbeitsteiligen Kleingruppenarbeit wählen die Lernenden innerhalb einer größeren Unterrichtseinheit ein Thema aus, mit dem sie sich dann intensiver beschäftigen und bringen ihre Ergebnisse am Ende der Gruppenarbeit ins Plenum ein. Diese Form kommt bei der Projektarbeit zum Tragen. Dabei kann die Gruppenbildung unterschiedlich gestaltet werden: nach dem Zufallsprinzip, nach persönlichen Freundschaften, gemäß Neigung und Interesse an einer Aufgabe, nach Leistungsvermögen der Lernenden usw. Bei der Projektarbeit soll vor allem das Interesse am Teilthema die Gruppeneinteilung bestimmen. Sie sollen für die Dauer des Projekts zusammenarbeiten und sich einem Teilbereich des Themas widmen. Die Gruppenzusammensetzung ist während der Projektarbeit konstant, kann aber bei einem neuen Projekt zu einem anderen Zeitraum variieren. Die Gruppen setzen sich überwiegend nach eigenen Interessen am Themenbereich zusammen. Die Lehrperson moderiert hier nur. Die Lernenden können dem Advance Organizer Teilbereiche entnehmen und wissen, was bei der Bearbeitung eines solchen Bereichs auf sie zukommt und was von ihnen erwartet wird. Absprachen sind dann notwendig, wenn einzelne Teilbereiche von vielen gewählt würden und die Gruppengröße damit den Rahmen sprengen würde. Dies muss mit den Lernenden diskutiert werden. Themen können auch doppelt besetzt werden. Am Handlungsprozess sind immer alle Lernenden gleichermaßen beteiligt und können am Arbeitsprozess teilnehmen. Damit dies möglich ist, muss die Gruppengröße überschaubar sein. Die Größe von vier sollte nicht überschritten werden, notfalls kann auch ein Tandem zusammenarbeiten, wenn es sich mit einem kleineren Themenbereich auseinandersetzt.

Großen Projektplan festlegen

Ein großer Projektplan für die gesamte Projektgruppe muss entwickelt werden.

- Festlegen von Zeiten und Zeiträumen

Man legt zunächst Anfang und Ende des Projekts fest und die jeweiligen Zeiten, die für die Arbeit zur Verfügung stehen. Bei den im Curriculum festgelegten Projektzeiträumen reicht die Festlegung des Anfangs- und Endpunktes, da während des Zeitraums jede Kleingruppe für sich entscheiden kann, wann sie was erarbeiten und tun möchte. Die genauere Zeiteinteilung ist vor allem bei den individuell festgelegten Klassenprojekten notwendig, da bei diesen der allgemeine Stundenplan und die Organisationsstruktur der Schule weiter eingehalten werden muss. Deshalb muss hier bestimmt werden, welche Stunden bzw. in welchen Fächern Projektarbeit getätigt werden kann und wie lange dieses Projekt andauert, bis es zu einem Abschluss kommt.

- Festlegen von Projektzielen und der Art des Projektabschlusses

Die allgemeinen Ziele sind bereits besprochen worden, jetzt gilt es, diese in den Projektplan aufzunehmen und nochmals zu überprüfen, ob diese Ziele im vorgesehenen Zeitraster erreichbar sind. Das Gesamtziel der Projektgruppe wird hier schriftlich fixiert, ebenso die zu erreichenden Teilziele der einzelnen Kleingruppen. Berücksichtigt werden muss außerdem der Abschluss des Projekts und wie dieser gestaltet werden soll. Es muss an dieser Stelle bereits überlegt werden, wie lange ein Abschluss dauern wird und welcher Art dieser Abschluss sein soll. Es kann hier ein einfacher Ausstieg aus dem Projekt gewählt werden, es könnte aber auch ein Produkt erstellt werden oder sonstige aufwändigere Abschlüsse geplant werden. Das Aufgreifen im großen Projektplan ist deshalb wichtig, weil entsprechend Zeit für die verschiedenartigen Abschlüsse eingeplant werden müssen.

- Festlegen von Zeiten für Reflexions-, Informations- und Pufferphasen (Schnittstellen)

Die Kleingruppenprojektarbeit muss immer wieder unterbrochen werden, um über die Tätigkeit in der Kleingruppe, aber auch im Plenum reflektieren zu können und um sich gegenseitig über den Stand der Tätigkeit und aufkommende Probleme zu informieren. Hier muss auch Platz sein für weitere organisatorische Überlegungen und für Inputphasen, die die gesamte Projektgruppe benötigt, um sinnvoll weiterarbeiten zu können. Hier wäre auch Platz für Experten oder den Besuch außerschulischer Lernorte, die die gesamte Projektgruppe betreffen. Dafür sollten fixe Zeiten festgelegt werden, die von allen einzuhalten sind. Daneben gibt es auch sogenannte Pufferzonen, die flexibel zum Weiterarbeiten, zum Reflektieren oder zum Austausch genutzt werden können. Auch diese Pufferzonen müssen im großen Projektplan verbindlich eingeplant werden.

3.3 Selbstgesteuerte Kleingruppenprojektarbeit (Phase 2)

Hier beginnt das Kerngeschäft der Projektarbeit. Die Kleingruppen arbeiten an ihren Teilgebieten und bearbeiten verschiedene Aufgaben, um ihre Teilziele zu erreichen. Diese Phase wird auf der Basis kooperativen Lernens durchgeführt.
Dabei nutzen die Lernenden die ihnen zur Verfügung stehenden Informationen zur Aufgabe und zu den damit einhergehenden Bedingungen. Außerdem werden die eigenen Erwartungen, das vorhandene Wissen und die zur Lösung eventuell

verwendbaren Strategien aktiviert. Anforderungsniveau, Strategieeinsatzmöglichkeiten und Erwartungen sollten in etwa deckungsgleich sein, damit die Lernenden die Aufgabe erfolgreich bewältigen können. Im zweiten Schritt dieser Phase legen sich die Lernenden die entsprechenden Strategien zurecht und können so mit der Arbeit beginnen. Handlungsalternativen werden abgewogen und darüber nachgedacht, welche in der folgenden Bearbeitungsphase zum Einsatz kommen sollen. Diese Entscheidung hängt eng mit der Intention und den Zielsetzungen zusammen. Im dritten Schritt führen sie die Arbeit dann durch und realisieren die Handlung. Hierfür ist entscheidend, dass die Lernenden Anstrengungsbereitschaft und Willen aufbringen, das Ziel hier und jetzt zu erreichen. Im vierten Schritt reflektieren sie immer wieder ihr Tun, vergleichen es mit der Aufgabenstruktur und ändern notfalls ihr Vorgehen und optimieren dieses. Sie bewerten damit das Durchlaufen der vorherigen Phasen und das mögliche Ergebnis. Ursachen und Konsequenzen werden in die Überlegungen mit einbezogen. Es wird auch versucht, störende Einflüsse von innen wie Emotionen usw. ebenso auszuschalten wie störende Faktoren in Form von Lautstärke und Ablenkungen aller Art. Um für dieses Vorgehen die Motivation zu erhalten ist es wichtig, dass die Lernenden sich mit dem Thema identifizieren und echtes Interesse an dessen Bearbeitung haben. Außerdem müssen sie sich selbst als Initiator der Handlung erleben und selbstbestimmend agieren können. Auch das Bedürfnis nach sozialer Zugehörigkeit kann die notwendige Motivation erhalten bzw. entwickeln. Gerade Kompetenzstreben und Autonomie sollen dabei die Grundlage für das Entstehen intrinsischer Motivation bilden und somit selbstgesteuertes Lernen fördern.

Kleinen Projektplan ausarbeiten

Der große Projektplan gibt die Gesamtrichtung und Vorgehensweise des Projektes wieder. Hier geht es nun darum, dass jede Kleingruppe ihren individuellen Projektplan entwickelt. Es handelt sich hierbei um eine in der Kleingruppe abzulaufende individuelle Lernphase, die eine weitere subjektive Auseinandersetzung mit der Thematik ermöglicht. Dieser Plan enthält die Zielsetzung, die Lernschritte und koordiniert die Lernabläufe.

• Zielsetzung

Die Kleingruppe hat sich für ein Teilgebiet des Großthemas entschieden und damit auch ein Teilziel festgelegt. Auf dem Weg, dieses Teilziel zu erreichen, müssen einzelne kleinere Zielsetzungen festgelegt werden, die das eigene Teilziel und das Großziel nicht aus den Augen verlieren dürfen.

• Lernschritte

Entsprechend den formulierten aufeinander aufbauenden Zielen müssen die Lernschritte festgelegt werden. Wer macht wann was? Für welches Ergebnis ist dieses Vorgehen nützlich? Was soll dabei herauskommen usw.? Das sind Fragen, die notwendig sind, um die einzelnen Lernschritte zu planen.

- Lernabläufe koordinieren

Hier geht es darum, die einzelnen Schritte aufeinander abzustimmen, sich bewusst zu machen, was aufeinander folgt und was nebeneinander herlaufen kann. Ebenso muss die Arbeit der einzelnen Gruppenmitglieder koordiniert werden, damit alle ungefähr das gleiche Lernpensum zu bewältigen haben und bei allen zeitlichen Staffellungen ein Tätigkeitsfeld aufweisen.

- Zeiteinteilung

Die Lernenden müssen sich auch bewusstmachen, was sie bis zu den ersten Schnittstellen erreichen wollen und wie sie dies erreichen. Die Schnittstellen müssen ebenfalls geplant werden.
Eine sinnvolle Zeiteinteilung beginnt mit dem Klarwerden über die eigenen Bedürfnisse und Ziele: Es muss überlegt werden, welche Aufgaben an einen gestellt werden und welche Etappen zu diesen Zielen führen. Eine realistische längerfristige Planung setzt die Kenntnis von Erfahrungswerten voraus. Der Lernende muss ungefähr abschätzen können, wie viel Zeit eine Stoffsammlung für einen ersten Zwischenschritt erfordert oder wie lange eine Gruppe zur Erledigung einer Aufgabe benötigt.
Bevor die Lernenden mit der Wissenserarbeitung beginnen, müssen die Lehrkraft oder die Lernenden selbst überprüfen, ob die relevanten Wissenslücken erkannt sind und ob die Aufgabenverteilung auch sinnvoll ist und mit der Planung übereinstimmt. Dies geschieht in der Schnittstelle A.

Schnittstelle A: Informationen austauschen

Bevor der Projektplan umgesetzt wird, muss die Schnittstelle A durchgeführt werden. Dabei handelt es sich um eine kollektive Lernphase, da diese Schnittstelle im Plenum erfolgt. Alle Kleingruppen präsentieren ihren Plan und stellen ihn zur Diskussion. In Orientierung am Advance Organizer und an dem Gesamtziel sowie den Teilzielen wird gemeinsam überlegt, ob dieser Plan dazu geeignet ist, das Teilziel zu erreichen, ob er das Teilthema auch tatsächlich in den Fokus der Betrachtung stellt und ob die Aufgaben sinnvoll aufeinander aufbauen, also ob Ziele, Lernschritte und deren Koordination in sich stimmig sind. Erst wenn die einzelne Kleingruppe von der Projektgruppe die Zustimmung erhalten hat, kann mit der Umsetzung des Plans begonnen werden.

Projektplan umsetzen

In diesem Schritt geht es nun darum, dass die Kleingruppe ihren „genehmigten" Plan umsetzt und so ihr Teilthema bearbeitet und die selbst gestellten Ziele erreicht. Die Lehrperson dient dabei als Berater und Unterstützer. Außerdem ist sie die Ansprechpartnerin, wenn die Lernenden bei der Umsetzung nicht mehr weiterkommen oder sich Hindernisse auftun. Es handelt sich hierbei um eine überwiegend selbstgesteuerte, subjektive Auseinandersetzungsphase, die durch die Schnittstellen unterbrochen und damit durch kollektive Phasen nicht ergänzt werden.

Um den Projektplan umsetzen zu können, benötigen die Lernenden Wissen, das sie sich in dieser Phase aneignen müssen. Es kann kein Lernen ohne eine intensive Wissensaneignung erfolgen. Nur wer über Wissen verfügt, ist auch in der Lage, vorhandene Kenntnisse abzurufen und sich Wissen überhaupt erst anzueignen und dieses entsprechend zu verarbeiten und in vorhandene Wissensstrukturen einzubauen. Dabei geht es nicht allein um den Erwerb adaptiven Wissens, sondern um das Aneignen eines vernetzten Strukturwissens, das zum nachhaltigen Lernen führt. Neues Wissen muss also in die bestehenden Strukturen eingebaut werden und die Konstruktion neuen Wissens muss erleichtert werden. Dazu braucht der Lernende dann wieder geeignete Strategien. Nur das Zusammenspiel von Inhalts-, Aufgaben- und Strategiewissen ermöglicht es, neues Wissen aufzunehmen und zu verarbeiten. Dadurch kommt wieder das Vorwissen ins Spiel, da dieses Anknüpfungspunkte zur Vernetzung bietet. Dies kann nicht immer reibungslos gelingen, da das Vorwissen nicht immer korrekt oder vielleicht nur halbkorrekt vorhanden ist (Konrad 2008). Um hier für die notwendige Abhilfe zu sorgen, wird der Advance Organizer zu Beginn eingesetzt. Er hilft das Vorwissen in die richtigen Bahnen zu bringen und damit mögliche Probleme auszuschalten.
Aufgabenstrategien sind notwendig, um eine Aufgabe bewältigen zu können und das Strategiewissen hilft bei der Auswahl der entsprechenden für die Bewältigung dieser Aufgabe sinnvollen Strategien. Hier sind begründete Entscheidungen angebracht (Konrad 2008).

• Informationen beschaffen

Um ein größeres Thema bearbeiten zu können, benötigt die Kleingruppe Informationen. Diese Informationen beziehen sich einmal auf die sachlichen Inhalte des Themas, aber auch auf deren sinnvolle Bearbeitung und auf die zu entwickelnden Problemlösungen bzw. Ergebnisse.
Die notwendigen Unterlagen sollten sich die Lernenden im Idealfall selbst beschaffen und jeder sollte für einen Teil individuell verantwortlich sein. Dabei können die Lernenden auf unterschiedliche Medien zurückgreifen wie Internet, Sach- und Fachbücher, Fachzeitschriften, Lehrfilme, Dias, Vorträge, Grafiken, Statistiken Tabellen und Personen wie Experten, Bekannte, Nachbarn, Familie und Freunde oder Institutionen wie Außerschulische Lernorte, Museen, Einrichtungen wie Rathaus, Bibliothek, Kommunikationszentren und Verlage usw.
Bei diesem Punkt ist es wichtig, dass die Lernenden Strategien kennen und anwenden können, die zur Beschaffung von Informationen dienen. In erster Linie ist es hier das Wissen um die verschiedenen Quellen, die zum Thema Informationen liefern können. Welche Quellen genutzt werden, hängt einmal von der Erreichbarkeit und Verfügbarkeit dieser Quellen ab und zum anderen, welche sich für das Thema eignen bzw. überhaupt Informationen bieten.
Da die Lernenden meist nicht an alle Quellen herankommen bzw. sie nicht auf diese Quellen kommen ist eine Beratung durch die Lehrkraft angebracht.

Dies kann hier durch eine zweite Schnittstelle A erreicht werden.

Schnittstelle A: Inputphase

Die Lehrkraft informiert über verschiedene mögliche Zugänge zum Thema und bespricht mit den Lernern die eventuell zu nutzenden Quellen. Außerdem wird informiert, wie diese Quellen einzusetzen sind und welche Vorläufe es braucht, um Zugang zu den Quellen zu bekommen bzw. was dafür im Einzelnen getan werden muss.

• Informationen aufnehmen

Hier können zwei Arten des Lesens unterschieden werden. Das informatorische Lesen dient vor allem der Orientierung. Es werden Informationen aus Zeitungen, Zeitschriften und Fachbüchern entnommen, Neues wird aufgenommen, Wesentliches von Unwesentlichem unterschieden und die Kernpunkte festgehalten. Das informatorische Lesen ist dem „ökonomischen Prinzip" verhaftet. Mit dem geringstmöglichen Aufwand von Kraft und Zeit soll ein Maximum an Effektivität erreicht werden. Das kognitive Lesen setzt informatorisches Lesen voraus, geht aber noch tiefer. Die Informationen werden nicht einfach unreflektiert aufgenommen, sondern aktiv ausgewählt und verarbeitet. Dabei wird nur das berücksichtigt, was für die momentane Fragestellung wichtig ist. Hier werden eine kritische Haltung und die Bereitschaft zur Auseinandersetzung zum und mit dem Textinhalt vorausgesetzt. Beim Lernen aus Fachbüchern ist es wichtig, dass die Schülerinnen und Schüler ihr bisheriges Wissen über das Gebiet aktivieren, dass sie gezielt die wichtigsten Informationen erkennen, sie richtig einordnen können, dass sie den Überblick über das ganze Gebiet nicht verlieren und dass sie Zusammenhänge erkennen und dementsprechend Notizen anfertigen können. Dies kann zum Beispiel mit der 6-Schritt-Lesemethode geschehen. Gemeinsam ist allen Vorgehensweisen der Leseentwicklung eine Unterteilung in verschiedene Schritte der Lesevorbereitung (Motivieren, Erinnern des bereits vorhandenen Wissens, Zielsetzung), dem eigentlichen Lesen und einer systematischen Lesenachbereitung (Verständniskontrolle, Beziehung zu vorhandenem Wissen herstellen, Zusammenfassen, Einordnen in größere Zusammenhänge). Wichtig ist dabei die Erkenntnis, dass der Lesevorgang selbst nur einen Teil des Lernens aus Texten darstellt und dass ein systematisches Vorgehen die Aufnahme und Verarbeitung wesentlich verbessert. Die Lerner müssen nicht nur die Frage nach dem Inhalt des Textes, sondern auch nach den Absichten des Verfassers stellen und diese dann kritisch beleuchten können (Traub 2021b).

• Informationen auswerten

Die Lernenden haben zunächst auf vielfältige Weise Informationen gesammelt. Nun müssen diese entsprechend ausgewertet und für die Bearbeitung des Teilthemas genutzt werden. Zur Bearbeitung der Themen bieten sich wiederum unterschiedliche Strategien an, die die Lernenden hier anwenden müssen.

Sinnvoll erscheint es hier, mit Methoden des wechselseitigen Lehrens und Lernens zu arbeiten. Diese stellen eine Form des kooperativen Lernens dar und sind geeignet, Informationen zu verarbeiten bzw. für alle Gruppenmitglieder nutzbar zu machen. Methoden des wechselseitigen Lehrens und Lernens lassen sich unter folgenden didaktischen Aspekten ordnen:

- zur Aktivierung von Vorkenntnissen,
- zum Sammeln von Ideen,
- zum Sammeln von Fakten und Kenntnissen,
- zum Bilden von Meinungen oder Hypothesen,
- zum Lösen von Aufgaben,
- zum Üben,
- zum gegenseitigen Erklären,
- zur Ergebniskontrolle und zum Berichtigen von Fehlern,
- zur Problemlösung,
- zur Erarbeitung neuen Wissens und zur Erschließung neuer Vorgehensweisen.

Somit eignen sie sich hervorragend in dieser Phase der Projektarbeit. Lernumgebungen, die sich am wechselseitigen Lehren und Lernen orientieren, wirken sich, so der Kerngedanke, sowohl auf den Lernerfolg als auch auf die sozialen und personalen Kompetenzen der Lernenden positiv aus. Neben dem Umgang mit anderen sollten die Lernenden ihre Selbstregulation und ihre Lernkompetenzen (Lernen zu lernen) verbessern. Außerdem soll das Lernen durch wechselseitiges Lehren positive Auswirkungen auf die Lernmotivation, das Erleben von Selbstwirksamkeit, das Selbstwertgefühl, die sozialen Beziehungen zwischen den Lernenden und auf das soziale Klima zeitigen (Traub 2021b).

Lernen durch wechselseitiges Lehren kennzeichnet drei Phasen, in denen alle Gruppenmitglieder gleichberechtigt sind:

- In der Aneignungsphase wird ein Expertenstatus erworben. Alle Lernenden der Kleingruppe eignen sich einen Teil der Inhalte aus den beschafften Informationen und Quellen an und werten diese entsprechend aus. Es gibt in der Kleingruppe so viele Experten wie es Lernende gibt.
- In der Vermittlungsphase wird das Expertenwissen weitergegeben und wechselseitig vermittelt. Dabei werden im Wechsel jeweils die Rollen von Experte und Novize eingenommen.
- In der Verarbeitungsphase wird die Verarbeitung des weiter gegebenen Wissens bei den Lernenden angeregt und überwacht. Die subjektive Auseinandersetzung mit den angeeigneten und vermittelten Inhalten wird noch einmal besonders akzentuiert. Hier geht es dann auch darum, die im nächsten Teilschritt erarbeiteten Ergebnisse zu sichern.

Somit ist jedes Gruppenmitglied für einen Teil des Lernstoffs Laie, für einen anderen jedoch Experte und übernimmt daher für diesen Teil die Rolle des Lehrenden, beim anderen jene des Lernenden. Damit dies gelingt, müssen geeignete Methoden erworben werden, die helfen, in den Expertenstatus zu gelangen und Expertenwissen sinnvoll weiter zu geben sowie die Verarbeitung des neu erworbenen Wissens anzuregen.

Dabei sind Aufgabenspezialisierungen gegeben, d. h. die Lernenden vermitteln sich wechselseitig Kenntnisse oder Fertigkeiten (Traub 2021b; Wahl 2013).

Um Informationen sinnvoll zu verarbeiten, können auch kognitive Landkarten herangezogen werden. Darunter versteht man Verfahren, mit denen Wissen „sichtbar" gemacht werden kann. Kognitive Strukturen werden grafisch dargestellt. Lernende können gedankliche Landkarten als Strategie zur Unterstützung von Lernprozessen einsetzen. Damit werden Vorkenntnisse aktiviert und durch Elaborationsprozesse werden die neuen Inhalte in die vorhandenen Wissensstrukturen integriert und damit vernetzt. Außerdem werden Vorwissen sowie neue Inhalte durch die Lernenden selbst organisiert. Allerdings dürfen die Verfahren nicht zu aufwändig sein und nicht zu viel Lernzeit beanspruchen und sie müssen – vor allem bei der Anwendung in der Projektarbeit – von Lernenden eigenständig entwickelt und genutzt werden können. Kognitive Landkarten sind zum Beispiel Mind-Maps, Struktur-Lege-Techniken und das Netzwerk (Traub 2021a).

Das Vorgehen beim Lösen eines Problems besteht aus verschiedenen Stufen.

Am Anfang steht die Konfrontation mit einem Problem, dessen Lösung nicht auf Anhieb gefunden werden kann. Es muss genau erfasst, beschrieben und eine Lösung definiert werden (Ziele müssen festgelegt werden). Dann werden erste Informationen gesammelt und bei der Suche nach einem Lösungsansatz werden diese Informationen überprüft und ergänzt, bevor dann nach neuen gesucht wird. Auf dieser Grundlage werden verschiedene Hypothesen aufgestellt. Diese werden teils durch genauere Analyse, teils durch Austesten oder den Einbezug weiterer Informationen überprüft, bis eine mögliche Lösung auftaucht. Sie wird kritisch geprüft und reflektiert und wenn mit ihr das Teilziel erreicht werden kann, ist der Problemlöseprozess für diesen Moment abgeschlossen.

Von D. Ausubel (1974) stammen folgende Hinweise zur Förderung der Problemlösefähigkeit:

- vor dem Lösungsversuch wird das Problem formuliert und abgegrenzt,
- man vermeidet es, die Aufmerksamkeit auf einen einzigen Aspekt des Problems einzuengen,
- Hinausgehen über das Augenfällige,
- man bleibt sich der Gefahr der Einengung durch frühere Erfahrungen bewusst und vermeidet sie,
- aussichtslose Spuren werden aufgegeben und andere Alternativen erforscht,
- die Zuverlässigkeit und Gültigkeit der Daten werden in Frage gestellt,

- Klarstellen und Ausformulieren der Annahmen und Voraussetzungen,
- klare Unterscheidung zwischen Daten und Schlüssen,
- Schlussfolgerungen, die mit den eigenen Ansichten übereinstimmen, werden mit Vorsicht akzeptiert,
- Ergebnisse sichern.

Beim Sichern von Ergebnissen kann wiederum auf das wechselseitige Lehren und Lernen zurückgegriffen werden. Vor allem in der dort ablaufenden dritten Phase, der Verarbeitungsphase, werden die Ergebnisse der Informationsverarbeitung gespeichert und zwar bei allen Gruppenmitgliedern.
Ergebnisse lassen sich auch gut durch die Anwendung der kognitiven Landkarten sichern. Diese dienen hier eben zur nachhaltigen Wissensspeicherung und zum besseren Verstehen.
Am Ende dieses Teilschrittes muss die Schnittstelle B eingesetzt werden.

Schnittstelle B: Reflexionen durchführen

Die Lernenden reflektieren in der Kleingruppe, was sie bis hierher gemacht haben und ob sie damit ihr Teilgebiet bearbeiten und ihre Teilziele erreichen können. Hierfür ist es notwendig, dass sie ihren kleinen Projektplan an ihre im ersten Durchlauf erarbeiteten Ergebnisse anlegen und überprüfen, ob sie diesen einhalten können. Der Plan kann dann entweder beibehalten werden oder er muss an die neue Situation angepasst werden.
Außerdem geben sich die Lernenden an dieser Schnittstelle darüber Feedback, wie sie sich in der Gruppe fühlen und wie sie die Zusammenarbeit bewerten.

Ergebnisse für andere Gruppen aufbereiten (Vorbereitung Phase 4 und 5)

In Phase 3 und 4 werden die einzelnen Teilergebnisse zum Gesamtergebnis der Projektarbeit zusammengetragen. Damit die anderen Kleingruppen möglichst viel von jedem einzelnen Teilthema und den Ergebnissen mitbekommen und nachhaltig speichern können bzw. das dann neue Wissen mit dem eigenen erworbenen Wissen vernetzen, muss jede Teilgruppe die Ergebnisse für die anderen Gruppen aufbereiten.
Hierfür müssen unterschiedliche Präsentationstechniken eingesetzt werden. Sinnvoll erscheint es auch, kognitive Landkarten zu entwickeln, die bei der Vermittlung der Ergebnisse nützlich sein können.
Am Ende von Phase 2 bzw. am Ende eines jeden Durchgangs von Phase 2 sollte eine Schnittstelle C verankert werden.

Schnittstelle C: Pufferzonen nutzen

Diese Schnittstelle kann und soll von jeder Kleingruppe je nach Bedarf genutzt werden. Hier kann Beratung und Hilfe bei der Lehrkraft geholt werden, überlegt werden wie der nächste Durchgang angegangen wird, wie die Beschaffung weitere

Informationen zu organisieren ist usw. Es kann hier also organisatorisch und inhaltlich gearbeitet werden.
Möglich wäre auch, nochmals eine Reflexions- oder Feedbackrunde einzuführen, wenn eine Gruppe oder einige Mitglieder Probleme miteinander haben, die Gruppe nicht weiterkommt oder das Lernklima nicht stimmig ist. Dann ist es sinnvoll, dass die Lehrkraft sich als Berater und Vermittler zur Verfügung stellt.
Auch eine weitere Inputphase könnte hier eingeschoben werden. So können wichtige Informationen für alle gegeben, neue Methoden vermittelt werden oder nochmals mit Hilfe des Organizers der Gesamtweg aufgezeigt und auf die einzelnen eingeschlagenen Wege hingewiesen wird. Dies wäre dann eine zusätzliche kollektive Lernphase, die von der Lehrkraft eingesetzt wird.

3.4 Austausch der Informationen zwischen den Kleingruppen (Phase 3)

Diese Phase ist wichtig, weil hier jeder berichten muss und reflektiert, was er wie und warum getan hat. Dadurch wird die Konstruktion des Wissens und der Fertigkeiten gefördert. Eine Präsentation der einzelnen Gruppenergebnisse im Plenum wird nicht für sinnvoll erachtet. Die Vermittlung rauscht meist an den Lernenden vorbei und sie können die Informationen und Ergebnisse nicht aufnehmen. Bis alle Gruppen berichtet haben, ist die Aufmerksamkeitsspanne der Lernenden längstens überschritten, weshalb höchstens die ersten Gruppen noch ihre Inhalte gut vermitteln können. Eine allgemeine Präsentation ist also zu langwierig und wird nur abgespult. Dies zeigen auch die Befragungen von Lehrenden und Lernenden; sie bekommen wenig von den Inhalten und Ergebnissen der Gruppenarbeiten anderer mit, weil sie die Inhalte nicht zusammenbringen können und sie diese oft auch nicht verstehen. Außerdem müssen nicht alle Gruppenmitglieder berichten; dadurch können bzw. müssen sich einzelne Lernende aus diesem Prozess herausnehmen und sie profitieren von dieser Phase nicht. Die Gefahr, dass die Gruppen nur „ihren Auftritt" abwarten ist ebenfalls groß, deshalb ist ein solches Vorgehen suboptimal. Hier wird folgendes Vorgehen beim Austausch vorgeschlagen.

Durchführung von Schnittstelle A

Die Lehrperson verdeutlicht nochmals am Advance Organizer die Idee des Projekts und die Wege, die von den Kleingruppen gegangen worden sind. Dabei werden das Gesamtziel und die jeweiligen Teilziele benannt. Es handelt sich also um eine kollektive Lernphase, die dazu dient, den Blick auf das Ganze zu richten und den einzelnen Lernenden die Möglichkeit zu geben, sich aus den Inhalten ihrer Teilgruppe nochmals zu lösen bzw. diese im Zusammenhang des Ganzen zu betrachten.

Durchführung eines Gruppenpuzzles
Jede Kleingruppe verfügt über gleich viele Experten. Diese verteilen sich so auf die anderen Gruppen, dass in jeder Austauschgruppe aus jeder Teilgruppe je ein Vertreter sitzt. Alle Experten berichten dann nacheinander über ihre Informationen und ihre Teilergebnisse. Dazu nutzen sie die in Phase 2 vorbereiteten Präsentationsmethoden und kognitiven Landkarten. Ziel ist es, dass alle Mitglieder der Projektgroßgruppe über alle Teilergebnisse unterrichtet werden. Dieses „Unterrichten" geschieht mit Unterstützungsstrategien, so dass das Wissen tatsächlich vernetzt und Neues mit Altem verknüpft werden kann. Somit wird eher gewährleistet, dass alle Lernenden einen Lernzuwachs über das gesamte Projekt erhalten. Hierbei handelt es sich wieder um eine subjektive, selbstgesteuerte Lernphase.

3.5 Verarbeitungsphase (Phase 4)

Nun gilt es in den neu gebildeten Austauschgruppen alle Informationen miteinander zu vernetzen und zu einem Ganzen zusammen zu führen. Dazu können subjektive Verarbeitungsphasen und kollektive Verarbeitungsphasen eingesetzt werden.

Subjektive Verarbeitungsphase
Dies geschieht mit Strategien aus dem Bereich des Verarbeitens, vor allem durch das gegenseitige Erklären und sich Erklären-Lassen kognitiver Landkarten. Auf diese erste subjektive Verarbeitungsphase kann dann eine kollektive Lernphase folgen.

Kollektive Verarbeitungsphase
Die Lehrperson bereitet hierfür Aufgaben vor, die im Plenum gelöst bzw. bearbeitet werden können, zum Beispiel Ampelmethoden, Vier-Ecken-Methoden oder auch einen das Projekt inhaltlich abschließenden Test, der Fragen zu allen Teilthemen beinhaltet.

Bei der Umsetzung des Projektplans müssen die hier vorgestellten Teilschritte aus Phase 2 (Informationen beschaffen, verarbeiten und Ergebnisse sichern und aufbereiten) sowie die Phasen 3 und 4 wahrscheinlich mehrmals durchlaufen werden. Sie sind ineinander integriert und auch wechselseitig voneinander abhängig. Die Lernenden müssen in der Regel nach der ersten Beschaffung von Informationen und deren Verarbeitung erstmals die Ergebnisse sichten und sichern und sich dann weiterführende Informationen beschaffen und diese wieder verarbeiten. Man muss sich also diese Schritte und Phasen als Spirale vorstellen, die immer weitere Kreise zieht und so immer mehr das komplexe Teilthema in seiner komplexen Struktur aufbricht und eine Bearbeitung möglich macht. Nach jedem Durchlauf sollte eine Schnittstelle B eingeplant und genutzt werden.

Gesamtergebnis erarbeiten

Am Ende von Phase 4 steht ein Gesamtergebnis, das das Ziel des Projekts widerspiegelt. Dies gilt es hier zu erarbeiten und zu fertigen. Es kann daraus bestehen, dass ein Produkt entsteht wie eine Zeitung, eine Theateraufführung, ein Film und dergleichen mehr. Es kann aber auch ein Gesamtergebnis sein, das ausschließlich kognitiver Art ist und durch die kollektive Verarbeitungsphase bereits zum Abschluss gebracht wurde. Auch viele weitere Formen können das Gesamtergebnis zum Ausdruck bringen. Das Gesamtergebnis muss nicht in ein Produkt überführt werden, sondern kann auch in Form „denkender Erfahrung" erreicht werden.

3.6 Ausstieg aus der Projektarbeit (Phase 5)

So wichtig es ist, sinnvoll in ein Projekt einzusteigen, so wichtig ist es auch, aus diesem wieder auszusteigen. Eine zeit- und arbeitsintensive Lernphase liegt hinter den Lernenden, da kann nicht einfach zum normalen Unterrichtsablauf zurückgegangen werden. Folgende Aspekte des Abschlusses sollten berücksichtigt werden:

Inhaltlicher Abschluss

Die Lehrperson sorgt dafür, dass eine Abstraktion des Wissens erfolgt. Wissensverankerung muss betrieben werden, zum Beispiel durch Visualisierungen mit Hilfe des Post Organizers oder durch ein abschließendes Unterrichtsgespräch. Hier können die Lernenden Fragen einbringen, noch nicht verstandene Zusammenhänge nachfragen oder auch Zeit bekommen, um die eigenen Lernlücken zu schließen. Dies kann mit Hilfe von Sortieraufgaben, WELL-Methoden oder verschiedener Formen von Kartenabfragen geschehen.

Die Vorstellung des Gesamtergebnisses ist ebenfalls ein inhaltlicher Abschluss.

Reflexion

Für den Prozess des selbstgesteuerten Lernens ist die Selbstbeurteilung wichtig. Dadurch lernen die Schülerinnen und Schüler sich selbst mit den eigenen Stärken und Schwächen einzuschätzen und gewinnen die Einsicht zur eigenen Verbesserung in bestimmten Bereichen. Die Lernenden sollen darüber nachdenken, wie ihr Lernprozess verlaufen ist, welche Ergebnisse sie erbracht haben und in welcher Weise die eigene Gruppe erfolgreich war.

Die Reflexion ist besonders wichtig im Hinblick auf die Durchführung weiterer Projekte. Aus Fehlern soll gelernt, Gutes soll beibehalten werden. Die Lernenden sollen sich so Schritt für Schritt tiefer und selbstgesteuerter in die Projektarbeit hineinbegeben und diese erfolgreich und effektiv beenden. Dazu können Feedbackbogen, Blitzlicht und Brainstorming, Punktabfragen und dergleichen mehr eingesetzt werden.

Die Reflexion ist ein aktiver Prozess, der darauf abzielt, vergangenen Erfahrungen einen Sinn zu geben, um das Individuum auf aktuelle oder zukünftige Kognitionen und Handlungen vorzubereiten. Durch die Reflexion kann der Lernende sein Handeln steuern und die geeigneten Strategien auswählen und adäquat einsetzen. Der Lernverlauf wird überprüft und die Planung und Durchführung an die evaluierten Ergebnisse angepasst. Die Reflexion übernimmt eine Schlüsselrolle im Prozess der Selbststeuerung und ist deshalb ein maßgebliches Instrument für die Projektarbeit (Konrad 2008).

Emotionale Verarbeitung

Bei der Projektarbeit schwingen die ganze Zeit Emotionen mit. Man wächst in die Gruppe hinein und arbeitet sehr intensiv zusammen. Dies trifft vor allem für die Kleingruppe zu, aber auch für die Projektgruppe. Handelt es sich um ein Klassenprojekt, dann ist es identisch mit der Klasse und deshalb der emotionale Ausstieg nicht so bedeutsam. Bei Schulprojekten können sich neue Freundschaften entwickelt haben und ganz andere als bisherige Konstellationen entstanden sein. Deshalb ist hier eine persönliche Verabschiedung und andere Formen des emotionalen Ausstiegs sinnvoll.

3.7 Das Modell im Überblick (grafische Darstellung)

Phase 0: Vorbereitungsphase: Kollektiv und individuelles Arbeiten

Voraussetzungen schaffen
Kompetenzstand feststellen
Positives Lernklima schaffen
Ideenbörse zur Themenfindung

Phase 1: Einstieg in die Projektarbeit:
Thema festlegen
Vorkenntnisse erfassen und implementieren
Zielsetzung festlegen
Gruppen einteilen
Großen Projektplan entwickeln

Phase 2: Selbstgesteuerte Kleingruppenarbeit
Kleinen Projektplan ausarbeiten
Schnittstelle A: Informationen austauschen
Projektplan umsetzen: Informationen sammeln, auswerten und sichern
Schnittstelle B: Reflexion
Ergebnisse für andere Gruppen aufbereiten
Schnittstelle C: Pufferzonen nutzen

Phase 3: Austausch der Informationen zwischen den Kleingruppen
Durchführung von Schnittstelle A
Durchführung eines Gruppenpuzzles

Phase 4: Verarbeitungsphase
Subjektive Verarbeitungsphase
Kollektive Verarbeitungsphase
Gesamtergebnis erarbeiten

Phase 5: Ausstieg aus der Projektarbeit
Inhaltlicher Abschluss
Reflexion und emotionale Verarbeitung

k

Abb. 6: Das „Projektsandwich“

3.8 Zusammenfassung

In diesem Kapitel wurde das Projektsandwich als Modell für selbstgesteuerte Projektarbeit vorgestellt. Die Grundlagen des Modells wurden aus den historischen Projektkonzepten, dem selbstgesteuerten Lernen, der Lernumgebung des Sandwich-Prinzips und den daraus entwickelten Rahmenvorgaben abgeleitet. Entstanden ist ein Modell mit fünf Phasen, die systematisch durchlaufen werden sollen und somit eine selbstgesteuerte Kleingruppenprojektarbeit ermöglichen. Neu an dieser Konzeption ist neben der Organisation des Phasenverlaufs vor allem die inhaltliche Ausgestaltung der einzelnen Phasen. Sie soll den Lehrenden und Lernenden dabei unterstützen, tatsächlich in Projekten selbstgesteuert arbeiten zu lernen.
Damit dies auch den Leserinnen und Lesern gut gelingen kann, gibt es am Ende dieses Kapitels Arbeitsaufgaben, die den Lernprozess unterstützen sollen.
Im nächsten Teilkapitel geht es darum, das anspruchsvolle Modell schrittweise durch das Einschlagen verschiedener Möglichkeiten (PROGRESS-Stufen und -Wege) umzusetzen. Dabei sollte berücksichtigt werden, dass in dem Maße, wie Lernende ihr Strategie- und Methodenrepertoire festigen und erweitern, die Qualität des Lernerfolgs und die Selbstregulationsfähigkeit zunimmt. Der Lernende wird leichter in die Lage versetzt, das Lerngeschehen eigenständig zu planen, zu gestalten, zu reflektieren und zu bewerten. Damit wird deutlich, dass Projektarbeit auf der Ebene selbstgesteuerten Lernens prozesshaft ist und deshalb schrittweise auf die Projektarbeit und die eigenständige Durchführung des hier vorgestellten Projektmodells hingearbeitet werden muss.

● Arbeitsvorschläge

Betrachten Sie sich das Modell am Ende des Kapitels genau. Überprüfen Sie, ob Sie dieses verstehen und nachvollziehen können.

🕮 Lesevorschläge

Ähnliche Überlegungen finden sich in
Gudjons, H. (2008). Handlungsorientiert lehren und lernen: Schüleraktivierung. Selbsttätigkeit. Projektarbeit. Bad Heilbrunn: Klinkhardt

Traub, S. (2021). Lehren und Lernen mit Methode. Baltmannsweiler: Schneider-Verlag

4 | Umsetzung des Projektmodells: Die PROGRESS-Methode

Einerseits stellt Projektunterricht ein Unterrichtskonzept dar, das mit hohen Ansprüchen und Erwartungen verknüpft ist, andererseits zeigt ein Blick in die Praxis, dass man mit den dort realisierten Unterrichtskonzepten diesen Ansprüchen nicht gerecht werden kann. Zwischen Anspruch und Umsetzung besteht eine große Diskrepanz (vgl. Traub 2012a und b). Diese lässt sich sicher auch damit erklären, dass Lernende mit der Durchführung eines Projektes häufig überfordert sind und die Arbeit in Projekten nicht schrittweise, sondern eher abrupt eingeführt wird. Ziel dieser Arbeit ist es, einen Weg für eine erfolgreiche und umsetzbare Projektarbeit zu entwickeln und dadurch die Diskrepanz zwischen Anspruch und Wirklichkeit zu verringern: Projektarbeit soll tatsächlich als selbstgesteuerte Lernumgebung Einzug in die Schulwirklichkeit erhalten. In diesem Teilkapitel werden Wege aufgezeigt, mit welcher Methode das zuvor entwickelte Modell in die Praxis eingeführt und dort umgesetzt werden kann. Um die Eigenständigkeit des Modells deutlich zu machen und um zu zeigen, dass das Modell eine Methode der Umsetzung benötigt, wird im Folgenden von Projektarbeit oder von selbstgesteuerter Kleingruppenprojektarbeit gesprochen, aber nicht von Projektunterricht. Dieser Begriff soll deutlich machen, dass in kleinen Gruppen eine Projektarbeit durchgeführt wird und dass die Lernenden dabei selbstorganisiert und eigenverantwortlich arbeiten. Das heißt, die einzelnen Schülerinnen und Schüler entscheiden selbst über das Thema und das Vorgehen und nicht die Lehrperson. Sie gestalten selbst auf der Basis der eigenen Methodenkompetenz den auf Entdeckung und Verarbeitung neuer Lerninhalte ausgerichteten Lernprozess. Damit grenzt sich die Projektarbeit bereits durch das sehr viel differenziertere „Projektsandwich“ von anderen Modellen des Projektunterrichts ab. Im „Projektsandwich“ wird die Lernumgebung des Sandwich-Prinzips mit den Kernelementen einer Projektarbeit zu einem neuen Projektmodell, eben dem „Projektsandwich“ zusammengeführt.

Eine weitere Abgrenzung erfolgt durch die das Modell in Stufen umsetzende Methode, die sogenannte PROGRESS-Methode, d. h. eine Unterstützung, die Lernende zum selbstgesteuerten Projektlernen befähigt. Damit ist gemeint, dass die Projektgruppen – wenn sie selbstverantwortlich und selbstgesteuert Inhalte entdecken und erarbeiten sollen – die dazu benötigten Fähigkeiten schrittweise in eigens dafür vorgesehenen Lernprozessen erwerben müssen. Die Basis der Methodenkompetenz muss zunächst geschaffen werden, bevor sie im Kleingruppenprojekt angewandt werden kann. (PROGRESS = PROjektGRuppen Entdecken Selbstverantwortlich und Selbstgesteuert). Damit wird deutlich, dass Projektarbeit als ein Prozess aufgefasst wird, dessen Umsetzung nur schritt- bzw. stufenweise erfolgen kann. Durch selbstgesteuerte Kleingruppenprojektarbeit auf der Basis der PROGRESS-Methode soll Projektarbeit effektiv und erfolgreich umgesetzt werden.

● Bevor Sie mit dem Lesen beginnen...

Unter welchen Wegen können Sie sich schon etwas vorstellen?

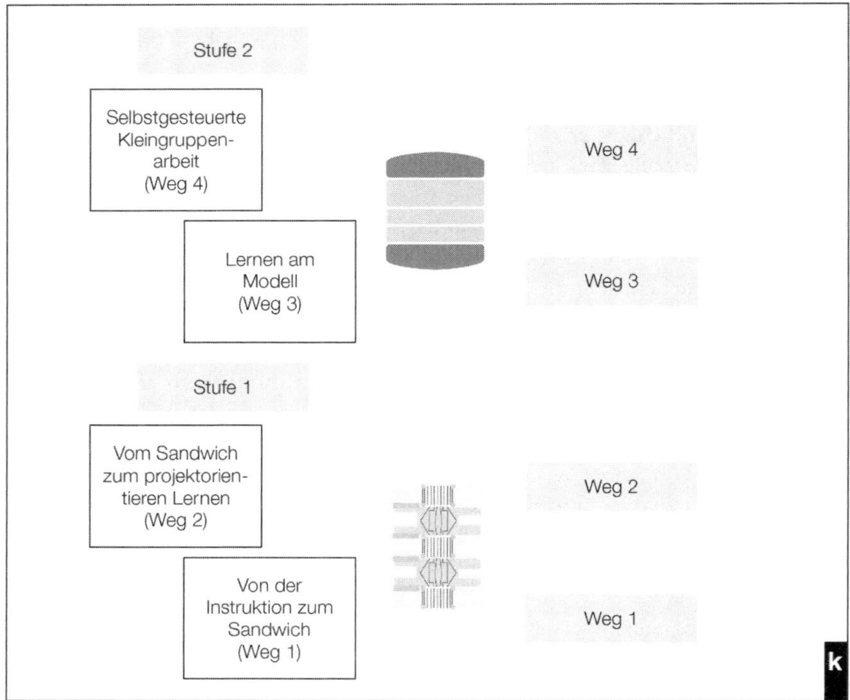

Abb. 7: Advance Organizer zu Kapitel 4

4.1 Umsetzung des Projektsandwichs mit Hilfe der PROGRESS-Methode

In bisherigen Projektmodellen taucht die Überlegung der konkreten Umsetzung nicht auf; es wird scheinbar davon ausgegangen, dass ein Modell durch Lehrende aufgegriffen und selbstständig umgesetzt werden kann. In der Literatur zum Projektunterricht werden nur Phasen und Schritte eines Projektablaufs genannt oder Beispiele gelungener Projektarbeit vorgestellt (z. B. Frey 2012; Gudjons 2014; Hänsel 1999). Ein Modell zur Umsetzung von Projektarbeit auf unterschiedlichem Prozessniveau der Lehrenden und Lernenden gibt es nach meiner Einschätzung bis heute nicht. Die Praxis scheint dies aber zu fordern. Sie zeigt deutlich auf, dass eine 1:1- Umsetzung der Modelle nicht gelingt. Dies liegt sicher einmal daran, dass die Lehrenden von den Modellen der Literatur wenig Kenntnis nehmen (die entsprechende Befragung der Lehrkräfte hat ergeben, dass Lehrende kaum Projektliteratur nutzen, vgl. Traub 2012b) und zweifellos auch daran, dass die Hinweise in den Modellen für die konkrete Anwendung zu diffus bleiben.

Zum zweiten liegt die mangelnde Umsetzung – wie die Erkenntnisse der Lehr-Lernforschung (zum Beispiel Reinmann-Rothmeier & Mandl 1999; Wellenreuther 2019; Helmke 2015; Meyer 2019; Gudjons 2014; Wahl 2013 und Konrad 2008) zeigen – vor allem auch daran, dass Lernende auf selbstgesteuertes Lernen und damit auf die Projektarbeit gar nicht oder nur unzulänglich vorbereitet werden.

In der vorliegenden Schrift wird Projektarbeit als ein umfassender Lernprozess verstanden, der verschiedene Wege durchlaufen muss, bis er sich dem „Gipfel" des Projektmodells nähert und Projektarbeit im eigentlichen, engeren Sinne durchführen kann. Die Phasen des Projektmodells werden in ein Stufenmodell, der PROGRESS-Methode, eingebettet.

Ein längerfristiger Lerngewinn, der es den Schülerinnen und Schülern ermöglicht, ihre Erfahrungen der Selbsttätigkeit und damit zugleich der Selbstständigkeit auch auf andere Situationen zu übertragen (Transferleistung) kann nur erreicht werden, wenn ihnen ein beständiges Arbeiten in offeneren Unterrichtsformen ermöglicht wird.

Fähigkeiten zum selbstgesteuerten Lernen können Lernende allerdings zunächst nur ansatzweise, vor allem individuell sehr unterschiedlich einbringen. Eine differenzierte Förderung selbstgesteuerter Lernformen sollte deshalb umso mehr zum festen Bestandteil des Erziehungs- und Bildungsauftrages gehören. Dies kann einmal auf der Makroebene geschehen, in dem Lernumgebungen aus methodisch vielfältigen Arrangements zusammengesetzt werden und auf der Mikroebene, in dem einzelne Unterrichtsschritte wie Textarbeit oder Gespräche echte Fragen beinhalten, die Interesse und Neugierde wecken und die Methoden der Bearbeitung einbringen, durch die die Lernenden ihre Kompetenzen weiter ausbauen können.

Die Verwirklichung einer schulischen Projektarbeit muss als Prozess aufgefasst und umgesetzt werden. Lehrende und Lernende müssen auf dem Weg der Umsetzung von Projektunterricht begleitet werden, um die dafür notwendigen Kompetenzen zu erwerben und diese Schritt für Schritt in eigenständiger Projektarbeit anwenden zu können. Projektarbeit stellt ein sehr anspruchsvolles Unterrichtskonzept dar. Damit dieses Konzept erfolgreich sein kann, müssen die Lernenden über bestimmte Kompetenzen verfügen. Oder sie müssen sich diese aneignen, um sie dann selbständig anwenden zu können. Bei der Projektarbeit verschiebt sich die Rolle des Lehrenden vom aktiven Lenker hin zum eher passiven Berater, die Rolle des Lernenden vom passiven Zuhörer zum aktiv Handelnden. Die Kommunikationsmöglichkeiten müssen ausgebaut werden, sowohl in der Kombination zwischen Lehrenden und Lernenden (vertikale Kommunikation) als auch zwischen den Lernern untereinander (horizontale Kommunikation). Nur durch die Kommunikation ist es möglich, sich die einzelnen Schritte eines Lernprozesses bewusst zu machen (Konrad 2008). In diese neuen Rollen müssen Lehrende und Lernende hineinwachsen. Lehrende, in dem sie durch entsprechende Fortbildungen und Anleitungen Hilfestellung zur Umsetzung und Einführung von Projektunterricht erhalten und mit diesem Konzept vertraut gemacht werden. Lernende, in dem sie Schritt für Schritt auf die Projektarbeit vorbereitet werden. Dadurch werden die Grundlagen und Voraussetzungen für eine effektive Projektarbeit geschaffen.

Immer wieder wird von Lehrkräften über Misserfolge beim selbstgesteuerten Lernen berichtet. Dies kann mehrere Ursachen haben. Die Lernenden werden zu wenig auf selbstgesteuertes Lernen vorbereitet, verfügen also nicht über die notwendigen Strategien und Erfahrungen und deshalb besteht bei ihnen eine starke Tendenz, beim Lernen reproduktiv, passiv und lehrerabhängig zu bleiben. Der Schweizer Forscher Dubs (1995) hebt hervor, dass die Lernenden mit der selbstgesteuerten Analyse und Bearbeitung komplexer Problemsituationen und bei der Anwendung von Meta-Strategien häufig überfordert sind, da plötzlich ein Teil der Verantwortung vom Lehrenden auf den Lernenden übergeht. Dieser Verantwortung können viele Lernende nicht gleich gerecht werden. Nur wer über strategische Kompetenzen und motivationale und volitionale Überzeugungen verfügt, wendet entsprechende Strategien an und kann der Anforderung entsprechen. Diese Überlegungen sprechen deutlich dafür, das selbstgesteuerte Lernen als Entwicklungsprozess zu sehen und dass Lernende immer auch Orientierung benötigen, also reines selbstgesteuertes Lernen kaum vorkommen kann. Außerdem muss in angeleiteten Lernsituationen Unterricht gut organisiert sein, auf Transparenz aufbauen und damit den Lernenden den Aufbau einer Lernsituation bewusst vor Augen führen, so dass sie wissen, wie sinnvoll gelernt werden kann. Lehrende müssen einen positiven Lernprozess vorleben und diesen zunächst gemeinsam mit den Lernenden gehen, bevor sie selbst ihren Lernprozess steuern können.

Simons und andere (1992) haben auf behindernde Faktoren selbstgesteuerten Lernens hingewiesen, die sie in zahlreichen Forschungen ermittelt haben:

1. Lernende haben Probleme, sich selbst Lernziele zu setzen. Dies kann zum Teil darauf zurückzuführen sein, dass im alltäglichen Unterricht Lernziele und ihre Begründungen den Lernenden nicht mitgeteilt und nicht ersichtlich waren, die Lernenden also nicht erkannt haben, warum etwas zu lernen ist. Als Folge davon gewinnen sie keine Erfahrungen und Einsichten in den Sinn und den Nutzen von Lernzielen.
2. Negative Auswirkungen hat auch die verbreitete, auf reine Reproduktion ausgerichtete Prüfungspraxis. Es werden kaum Transferleistungen oder Konstruktionen verlangt.
3. Schülerinnen und Schüler legen eine Konsumentenhaltung an den Tag. Sie ziehen das passive Lernen vor und sind an Lernaktivitäten nicht interessiert. Dies wird meist von den Lehrenden akzeptiert und so nehmen die Lernenden zunehmend eine passive Haltung ein.
4. Ebenfalls bedeutsam ist die Einstellung zum Lernen. Häufig wird nur der Aufwand betrachtet. Lernstrategien werden kaum genutzt. Wichtig ist das kurzfristige Ziel, bei der Klassenarbeit erfolgreich zu sein, das Gelernte wird oft nicht verstanden, da nur kurzfristig angeeignet.
5. Lehrende variieren die Steuerung ihres Unterrichts zu wenig. Auch beim selbständigen Lernen muss es Phasen der direkten Instruktion geben, damit Lernende auf den Prozess des selbständigen Lernens vorbereitet werden können.
6. Lehrkräfte lassen zu wenige Möglichkeiten zum selbständigen Lernen zu, sie sind selbst meist die aktiven, während die Lernenden die passive Rolle einnehmen müssen. Lehrende geben sehr schnell selbst Lösungen vor und kommen dadurch den Lernprozessen der Lerner zuvor und verhindern das Denken (Simons 1992; Dubs 1995).

Dubs (1995) schlägt verschiedene Maßnahmen vor, wie selbstgesteuertes Lernen gefördert werden kann.

1. Lernende müssen zum selbständigen Lernen angeleitet werden. Dieses Anleiten soll durch ein gutes Fading und Scaffolding gewährleistet werden.
2. Das Lernen des selbständigen Lernens erfolgt in allen Fächern, es gibt kein eigenes Fach „selbständiges Lernen“, weil erwiesen ist, dass ein inhaltsneutrales Lernen von Lehr- und Arbeitsmethoden kaum Transferwirkungen hat.
3. Lernen muss sowohl produkt- als auch prozessorientiert sein, d. h. die vollzogenen Lernprozesse müssen sichtbar gemacht werden (Denkstrategien, Lernstrategien), damit sie später selbständig angewandt werden können.
4. Die Reflexion der Lern- und Denkprozesse sind wichtig, damit metakognitives Wissen gewonnen werden kann und um die eigenen Fähigkeiten zu beurteilen.
5. Transfermöglichkeiten müssen eingeübt und besprochen werden, sie entwickeln sich nicht von selbst.

6. Selbständiges Lernen lässt sich umso besser entwickeln, je mehr die Lernenden Lernziele als wichtig und sinnvoll erkennen, je bewusster sie deren Stellenwert wahrnehmen und je wichtiger sie ihr Vorwissen einschätzen (Dubs 1995).

Zwei Modelle können als Vorlage für diese prozesshafte Umsetzung herangezogen werden. Sie werden in Anlehnung an das Werk von Konrad und Traub (2018) dargestellt:

Stadienmodell nach Grow (1991, 1993)

Selbststeuerung kann durch eine Form des prozessorientierten Lehrens gefördert werden. Der Lehrende zeigt dabei dem Lernenden in einem ersten Schritt, wie er selbst lernsteuernde Aktivitäten übernehmen kann. Danach nimmt der Lehrende seine lernsteuernden Aktivitäten langsam zurück und aktiviert die Selbststeuerung des Lernenden durch entsprechende Aufgaben und Anleitungen. Der Lernende übernimmt damit schrittweise die Rolle des sich selbst Lehrenden. Nach Grow müssen vier Phasen durchlaufen werden, damit eine Selbststeuerung aufgebaut werden kann. Diese Phasen unterstützen den Lernprozess didaktisch-methodisch. Die grundlegenden Annahmen lassen sich wie folgt zusammenfassen:

- Lernende können im Laufe ihrer Lernbiographie eine zunehmend größere Kontrolle über ihr Lernen erwerben.
- Lehrende können diese Entwicklung unterstützen, zum einen, indem sie grundlegendes Wissen vermitteln, zum anderen durch die Förderung von Meta-Fertigkeiten, die eine ausgeprägtere Lernerkontrolle wahrscheinlich machen. Entsprechende Maßnahmen sollen gewährleisten, dass die Kontrolle über das Lerngeschehen mehr und mehr in die Hand der Lernenden übergeht, sobald diese über die erforderlichen Kompetenzen und Fertigkeiten verfügen. Die Lehrpersonen sollten ihr Lehrverhalten an das Niveau und die Bedürfnisse der Lernenden anpassen und individuelle Fortschritte unterstützen.
- Es gibt nicht nur einen Weg, das Lernen angemessen zu unterstützen. Unterschiedliche Lehrmaßnahmen und -stile kommen verschiedenen Lernenden und den gleichen Lernenden zu unterschiedlichen Zeitpunkten in differentieller Weise zugute. Kompetente Lehrpersonen wissen um den aktuellen Stand des Lernenden und fördern seine Entwicklung zu mehr Selbststeuerung, die durch Lernbereitschaft, Flexibilität und Lernerkontrolle gekennzeichnet ist.
- Das Maß der Lernerkontrolle wird sowohl durch das Lernumfeld als auch durch die Fähigkeit des Lernenden bestimmt, seine Kompetenzen in anderen Situationen bzw. zu anderen Zeitpunkten zu nutzen. Lernerkontrolle steht auch mit persönlichen Bedürfnissen in Verbindung. Einige Lernende scheinen in allen Stadien der Selbststeuerung von den gleichen Lehrangeboten und -methoden zu profitieren (Konrad & Traub 2018, S. 92 ff.)

Im Zuge der Förderung von selbstgesteuertem Lernen unterscheidet Grow folgende Phasen:

1. Phase

Fremdgesteuert Lernende brauchen zunächst eine Autoritätsfigur, die klar vorgibt, was zu tun ist, wie und wann es zu tun ist. Lernen ist lehrerzentriert. Lernende betrachten die Lehrperson in dieser Phase als Experten, die weiß, was zu tun oder was zu lernen ist. Sie bleiben zumeist passiv.
Informationen werden lediglich rezeptiv aufgenommen und unverändert wiedergegeben. Die Passivität kann sich auf manche Inhalte oder Fachgebiete oder aber auch auf alle Teil-Tätigkeiten des Lernens beziehen.

2. Phase

Hier sind die Lernenden interessiert, zumindest aber interessierbar. Sie lassen sich motivieren. Sinnvolle Aufgaben werden gerne ausgeführt. Die Lehrperson bringt Motivation in die Lerngruppe. Er regt Lernende an und unterstützt sie auch im sozio-emotionalen Bereich. Obwohl sich die Lehrperson eher direktiv verhält, ist sie doch stets darum bemüht, den Lernwillen und die Motivation der Lernenden anzuregen. Wichtig sind in dieser Phase eindeutige Erklärungen, warum und wofür die gerade behandelten Fertigkeiten wichtig sind und welchen Zielen die damit verknüpften Aufgaben dienen. Lernende können in dieser Phase von der Diskussion mit Lehrenden profitieren.

3. Phase

Die Lernenden verfügen nun über das Wissen und die Kompetenz, um den eigenen Lernprozess aktiv zu gestalten. Sie sind in der Lage zum Selbststudium, entwickeln ein tiefer gehendes Selbstkonzept, mehr Selbstvertrauen und eine größere Kompetenz. Sie können sich Lernstrategien bewusstmachen und bewusst einsetzen. Sie lernen, ihre eigenen Erfahrungen zu identifizieren und zu bewerten und können die Erfahrungen anderer beurteilen. Typisch für diese Phase ist die Entwicklung von kritischem Denken und Eigeninitiative. Hauptaufgabe des Unterrichts ist es, die Lernenden zu unterstützen. Lehrende und Lernende realisieren gemeinsam Entscheidungsprozesse, wobei die Verantwortung der Lernenden immer mehr zunimmt. Der Lehrende unterstützt bereits vorhandene Kompetenzen und regt deren Nutzung an. Er strukturiert schrittweise den Übergang in die Unabhängigkeit. Eine wesentliche Hilfe auf diesem Weg kann die Bereitstellung von Lernhilfen, -anregungen und -methoden darstellen.

4. Phase

Selbstgesteuert Lernende setzen sich eigene Ziele und Standards – mit oder ohne Hilfe der Experten. Lernende sind in dieser Phase in der Lage und willens, die Verantwortung für das eigene Lernen zu übernehmen. Sie nutzen Fertigkeiten zum

Zeit- und Projektmanagement, setzen sich selbst Ziele, geben Feedback und bewerten eigenständig erreichte Ergebnisse. Trotz dieser – bezogen auf die Lerngruppe – weit fortgeschrittenen Entwicklungsphase, wird man damit rechnen müssen, dass Selbststeuerungskompetenzen bei verschiedenen Lernenden unterschiedlich ausgeprägt sind. Bei einigen werden sie sich eher auf ganz spezifische Situationen beziehen, bei anderen eher generalisiert sein. Die Lehrperson ist in dieser Phase aber nicht überflüssig. Bestimmte Fertigkeiten oder Wissensbereiche werden nach wie vor sinnvoll und effektiv unter Anleitung eines Experten erworben. Aufgabe der Lehrkraft ist es nicht zu lehren, sondern vielmehr die Fähigkeiten der Lernenden zu kultivieren, zu stützen usw. Er berät die Lernenden bei der Erstellung von Kriterien zur Selbstbewertung (Checkliste, Verlaufsplan, Lern-Karten usw.). Auch kann er regelmäßig an Gruppensitzungen teilnehmen und dort die Reflexion und Bewertung anregen, um so Selbststeuerung und Selbstbewertung weiter zu unterstützen. Der Schwerpunkt des Lernens liegt gleichermaßen auf der Produktivität des Prozesses wie auch der Lernprodukte (Konrad & Traub 2018, S. 93 ff.).

Das prozessorientierte Lernen (Simons 1992):
Wie bei Grow besteht ein wesentliches Merkmal dieses Ansatzes in der schrittweisen Verlagerung der Kontrolle von der Lehrperson auf den Lernenden. Man beginnt mit einer stark strukturierten Unterrichtsweise. Zugleich lehrt man die Lernenden, wie sie selber das Lernen steuern können und müssen. Mit zunehmender Fähigkeit, das eigene Lernen zu steuern, wird immer mehr Verantwortung auf den Lernenden übertragen. Die Phasen gleichen stark dem Stadienmodell (Konrad & Traub 2018, S.96).
Mit Lernen im engeren Sinne sind die Prozesse der Informationsverarbeitung gemeint, die im Kopf des Lernenden vonstattengehen, also elaborative, reduktiv-organisierende und metakognitive Prozesse, z. B. auch Verknüpfungen von neuer Information mit bereits vorhandenem Wissen. Solche mentalen Aktivitäten liegen stets im Autonomiebereich der Person (Dubs 1995, S. 264).
Anders sieht es dagegen aus bei denjenigen Tätigkeiten, die während des Lernens oder davor ausgeführt werden, also die genaue Zielfestlegung einschließlich der Zwischenziele, die Planung und Organisation des konkreten Lernvorgangs sowie die Ausführung einschließlich des Wiederholens, Anwendens und Überprüfens des Lernstoffes. Dazu gehören auch die Entscheidungen über Lernzeit und -ort, über Materialien und möglicherweise über Lernpartner. All diese Dinge können vom Lerner mehr oder weniger autonom oder aber von außen, z. B. institutionell, bestimmt werden. Es gibt beim selbständigen Lernen nicht ein Entweder-Oder, sondern eine breite Palette möglicher Autonomie. Die gleichen Funktionen, die Lehrende ausüben, können dabei schrittweise vom Lernenden selbst übernommen werden.
Simons definiert die Fähigkeit, selbstständig zu lernen als das Ausmaß, „in dem eine Person fähig ist, ihr eigenes Lernen – ohne Hilfe anderer Instanzen – zu steuern und zu kontrollieren." (Simons 1992, S. 251)

Es handelt sich hierbei aber nicht um eine Alles-Oder-Nichts-Erscheinung, sondern eher um ein Kontinuum, das sich zwischen dem Extrem des völligen Unvermögens, das eigene Lernen zu steuern und zu kontrollieren und dem Extrem dies ganz ohne fremde Hilfe tun zu können, bewegt. In der Regel kommen beide Extreme nicht vor.
In der folgenden Tabelle (Simons 1992) stehen in der linken Spalte eine Reihe von Lehrfunktionen, denen in der rechten Spalte die korrespondierenden Lernfähigkeiten gegenübergestellt sind, über die im Idealfall ein selbständiger Lerner verfügt.

Tab. 1: Prozessorientiertes Lernen (Simons 1992, S. 255)

Lehrfunktion	Lernfähigkeiten
I Vorbereitung des Lernens – Orientierung über Ziele und Handlungen – Auswahl von Zielen – die Relevanz der Lernziele deutlich machen können – Aufbau der Motivation – Planung der Lernhandlungen – Beginn der Lernhandlung – Aufmerksamkeit aktivieren – Rückbesinnung auf frühere Lernprozesse und auf Vorwissen	**I Lernen vorbereiten können** – sich über Ziele und Handlungen orientieren können – Lernziele auswählen können – sich die Bedeutung von Lernzielen klar machen – sich selber motivieren können – Lernhandlungen in Gang setzen können – Aufmerksamkeit aktivieren können – sich rückbesinnen können auf frühere Lernprozesse und auf Vorwissen
II Ausführen von Lernhandlungen mit dem Ziel: – Verstehen und Behalten des Gelernten – Integration des Gelernten – Anwendung des Gelernten	**II Lernhandlungen ausführen können** mit dem Ziel: – Verstehen und Behalten des Gelernten – Integration des Gelernten – Anwendung des Gelernten
III Handlungsregulation – Überwachung des Lernens – Prüfung des Lernens – Ggf. Korrektur des Lehr- und des Lernverfahrens – Auswertung der Lernhandlungen – Rückbesinnung auf den Verlauf des Lernens	**III Lernhandlungen regulieren können** – Lernen überwachen können – Lernen überprüfen können – Bei Problemen alternative Lernstrategien auswählen können – Lernhandlungen auswerten können – sich auf den Verlauf des Lernens rückbesinnen können

IV Leistungsbewertung – Rückmeldung über Lernprozess und -ergebnisse geben – Lernprozess und -ergebnisse bewerten	**IV Leistungen bewerten können** – sich selbst Rückmeldung über Lernprozess und -ergebnisse geben können – Lernprozess und -ergebnisse realistisch bewerten können
V Motivation und Konzentration erhalten – Lernmotivation erhalten – Konzentration erhalten	**V Motivation und Konzentration erhalten können** – seine Motivation erhalten können – seine Konzentration erhalten können

Der Autor dieses Modells von Lehrfunktionen und korrespondierenden Lernfähigkeiten weist auf Folgendes hin: Um ein bestimmtes Lernergebnis zu erreichen, komme es zunächst nur darauf an, dass diese Funktionen ausgeführt werden; dabei ist es zunächst nicht so wichtig, ob von der Lehrperson oder vom Lernenden selbst. Es gäbe aber doch einen wichtigen Grund, diese Aktivitäten in die Verantwortung des Lernenden zu übergeben, weil er nämlich sonst auf lange Sicht seine Fähigkeit zum selbstgesteuerten Lernen nicht ausbilden kann.

Simons geht davon aus, dass Lehrende einen aktiven Lernstil bei den Lernenden dadurch fördern, dass sie die fünf genannten Lehrfunktionen realisieren. Bei der Vorbereitung des Lernens etwa sollten sie über die Lernziele und die damit verbundenen Aktivitäten informieren. Aus den möglichen Aktivitäten sollte bewusst ausgewählt werden. Bei der Handlungsregulation sollten die Lernenden selbst Entscheidungen treffen können. Bei den Rückmeldungen über das Lernergebnis könnte auch die Art und Weise, wie es zustande gekommen ist, thematisiert werden. Bei der letzten Kategorie kann man versuchen, den Lernenden zu verdeutlichen, welche Vorteile ein aktives Lernen gegenüber einem passiven, nur reproduzierenden Lernen hat (Simons 1992, S. 254 ff.).

Das „Lernen des Lernens" sollte also, auch wenn die eigene Erfahrung und nicht so sehr ein theoretisches Wissen die Basis ist, keinesfalls unbewusst geschehen, im Gegenteil. Erst die Einsicht in die eigenen kognitiven Aktivitäten ermöglicht die Nutzbarmachung von Lernerfahrungen für neues Lernen. Notwendig ist „eine wache metakognitive" Bewusstheit. Die Aufmerksamkeit des Lernenden ist nicht nur auf das Was, also auf die zu lösende Aufgabe, ausgerichtet, sondern immer auch auf das Wie, also auf die Strategien des Lernens und sich selbst." (Beck et al. 1995, S. 18)

Verantwortung für das eigene Lernen wird aber nur dann – Schritt für Schritt – übernommen werden, wenn im Unterricht das selbstgesteuerte Lernen ermöglicht und geübt wird.

Je stärker die Lernenden selbstinitiierte Aktivitäten in den Unterricht einbringen können, desto ausgeprägter wird das selbständige Lernen, selbst wenn der Unterricht insgesamt stark gesteuert ist. Umgekehrt gibt es Lernsituationen, von denen angenommen wird, sie dienten dem selbstgesteuerten Lernen, in Wirklichkeit sind sie aber nur aktive Formen passiven Lernens. Deshalb sollte man in der Unterrichtswirklichkeit nicht polarisierend von fremdgesteuerten und selbstgesteuerten Lernen sprechen, sondern den Prozess des Übergangs von stark gesteuertem Lernen (direktes Unterrichtsverhalten) zum selbständigen Lernen (Lernberatung) unterstützen. Außerdem müssen Lernende zum aktiven Lernen geführt werden, sie tun dies häufig nur dann, wenn sie von den Lehrenden entsprechende Arbeitsanweisungen erhalten.

Um aktives, konstruktives Lernen zu ermöglichen, stellt Simons 14 Prinzipien auf, die der PROGRESS-Methode zu Grunde gelegt werden:

- Betonung von Lernaktivitäten und Lernprozessen, anstatt ausschließliche Betonung von Lernergebnissen (Prozessprinzip).
- Lernen wird zum Diskussions-/Unterrichtsthema gemacht, damit sich die Lernenden ihrer Lernstrategien und Selbstregulierungsfähigkeiten und der Relation zwischen diesen und den Lernzielen deutlich bewusstwerden (Rückbesinnungsprinzip).
- Der Einfluss affektiv-emotionaler Prozesse auf das Lernen und deren Interaktionen mit kognitiven und metakognitiven Prozessen wird berücksichtigt (Affektivitätsprinzip).
- Den Lernenden werden Relevanz und Nützlichkeit der Kenntnisse und Fähigkeiten, die sie lernen sollen, bewusstgemacht (Nützlichkeitsprinzip).
- Transfer und Generalisierbarkeit des Gelernten werden explizit im Unterricht berücksichtigt und es wird nicht erwartet, dass sie von selbst auftreten (Transferprinzip).
- Lernstrategien und Selbstregulierungsfähigkeiten werden längerfristig und im Kontext von Unterrichtsfächern geübt (Kontextprinzip).
- Die Lernenden werden explizit darin unterwiesen, wie sie ihr eigenes Lernen überwachen, diagnostizieren und korrigieren können (Selbstdiagnostikprinzip).
- Der Unterricht wird so gestaltet, dass Lernende aktiv lernen und dass sie konstruktive Lernaktivitäten wählen können (Aktivitätsprinzip).
- Die Verantwortung für das Lernen verlagert sich allmählich vom Lehrenden zu dem Lernenden (Prinzip des allmählichen Abbaus von Hilfen).
- Maßnahmen zur Realisierung selbstregulierten Lernens werden mit anderen Betreuern / Bezugspersonen abgesprochen (Betreuungsprinzip).
- Kooperationen und Diskussionen zwischen den Lernenden werden im Unterricht aufgegriffen (Kooperationsprinzip).
- Höhere kognitive Lernziele, die aktives und konstruktives Lernen erfordern, werden betont (Lernzielprinzip).
- Neues Wissen wird auf Vorwissen bezogen (Vorwissensprinzip).
- Der Unterricht wird an die Lernkonzeptionen der Schülerinnen und Schüler angepasst (Lernkonzeptionsprinzip) (Simons 1992, S. 262)

Die Grundsätze, die im Rahmen von Lehr-/Lernsituationen beachtet werden müssen, wenn selbstgesteuertes Lernen erfolgreich sein soll, können in ihrem Kern folgendermaßen resümiert werden:

- Selbstgesteuertes Lernen tritt nicht automatisch durch die Reduktion fremdgesteuerten Lernens ein.
- Selbstgesteuertes Lernen bedarf sorgfältiger Anleitung und Begleitung. Die Lehrkraft muss den Lernenden Schritt für Schritt und häufig über einen längeren Zeitraum an das selbstgesteuerte Lernen heranführen.
- Selbstgesteuertes Lernen setzt ein großes Strukturwissen und sprachliche Kompetenz bei den Lernenden voraus.
- Selbstgesteuertes Lernen setzt bei den Lehrpersonen Kompetenzen hinsichtlich des Erkennens von Lernbedarf, des Planens von Lernschritten, der Ausführung dieser Lernschritte und der Einschätzung von Lernfortschritten voraus.
- Selbstgesteuertes Lernen hat nur dann positive Effekte, wenn die Metakognition der Lernenden verbessert und dies durch einen Wandel der Rolle der Lehrperson zum Beobachter und Berater unterstützt wird.
- Selbstgesteuertes Lernen darf mit Rücksicht auf schwächere Schülerinnen und Schüler nicht die einzige Lehrform sein. In Abhängigkeit von der Person des Lernenden, den Lerninhalten und Lehr-/Lernzielen ist die Verknüpfung von Phasen des selbstgesteuerten und des fremdgesteuerten Lernens ratsam.

Hierbei handelt es sich um Überlegungen, die das Prozesshafte der Projektarbeit besonders herausstellen. Lernende können nur schrittweise auf Projektarbeit vorbereitet werden. Deshalb beinhaltet die Projektkonzeption die PROGRESS-Methode. Hier zeigt man den Lernenden, wie sie selbst lernsteuernde Aktivitäten übernehmen können. Der Lehrende nimmt zunehmend seine lernsteuernden Aktivitäten zurück und aktiviert die Lernenden, indem er ihnen Aufgaben stellt und Aufträge erteilt, durch die sie bestimmte Lernaktivitäten selbst ausführen müssen. Außerdem wird den Lernenden gezeigt, wie sie bestimmte Strategien bewusst für bestimmte Arbeitsvorhaben auswählen können. Lernende sollen am Ende selbst Ziele festlegen und durch die Auswahl bestimmter Aktivitäten diese erreichen. So werden sie allmählich in die Projektarbeit eingeführt.

4.2 Die PROGRESS-Methode: Wege der Umsetzung

Das Modell selbstgesteuerter Kleingruppenprojektarbeit auf der Basis der PROGRESS-Methode soll entwickelt werden mit der Zielsetzung, Projektarbeit erfolgreich in die Schule zu implementieren, so dass Lernende mit Hilfe dieses Modells Handlungskompetenzen entwickeln können. Voraussetzung für die Entwicklung von Handlungskompetenzen ist eine Lernform, in der Lernende selbstgesteuert

lernen können. Lernende müssen auf eine solche und damit auf die Projektarbeit vorbereitet werden. Sie benötigen einen gewissen Grundstock an Handlungskompetenzen, den sie im „herkömmlichen" Unterricht erwerben können. Sie müssen zunächst in kleineren Projekten lernen, wann welche Methoden bzw. Lernstrategien hilfreich angewandt werden können und dazu benötigen sie Anleitung und Unterstützung. Durch ständiges Wiederholen der Projektarbeit und der Gewinnung von Fähigkeiten und Fertigkeiten im Umgang mit Problemstellungen lernen die Schülerinnen und Schüler zunehmend selbständig auf geeignete Methoden zurückzugreifen. Erst in diesem Stadium können sie sich selbständig und eigenverantwortlich mit einem Thema oder einer Problemstellung auseinandersetzen. Auf dem Weg dorthin benötigen sie Hilfe, Begleitung und die Möglichkeit, sich die entsprechenden Kompetenzen anzueignen. Dies gelingt wohl am besten, wenn die Lernenden Schritt für Schritt in die Projektarbeit hineinwachsen. Deshalb muss ein Modell verschiedene Stufen zur Umsetzung von Projektunterricht enthalten mit dem Ziel, die Lernenden auf den Weg zum selbstgesteuerten, aktiven Lernen zu bringen. Lernenden müssen Situationen angeboten werden, in denen sie immer wieder Phasen der Selbststeuerung erfahren und diese Situationen müssen im Laufe der Zeit länger und umfassender werden, so dass die Lernenden in den Prozess der Selbststeuerung hineinwachsen.
Die PROGRESS-Methode schlägt hier ein zweistufiges Vorgehen mit jeweils zwei Wegen vor:

Stufe 1:
1. Weg: Zunächst müssen die Lernenden innerhalb des „herkömmlichen"Unterrichts mit Lernstrategien vertraut gemacht und diese mit ihnen gemeinsam angewandt werden. Danach können Phasen eingeführt werden, in denen die Lernenden immer häufiger auf solche Strategien zurückgreifen können. Für dieses Vorgehen bietet sich zunächst die Lernumgebung des Sandwich-Prinzips an.
2. Weg: Die Lernumgebung des Sandwich-Prinzips wird erweitert, in dem die Phasen des selbstgesteuerten Lernens ausgebaut und kleinere projektorientierte Einheiten etabliert werden.

Stufe 2:
3. Weg: Das Projektsandwich wird Schritt für Schritt unter Anleitung vollzogen, so dass diese Stufe Modellcharakter erhält und die Lernenden langsam in die eigentliche Projektarbeit eingeführt werden.
4. Weg: Die Anleitung wird immer weiter zurückgenommen, bis nur noch die im Projektsandwich eingeplanten kollektiven Phasen übrig bleiben und die anderen Phasen im Rahmen des Selbststeuerungsprozesses von den Lernenden eigenständig übernommen und ausgeführt werden können.

4.2.1 Das Sandwich-Prinzip als Orientierung bietende Lernumgebung (Stufe 1)

Um überhaupt mit Projektarbeit beginnen zu können, benötigen die Lernenden ein Fundament an Methoden und Kompetenzen. Wenn diese nicht vorhanden sind, müssen sie zunächst erworben werden. Dieses Vorgehen erläutert Stufe 1 der PROGRESS-Methode. Sie dient der Vermittlung verschiedener Lernstrategien und der bewussten und reflektierten Auseinandersetzung mit diesen. Ein reines Methodentraining wird dabei abgelehnt. Der Methodenerwerb wird in eine ganz „normale Unterrichtsarchitektur“ eingebettet und dient dem Kennenlernen und dem Anwenden geeigneter Methoden. Es steht nicht das Strategietraining, sondern die Inhaltsvermittlung im Vordergrund. Dadurch spielt sich Lern- und Denkförderung direkt im jeweiligen Gegenstandsbereich ab und es wird das Problem vermieden, wie Strategien, die extracurricular vermittelt und erworben wurden, auf den jeweiligen Inhaltsbereich zu transferieren sind. Erwerb und Anwendung finden in einem Kontext statt.
Man muss sich überlegen, welche Strategien für selbstgesteuertes Lernen besonders wichtig sind. Die Strategietrainingsmaßnahmen sollten Primärstrategien und Stützstrategien beinhalten und sowohl auf die Aufgaben der Lerninhalte als auch auf die Zielgruppe abgestimmt sein und von den Lernenden als relevant wahrgenommen werden.

Folgende Strategien kommen in Betracht:
Kognitive Strategien, die sich auf das Lernen, die Informationsendkodierung und die Reproduktion von Gedächtnisinhalten beziehen:

- Wiederholungs-/Einprägungsstrategien heben auf das genaue Einprägen des Lerninhalts im Kurzzeitgedächtnis (z. B. mehrfache Wiederholung des Lernstoffes; schriftliches Zusammenfassen der wichtigsten Informationen; Textauszüge markieren) ab.
- Enkodierstrategien, die dazu beitragen neue Informationen dauerhaft zu speichern und ins Langzeitgedächtnis zu überführen. Dazu müssen die neuen Informationen mit vorhandenem Wissen und Erfahrungen in Beziehung gesetzt werden (z. B. Fragen stellen, laut sprechen usw.).
- Organisationsstrategien helfen dem Lerner bei der Auswahl relevanter Wissensinhalte und beim Aufbau eines Netzwerkes und zusammenhängender Strukturen (z. B. Metaplan- und Netzplan-Techniken). Wissen wird verdichtet und geordnet.
- Abrufstrategien, die den gezielten Abruf von Gelerntem aus dem Gedächtnis unterstützen.
- Wissensnutzungsstrategien, die die Anwendung des Gelernten unterstützen.
- Metakognitive Strategien, die sich auf die Steuerung des Lernprozesses beziehen.
- Kontrollstrategien, welche die situationsangemessene Planung unterstützen.

- Planungsstrategien, die die Entscheidung für Lernziele und die Wahl zur Ziel-erreichung geeigneter Lernaktivitäten steuern.
- Bewertungsstrategien, mit deren Hilfe Lernergebnisse mit dem gesetzten Ziel verglichen werden können.
- Volitionale Strategien unterstützen Lernende, einmal gefasste Absichten und Lernziele beizubehalten und gegen konkurrierende Handlungstendenzen zu schützen.
- Strategien zum Ressourcenmanagement: Steuerung aller internen und externen Hilfsmittel wie Zeitmanagement oder die persönliche Anstrengungsbereitschaft. Aber auch die Nutzung geeigneter Medien und das Hinzuziehen von Helfern. Dadurch soll der Lernprozess in Gang gebracht und am Laufen erhalten werden (Konrad 2008).

4.2.1.1 Von der Instruktion zum Sandwich (Weg 1)

Die Strategien werden zunächst kleinschrittig, mit viel Anleitung vermittelt und mit den Schülerinnen und Schülern reflektiert und selbst erprobt. Die direkte Instruktion wird dann durch das Sandwich-Prinzip erweitert, wodurch neben Orientierung bietenden Phasen auch selbstgesteuerte Phasen den Lernprozess bestimmen. Bei der direkten Instruktion wird das Lerngeschehen weitgehend von der Lehrperson gesteuert. Der Ansatz der direkten Instruktion weist folgende Kennzeichen auf:

- er ist in der Regel thematisch orientiert
- die Thematik wird meist sprachlich hergestellt
- die Lehrperson übernimmt die wesentlichen Steuerungs- und Kontrollleistungen
- es besteht ein Macht- und Kompetenzgefälle zwischen Lehrenden und Lernenden
- der Instrukteur legt (angemessene) Lehrziele fest
- er zerlegt den Unterrichtsstoff in überschaubare Lerneinheiten
- er vermittelt oder generiert (z. B. durch eine fragend-entwickelnde Dialogform) das notwendige Wissen
- er stellt Fragen oder Probleme unterschiedlicher Schwierigkeit
- er sorgt für Übungsmöglichkeiten
- er kontrolliert die individuellen Lernfortschritte
- er hilft bei der Überwindung von Schwierigkeiten

Die direkte Instruktion kann nicht mit dem Frontalunterricht gleichgesetzt werden. Der Lehrende lenkt und leitet zwar, aber er ist nicht der alleinige Akteur und verdammt die Lerner zur Passivität, sondern die Instruktion hat eine aktive und konstruktive Arbeit der Schülerinnen und Schüler zur Folge. Wissen wird nicht unvermittelt in die Köpfe der Lernenden übertragen; es geht vielmehr darum, Bedingungen zu schaffen, unter denen Lernende die Unterrichtszeit produktiv und sinnvoll nutzen können. Entscheidend für die Lernwirksamkeit dieser Instruktionsmethode sind angemessene Lernzielvorgaben, eine Maximierung der aktiven Lernzeit, die Fokussierung der Schüleraktivitäten auf die Lerninhalte und Lernprozesse sowie die möglichen positiven Rückmeldungen aufgrund der wahrscheinlich gemachten Leistungsfortschritte. Lernende können dadurch selbst lernen, wie Unterricht gestaltet wird, welche Strategien der Lehrende anwendet, wie man selbst lehrt und lernt. Es sind vor allem die folgenden Fähigkeiten, die im gebundenen Unterricht eingeübt werden sollten, bevor mit dem selbstgesteuerten Arbeiten begonnen werden kann:

- Strategien der geistigen Auseinandersetzung wie genaues Zuhören, Techniken der Gesprächsteilnahme, begleitende Notizen anfertigen, Beherrschung bestimmter Umgangsformen,
- Darstellungsstrategien wie Aufnahme und Ausführung eines Protokolls, Vorbereitung und Vortrag eines Referats, Illustrieren von Sachverhalten (Skizzen, Diagramme, Tabellen),
- Strategien der Informationsbeschaffung und Sammlung wie Arbeit mit Texten und Bildern, Arbeit mit Nachschlagewerken, Gebrauch von Arbeitsmitteln, Beherrschung technischer Geräte,
- Strategien der Arbeitsplanung und die richtige Zeiteinteilung.

Es bleibt festzuhalten, dass es auf dem Weg zur Selbststeuerung unter den Bedingungen der Lehre (z. B. in der Schule) vielfach sinnvoll und praktikabel ist, die Arbeit anfangs klar zu strukturieren und den Lernenden konkrete Ziele zu setzen (Konrad & Traub 2018, S. 63 ff).

Genau dies wird in der Stufe 1 der PROGRESS-Methode getan. Den Lernenden wird gezeigt, wie man effektiv lernen und den eigenen Lernprozess gestalten kann. Dies geschieht einmal zunächst dadurch, dass die Lehrperson den eigenen Unterricht gut vorbereitet und den Lernenden die Unterrichtsschritte explizit erklärt. Da die motivationalen und kognitiven Lernstrategien kaum beobachtbar sind, sondern sich im Kopf abspielen, ist es notwendig, dass die Lehrperson verbal erläutert, warum sie welchen Lernschritt für die Lernenden geplant hat, welche Methoden diese dabei einsetzen sollen und welche Ziele damit zu erreichen sind. Dazu ist es hilfreich, wenn die Lehrperson den Unterrichtsablauf selbst klar gliedert und zu Beginn der Stunde übersichtlich darstellt, zum Beispiel durch eine Agenda oder bei inhaltlichen Zusammenhängen durch einen Advance Organizer. Während des Lernprozesses müssen wichtige Aspekte deutlich hervorgehoben und gekennzeichnet werden und eine Beziehung zu anderen Inhalten hergestellt werden. Am Ende der Stunde sollte eine Zusammenfassung erfolgen.

Der Lehrervortrag muss gut strukturiert und für die Lerner verständlich sein. Er sollte durch entsprechende Materialien begleitet werden. Den Schülerinnen und Schülern muss deutlich werden, in welche Richtung der Vortrag zielt und was dabei gelernt werden soll. Der Vortrag sollte nachgeahmt werden können.

Es reicht auch nicht aus die oben genannten Strategien nur zu üben, sondern die Lernenden müssen auch über Wirkungen, Vorzüge und Nachteile der jeweiligen

Strategie und über Anwendungsbedingungen usw. informiert werden. In den Unterricht müssen also immer wieder Phasen eingebaut werden, in denen die Lernenden selbst Strategien einüben können und in denen darüber diskutiert wird, wann welche Strategie sinnvoll angewandt werden kann. Hier geht es darum, den Lernenden den Problemlösewert der trainierten Lernstrategien deutlich zu machen und den Transfer in reale Anwendungskontexte zu fördern. In einem nächsten Schritt können die erworbenen Strategien auch auf andere Zusammenhänge übertragen werden, so dass der Transfer unterstützt wird. Zu Beginn einer Trainingsmaßnahme wird zumeist versucht, durch externe Hilfen (Auswahl einfacher Aufgaben, Coaching, Rückmeldung, Korrektur usw.) die kognitive Belastung der Lernenden gering zu halten. Mit zunehmendem Trainings- bzw. Lernfortschritt können diese Hilfen abgebaut werden. Die Verantwortung für den Lernprozess wird so mehr und mehr in die Hand der Lernenden übertragen.

Ziel ist es, dass die Lernenden Strategien erwerben, die sie zur erfolgreichen Projektarbeit benötigen. Wenn sich die Lernenden über die direkte Instruktion ein gewisses Strategierepertoire angeeignet haben, dann können in diese stark angeleiteten Phasen zunehmend Elemente selbstgesteuerten Lernens eingefügt und der Unterricht nach dem Sandwich-Prinzip weiter ausgebaut werden, so dass die Instruktionsphasen durch selbstgesteuerte Phasen ergänzt werden. Die Strategievermittlung ist dann Bestandteil eines effektiven Unterrichts, der den Lernenden neben der methodischen und strategischen Orientierung auch die inhaltliche ermöglicht. Das Lernen im Sandwich-Prinzip ermöglicht eine systematische Abwechslung zwischen Lernphasen, in denen mehr Orientierung und Anleitung sowie Inputs gegeben werden und Lernphasen, in denen die Lernenden subjektiv und individuell am eigenen Lernprozess im eigenen Lerntempo lernen können. Damit wird das Sandwich-Prinzip vom Ansatz her gemäßigten konstruktivistischen Überlegungen gerecht. Es findet eine geschickte Verknüpfung zwischen Fremd- und Selbststeuerung statt, wobei die Reflexion eigener Lernaktivitäten von herausragender Bedeutung für die Arbeit im Projekt ist und deshalb auch bei der Umsetzung einen zentralen Platz im Rahmen der Gelenkstellen erhält. Das Sandwich-Prinzip wurde im Zusammenhang mit der Entwicklung einer Grundkonzeption genauer erläutert, deshalb wird hier insgesamt auf das erste Kapitel verwiesen. Das Sandwich-Prinzip ist ein komplexes Lehr-Lern-Arrangement, das von der Lehrperson viele Kompetenzen abverlangt. Die Unterrichtsgestaltung wird dabei sehr differenziert vorgenommen. Beim Einstieg herrschen drei zentrale Ziele vor: Lerninhalte sollen transparent gemacht werden durch Agenda oder Advance Organizer, um die Autonomiefähigkeit der Lernenden zu entwickeln und zu erhöhen, die Redeschwelle muss früh überwunden werden, damit die Lernenden in Kommunikation eintreten können und die Interessen und Vorkenntnisse müssen erhoben und erfasst werden, damit an diese im Unterrichtsgeschehen angeknüpft werden kann. Während der Vermittlung müssen die Lernenden aktiv einbezogen werden, was durch geeignete Methoden zum Beispiel aus dem kooperativen Lernen geschehen kann. Die Lernenden müssen ihr Wissen auch immer wieder verarbeiten und in größere Zusammenhänge einordnen können. Dazu eignen sich kognitive Landkarten. Das Sandwich muss auch bewusst abgeschlossen werden, und zwar sowohl inhaltlich als auch emotional.

Im Rahmen des Sandwich-Prinzips können mit der Unterstützung von Lernhilfen den Lernenden Lernstrategien vermittelt und in ihrer Anwendung diskutiert werden. Diese Lernhilfen müssen eine optimale Passung zum Lernprozess erreichen, so dass die Lernenden genau die Orientierung erhalten, die sie benötigen. Lernen ist ein individueller Prozess, dem man durch die Gestaltung geeigneter Lernumgebungen gerecht werden muss. Lehrende müssen also eine Lernumgebung bereitstellen, damit Lernende einen Kompetenzzuwachs erfahren. Dazu sind Phasen subjektiver Auseinandersetzung erforderlich. Warum ist das so? Wahl erläutert dies in seinem Buch „Lernumgebungen erfolgreich gestalten (Wahl 2006; 2013). Betrachtet man das gymnasiale Schulwesen in Deutschland mit bis zu 80% kollektiven Lernphasen oder das deutsche Hochschulwesen mit kollektiven Lernphasen von 80% bis 96%, so wird deutlich, dass das Einschieben von Abschnitten subjektiver Auseinandersetzungen mit den vermittelten Inhalten, wie es im Sandwich-Prinzip zwingend gefordert wird, keineswegs selbstverständlich ist. Wieso also regelmäßige selbstgesteuerte Phasen der persönlichen Auseinandersetzung mit den vermittelten Inhalten einschieben?

Ein erster Grund ist die Einzigartigkeit subjektiver Theorien. Innerhalb des Forschungsprogramms subjektive Theorien gibt es viele Belege dafür, dass Begriffe und Wissen von Person zu Person unterschiedlich konstruiert sind. Glaubt man den Ergebnissen der Gehirnforschung (Spitzer 2002), so ist die Einzigartigkeit kein Zufall. Bei der Geburt ist nur ein relativ geringer Teil der Zellen des Großhirns untereinander vernetzt. Durch Lernprozesse schreitet die Vernetzung voran, die Stärke der Verbindungen zwischen den Gehirnzellen nimmt zu. So entstehen komplexe und völlig einzigartige biologische Strukturen. Diese sind die physiologische Entsprechung zu den einzigartigen subjektiven Theorien. Beim Lernen spielt diese Einzigartigkeit in vielerlei Hinsicht eine Rolle. Sie wird bei den Vorkenntnissen sowie bei der Ausbildung (meta)kognitiver Strukturen wichtig. Bereichsspezifische Vorkenntnisse sind einer der mächtigsten Einflussfaktoren für künftige Lernleistungen. Entsprechend den biografisch durchlaufenen Lernprozessen bilden sich Lernstrategien heraus. Die eingesetzten Lernstrategien variieren von Person zu Person sowie von Situation zu Situation. Lernstrategien sowie die Vorkenntnisse müssen als in hohem Maße einzigartig aufgefasst werden. Die gleichen grundsätzlichen Überlegungen gelten für die Lernmotivation. Auf dem Hintergrund subjektiver Theorien über die in der Situation enthaltenen Anforderungen sowie subjektiver Theorien über die persönlichen Kompetenzen werden Kräfteeinsatz bzw. zu erbringende Anstrengung geplant, ausgeführt und bewertet. Von Person zu Person fallen diese Prozesse recht unterschiedlich aus. Dies hat Einfluss auf die unterschiedlichen Lerntempi der Teilnehmenden, resultierend aus einzigartigen subjektiven Theorien, unterschiedlicher Decodierungskompetenz, verschiedenen bereichsspezifischen Vorkenntnissen, differierenden Lernstrategien und individueller Lernmotivation. Schon vor vielen Jahren bezifferte Bloom die Lerntempounterschiede in der Primarschule mit dem Faktor 1:5. Die langsamsten Kinder benötigen die bis zu fünffache Zeit, um zum gleichen Ergebnis zu kommen wie die schnellsten. In den weiterführenden Schulen reduzieren sich die Lerntempounterschiede, wenn nach Lernerfolg ausgelesen wird. Die enormen Unterschiede im Lerntempo lassen es als unsinnig erscheinen, die Lernenden in einem gemeinsamen Lerntempo zu unterrichten. Wegen der beschriebenen Einzigartigkeit muss man annehmen, dass die vermittelten Inhalte von jeder Person auf die für sie zutreffende Weise aufgenommen, vernetzt und bewertet wurden.

In einer von mir selbst durchgeführten Studie (insgesamt knapp 1000 beobachtete Unterrichtssituationen in Baden-Württemberg) in den Jahren 2018 und 2019 finden sich folgende Lerntempounterschiede:

Es werden Lerntempounterschiede im Umfang von 1:2,5 (Mittelwert:2,7; Median: 2,5) gemessen. Dies bedeutet, dass der langsamste Lernende etwa 2,5-mal so lange benötigt, um zu einem vorher festgelegten Lernergebnis zu kommen als der schnellste. Das Maximum liegt bei 1:17, was eine hohe Streuung unterstreicht. Berücksichtigt werden muss dabei, dass es viele Beobachtungssituationen gab, in denen die Langsamsten in der vorgegebenen Zeit die Aufgabe gar nicht bewältigen konnten, diese also ihren Lernprozess abbrechen mussten (ca. 100 Lernsituationen).

Interessant in diesem Zusammenhang ist auch das Ergebnis, dass sich die Lerntempounterschiede zwischen den Schularten unterscheiden. In der Grundschule liegt der Quotient bei 1:3, in der Werkrealschule bei 1:1,7, in der Gemeinschaftsschule bei 1:2,3 und in der Realschule bei 1:1,7. Es zeigt sich, dass die Lerntempounterschiede in Schulformen mit stärkerer äußerer Differenzierung (Aufgliederung nach der Grundschule in verschiedene Schultypen) geringer sind als in Schulformen mit stark heterogenen Klassenverbänden (Grundschule). Der Lerntempoquotient nimmt mit höherer Klassenstufe kontinuierlich ab. Im Anfangsunterricht der Grundschule sind die Unterschiede also am höchsten und gegen Ende der Schulzeit am geringsten. Das mag einmal mit der äußeren Differenzierung zusammenhängen, zum anderen vielleicht aber auch damit, dass Lernende –je älter sie werden – individuelle Lernstrategien entwickeln, durch die sie sich dem vorgegebenen Lerntempo am ehesten anpassen können. Außerdem weist das Ergebnis darauf hin, dass verglichen mit den Ergebnissen von Bloom, der Lerntempoquotient in allen Schularten (Grundschule und Sekundarstufe) kleiner geworden ist. Daraus kann eventuell geschlossen werden, dass in allen Schularten eine stärkere innere Differenzierung bereits stattfindet und die Lernprozesse stärker individualisiert werden.

Dies würde bedeuten, dass ein richtiger Weg eingeschlagen wird, dass dieser aber noch wesentlich stärker fokussiert und Lernen noch stärker als individualisierter Prozess verstanden werden muss. Auch diese neuen Forschungsergebnisse zu Lerntempounterschieden machen die Bedeutsamkeit individualisierten Lernens deutlich. Vielleicht kann neben der inneren Differenzierung und der Lernangebote auf unterschiedlichen Niveaustufen auch die Arbeit in kooperativen Lernsettings einen Beitrag hierzu leisten.

In Unterrichtssituationen, in denen kooperativ gearbeitet wird, gleicht sich das Lerntempo nämlich eher an. Für die Einzelarbeit gilt ein Mittelwert von 2,7, bei der Partnerarbeit von 1,9 und bei der Gruppenarbeit liegt er bei 1,6 (Traub 2021a) Da in allen Altersklassen und in den unterschiedlichsten Bildungseinrichtungen, wie Schulen, Hochschulen und Erwachsenenbildung, Lerntempounterschiede vorzufinden sind, wird es nochmals deutlich, dass es nicht sinnvoll ist, „im Gleichschritt, also in einem gemeinsamen Lerntempo zu unterrichten" (Wahl, 2013, S. 105).

Wenn dies richtig ist, dann bleibt als einzige Konsequenz, den Lernenden möglichst umfangreiche Phasen anzubieten, in denen sie sich ganz persönlich mit dem Inhalt auseinandersetzen können. Dies geschieht im Sandwich-Prinzip. (Wahl 2006, S. 99ff).

An einem Beispiel aus der Unterrichtspraxis soll nun die Stufe 1, Weg 1 der PROGRESS-Methode dargestellt werden. Es handelt sich um ein Unterrichtsthema aus dem Deutschunterricht, der für eine 5. Klassenstufe geplant und durchgeführt wurde.

Unterrichtsszenario für Stufe 1/Weg 1 der PROGRESS-Methode (Unterrichtsstunde, die nach dem Sandwich-Prinzip aufgebaut ist):

Die Lehrperson übernimmt die Klasse neu zu Beginn des 5. Schuljahres. Sie möchte am Ende des Schuljahres mit der Klasse ein Projekt durchführen und bereitet die Schülerinnen und Schüler schrittweise darauf vor. Zunächst ermittelt sie den Kompetenzstand der Klasse. Die Schülerinnen und Schüler sind im methodischen und sozialen Bereich noch nicht so weit, dass sofort mit Projektarbeit begonnen werden kann, deshalb wird die PROGRESS-Methode auf Stufe 1 begonnen.

Die Lehrperson plant im ersten Schulhalbjahr den Unterricht nach den Überlegungen der direkten Instruktion: Im Rahmen des Deutschunterrichts plant und konzipiert sie die Unterrichtsstunden. Sie teilt den Lernenden zu Beginn der Stunden jeweils die Zielsetzung und die Vorgehensweisen mit und macht transparent, weshalb der Unterricht genauso ablaufen wird. In diesem Zusammenhang wird eine Gespächserziehung durchgeführt (Traub 2022). Dabei lernen die Kinder Regeln für das Zuhören, Techniken der Gesprächsteilnahme usw. In immer wieder durchgeführten Einzel- und Partneraufgaben üben die Lerner Notizen anzufertigen, Zentrales zu unterstreichen und entsprechend miteinander umzugehen. Die Lernenden haben im Rahmen der direkten Instruktion auch schon kleinere Protokolle geführt und Kurzreferate gehalten, so dass ihnen die Techniken des Darstellens und der Informationsbeschaffung mit Hilfe des Wörterbuches geläufig sind. Außerdem werden auch erste Übungen zum kooperativen Lernen und einfachere Partneraufgaben durchgeführt.

Im Mittelpunkt des Unterrichts stehen sechs verschiedene Jugendbücher aus der Altersgruppe der Schülerinnen und Schüler. Die Bücher wurden so ausgewählt, dass jedes Genre wenigstens einmal vertreten ist. Folgende Genres werden im Unterricht angesprochen: Abenteuerbuch, Fantasiebuch, erzählte Geschichte, Tierbücher, Freundschaft und Liebe, fremde Länder und Sport. Dies sind Themenbereiche, die für diese Altersstufe interessant erscheinen und wo jeder / jede einen Zugang zu einem Buch finden kann. Alle Bücher sind in irgendeiner Weise im Jugendbereich bereits ausgezeichnet worden oder stehen auf einer Auswahlliste oder werden in verschiedenen Sprach- und Lesebüchern dieser Altersstufe besonders empfohlen.

Lesekompetenz ist für den Deutschunterricht mehr als die Fähigkeit, auf verschiedenen Stufen Informationen aus Texten zu entnehmen. Der Deutschunterricht hat die Aufgabe, den jungen Menschen in seinen Grundkompetenzen zu fördern, ihm bei der Ausbildung von kognitiver Kompetenz, Interaktionskompetenz, Sprachkompetenz und ästhetischer Kompetenz „Hilfe beim Aufwachsen“ zu geben. Auch die Stichworte Empathie und Fremdverstehen, Ich-Entwicklung und Identitätsfindung umreißen, was Deutschunterricht, insbesondere im Medium der Literatur, leisten soll. Besonders der handlungs- und produktionsorientierte Literaturunterricht geht davon aus, dass sich eine Lesemotivation beim Kind immer erst dann entwickelt, wenn sich die Schüler mit allen Sinnen, weitestgehend selbst bestimmt und grundsätzlich auch eigenproduktiv mit den Texten auseinandersetzen können. Durch unterschiedliche Formen der Annäherung soll der Lektüreprozess lebendiger, aktiver, schülerzentrierter und lustvoller gestaltet werden (Haas 2004, S. 731).

Die Ergebnisse aus PISA haben dazu geführt, dass der Deutschunterricht Sachtexte und diskontinuierliche Texte stärker als bisher zu fokussieren beginnt. In neueren Publikationen wird aber auch darauf verwiesen, dass sowohl für die Vermittlung elementarer Strategien des verstehenden Lesens als auch für die Aneignung von Wissen in besonderem Maße die Lektüre von Literatur beitragen kann. Beides – Lernstrategiewissen und kognitive Grundfähigkeiten – sind die fundamentalen Grundlagen von Lesekompetenz (Hurrelmann 2002). Der Schwerpunkt der Stunde liegt mit der Informationsentnahme, Verarbeitung und Reflexion vor allem bei der Lesekompetenz- und Interessenförderung der Kinder. Lesekompetenz ist weit über den Deutschunterricht hinaus in der Schule zentral für den Lernerfolg in anderen Fächern wichtig.

In dieser Stunde geht es vor allem darum, Leseinteressen zu fördern und zu entwickeln. Unsere Kinder und Jugendlichen leben in einer sehr stark medialisierten

Welt, was es mit sich bringt, dass sie eher zum Fernseher, zum Computer oder zum Handy greifen, als sich ein Buch zu nehmen. Um den Lernenden zu zeigen, dass auch Bücher ein schöner Zeitvertreib sind und die Fantasie anregen können, braucht es Stunden wie diese. In dieser Stunde gibt nicht die Lehrperson die Spur bzw. das Buch vor, das gelesen werden soll, sondern die Lernenden wählen selbst aus. Damit die Auswahl nicht uferlos ist, wird ein Angebot vorgegeben, aber eben mit genügend Spielraum. In erster Linie geht es auch nicht darum, schulisches Leseinteresse zu fördern, sondern Lesen allgemein anzuregen.
Die Lernenden können sich frei für ein Buch entscheiden und überprüfen, ob das ein Buch wäre, das ihr Interesse erregen könnte. Sie machen also ihre eigenen Leseerfahrungen und tauschen sich anschließend darüber aus. Dabei merken sie, was sie gerne lesen und was nicht und profitieren von den gegenseitigen Anregungen.
Informationsentnahme und die anschließende Reflexion ist eine der Schlüsselqualifikationen, die Kinder und Jugendliche benötigen, um Handlungskompetenz aufzubauen. Diese ist immer wieder im Unterricht in verschiedenen Situationen zu trainieren, auch im Umgang mit einer Lektüre. Denn gerade hier hängt sowohl die Lesemotivation als auch die Lesefreude sehr davon ab, ob dem Text auch der Sinn entnommen werden kann. Hierbei handelt es sich auch um Strategien, die für die spätere Projektarbeit wichtig sind.
Auf dieser Basis an Hintergrundwissen baut die Lehrkraft ihre Stunde auf. Zunächst plant sie den Einstieg in das Sandwich. Die Lernenden sollen früh zu Wort kommen, das Thema muss ihnen verdeutlicht werden und ihre Vorkenntnisse werden aktiviert. Dies macht die Lehrkraft dadurch deutlich, dass sie den Lernenden das Thema der Stunde benennt und sie zunächst in einem Partnergespräch über ihre bisherigen Leseerfahrungen berichten lässt. Danach erklärt sie kurz das Vorgehen der Stunde. Im Klassenzimmer hängen verschiedene Plakate mit dem jeweiligen Cover der Bücher. Die Neugierde für diese Stunde ist wahrscheinlich durch die aufgehängten Plakate bereits geweckt, ebenso durch die Aussage, die Lernenden heute in die Welt der Bücher zu entführen. Um diese Neugierde zu befriedigen, wird der Einstieg an diesen Plakaten aufgehängt. Die Lernenden haben die Gelegenheit, sich über die Plakate auszutauschen. In dieser Vergewisserungsphase geht es einmal darum, dass die Schülerinnen und Schüler schon erste Vermutungen zu den auf den Plakaten abgedruckten Büchern äußern und sich bereits darüber Gedanken machen, welches der Bücher sie denn spontan ansprechen würde.
Außerdem ist diese Phase eine Hilfe, damit die Lernenden ihre Hemmschwelle zum Reden sehr früh überwinden. Diese Überlegungen zu den Lesegewohnheiten werden in einem kurzen Gespräch mit den Schülerinnen und Schülern weiter thematisiert. Dabei geht es aber nicht in ein fragend-entwickelndes Unterrichtsgespräch, bei dem die Antworten sowieso schon auf der Hand liegen, sondern es handelt sich nach Bollnow um ein echtes Gespräch, bei dem sich die Lernenden über ihre Überlegungen austauschen können und dadurch weitere Klarheit für sich gewin-

nen können. In dieser Phase des Unterrichts wird den Schülerinnen und Schülern bewusst, wie sie selbst mit Büchern umgehen und nach welchen Kriterien sie bisher ein Buch angeschaut und gelesen haben. Nach dieser Einstiegsphase folgt eine kollektive Lernphase. In einem Lehrervortrag erhalten die Schülerinnen und Schüler Informationen zu den Genres im Jugendbuchbereich und erfahren auch mündlich, zu welchem Genre die mitgebrachten Bücher gehören. Dies stellt eine weitere Hilfe dar, auf dem Weg, sich für ein eigenes Buch zu entscheiden. Auf diesen Weg machen sich dann die Lernenden, in dem sich jeder für ein Buch entscheidet, die dafür vorgesehenen Unterlagen holen und einen „Steckbrief Buch" ausfüllen. Dabei handelt es sich um eine individuelle Aneignungsphase. Daran knüpft dann eine Partnerarbeit an, bei der die Lernenden die Möglichkeit haben, sich mit einem Partner über das eigene Buch auszutauschen und Informationen zu einem anderen Buch zu erhalten. In einer folgenden Plenumsphase reflektieren die Schülerinnen und Schüler nochmals über die Bücher und ihre Vorgehensweise. Danach erhalten sie gezielt Informationen, wie sie an Bücher herankommen können. Dies geschieht wiederum durch die Lehrperson. Der Austausch der Bücher erfolgt mit Hilfe des Lerntempoduetts. Das Lerntempoduett wurde von Diethelm Wahl (z. B. in Huber, Konrad & Wahl 2001; Wahl 2006, 2013; Traub 2021aundb) entwickelt. Für die zu vermittelnden Lerninhalte werden zwei Texte vorbereitet, am besten auf verschieden farbigen Papieren. Die eine Hälfte der Lernenden erhält den einen, die andere Hälfte den anderen Text. Nun soll jede Person den Text lesen und dazu eine geeignete Form der Verarbeitung verwenden (z. B. Mindmap, Struktur-Lege-Technik usw.). Neben Texten könnten auch andere Darstellungsformen Inhalt des Lerntempo-Duetts sein (vgl. Kapitel 1). Wer mit der Bearbeitung fertig ist, signalisiert dies nonverbal, z. B. durch Aufstehen und wartet, bis eine Person mit dem anders farbigen Papier fertig ist. Beide bilden dann ein Partnerpaar und tauschen nun mit Hilfe der Visualisierungen ihre Informationen aus. Ist dies beendet, lesen sie den jeweils anderen Text bzw. bearbeiten die andere Aufgabe und suchen sich dann erneut einen Partner, um die vermittelten Lernstoffe noch einmal tiefer gehend zu verarbeiten, indem sie z. B. vorgegebene Fragen beantworten oder Probleme diskutieren. Wichtig ist, dass alle Lernenden in ihrem Lerntempo arbeiten können. Für schnelle Paare müssen entsprechende Zusatzaufgaben vorhanden sein. Damit können sie die Informationen individuell verarbeiten und gleichzeitig ihr Verständnis des Textes überprüfen. Wie Erfahrungen in der Schule, aber auch in der Erwachsenenbildung nahelegen, ist diese Methode sehr effektiv und erfordert wenig Vorbereitung. Besonders hervorzuheben ist die eigenständige Auseinandersetzung mit einem Text, die selbständige Aufnahme und Verarbeitung von Wissen und die Weitergabe des Gelernten an eine andere Person in Partnerarbeit. In dieser Unterrichtsstunde kann das Lerntempoduett sehr sinnvoll eingesetzt werden. Die Lernenden erhalten hier aber keinen Text zugewiesen, sondern wählen sich selbst das Jugendbuch aus, mit dem sie sich beschäftigen wollen. Sie erhalten hierzu Hilfe, wie sie sich eigenständig mit dem Buch auseinandersetzen können. Dies geschieht über die Medien „Steckbrief Buch“ und das Cover sowie die erste Seite des jeweiligen Buches. Wenn sie in ihrem eigenen Lerntempo ihr Buch bearbeitet haben, suchen sie sich einen Partner, der ein anderes Buch hat und tauschen sich hier mit Hilfe der erstellten Steckbriefe über ihre Meinung zum Buch aus. Schnellere Paare haben dann die Möglichkeit, in die Bücher „hineinzulesen“ oder sich mit einem weiteren Buch zu beschäftigen.

Die Rückführung in das Plenum und der dortige Austausch über die Bücher erfolgt mit der Ampelmethode:
Die Ampelmethode zeigt auf eher spielerische Weise, wie der Kenntnisstand einer Gruppe ist bzw. welche Lösungsmöglichkeiten zu einem Sachverhalt bevorzugt werden. Alle Schülerinnen und Schüler erhalten entsprechend einer Verkehrsampel drei Kärtchen in den Farben grün, gelb und rot. Jede Farbe steht für eine Antwort oder Lösungsmöglichkeit. Die Lehrperson präsentiert nun eine Frage bzw. stellt eine These zur Diskussion, über die dann abgestimmt wird. Je einer Antwort oder Abstimmungsmöglichkeit wird eine der Farben grün, gelb oder rot zugewiesen. Nach einer kurzen Vergewisserungsphase (wurde die Frage oder die Antwort richtig verstanden) halten alle Teilnehmenden gleichzeitig die für sie stimmige Farbe hoch. Danach erfolgt ein Austausch im Plenum.
Die Methode hilft, in eine Diskussion einzusteigen und zeigt auch ein Meinungsbild der Klasse. Sie kann somit als Abstimmungsinstrument benutzt werden. Die Methode kann zu Beginn einer Einheit verwendet werden, um das Vorwissen einzuschätzen oder am Ende, um eine Ergebniskontrolle durchzuführen. Als Abstimmungsinstrument kann sie immer dann eingesetzt werden, wenn Wahlmöglichkeiten zur Verfügung stehen.
Im Falle der hier vorliegenden Unterrichtsstunde dient die Ampelmethode als Instrument, um nochmals über die Bücher zu reflektieren, sich schnell und gezielt einen Überblick über einzelne Bücher zu verschaffen und den Lernenden die Gelegenheit zu geben, sich über einzelne Bücher im Plenum zu äußern. Die Ampel selbst hilft hier einmal einen schnellen Überblick zu erhalten seitens der Lehrperson, auf der anderen Seite ist sie eine Methode, die Sicherheit schafft.
Die Schülerinnen und Schüler sollen sich mit Jugendbüchern verschiedener Themenbereiche – entsprechend ihrer Interessen – auseinandersetzen und lernen, wie man gezielt ein Jugendbuch auswählen kann.
Folgende Ziele werden mit dieser Unterrichtsstunde verfolgt:

Fachkompetenz:
- Die Schülerinnen und Schüler erwerben eine Einteilung von Jugendbüchern in Genres und können diese bewusst nutzen, um sich für ein Buch zu entscheiden.
- Die Schülerinnen und Schüler lernen verschiedene Jugendbücher kennen.
- Die Schülerinnen und Schüler informieren sich über Jugendbücher und lernen dabei verschiedene Informationsmöglichkeiten und Medien kennen.

Methodenkompetenz :

- Die Schülerinnen und Schüler entnehmen selbständig Informationen aus einem Text und fertigen daraus einen Lesesteckbrief an.
- Die Schülerinnen und Schüler können über ihr Jugendbuch reflektieren und dazu Stellung beziehen.
- Die Schülerinnen und Schüler können sich verständlich über ihr Jugendbuch ausdrücken und miteinander Informationen austauschen.

Sozialkompetenz:

- Die Schülerinnen und Schüler tauschen Informationen mit einem Arbeitspartner aus.
- Sie unterstützen sich gegenseitig beim Anfertigen des Steckbriefes.
- Sie können die Meinungen der anderen akzeptieren.

Personale Kompetenz:

- Die Schülerinnen und Schüler üben sich zunehmend im Bereich des selbst gesteuerten Lernens.
- Die Schülerinnen und Schüler können in ihrem eigenen Lerntempo arbeiten.
- Sie werden sich ihrer Erwartungen und ihrer persönlichen Leseinteressen bewusst

Abenteuer Buch – Eine Unterrichtsstunde nach dem Sandwich-Prinzip:

Phase 0: Vorbereitungsphase: Kollektiv und individuelles Arbeiten

Einstieg:
- Agenda: Information über den Ablauf der Stunde; Ziel der Stunde klären
- Partnergespräch: Vorkenntnisse über Jugendbücher und Lesegewohnheiten

Kollektive Lernphase:
Lehrperson informiert über die verschiedenen Genres eines Jugendbuches und stellt diese kurz vor. Sie ordnet die Bücher in diesen Zusammenhang ein.
Gelenkstelle:
Lehrperson erläutert das Lerntempoduett und teilt die Materialien (Steckbrief und Informationsmaterial zu den Büchern aus)

Subjektive bzw. individuelle Auseinandersetzungsphase:
Durchführung eines Lerntempoduetts
Gelenkstelle:
Ampelmethode, um die Bücher zu bewerten und das Leseinteresse zu artikulieren

Kollektive Lernphase:
Lehrperson informiert die Lernenden über die Möglichkeit, sich Bücher auszuleihen, sich über Bücher weiter zu informieren usw.

Ausstieg:
Inhaltlicher Abschluss: Schüler heften ihre Steckbriefe in eine Lesemappe und können die Bücher ausleihen.
Lehrer fasst die Ergebnisse zusammen.
Reflexion: Schüler bewerten die Stunde mit Hilfe der Ampelmethode.
Emotionale Verarbeitung

k

Abb. 8: Stufe 1, Weg 1: Unterrichtsstunde nach dem Sandwich-Prinzip

4.2.1.2 Vom Sandwich-Prinzip zum projektorientierten Lernen (Weg 2)

Nach dem die Lernenden die Stufe 1, Weg 1 der PROGRESS-Methode erfolgreich durchlaufen oder aber sie bereits die in Stufe 1 zu vermittelnden Kompetenzen und Techniken beherrschen und im Sandwich-Prinzip oder ähnlichen gemäßigten konstruktivistischen Lernumgebungen gearbeitet haben, wird die Annäherung an die Projektarbeit auf dem zweiten Weg weiter vollzogen. Auf diesem Weg wird ebenfalls nach dem Sandwich-Prinzip gearbeitet, allerdings weiten sich die Phasen der subjektiven Verarbeitung bzw. der individuellen Aneignung deutlich aus. Das Sandwich ist jetzt auch nicht mehr nur auf einzelne Stunden bezogen, sondern nimmt eine Unterrichtseinheit in den Blick. Ansonsten gelten die gleichen Überlegungen wie für Weg 1.

Wenn hier von projektorientiertem Lernen die Rede ist, dann ist damit gemeint, dass einzelne Phasen des Projektmodells zumindest in Ansätzen berücksichtigt werden, dass aber noch keine Projektarbeit im eigentlichen Sinne durchgeführt wird. Die Lernenden benötigen noch zu viel Unterstützung und im Vordergrund stehen auch der Erwerb weiterer Strategien und die schrittweise Einführung in selbstgesteuertes Lernen. Deshalb ist das projektorientierte Vorgehen eine direkte Vorbereitung auf die eigentliche Projektarbeit. Einzelne Strategien können hier noch intensiver geübt werden. Auch in diesem Schritt wird durch die Lehrperson noch viel vorgegeben. Sie strukturiert den Unterricht und zeigt den Ablauf auf. Sie demonstriert das Vorgehen und nennt die zur Nutzung optimalen Strategien. In den nachfolgenden projektorientierten Phasen können die Lernenden diese Strategien dann gezielt anwenden und somit einüben. Dazu ist eine gewisse Zeit notwendig, damit sich die Entscheidung für geeignete Strategien und deren richtige Nutzung verselbständigt. Die Transparenz spielt wiederum eine große Rolle. Den Lernenden muss deutlich gemacht werden, was warum und wie eingesetzt und warum bestimmte Methoden in diesen Phasen trainiert werden. Die Lernenden müssen vom Nutzen der Strategien überzeugt sein. Die Lehrperson kann die Strategien vormachen und zeigen, warum sie nützlich sind und danach nutzen die Lernenden selbst diese Strategien.

Beim projektorientierten Arbeiten legen Lehrperson und Lernende zu Beginn fest, welche Ziele sie erreichen wollen, welche Inhalte gelernt werden und sie äußern Erwartungen darüber, wie und wofür diese Inhalte nützlich sind und mit welchen Methoden diese am besten erreicht werden können.

Während der Durchführung der projektorientierten Phase werden die zentralen Informationen angeeignet, die entsprechend ausgewählten Methoden gezielt eingesetzt und ein Lernergebnis festgehalten. Nach der Durchführung wird gemeinsam auf den Lernerfolg zurückgeblickt und darüber reflektiert, ob die eingesetzten Strategien hilfreich und nützlich waren und ob diese den Lernprozess auch tatsächlich unterstützt und erleichtert haben. Gerade für schwächere Lernende ist diese Phase von großer Bedeutung, da ihnen verdeutlicht wird, welche Methoden wann

sinnvoll eingesetzt werden und warum. Außerdem wird ihr Selbstwertgefühl hier gestärkt, da durch das gemeinsame prozesshafte Vorgehen ein erfolgreicher Lernprozess beinahe vorprogrammiert ist und wenig schieflaufen kann. Wichtig ist in dieser Phase, dass für das Üben und Nutzen der Methoden ein breiter Raum vorhanden ist, die individuellen Phasen also wirklich großzügig bemessen sind und dass anschließend über den Lernprozess und den Erfolg genau reflektiert wird.
Auch hier soll ein Beispiel das mögliche Szenario verdeutlichen. Um die Unterschiede zu Weg 1 innerhalb der Stufe deutlich zu machen, wird ebenfalls das Thema „Abenteuer Buch" gewählt, dieses Mal aber als projektorientierte Unterrichtseinheit.

Unterrichtsszenario für Stufe 1 / Weg 2 der PROGRESS-Methode (Projektorientierte Unterrichtseinheit „Abenteuer Buch"):
Die sachlichen und fachdidaktischen Grundüberlegungen der Lehrperson bleiben die gleichen. Die Voraussetzungen der Lernenden haben sich dahingehend verändert, als die Lernenden bereits methodische und strategische Kenntnisse beherrschen und bereits das Arbeiten im Sandwich-Prinzip gewohnt sind, sich also selbstgesteuert in den individuellen Phasen mit dem Lernstoff auseinandersetzen können. Diese individuellen Phasen gilt es nun weiter auszubauen. Deshalb wird nun mit Weg 2 der Stufe 1 der PROGRESS-Methode gearbeitet. Im Hinblick auf das Projektmodell wird die Vorbereitungsphase durchaus in Ansätzen durchgeführt. Die Lehrperson schafft die Voraussetzungen für die projektorientierte Einheit und strebt an, damit weitere Voraussetzungen für die eigentliche Projektarbeit zu erreichen. Sie kennt den Kompetenzstand ihrer Klasse und hat sich deshalb für den zweiten Weg der Stufe 1 entschlossen. Durch die bisherige Arbeit in der Klasse kann auch ein positives Lernklima aufgebaut werden. Nicht berücksichtigt wird die Ideenbörse der Themenfindung. Die Lehrperson gibt das Thema der Unterrichtseinheit bekannt und auch, dass in dieser Einheit projektorientiert gearbeitet werden soll, so dass die Lernenden bewusst wahrnehmen, dass sie selbst in den Lernprozess einbezogen werden. Von der reinen Projektarbeit weicht dieses Vorgehen dadurch ab, dass die Lehrperson das Thema selbst festlegt und die Lernenden ihre Ideen nicht einbringen können. Im Rahmen des Einstiegs in das Sandwich werden einzelne Teile von Phase 1 der Projektarbeit übernommen.

Stunde 1:
Nachdem die Lehrperson das Thema bekannt gemacht hat, fordert sie die Lerner zu einem Brainstorming zu folgender Frage auf: Wann und wo lese ich am liebsten? Was lese ich am liebsten? Spontane Äußerungen zu diesen beiden Fragen werden an der Tafel gesammelt. Danach haben die Lernenden die Möglichkeit, sich mit einem Partner über die gesammelten Stichworte auszutauschen und zu überlegen, was auf sie zutrifft und was nicht. Somit können die Vorkenntnisse zum Thema erfasst werden.

Gemeinsam wird nun mit den Lernenden darüber gesprochen, was am Thema „Abenteuer Buch“ interessant sein könnte und welche Art von Büchern die Lernenden interessieren würde. In gemeinsamer Absprache wird ein Ziel dieser Unterrichtseinheit festgelegt. Dabei bringt die Lehrperson durchaus selbst Vorschläge ein:

- Aufbau einer Klassenbücherei
- Kennen lernen verschiedener spannender Jugendbücher
- Lesemappe zu den Büchern erstellen usw.

Die Klasse setzt sich in Kleingruppen zusammen und diskutiert über die einzelnen Zielsetzungen
Die Klasse einigt sich auf ein bis zwei Zielsetzungen. Dies kann zum Beispiel mit Hilfe der Hitparade oder auch der Ampelmethode geschehen. Die Lehrperson gibt an, bis wann dieses Ziel erreicht sein muss und formuliert die Zielsetzung auf einem Plakat. Gemeinsam wird überlegt, wie dieses Ziel erreicht werden kann.
Damit ist die erste Stunde abgeschlossen und der Einstieg in das „projektorientierte“ Sandwich gemacht.

Stunde 2:
Diese Stunde beginnt mit einer kollektiven Lernphase und stellt den inhaltlichen Einstieg dar. Es handelt sich um einen Advance Organizer zum Thema „Abenteuer Buch“ mit dem Ziel, eine Klassenbücherei aufzubauen und zur Orientierung eine Lesemappe anzufertigen.
Im Advance Organizer sind die verschiedenen Elemente, die zum Erreichen des Ziels notwendig sind, so dargestellt, dass den Lernenden die Zusammenhänge verdeutlicht werden.
Die Lernenden befassen sich in einer individuellen Lernphase mit dem Advance Organizer und kennzeichnen folgende Bereiche mit entsprechenden Farben und Symbolen:

- Den Aspekt habe ich noch nicht verstanden
- Hier könnte ich mich gut einbringen
- Darüber möchte ich mehr erfahren

Die Ergebnisse werden am Wand-Organizer eingetragen und die Lehrperson erläutert nochmals die unverstandenen Aspekte.
Die Lernenden können sich nun verschiedenen Gruppen zuordnen; die einzelnen Themen sind von der Lehrperson vorgegeben, wobei sie den Lernenden deutlich macht, warum diese Themen so gewählt wurden und wie durch sie das gesamte Lernziel erreicht werden kann. Die Lernenden bringen sich mit ihren Ansichten in die Diskussion ein und einzelne Bereichsthemen könnten dann nochmals verändert werden. Hier wird ebenfalls wieder darüber gesprochen, wann welche Methoden und Strategien zur Bearbeitung der Teilbereiche eingesetzt werden können.

- Woher bekommt man Informationen über Jugendbücher?
- Welche Arten von Jugendbüchern gibt es?
- Welche Bücher könnten in unsere Klassenbücherei aufgenommen werden und wie müssten diese für alle nutzbar gemacht werden?
- Wie könnte ein Steckbrief zu einem Jugendbuch aussehen?

Die Lernenden teilen sich nach Interesse den Bereichen zu. Jede Gruppe erhält entsprechendes Material durch die Lehrperson. Sie versieht die Materialien mit Hinweisen wie hier gearbeitet werden könnte, wohin das Ergebnis führen soll usw. Hier setzt also eine Kleingruppenarbeit ein, die eine abgespeckte Version von Phase 2 der Projektarbeit ist. Abgespeckt deshalb, weil es keinen Projektplan gibt, sondern die Lehrperson die Gruppenarbeit über die Materialien noch stark lenkt und weil auch sonst innerhalb der Gruppenarbeit weniger selbstgesteuerte Anteile enthalten sind.

Stunden 3 und 4:
Die Kleingruppen arbeiten an den aufbereiteten Materialien und können so die genannten Themenbereiche bearbeiten. Sie stellen ihre Ergebnisse zusammen. Jedes Gruppenmitglied muss über das Ergebnis verfügen.

Stunden 5 bis 9:
Es handelt sich um vier Themenbereiche. Da die Lernenden genaue Arbeitsanweisungen zum Erreichen der Ergebnisse erhalten haben, wird hier mit einem Gruppenpuzzle der Ergebnisaustausch durchgeführt. Die Lehrperson erläutert hier nochmals genau den Ablauf des Gruppenpuzzles und erklärt auch, warum sie denkt, dass ein Gruppenpuzzle hier eine sinnvolle Methode zum Austausch der Informationen darstellt. Die Lehrperson hat bereits in die Gruppen Vorlagen gegeben, die die Lernenden ausfüllen und durch die sie ihre Ergebnisse leichter präsentieren können.
Am Ende der Phase sind allen Lernenden alle Inhalte der Themenbereiche bekannt und sie können die Ergebnisse (erstellte Arbeitsbögen) weiterhin nutzen.
In einer kollektiven Lernphase erläutert die Lehrperson, was die Lernenden nun weiter erarbeiten sollen. Jeder erstellt einen Steckbrief zu einem Buch, welches er für einen bestimmten Zeitraum der Klasse zur Verfügung stellt. Dazu verwendet er das Arbeitsmaterial der Gruppe „Steckbrief“. Diese heftet die eingehenden Steckbriefe in die Lesemappe ein. Die Gruppe „Genre“ teilt die Bücher in die entsprechenden Kategorien ein. Die Gruppe „Klassenbücherei“ nimmt die Bücher in ihre Inventarliste auf und die Gruppe „Informationen über Jugendbücher beschaffen“ fragt in Buchhandlungen und Bibliotheken nach Prospekten und führt eine Internetrecherche entsprechend den Materialien durch. Jede Gruppe hat also noch eine Aufgabe, die auch über die projektorientierte Unterrichtseinheit hinauswirkt und alle haben eine individuelle Aufgabe, nämlich den Steckbrief zu erstellen und die Steckbriefe der anderen zu lesen. Damit findet nochmals eine Verarbeitungsphase statt.

Stunde 10:
Hier findet der Ausstieg aus der projektorientierten Unterrichtseinheit und aus dem Sandwich statt. Es wird dabei ähnlich vorgegangen wie bei Weg 1. Die Schülerinnen und Schüler bewerten über die Ampelmethode die Unterrichtseinheit und reflektieren ihr Vorgehen und bewerten ihr Ergebnis, die Klassenbücherei. Sie erläutern in einem Blitzlicht, welchen Steckbrief sie sich näher angeschaut haben und welches Buch sie lesen wollen. Als Ausblick kann die Aufgabe gegeben werden, dass jeder ein Buch aus der Bücherei lesen muss und daraus der Klasse seine Lieblingsstelle vorliest. Jeder einzelne fasst einen Zeitpunkt dafür ins Auge (Vorsatzbildung). Dies kann gleich eine Vorbereitung auf die Buchpräsentationen sein, die in Klasse 6 immer wieder durchgeführt werden.

Folgende Zielsetzungen sind mit der Unterrichtseinheit verbunden:

Fachkompetenz:
- Die Schülerinnen und Schüler erwerben eine Einteilung von Jugendbüchern in Genres und können diese bewusst nutzen, um sich für ein Buch zu entscheiden.
- Die Schülerinnen und Schüler lernen verschiedene Jugendbücher kennen.
- Die Schülerinnen und Schüler informieren sich über Jugendbücher und lernen dabei verschiedene Informationsmöglichkeiten und Medien kennen.

Methodenkompetenz:
- Die Schülerinnen und Schüler entnehmen selbständig Informationen aus einem Text und fertigen daraus einen Lesesteckbrief an.
- Die Schülerinnen und Schüler können über ihr Jugendbuch reflektieren und dazu Stellung beziehen.
- Die Schülerinnen und Schüler können sich verständlich über ihr Jugendbuch ausdrücken und miteinander Informationen austauschen.
- Die Schülerinnen und Schüler arbeiten sich in die Methode Gruppenpuzzle ein und führen diese durch.
- Sie reflektieren über verschiedene Methoden, die sie in der Gruppenarbeit anwenden und entscheiden sich bewusst dafür.

Sozialkompetenz:
- Die Schülerinnen und Schüler tauschen Informationen mit einer Gruppe aus.
- Sie führen eine arbeitsteilige Gruppenarbeit durch und tragen die Ergebnisse so zusammen, dass alle davon profitieren.
- Sie können die Meinungen der anderen akzeptieren und mit deren Ergebnissen weiterarbeiten

Personale Kompetenz:
- Die Schülerinnen und Schüler üben sich zunehmend im Bereich des selbst gesteuerten Lernens.
- Die Schülerinnen und Schüler können in ihrem eigenen Lerntempo arbeiten.

- Sie werden sich ihrer Erwartungen und ihrer persönlichen Leseinteressen bewusst.
- Sie bereiten selbstständig einen Lesebeitrag vor.

Die Ziele unterscheiden sich nicht sehr von den Zielen in Schritt 1, allerdings sind sie noch differenzierter im Bereich der Methodenkompetenz und die einzelnen Teilziele werden intensiver verfolgt. Bei den meisten der genannten Ziele handelt es sich nicht um Ziele, die in einer Stunde erreicht werden können, sondern um prozesshafte Ziele. Diese werden durch solche Einheiten verstärkt.

Hier der Advance Organizer für den inhaltlichen Einstieg:

Abb. 9: Advance Organizer zu Weg 2, Stufe 1

Abenteuer Buch – Eine projektorientierte Unterrichtseinheit:

Einstieg:
Bekanntgabe des Themas
Brainstorming und Partnergespräch:
Vorkenntnisse erfassen
Gemeinsame Festlegung des Ziels durch
Lenkung der Lehrperson

Kollektive Lernphase:
Advance Organizer und Arbeit mit diesem
Gelenkstelle:
Festlegen der für die Gruppen zu bearbeitenden Themenbereiche
Einteilung der Gruppen
Austeilen des Arbeitsmaterials

Subjektive bzw. individuelle Auseinandersetzungsphase:
Über die Materialien stark angeleitete Gruppenarbeit
Gelenkstelle:
Vorbereitung Austausch der Ergebnisse
Gruppenpuzzle

Kollektive Lernphase:
Hinweise zur Fortführung der Unterrichtseinheit durch die Lehrperson

Individuelle Lernphase:
Schüler verarbeiten in ihrem Lerntempo die Ergebnisse

Ausstieg:
Erstellen der Klassenbücherei
Abstimmung über die Bücher
Vorsatzbildung

k

Abb. 10: Projektsandwich, Weg 2, Stufe 1

4.2.2 Vom projektorientierten Lernen zur Projektarbeit (Stufe 2)

In der zweiten Stufe der PROGRESS-Methode geht es darum, in die eigentliche Projektarbeit einzusteigen. Dies geschieht durch die Wege drei und vier. Im dritten Weg wird das Projektmodell mit den Lernenden gemeinsam durchgearbeitet und quasi am Modell die Umsetzung erfahren. Im vierten Weg wird die Anleitung immer mehr zurückgenommen und die Lernenden führen die Projektarbeit im Sinne des Projektmodells zunehmend selbstständig durch. Sie sind in der Lage, geeignete Methoden selbst auszuwählen und in bestimmten Bearbeitungsphasen anzuwenden.

4.2.2.1 Lernen des Modells durch Lernen am Modell (Weg 3)

Lernenden muss gezeigt werden, wie eine richtige Projektarbeit funktioniert und welche Aufgaben dabei zu bewältigen sind. Als Grundlage wird hier die traditionelle Handwerkslehre („Kognitive Meisterlehre“ oder Cognitive Apprenticeship-Ansatz) herangezogen. Ausgehend von der Expertiseforschung unterscheidet Collins zwischen dem leicht explizierbaren Gegenstandswissen von Experten und dem impliziten strategischen Wissen der Expertenpraxis. Dieses implizite Wissen lässt sich nur schwer außerhalb von authentischen Problemsituationen sichtbar machen. Es lässt sich am besten situiert und in Interaktion mit Experten vermitteln. Ein Vorbild für die Vermittlung solchen impliziten Praxiswissens ist die traditionelle Handwerkslehre. Ziel des Ansatzes des cognitive apprenticeship ist die Übertragung der anwendungsorientierten Vermittlungsprinzipien der Handwerkslehre auf den Umgang mit komplexen Problemen in kognitiven Wissensgebieten. Dabei ergibt sich die Schwierigkeit, dass zunächst nicht sichtbare kognitive Vorgänge sichtbar gemacht, also externalisiert werden müssen. Explizite Anleitung und damit instruktionale Methoden werden so ein zentrales Prinzip. Zunächst wird die Vorgehensweise eines Experten modelliert. Der Experte verbalisiert bei der Lösung eines authentischen Problems seine kognitiven Prozesse und angewandten Strategien. Der Lernende erhält anschließend die Möglichkeit, selbstgesteuert eine Problemstellung zu bearbeiten. Der Experte unterstützt ihn dabei durch Anleiten und Hilfestellungen (Konrad 2008).

Für den dritten Weg der PROGRESS-Methode bedeutet dies, dass die Lehrperson durch lautes Denken und Vormachen die einzelnen Phasen des Projektmodells mit den Lernenden durchgeht und in jeder Phase als Modell fungiert. Erst wenn deutlich geworden ist, was in dieser Phase getan werden muss und welche Entscheidungen zu treffen sind, können die Lernenden diese einzelnen Phasen durchführen. Somit werden hier alle Phasen zu Modellphasen und erhalten damit eine starke Anleitung. Diese Unterstützungsmaßnahmen werden mit zunehmender Kenntnis und Erfahrung des Lernenden allmählich ausgeblendet. Der Lernende wird auch veranlasst, seine Überlegungen bei der Problembearbeitung zu artikulieren und seine Prozesse und Vorgehensweisen mit denen der anderen Lernenden und oder

Expertenstrategien zu vergleichen. Schließlich lösen die Lernenden im Rahmen der Exploration eigenständig komplexe authentische Probleme. Allmählich übertragen die Lehrenden das laute Denken in der Projektarbeit auf die Lernenden, so dass diese erklären, was sie warum in einer bestimmten Phase tun und welche Methoden und Strategien sie warum gerade zu diesem Zeitpunkt anwenden. Sie diskutieren ihr Vorgehen mit ihren Gruppenmitgliedern, um sich so auch ein Feedback über die geleistete Arbeit geben zu lassen.
Die Einbindung des Lernenden in eine Expertenstruktur stellt ein weiteres wichtiges Merkmal dieses Ansatzes dar. Zusammen mit der Situiertheit des Lernens, durch die der Nutzen und die Anwendbarkeit des neuen Wissens hervorgehoben werden, wird damit der soziale Kontext des Lernens konkret umgesetzt. Eine Flexibilisierung und Dekontextualisierung des Wissens soll durch die Einbeziehung von unterschiedlichen Problemkontexten erreicht werden. Dazu kommt noch die Übernahme multipler Perspektiven durch die Ausübung unterschiedlicher Rollen im Prozess des Wissenserwerbs (Konrad 2008).
Dieser Aspekt ist in der Projektarbeit dadurch gegeben, dass die Themenbildung aus dem Interessenbereich der Lernenden stammt und deshalb für sie mit ihren Alltagserfahrungen verknüpft ist und einen konkreten Bezug zu ihrem Lebenskontext besteht. Empirische Untersuchungen des Ansatzes bestätigen dessen Erfolg (Gerstenmaier & Mandl 1995).

Im Folgenden werden fünf Instrumente dargestellt, welche zu diesem Ansatz gehören. Die fünf Instrumente dienen dem Nachdenken über das eigene Lernen. Lernende sollen sich das eigene Lernen bewusstmachen und Strategiewissen und Erfahrungen austauschen, um so das Wissen über kognitive und metakognitive Strategien zu generieren.

Folgende Lehr-/Lernprinzipien sollen damit unterstützt werden:
Modelling: Die Vorgehensweise eines Experten wird modelliert. Er verbalisiert bei der Lösung eines authentischen Problems seine kognitiven Prozesse und angewandten Strategien.
Scaffolding: Der Lernende erhält die Möglichkeit, selbstständig eine Problemstellung zu bearbeiten. Zunächst wird er dabei unterstützt, die Hilfestellung wird aber immer mehr zurückgenommen.
Coaching: Der Lernende artikuliert seine Vorgehensweise und erhält diese Unterstützung, soweit er sie noch benötigt.
Fading: Die Lernenden lösen selbst die Probleme, sind aber eingebettet in eine Expertenkultur, die den sozialen Kontext darstellt.

Die Instrumente sollen dabei folgende Grundsätze berücksichtigen:

- Entwicklungsgemäße Anwendbarkeit: Die Anwendung der Instrumente durch die Schülerinnen und Schüler muss dem Entwicklungsstand entsprechend möglich sein.
- Individuelle Einsatzmöglichkeit: Da das Nachdenken über das eigene Lernen sehr individuell erfolgt, müssen die Instrumente zumindest teilweise durch die Schülerinnen und Schüler selbst eingesetzt werden können.
- Dokumentation: Die durch die Reflexion erzielten Erkenntnisse müssen für die weitere Verarbeitung und den Austausch mit anderen teilweise schriftlich festgehalten werden.
- Interpersoneller Austausch und Anregung: Der Austausch individueller Erkenntnisse mit anderen Lernenden erfordert einerseits das Formulieren eigener Gedanken, andererseits erweitert er das eigene Wissen. So lernen diese auch von und mit anderen.
- Anwendbarkeit im regulären Unterricht: Die Anwendung der Instrumente muss im Rahmen des regulären Schulunterrichts möglich sein. Dies bezieht sich sowohl auf den zeitlichen Umfang als auch auf die Einbettung in den unterrichtlichen Lernprozess. Dies bedeutet jedoch nicht, dass sich die Anwendung der Instrumente auf schulische Lernbedingungen beschränkt. Ganz im Gegenteil: Wo sich Lernen durch Interesse an der Sache auszeichnet, sind die Instrumente besonders wirksam.

Folgende fünf Instrumente (die die oben genannten Lehr-/Lernprinzipien unterstützen sollen) dienen dem Bewusstwerden, dem Nachdenken, der Anregung und dem Austausch von prozessorientierten Lernerfahrungen.

- Ausführungsmodell (modelling)
- Arbeitsheft (monitoring)
- Arbeitsrückblick (evaluation)
- Lernpartnerschaft (peer coaching)
- Klassenkonferenz (conferencing)

Ausführungsmodell (modelling):

Die Lehrperson oder später auch ein Schüler (Tutor) zeigt den Lernenden, wie er an eine Aufgabe herangeht und sie auf seine Weise löst. Dabei denkt er laut. Wichtig dabei ist die Verbindung von lautem Denken und Handeln. Je nach Art des Handlungsvollzugs können sich die Äußerungen auf unterschiedliche Wissenskategorien (Sachwissen, Wissen über die eigene Person, Aufgabenwissen, Strategiewissen, Prozesssteuerungswissen) beziehen.

Die Mitlernenden beobachten das Ausführungsmodell. Durch das laute Denken werden sonst nicht zugängliche Regulationsprozesse und das damit verbundene Wissen greifbar. So lernen die Beobachter teilweise neues Wissen und neue Vorgehensweisen kennen. Auf dem Hintergrund des beobachteten Ausführungsmodells kann diesen auch ihr Wissen über Aufgaben und Strategien und ihre eigene Vorgehensweise bewusstwerden. Der Vergleich, die Beurteilung und Bewertung eigener und dargebotener Vorgehensweisen kann zur Entwicklung des Wissens über Strategien führen. Im Gegensatz zur herkömmlichen didaktischen Lehr-Lernform des Vorzeigens und Nachmachens geht es beim Ausführungsmodell nicht um das Imitieren oder Kopieren einer möglichst idealen Vorgehensweise, sondern um den sinnvollen Ausbau und die Differenzierung des eigenen Strategierepertoires.

Arbeitsrückblick (evaluation):
Nach längeren Arbeitsperioden bzw. nach Abschluss einer Lerneinheit werden die Schülerinnen und Schüler angehalten, auf die eigene Arbeit zurückzuschauen mit dem Ziel, schriftlich festzuhalten, was sie während des Lernprozesses über sich als Lerner, die Aufgabe und Strategien beobachtet und gelernt haben. Aebli beschreibt den Vorgang der Lernreflexion folgendermaßen: „Es ist dies eine Repetition, die im Gegensatz zu den herkömmlichen Wiederholungen nicht auf den Inhalt ausgerichtet ist, sondern den durchlaufenden Arbeitsprozess untersucht.“ (Aebli 1983, S. 368). Das Ergebnis der Lernreflexion wird in einem Lernjournal oder in einer speziellen Rubrik im Arbeitsheft schriftlich festgehalten. Dies liefert die Voraussetzung für einen Austausch zwischen den Lernenden und einen späteren Rückgriff auf Lernerfahrungen.

Lernpartnerschaft (peer coaching):
Jeder Lerner hat über einen längeren Zeitraum einen Mitlernenden als festen Lernpartner, mit dem er Lernerfahrungen, d. h. Wissen über den Umgang mit Problemen, Strategien und Aufgaben, austauscht und diskutiert. Die Lernpartner unterstützen sich gegenseitig beim Lernen und werden so vertraut mit der Lernbiografie des anderen. Im Unterricht sind sie die ersten Ansprechpartner. In der Lernpartnerschaft findet die erste Evaluation der Lernerfahrungen statt. Es wird auch darüber entschieden, welche Erkenntnisse über Strategien, Aufgaben oder Probleme der Klasse zur Diskussion vorgelegt werden. Für die Bildung von Lernpartnerschaften gibt es unterschiedliche Vorgehensweisen. Grundsätzlich lassen sich zwei Extremformen unterscheiden: Die Lehrperson bestimmt nach eigenem Gutdünken oder die Schülerinnen und Schüler wählen untereinander ihre Lernpartner aus. In Lernpartnerschaften zwischen Gleichaltrigen ist die Rollenverteilung zwischen Lerner und Helfer nicht fest gegeben. Vielmehr muss davon ausgegangen werden, dass die beteiligten Partner, je nach Lernaufgabe, Sachwissen, Schwierigkeitsgrad, Strategiewissen und Motivation ihre Rollen wechseln können.
Arbeitsheft (monitoring):
Das Arbeitsheft zielt auf das Festhalten von Metakognitionen während des Lernprozesses. Der Vorgang auf der Sachebene wird unterbrochen, um die Aufmerksamkeit

auf den Prozess zu lenken. Damit verbunden ist ein Wechsel von handlungsnahen Kognitionen zu handlungsfernen. Dies kann zu zwei grundsätzlich unterschiedlichen Verläufen führen:

a) Der Wechsel auf die Strategieebene führt zu einer Neuorganisation des Prozesses auf der Sachebene und somit zu dessen Fortsetzung.
b) Der Wechsel auf die Strategieebene wird zum Anlass genommen, über das Strategiewissen als solches nachzudenken. Dies kann zu einer Erweiterung des Strategiewissens und zu einem Unterbruch der Handlungen auf der Sachebene führen.

Das eigene kognitive Handeln wird vom Lerner während der Ausführung beobachtet; wichtige Erfahrungen, Probleme und Fragen über Strategien und Aufgabentypen werden im Arbeitsheft festgehalten. Ziel ist es, wichtige Momente im Lernprozess unmittelbar festzuhalten, um sie zum Beispiel in der Arbeitsrückschau wieder aufzugreifen.

Klassenkonferenz (conferencing):
Von Zeit zu Zeit werden die Lernerfahrungen in größeren Gruppen oder in der Klasse ausgetauscht und diskutiert. Ziel des Gespräches ist nicht, eine für alle gültige Strategie herauszuarbeiten. Wie bereits bei der Lernpartnerschaft wird durch die Klassenkonferenz der interpersonale Austausch über kognitives und metakognitives Wissen angeregt. Der Lehrperson kommt dabei eine moderierende Aufgabe zu (Konrad 2008).
Die Überlegungen der kognitiven Meisterlehre werden nun auf ein Unterrichtsszenario der Projektarbeit übertragen. Damit stellt dieses beispielhaft die Umsetzung des dritten Lernschrittes der PROGRESS-Methode dar.

Szenario für die Durchführung eines Projektmodells durch Anleitung:
Lehrende und Lernende planen gemeinsam ein Projekt.
Vorbereitungsphase: Die Lernenden haben Weg 1 und 2 der PROGRESS-Methode durchlaufen oder sie sind in ihrem Kompetenzerwerb bereits so weit, dass sie mit Weg 3 der PROGRESS-Methode beginnen können. Die Voraussetzungen für das Lernen des Modells durch Lernen am Modell sind also geschaffen. Durch den bisherigen Unterricht konnte ein lernförderliches Klima geschaffen werden.

Nun beginnt die Ideenbörse der Themenfindung.
Hierzu gibt die Lehrperson zunächst an, dass in absehbarer Zeit ein Projekt an der Schule oder in der Klasse geplant ist. Sie stellt den Lernenden das Projektmodell vor und macht transparent, dass gemeinsam dieser Projektablauf durchgeführt wird, mit dem Ziel, dass die Lernenden dies später selbstständig tun können. Sie überlegt laut (lautes Denken, Modellcharakter), welche Themenbereiche sie denn interes-

sieren würden und warum. Danach bezieht sie die Lernenden in das Geschehen mit ein. Einzelne Lerner äußern ebenfalls ihre Interessen (die bereits Interessen entwickelt haben) und begründen diese. Danach überlegt die Lehrperson weiter laut, wie denn eine Entscheidung über ein Thema getroffen werden könnte. Sie verweist dabei darauf, dass als Entscheidungsgrundlage weitere Informationen über die Themen herangezogen werden müssten. Danach wird weiter überlegt, woher denn solche Informationen beschafft werden könnten. Sie nennt mögliche Quellen für ihre Themenvorschläge und lässt diese durch die Klasse ergänzen. Lerner, die bereits weitere Ideen haben, bringen diese ein. Danach wird ein Arbeitsauftrag für die Klasse erteilt: Sucht zu Hause nach Quellen und bringt die Informationen dann in den Unterricht mit (hierfür sollte mindestens 1 bis zwei Wochen Zeit sein).

Etwa eine Woche vor Beginn des Projektes sammelt die Lehrperson die Informationen ein und sortiert sie laut vor der Klasse. Die Schülerinnen und Schüler arbeiten dann bei der Sortierung der Inhalte mit und ordnen sie den Themenfeldern zu. Die Lehrperson gibt an, dass sie sich mit den Materialien befassen muss, um festzustellen, für welches Thema sie sich interessiert. Sie benennt Strategien, wie sie sich einen Überblick über die Inhalte verschafft. Anschließend folgt eine Einzelarbeit, in der die Lernenden die von der Lehrperson genannten Strategien und eigene zur Verfügung stehende Strategien nutzen, um die Materialien zu bearbeiten.

Danach zeigt die Lehrperson wieder an, wie sie ihre Meinung über das Thema abwägt und wie sie zu einer Entscheidung kommt. Die Entscheidung selbst sollte nicht bekannt gemacht werden, da die Lernenden sich davon beeinflussen lassen könnten. In einem Partneraustausch mit einem festen Lernpartner (Nebensitzer) diskutieren die Lernenden nun selbst die Themen und wägen ab. Auch hierzu verwenden sie wieder vorgegebene oder selbst gewählte Strategien. Mit Hilfe einer Methode, die eine Entscheidung herbeiführt, wird über das Thema abgestimmt (z. B. Ampelmethode, Hitparade usw.).

Damit hat **Phase 1** der Projektarbeit begonnen: Das Thema ist festgelegt.

Nun geht es daran, die Vorkenntnisse zu erfassen und zu implementieren. Dies geschieht zunächst durch die Lehrperson. Diese fertigt zum gewählten Thema einen Advance Organizer an und bezieht dabei die vorhandenen Materialien und Informationen zum Thema ein. Sie stellt den Lernenden den Advance Organizer vor und geht danach wieder auf die Metaebene. Die Lehrperson zeigt auf, welche Teilthemen sie dem Organizer entnehmen würde und welche Themenbereiche sie interessiert. Dies führen dann die Lernenden wieder mit ihrem festen Lernpartner durch und begründen dabei auch, warum sie welche Themenbereiche spannend finden würden. Die Lernenden versehen ihren Organizer mit entsprechenden Markierungen und geben diese ins Plenum ein. Dadurch wird ersichtlich, welche Themenbereiche behandelt werden sollten. Nun geht die Lehrperson weiter als Modell vor und stellt Überlegungen zur Zielsetzung des Projektes an. Auch dies kann dann wieder von den Lernenden nachgeahmt werden, wobei auch hier eigene Zie-

le benannt werden sollen. Die Tandems benennen ihre Zielvorstellungen und im Plenum werden Haupt- und untergeordnete Ziele festgelegt. Danach werden die Gruppen eingeteilt. Hier macht die Lehrperson Vorschläge, wie eine Gruppeneinteilung stattfinden kann und welche Regeln dabei wichtig sind. Die Gruppeneinteilung erfolgt dann durch die Lernenden.
Die Lehrperson verweist nun auf den letzten durchzuführenden Schritt in Phase 1: Der große Projektplan muss festgelegt werden. Sie benennt die Fixpunkte wie Anfang und Ende und weist auf den Ablaufplan des Projektmodells hin. Sie stellt hier wieder als Modell durch lautes Denken vor, was ihr bei der Erstellung eines Projektplans durch den Kopf geht. Gemeinsam im Plenum wird dann ein Projektplan erstellt, dabei werden die Überlegungen der Lernenden immer sorgfältig reflektiert und Bedenken in den Vordergrund geschoben und nach Lösungen gesucht. Wenn der große Projektplan erstellt ist, dann kann mit Phase 2 begonnen werden.

Phase 2:
Auch in dieser Phase übernimmt die Lehrperson den Expertenstatus und führt als Modell in die selbstgesteuerte Kleingruppenprojektarbeit ein. Im ersten Schritt soll hier ein kleiner Projektplan ausgearbeitet werden. Die Lehrperson macht deutlich, wie sie dabei vorgehen würde. Sie nutzt den großen Projektplan und ein Teilthema und illustriert, was alles überlegt werden muss und welche Strategien einbezogen werden können, um einen eigenen Projektplan zu entwickeln. Danach arbeiten die Lernenden in ihren Kleingruppen ihren jeweiligen Projektplan aus.
In der Schnittstelle A werden die Projektpläne der Klasse präsentiert. Auch hier wird wieder gemeinsam überlegt, welche Präsentationsmethoden sich hier anbieten würden und warum. Danach gibt die Lehrperson weitere Informationen zum Vorgehen und gibt den Gruppen ein Feedback über ihre erste gemeinsame Lernphase. Daran schließt sich wieder das Modellvorgehen an. Die Lehrperson zeigt auf, wie sie jetzt an die Umsetzung ihres Projektplans geht und welche Strategien zum Sammeln, Auswerten und Sichern von Informationen einbezogen werden könnten. Danach führen die Lernenden diesen Schritt in ihren Kleingruppen durch. Sie werden von der Lehrperson genau beobachtet und am Ende wird wiederum eine Feedbackrunde zum Vorgehen eingesetzt, so dass die Lernenden wissen und darüber reflektieren können, was ihnen bereits gut gelungen ist und wo sie noch Probleme hatten. Gemeinsam kann an der Lösung der Probleme gearbeitet werden.
Nun stellt die Lehrperson wiederum durch lautes Denken die Überlegung an, wie denn nun die Ergebnisse für die anderen Gruppen aufbereitet werden könnten und macht dazu Lösungsvorschläge. Die Gruppen bereiten dann die Ergebnisse auf.

Phase 3:
Zu Beginn gibt die Lehrperson wieder ein Feedback und lässt den Lernenden die Möglichkeit, sich Beratungen zum bisherigen Lernprozess einzuholen. Danach erläutert sie nochmals das den Lernenden bereits bekannte Gruppenpuzzle und erklärt, warum dieses für den Austausch der Informationen eine sinnvolle Methode

darstellt. Die Lehrperson zeigt die wichtigsten Stationen des Gruppenpuzzles auf und stellt das Verhalten und das Vorgehen modellhaft vor. Die Lernenden führen das Gruppenpuzzle durch.

Phase 4:
Die von den Lernenden angefertigten Verarbeitungsmethoden werden im Gruppenpuzzle und in den selbstgesteuerten Kleingruppen eingesetzt, wobei vorher die Lehrperson wiederum darauf aufmerksam macht, warum diese Verarbeitungsmethode wichtig ist und wie mit den einzelnen Formen gelernt werden kann. Hier kann auch jeweils ein Experte aus der Kleingruppe für das Plenum nochmals die eigene Verarbeitungsmethode erklären. In der kollektiven Verarbeitungsmethode bereitet die Lehrperson Aufgaben vor, die dann im Plenum gemeinsam gelöst werden.
Die Lehrperson nimmt dann das Gesamtziel nochmals in den Fokus der Betrachtung und vergleicht die erbrachten Teilleistungen mit dem Hauptziel. Sie überlegt laut, ob das Ziel erreicht wurde und welche Schritte noch notwendig sind, damit das Gesamtergebnis steht. Diese Schritte werden dann von den Kleingruppen vollzogen.
Danach beginnt der Ausstieg aus dem Sandwich:
Hier spielt der Modellcharakter der Lehrperson vor allem bei der Reflexion eine große Rolle. Der Lehrer muss genau rückmelden, wie er den Lernprozess empfunden hat und die Lernenden beim eigenen Feedbackgeben unterstützen. Der inhaltliche Abschluss muss nicht so stark modelliert werden, weil dieser den Lernenden aus anderen Unterrichtssequenzen bereits bekannt ist.
Mit dieser Vorgehensweise haben die Lernenden das gesamte Projektmodell durch Lernen am Modell durchlaufen. Durch die vielen Möglichkeiten des Feedbacks und der Rückmeldungen sind ihnen im Idealfall viele Strategien und Vorgehensweisen bewusstgeworden, so dass sie zunehmend in die Lage versetzt werden, eigenständig mit der Projektarbeit fortzufahren.
Bei dieser Vorgehensweise bieten sich zunächst kleinere selbstständige Projekte an, die dann im Laufe der Zeit zu komplexeren Projekten ausgebaut werden können. Neben einigen kleineren Projekten sollte ein größeres Projektvorhaben auf diese Weise durchgeführt werden.

Phase 1: Einstieg in die Projektarbeit:
Lehrperson agiert zunächst als Modell
Thema festlegen: Lautes Denken
Vorkenntnisse erfassen und implementieren
Zielsetzung festlegen: Lautes Denken, dann Lernende in Partnerarbeit
Gruppen einteilen: Vorschläge unterbreiten
Großen Projektplan entwickeln: Rahmen vorgeben, dann gemeinsam im Plenum

Phase 2: Selbstgesteuerte Kleingruppenarbeit
Lehrperson agiert als Modell
Kleinen Projektplan ausarbeiten: Lautes Denken, dann Eigenständigkeit
Schnittstelle A: Informationen austauschen
Projektplan umsetzen: Informationen sammeln, auswerten und sichern; Lehrperson benennt mögliche Strategien, Lernende führen danach Phase durch
Schnittstelle B: Reflexion und Feedback
Ergebnisse für andere Gruppen aufbereiten: Lehrperson zeigt Beispiele auf
Schnittstelle C: Pufferzonen nutzen

Phase 3: Austausch der Informationen zwischen den Kleingruppen
Durchführung von Schnittstelle A: Lehrperson gibt Feedback
Durchführung eines Gruppenpuzzles: Lehrperson macht Methode transparent und stellt sie genau vor

Phase 4: Verarbeitungsphase
Subjektive Verarbeitungsphase: Lehrperson erläutert die Bedeutsamkeit und gibt Hilfestellung
Kollektive Verarbeitungsphase: wird im Plenum durchgeführt
Gesamtergebnis erarbeiten: Lehrperson agiert als Modell und reflektiert die Zielsetzung; Gesamtergebnis wird von den Kleingruppen erstellt

Phase 5: Ausstieg aus der Projektarbeit
Inhaltlicher Abschluss
Reflexion und emotionale Verarbeitung
Emotionale Verarbeitung

k

Abb. 11: Weg 3: Projektsandwich

4.2.2.2 Projektarbeit in Reinform (Weg 4)

Bei Weg 4 der PROGRESS-Methode führen die Lernenden die Projektarbeit eigenständig durch (entspricht dem eigentlichen Projektmodell). Lernende, die die PROGRESS-Methode durchlaufen und auf dem Weg 1 der Stufe 2 die selbständige Anwendung von Methoden trainiert haben, sollen die Projektarbeit zunehmend selbstständig angehen. Ziel dieses Weges ist es, dass die Lerner selbst erkennen, wann sie sinnvoll auf welche Methode zurückgreifen müssen. Sie müssen ihre Planung und ihre Zielvorstellungen formulieren und eigenständig nach Lösungen suchen. Gelenkstellen dienen hier der gegenseitigen Berichterstattung und der gemeinsamen Überlegung, wie bestimmte Probleme gelöst werden können. Damit arbeiten die Lernenden in selbstgesteuerten Kleingruppenprojekten. Um zu dieser Projektarbeit in Reinform zu kommen, ist wiederum ein prozesshafter Übergang von Weg 3 zu Weg 4 empfehlenswert. Die Anleitung und das Modelllernen wird immer weiter zurückgenommen und die Verantwortung für die einzelnen Teilphasen zunehmend in die Hand der Lernenden gelegt. Am Ende vollziehen diese die Projektarbeit selbst, indem sie das Projektmodell umsetzen.

Das Szenario dazu kann folgendermaßen aussehen:

Vorbereitungsphase:
Die Lernenden werden von der Lehrperson darüber informiert, dass ein Projekt ansteht. Die Lernenden sind in der Lage, die Projektarbeit nach dem Projektsandwich eigenständig durchzuführen.
Sie organisieren zunächst eine Ideenbörse zur Themenfindung. Die Lehrperson übernimmt hier die Moderation. Die Lernenden bringen ihre Ideen und Themen ein. Gemeinsam einigen sie sich auf ca. drei Themen. Über diese Themen werden sie sich in den nächsten zwei Wochen kundig machen und Informationen dazu mitbringen.
Mit Hilfe geeigneter Methoden und Strategien sortieren und ordnen sie die Informationen und bereiten sie so auf, dass sich jeder Lernende über die Themen und die Hintergründe einen Überblick verschaffen kann. Das kann mit Kartenabfragen, Wandplakaten, Infoseiten usw. geschehen. In einer Einzelarbeit mit Partnerinterview und Vergewisserungsphase oder auch mit Hilfe von Multi-Interviews oder einem Gruppenpuzzle informieren sich die Lernenden über die Themen und entscheiden sich dann für ein Thema. Die Mehrheitsentscheidung führt dann zur Festlegung des Themas.

Phase 1:
Das Thema ist festgelegt und es kann in Phase 1 eingestiegen werden. Dies geschieht zunächst über eine kollektive Lernphase, in der die Lehrperson mit Hilfe eines Advance Organizers einen Zusammenhang innerhalb des Themas herstellt und damit die Vorkenntnisse aktiviert und eventuell auch implementiert. Die Lernenden befassen sich mit dem Organizer und legen Schwerpunkte der Bearbeitung

fest. Aus diesen Schwerpunkten werden Ziele formuliert und Teilthemen benannt. Die Lernenden ordnen sich dann nach Interesse den einzelnen Teilthemen zu. Gemeinsam im Plenum wird ein großer Projektplan erstellt, in dem die Fixpunkte (Zeiten und Zeitraum der Bearbeitung), der Ablauf des Projektsandwichs sowie die Ziele festgelegt werden.

Phase 2:
In dieser Phase arbeiten die Lernenden in ihren frei gewählten Kleingruppen. Sie arbeiten den für diesen Teilbereich wichtigen Projektplan aus, beschaffen sich Informationen, werten diese aus und strukturieren sie. Danach sichern sie die Ergebnisse und bereiten diese für die anderen Gruppen auf.
In den einzelnen Schnittstellen sind sie in der Lage, ihre bisherigen Ergebnisse zu dokumentieren und zu präsentieren. Neue Informationen werden eingebaut und der Plan eventuell verändert. Die Lernenden geben sich gegenseitig Feedback und reflektieren ihren bisherigen Lernprozess.

Phase 3:
Die Lernenden haben sich zu Experten über ihren jeweiligen Themenbereich gemacht. Sie geben dieses Expertenwissen im Rahmen eines Gruppenpuzzles an die anderen weiter, so dass am Ende dieser Phase alle wissen, was in den einzelnen Gruppen gearbeitet wurde und zu welchen Ergebnissen die Gruppen gekommen sind. Die Lernziele werden hier ebenfalls überprüft.

Phase 4:
Die Lernenden kehren in ihre Kleingruppen zurück und verarbeiten die Ergebnisse aller Gruppen. Dazu nutzen sie die von den Gruppen vorbereiteten Verarbeitungsmethoden. Sie setzen ihr Puzzle zusammen und bereiten ihren Teil zum Gesamtergebnis vor.
Im Plenum wird dann das Gesamtergebnis vollendet.

Abschluss:
Die Lernenden haben die Möglichkeit, Unverstandenes bei den einzelnen Gruppen nachzufragen und sich dieses erklären zu lassen. Nun wird nochmals reflektiert, ob das Projekt erfolgreich war, wo Probleme lagen und wie diese das nächste Mal vermieden werden könnten. Auch wie die Lernenden sich gefühlt haben, wird thematisiert. Für die nächste Projektphase nehmen sich die Lernenden einen Vorsatz vor, den sie schriftlich festhalten. Dazu führen sie während des gesamten Projektverlaufs ein Projektheft. Mit diesem vierten Weg ist die PROGRESS-Methode durchlaufen und die Lernenden können das Projektsandwich eigenständig durchführen und die Phasen selbstgesteuert durchlaufen.

Phase 1: Einstieg in die Projektarbeit:
Thema festlegen
Vorkenntnisse erfassen und implementieren
Zielsetzung festlegen
Gruppen einteilen
Großen Projektplan entwickeln

Phase 2: Selbstgesteuerte Kleingruppenarbeit
Kleinen Projektplan ausarbeiten
Schnittstelle A: Informationen austauschen
Projektplan umsetzen: Informationen sammeln, auswerten und sichern
Schnittstelle B: Reflexion
Ergebnisse für andere Gruppen aufbereiten
Schnittstelle C: Pufferzonen nutzen

Phase 3: Austausch der Informationen zwischen den Kleingruppen
Durchführung von Schnittstelle A
Durchführung eines Gruppenpuzzles

Phase 4: Verarbeitungsphase
Subjektive Verarbeitungsphase
Kollektive Verarbeitungsphase
Gesamtergebnis erarbeiten

Phase 5: Ausstieg aus der Projektarbeit
Inhaltlicher Abschluss
Reflexion und emotionale Verarbeitung

k

Abb. 12: Weg 4: Das Projektsandwich in Reinform

4.3 Zusammenfassung

In diesem Kapitel wurde der Versuch unternommen, die Berechtigung für die Durchführung der PROGRESS-Methode theoretisch zu analysieren und praktische Umsetzungen beispielhaft vorzustellen.
Aus der Diskrepanz zwischen theoretischen Ansprüchen und praktischer Umsetzung einer Projektarbeit wurde ersichtlich, dass Projektunterricht nur dann mit selbstgesteuertem Lernen in Verbindung gebracht werden kann, wenn die Projektarbeit unterstützt, vorbereitet und schrittweise durchgeführt wird. Hierzu dient die PROGRESS-Methode. Sie steht für die schrittweise Annäherung an selbstgesteuertes Lernen in Projektform, in dem die Schülerinnen und Schüler sich selbstständig und selbstbestimmt mit Projektarbeit auseinandersetzen und diese allmählich eigenständig umsetzen können. Damit dies gelingt wird die PROGRESS-Methode in zwei Stufen durchlaufen. Jede Stufe besteht aus zwei Wegen und führt allmählich zur selbstgesteuerten Projektarbeit. Während auf der Stufe 1 die Anleitung noch überwiegt und vor allem das Lernkonzept des Sandwich-Prinzips dominiert, damit Lernende in individualisierten Lernphasen sich selbstgesteuert mit Inhalten auseinandersetzen und notwendige Strategien erwerben können, tritt in Stufe 2 die Projektarbeit in den Vordergrund. Hier wird zunächst auf der Grundlage der kognitiven Meisterlehre modellhaft die Projektarbeit eingeführt, bevor die Lernenden in Weg 4 diese Projektarbeit selbstgesteuert und eigenständig durchführen können. Ziel ist es, den Anspruch an Projektunterricht als selbstgesteuerte Lernumgebung dadurch gerecht zu werden und eine Umsetzungsform zu finden, die die Lernenden auf dem Weg zur selbstgesteuerten Projektarbeit begleitet.

● Arbeitsvorschläge

Betrachten Sie sich nochmals den Advance Organizer und erklären Sie ihn sich selbst oder einem Lernpartner. Sie sollten die beiden Stufen mit ihren jeweiligen Wegen erklären und voneinander abgrenzen können.

1. Konzipieren Sie selbst eine Unterrichtseinheit nach den Wegen 1 und 2 und führen diese –wenn möglich – in Ihrem Unterricht durch.
2. Überlegen Sie sich eine modellhafte Projektarbeit, mit der Sie exemplarisch Weg 3 durchlaufen könnten. Trainieren Sie dabei das laute Denken.

Lesevorschläge

Um die einzelnen Methoden korrekt umzusetzen und in die Sandwich-Struktur zu integrieren, empfiehlt sich erneut ein Blick in die Bücher von *Silke Traub* und *Diethelm Wahl*.

5 | Lerncoaching als Baustein der PROGRESS-Methode (Maresa Coly)

Damit bei Lernenden Veränderungen in der eigenständigen Projektarbeit angeregt werden können, muss eine breite Basis kontinuierlicher Begleitung und Unterstützung durch die Lehrpersonen gewährleistet sein. Das Lerncoaching bietet auf der Seite der Lehrperson eine Unterstützung für die Umsetzung der PROGRESS-Methode im Unterricht. Den Lernenden hilft sie, ihre selbstgesteuerten Lernprozesse zu reflektieren.
Die Begriffe „Coaching" und „Lerncoaching" werden zunächst voneinander getrennt betrachtet und definiert, bevor anschließend der Prozess des Lerncoachings theoretisch erläutert wird. Um einen Lerncoachingprozess erfolgreich durchführen zu können, liegt ein Akzent auf exakt formulierten Zielen, und hier besonders auf Haltungszielen, wie sie auch im Zürcher Ressourcen-Modell (ZRM®) vorgestellt werden. Angesprochen sind damit Gesprächsführungstechniken und eine spezifische Haltung des Coachs, die in diesem Kontext genauer beleuchtet werden sollen. Nach der theoretischen Abhandlung wird dargestellt, wie das Lerncoaching in die PROGRESS-Methode integriert werden kann, jeweils auf der Seite der Lehrenden und der Lernenden. Dadurch soll die PROGRESS-Methode noch effektiver werden.

● Bevor Sie mit dem Lesen beginnen...

Betrachten Sie den Advance Organizer und markieren Sie Begriffe, die Sie nicht kennen mit einem Fragezeichen. Begriffe, die Ihnen bereits geläufig sind können Sie mit einem Haken versehen.

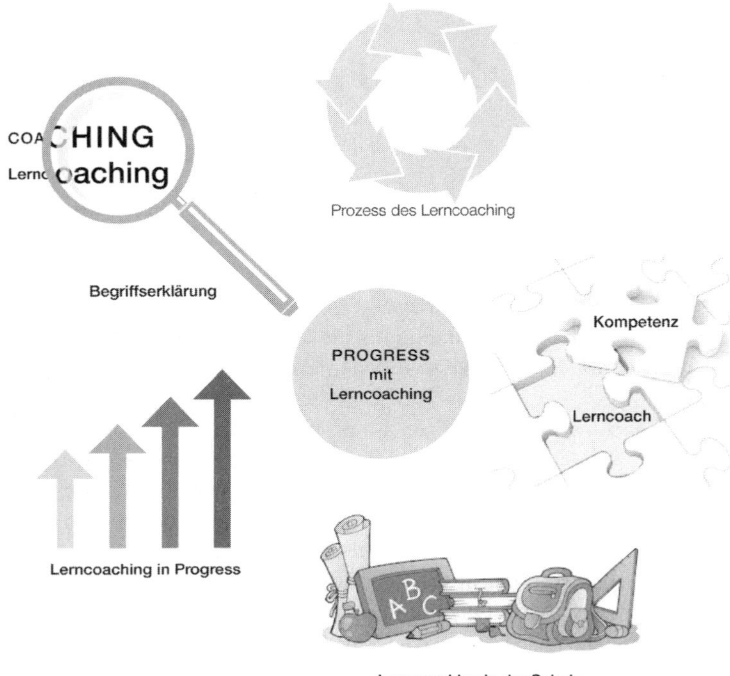

Abb. 13: Advance Organizer, Kapitel 5

5.1 Begriffsunterscheidung

In den 70er Jahren ist Coaching als spezielle Form der Vermittlung von Lerninhalten in den USA entstanden und seit Mitte der 70er Jahre auch in Deutschland verbreitet worden (vgl. Böning, 2005, S. 25). Seither erfreut sich das Thema Coaching zunehmender Beliebtheit, und man kann geradezu von einem „Coaching-Boom" sprechen. Die Gründe dafür sind vielfältig und liegen teilweise an der Globalisierung und an einer fortschreitenden Individualisierung (vgl. Geißler, 2005, S. 241). Die zahlreichen Angebote, die gegenwärtig auf dem Markt unter Labeln wie „Training", „Supervision", „Meditation", „Coaching" und „Beratung" miteinander wettstreiten, lassen sich auf den ersten Blick kaum inhaltlich voneinander unterscheiden. Der Begriff „Coaching" wird für alle diese Bereiche in der Hoffnung auf ein vages Verständnis oftmals synonym verwendet. Umso dringender stellt sich hier die Frage nach Kriterien für eine klare Definition der Begriffe.

5.1.1 Coaching

Ursprünglich stammt das Konzept des Coachings aus dem Leistungs- bzw. Spitzensport und wird dort mit dem Ziel eingesetzt, bei individueller Betreuung Höchstleistungen zu erreichen (vgl. Ryter, 2018). Ganz allgemein wird unter „Coaching" eine Hilfe zur Selbsthilfe verstanden (vgl. Rückle, 2005, S. 184), ein Hinweis darauf, dass ein Coach seine Aufgabe darin sieht, den Coachee dabei zu unterstützen, sein Problem oder Anliegen eigenständig zu lösen. Radatz (2011) definiert Coaching als „Beratung ohne Ratschlag", indem sie anführt, dass Ratschläge im Grunde nicht funktionieren können.

Nach Wahren ist Coaching als „individuelle Beratung von einzelnen Personen oder Gruppen in auf die Arbeitswelt bezogenen, fachlich-sachlichen und/oder psychologisch-soziodynamischen Fragen" anzusehen (Wahren 1997, S. 9). Oftmals werden nach dem Muster von Wahren die Definitionen von Coaching auf die Arbeitswelt bezogen und erst im Laufe der Zeit auf persönliche Inhalte ausgedehnt (vgl. Schmidt-Lellek & Buer, 2011). Rauen definiert Coaching als einen „personenzentrierte(n) Beratungs- und Betreuungsprozess, der berufliche und private Inhalte umfassen kann und zeitlich begrenzt ist" (Rauen 2001, S. 64).

Der allgemeine Aspekt von „Coaching" als „Hilfe zur Selbsthilfe" (vgl. Rückle, 2005, S. 184) legt den Akzent auf die Aufgabe eines Coachs, den Adressaten dabei zu unterstützen, einen Konflikt oder ein Anliegen eigenständig zu bearbeiten und selbst eine Lösung dafür zu finden. Der Deutsche Bundesverband für Coaching (DBVC) beschreibt diesen Sachverhalt folgendermaßen: „Ein grundsätzliches Merkmal des professionellen Coachings ist die Förderung der Selbstreflexion und -wahrnehmung und die selbstgesteuerte Erweiterung bzw. Verbesserung der Möglichkeiten des Klienten bezüglich der Wahrnehmung, Erleben und Verhalten" (DBVC, 2020).

5.1.2 Lerncoaching

Unter dem Stichwort „Lerncoaching" ist die Aufgabe gefasst, den Lernenden in ihren Lernprozessen zu helfen, sie zu ermutigen und ihnen die Möglichkeit zu geben, sich fachlich weiter zu entwickeln. In der wissenschaftlichen Forschung gilt Lernen als ein hochgradig individueller Prozess, der bei jedem Lernenden unterschiedlich abläuft (vgl. Hattie, 2013; Wahl, 2013), woraus sich die Verpflichtung ableitet, im Rahmen der Lerninstitution jeden Lernenden individuell zu fördern mit dem Ziel, ihm die Kompetenz zu vermitteln, Verantwortung für sein Lernen zu übernehmen und dieses eigenständig zu regulieren und zu strukturieren. Ausdruck dieses Konzeptes sind die Schlagworte „individualisiertes Lernen", „selbstorganisiertes Lernen", „problemorientiertes Lernen" etc.

Hameyer und Pallasch definieren Lerncoaching folgendermaßen: „Lerncoaching unterstützt und begleitet personales, gruppales und organisationales Lernen auf vereinbarter Basis in geeigneten Lern- und Beratungssettings durch Methoden induktiver Beratung und Intervention mit dem Ziel, Aufgaben, Probleme, Situationen und Herausforderungen beim Aufbau und bei der Erweiterung von Lernkonzepten, Selbstmanagement und Wissensorganisation bewältigen zu können" (Hameyer & Pallasch 2012, S. 113). Lerncoaching setzt sich aus zwei Begriffen zusammen: Coaching (nichtwissende Haltung) und Lernen (wissende Haltung) (Hameyer & Pallasch, 2012, S. 10ff). Da Lernen über Inhalte stattfindet, geht es im Prozess des Coachings um die bestmögliche Übereinstimmung zwischen Lerner und Lerninhalt (Pallasch, 2006, S. 16ff). Lernen inkludiert die lernbeeinflussenden Faktoren Motivation, Mitlerner, Lernstoff. Während des Coachingprozesses eignet sich der Lernende Strategien und Methoden an, um seinen Lernprozess aktiv, selbstregulierend und selbstgesteuert zu gestalten, kurz, um effektiver lernen zu können. Beim Lerncoaching geht es um mehr als nur um die Frage der richtigen Lernmethode. Oftmals haben die Lernenden negative Erfahrungen während ihrer Lernprozesse gemacht. Folglich muss das Konzept erlauben, Lernbedürfnisse zu erheben, Ziele herauszuarbeiten, Ressourcen zu aktivieren, Strategien anzuregen und umzusetzen, sowie den Lernerfolg zu bewerten. „Dazu bekommt ein Lerncoachee übrigens keinen direkten Rat. Lerncoaching ist die professionell-methodische Klärung eines persönlichen Themas oder Anliegens mit dem Ziel, das Selbstmanagement des Klienten zu fördern und ihn so zu stärken, dass er seine Themen oder Aufgaben (wieder) selbst erfolgreich bearbeiten kann" (Hameyer, 2013).

5.2 Prozess des Lerncoachings

Der Prozess des Lerncoachings wird gemäß der abstrakten Unterteilung von Rauen (2005, S. 280) gestaltet, die in der Reihenfolge *Auftakt*, *Realisierung* und *Abschluss* erfolgt, ein Prozess, der sich über mehrere aufeinanderfolgenden Sitzungen erstreckt. Thema, Intensität und Dauer der Treffen richten sich nach den individuellen Bedürfnissen jedes einzelnen Probanden. Im Normallfall werden für einen Coachingprozess zwischen zwei und fünf Sitzungen anberaumt, wobei die Dauer der Sitzungen zeitlich zwischen 30-90 Minuten variiert. Zwischen den einzelnen Sitzungen können in der Regel eine bis maximal vier Wochen liegen.

5.2.1 Der Auftakt

Eine Phase der Anbahnung ist für den Erstkontakt bzw. die Auftragsklärung gedacht, welche per Face-to-Face-Kommunikation oder telefonisch erfolgen kann. In einem Gespräch findet ein gegenseitiges Kennenlernen statt, während dessen Anliegen herausgearbeitet und die Erwartungen an das Coaching zusammen mit den Umsetzungsmöglichkeiten geklärt werden können (vgl. Rauen, 2005, S. 276f, Hardeland, 2019, S. 52ff). Die Verantwortung für den Coachingprozess liegt auf Seiten des Coachs, von dem erwartet wird, dass er einen optimalen Rahmen für die Bearbeitung der Probleme bereitstellt (vgl. Schlippe & Schweitzer, 2017, S. 15).

5.2.2 Die Durchführung

Die Phase der Durchführung umfasst die sechs Teilbereiche: (1) Kontakt herstellen, (2) Anliegen erfassen, (3) Ziele festlegen, (4) Lösungen entwickeln, (5) Ergebnisse zusammenfassen und (6) Reflexion mit Feedback.

5.2.2.1 Kontaktphase

Die Kontaktphase beginnt mit einem sogenannten „Warm-werden" (warming up) in Form eines Smalltalks (vgl. Schlippe & Schweitzer, 2017, S. 15) und dient nach Wimmer et al. (2012, S. 80) der Herstellung eines angenehmen Gesprächsklimas. In dieser Phase soll eine gute Beziehung zum Lernenden aufgebaut werden, damit anschließend ein Austausch auf Augenhöhe stattfinden kann, welcher auf der Kooperation des Lernenden aufbaut (vgl. Schmidt, 2019, S. 118), oder – wie Raddatz (2010, S. 43) es nennt – und in welchem „Vertrauen finden" Raum gegeben wird. Dabei ist darauf zu achten, dass das Zuhören der Kern des Coachings ist, ohne den Kommunikation nicht funktionieren kann (vgl. Erpenbeck, 2017, S. 12f). Liegen Lerncoach und Ratsuchender nicht auf einer Wellenlänge, kann dies zu Barrieren in der Kommunikation führen und der Lernprozess scheitern (vgl. Fuhr, 2003, S. 39).

5.2.2.2 Anliegen erfassen

In der zweiten Phase geht es darum, das Anliegen des betreffenden Lernenden zu erfassen. Die Gesprächsführung des Coachs soll dem Lernenden bei der Formulierung seines Lernproblems Hilfestellung geben (vgl. Grewe, 2005, S. 22). Auf Seiten des Lerncoachs steht hierbei die Gewinnung eines ersten Überblicks zu den Fragen bzw. dem Anliegen des Klienten im Fokus (vgl. Wimmer et al., 2012, S. 81). Gelingt es der Kooperation von Coach und dem Probanden. das Problem einzugrenzen, ergibt sich im Idealfall eine „Schlagzeile", eine knappe und prägnante Umschreibung des Problems, analog etwa zu einem Filmtitel oder einer Kolumne in einer Zeitung (vgl. Prohaska, 2013, S. 88).

Erpenbeck (2017, S. 16ff) weist darauf hin, wie wichtig es ist, die nonverbale Kommunikation während dieses Prozesses im Auge zu behalten und sich nicht allein auf die sprachliche Ebene zu beschränken. Eine „gelenkte Defokussierung", um zu vermeiden, dass man sich innerhalb der Informationsflut im Detail verzettelt, verringert das Risiko eines Scheiterns der Kommunikation.

Ein weiterer möglicher Grund für das gelegentliche Scheitern von Coachinggesprächen ist laut Grewe (2005, S. 21) in dem Umstand zu sehen, dass bereits nach Lösungen gesucht wird, bevor das Problem gründlich genug herausgearbeitet worden ist. Wimmer et al. (2012, S. 81) weisen auf die Bedeutung von Gesprächstechniken für eine gelungene Kommunikation wie Aktives Zuhören, Stellen von offenen Fragen, Strukturieren und Wiederholen hin.

5.2.2.3 Ziele festlegen

Auf die Phase, in der das Anliegen erfasst werden soll, folgt in der dritten Phase die Zielformulierung. Nach Kleinbeck sind Handlungen ohne Ziele ganz allgemein undenkbar, wörtlich betont er: „Ohne Ziele sind Handlungen diffus. Sie steuern den Einsatz, die Fähigkeiten und Fertigkeiten von Menschen bei ihren Handlungen und richten ihre Vorstellungen und ihr Wissen auf die angestrebten Handlungsergebnisse hin aus" (Kleinbeck, 2010, S. 255). Auch Storch und Krause (2014, S. 138) heben im spezifischen Fall des Coachinggesprächs als Grundlage für die gemeinsame Arbeit die eindeutige Formulierung des Ziels sozusagen als Herzstück hervor. Je spezifischer das Ziel formuliert ist, umso einfacher gelingt es, sich damit intensiv auseinanderzusetzen (vgl. Rauen, 2005, S. 282). Auf präzise formulierte Ziele kommt es bei einem Coaching an (vgl. Raddatz, 2011, S. 149; Raddatz, 2010, S. 46).

In der Phase des Ermittelns der Ressourcen des Ratsuchenden werden Handlungsoptionen klar strukturiert und Ziele formuliert. Wegweisend sind hierbei eine einfache Sprache, das Vergewissern, das Nachfragen und das Erarbeiten von realistischen Zielen (vgl. Wimmer et al., 2012, S. 80ff). In den Coachingstrukturen werden zwei Arten von Zielen unterschieden, einerseits die sogenannten *S.M.A.R.T.-Ziele* und andererseits die *Motto-Ziele*.

Mit dem Akronym „S.M.A.R.T." sind die Initialen der Kriterien für diese Art von Zielen angegeben, die folgendermaßen lauten: das Ziel muss *Spezifisch*, *Messbar*, *Attraktiv*, *Realistisch* und *Terminiert* sein. Die Grundlage der S.M.A.R.T.-Ziele basiert auf den Forschungsergebnissen der Zielsetzungstheorie von Locke und Latham (2013). Gemäß der Goal-Setting-Theorie stellen sich erfolgreiche Ergebnisse ein, wenn das Ziel möglichst hoch angesetzt (anforderungsreich) und differenziert formuliert ist. Grenzen der S.M.A.R.T.-Ziele betreffen die Komplexität von Aufgaben, Zielkonflikte, Zielambivalenzen und die Einbettung von konkreten Zielen in das assoziierte zukünftige Lebensmuster. Dies bedeutet, wenn Ziele trotz guter Abstimmung nicht erreicht werden, bewegt sich der Lernende entweder in einem zu komplexen Aufgabenfeld, oder das Ziel ist zu ambivalent oder nicht passend (sinnstiftend) im Gesamtlebensarrangement (vgl. Beilfuß, 2017).

Bei der Kategorie „Motto-Ziele" hingegen handelt es sich um allgemeine Ziele, welche ein Mensch leitmotivisch seinem Handeln voranstellt, indem er sein praktisches Anliegen quasi unter ein Motto stellt. Bei dieser Art von Zielen wird kein konkreter Plan vorgegeben, denn es geht hierbei eher um eine innere Haltung des Lernenden. Ein Beispiel hierfür bietet der Satz: „In der Ruhe liegt die Kraft" (vgl. Storch & Krause, 2014, S. 139). Derartige Ziele begünstigen eine optimistische Stimmung in höherem Maße als dies bei konkreten Zielen der Fall ist. Trotz gelegentlichen Scheiterns, bzw. nicht erreichten Erfolges bleibt so die Widerstandsfähigkeit gestärkt und die Fähigkeit zur Selbstmotivierung sowie das Gefühl, selbstbestimmt zu handeln, gefestigt (ebd., S.141). Gelingt es, mithilfe des Mottos das Ziel im Unbewussten abzuspeichern, wird das Ziel mit einer erhöhten Vigilanz verfolgt, sodass es mitunter anscheinend ohne Mühe, automatisch und wie von selbst erreicht wird (vgl. Storch & Kuhl, 2013). Um das Ziel für den Lernenden möglichst attraktiv und erreichbar zu machen, ist es die Aufgabe des Coachs, die wesentlichen Merkmale der Zielformulierung zu berücksichtigen. Damit ein Motto-Ziel wirksam ist, sollte es drei Kernkriterien beinhalten: Es sollte als Annäherungsziel formuliert sein, zu 100% unter eigener Kontrolle stehen und eine Affektbilanz von -0 und mindestens +70 aufweisen (vgl. Carver & Schreier, 2009). Es ist bekannt, das Ziele mit positiven Affekten die Motivation erhöhen, das Ziel in Handlung umzusetzen.

5.2.2.4 Lösungen entwickeln

Die vierte Phase dient der Formulierung von Lösungen bzw. dem Herausarbeiten von Handlungsstrategien. Ein Grundprinzip bei dieser Tätigkeit ist die Überzeugung, dass der Lernende die Lösung seines Problems bereits in sich trägt. Folglich sollte der Coach möglichst an Stelle von Vorschlägen Angebote machen, Impulse geben und/oder Ressourcen beim Lernenden aktivieren (vgl. Hardeland, 2019, S. 61f).

In dieser Phase soll erreicht werden, dass der Lernende sich auf etwas Neues einlässt, indem er seine bisherigen Gedanken-Konstrukte und -Muster sondiert und gegebenenfalls durch neue ersetzt, falls diese sich als untauglich erwiesen haben oder erweisen (vgl. Brüggemann et al., 2009, S. 61). Naturgemäß kostet das Finden einer geeigneten Lösung auf sozusagen neuen, noch unbekannten Wegen, einige Zeit, und auf Seiten des Coachs ist deshalb Geduld gefragt. Erfahrungsgemäß ist die Frage oder das Problem eines Lernenden umso dringlicher und nachdrücklicher, je mehr Zeit er benötigt, eine Antwort zu finden (vgl. Raddatz, 2011, S. 167). Meier & Szabo (2008) sprechen in diesem Zusammenhang von der „Heiligen Denk Zeit der Kunden" (S. 44), welche in keinem Fall abgekürzt werden dürfe, denn schließlich gelte es, innerhalb eines komplexen Geschehens – auf dem Hintergrund einer Notlage – Lösungen zu finden, diese zu konkretisieren und anschließend ihre Umsetzung in Angriff zu nehmen.

Diverse unterschiedliche Methoden können Hilfestellung zu einer Problemlösung geben, beispielsweise eine *Lösungsmatrix* (vgl. Pallasch & Kölln, 2014, 200ff; Meier & Szabo, 2009, S. 53, ein *Brainstorming* (bei dem unstrukturiert Lösungsmöglichkeiten gesammelt werden) (vgl. Konrad & Traub, 2019, S. 95ff; Peterßen, 2008, S. 51) oder *lösungsorientierte Fragen* (welche den Lernenden anregen, über Eigenschaften einer idealen Lösung nachzudenken) (De Shazer & Dolan, 2015; Meier & Szabo, 2009, S. 53; Kindl-Beilfuß, 2019, S. 58f; Storch & Krause, 2015, S. 96ff).

5.2.2.5 Ergebnisse zusammentragen

In der fünften Phase erhält der Lernberater Gelegenheit, die Ergebnisse dahingehend auszuwerten – zwecks kontinuierlicher Optimierung des Prozesses in kleinen Schritten –, ob sich Aufträge daraus ableiten lassen, die außerhalb der Coachingsituation umgesetzt werden können (vgl. Brüggemann et al., 2009, S. 114). Natürlich ist es auch hier nötig, die Ergebnisse stetig zu reflektieren, um einen Ausblick auf die folgenden Schritte zu erlangen (vgl. Wimmer et al., 2012, S. 80ff).

Druckmittel sind in diesem Kontext, der von der Freiwilligkeit lebt, verpönt und dann gänzlich obsolet, wenn sich – im Idealfall – der/die Lernende eine Aufgabe selbst gestellt hat, die im Bereich des für sie/ihn real Erreichbaren liegt (vgl. Pallasch & Kölln, 2014, S. 216).

5.2.2.6 Reflexion mit Feedback

Den Abschluss des Coachingprozesses bildet eine Reflexionsphase mit gegenseitiger Rückmeldung, die dem Coach als Richtlinie für weitere zukünftige Sitzungen dient, und in der ein Lernender im günstigsten Fall die Sitzung motiviert und mit gesteigerter Tatkraft verlässt. Ein Abschlusskommentar des Coaches hat den Sinn, die Lernenden dazu zu ermuntern, die neu erlernten Verhaltensweisen in der täglichen Praxis zu verfestigen (vgl. Brüggemann et al., 2009, S. 118ff).

Resümierend lässt sich feststellen: während zu Beginn jeder Coaching-Sitzung wiederholt auf die Klärung des Coaching-Auftrags bzw. auf die Spezifizierung aktueller Anliegen hingearbeitet wird, stellt sich in der Folge heraus, ob der Lernende einen Rückschlag oder einen Misserfolg erlebt hat. In einem Fall von Misslingen gehört es zum Job des Coachs, den Lernenden aufzufangen, ihn zu motivieren und ihm aufzuzeigen, dass die gewonnenen Erfahrungen äußerst wertvoll für eine positive Veränderung sind. In gemeinsamer Rekapitulation der Ereignisse ergibt sich die Chance, genau zu sichten, was in der jeweiligen Situation schiefgelaufen ist, um Handlungsstrategien oder auch Ziele anzupassen oder zu verändern (vgl. Schmidt, 2019, S. 378).

5.2.3 Abschluss und Auswertung

Da es schwierig ist, als Außenstehender zu beurteilen, ob und wann der Lernende sein Ziel erreicht hat, ist es notwendig, den Lernenden in seiner Rolle als Experte zu Rate zu ziehen. Zu diesem Zweck lässt sich das Prozedere der Zielformulierung gut nutzen (vgl. Hardeland, 2019, S. 70).

Eine besondere Aufmerksamkeit verdient der Abschluss des Coachingprozesses, denn dieser gewährleistet – laut Schmidt (2018, S. 132) – „die beste Förderung" auf beiden Seiten. In dieser Phase wird kontrolliert, ob die Erwartungen des Lernenden erreicht werden konnten, eventuell muss auch im Einzelfall auf Ursachen eingegangen werden, die die Erreichung des Ziels verhindert haben (vgl. Rauen, 2005, S. 286). Ein Abschluss mit Auswertung der Ergebnisse beendet nicht in jedem Fall den Coachingprozess, denn es kommt häufig vor, dass die Coach-Coachee-Beziehung vorzeitig und ungeplant endet, u. a., weil immer wieder Lernende zum nächsten vereinbarten Treffen nicht erscheinen. Mögliche Gründe können auf jeder der beiden Seiten liegen, wie z. B. Enttäuschung, zwischenzeitlich befriedigte Wünsche, auseinandergehende Erwartungen, Krankheit oder Zeitengpässe. Nach McLeod (2004, S. 292) wird etwa ein Drittel aller Coachings vorzeitig beendet, wobei ein solcher Abschluss nicht gerade erwünscht ist und mit allen verfügbaren Mitteln verhindert werden sollte.

5.3 Kompetenzen des Lerncoaches

Die Grundhaltung des Lerncoachs und seine Gesprächsführungstechniken sind maßgeblich an seinem Erfolg beteiligt. McLeod (2004, S. 442) weist darauf hin, dass die Persönlichkeit des Lerncoachs, ebenso seine Methodenkenntnis und das präzise Anwenden der Methoden für einen optimalen Verlauf des Coachings von Bedeutung sind, und die Qualität seines Fachwissens darüber wesentlich mitentscheidet, ob der Lerncoachee in seinem Entwicklungsprozess Unterstützung erfährt. Für den Aufbau und die Entwicklung der Coachingprozesse ist eine gewisse Routine unabdingbar, deren Bestandteile u. a. kontinuierliche Reflexion, Hinterfragen und Korrektur des eigenen Vorgehens sind, für welche sich Weiterbildung und Supervision eignen, aber auch das Feedback der Klienten.

5.3.1 Grundhaltung des Lerncoaches

Zur Grundhaltung des Lerncoachs zählt seine Fähigkeit, eine zuversichtliche, wertschätzende Beziehung zwischen sich und dem Lerncoachee herzustellen. In der Begleitung mit dem Probanden sollte er möglichst Ratschläge, Tipps oder eigene Lösungen vermeiden, sondern vielmehr aktiv darauf bedacht sein, die eigenen Ressourcen des Lerncoachees anzuzapfen, damit dieser eigene, auf ihn zugeschnittenen Lösungen kreieren kann. Im Grunde gehören zu den Coachingkompetenzen eines Lerncoachs die gleichen Fähigkeiten, welche Schülern vermittelt werden sollen: Fachkompetenz, Soziale Kompetenz, Methodische Kompetenz und Personale Kompetenz. Zur *Fachkompetenz* gehören Wissen und Sachkenntnis bezüglich des Themas sowie Expertise zum Lernprozess und zu den lernbeeinflussenden Faktoren. Die *soziale Kompetenz* beinhaltet eine fachkundige Führung der Gespräche mit dem Gespür dafür, wie viel Nähe oder auch Distanz zum Lerncoachee angemessen ist. Zur *methodischen Kompetenz* zählen die Organisationsfähigkeit, das Arrangement von optimalen Rahmenbedingungen eine reibungslose Prozessgestaltung sowie eine gewisse Übung darin, Sachverhalte zu präsentieren. Zur *personalen* Kompetenz gehören die hinsichtlich eines Coachings vorgeschriebene Grundhaltung und eine gute Beobachtungs- und Wahrnehmungsfähigkeit des Lerncoachs. Auch metakognitive Kompetenzen, die Kenntnis der eigenen Emotionen und ein Verhalten, das emotionale Zurückhaltung üben kann, wenn der Coachingprozess dieses erfordert, sind gefragt (vgl. Hardeland, 2019, S. 75f). Im Zentrum des Coachings steht aber stets das Interesse am Coachee, das Aneignen von Gesprächstechniken ist demgegenüber sekundär.

Letzteren Aspekt betont Rogers (2002), wenn er meint, das Wichtigste sei, sich auf die Welt der Gegenseite einzulassen. Nach Rogers sind die Grundvoraussetzungen für die Veränderung von Selbstkonzepten in einem Coaching *Empathie*, *Akzeptanz* und *Kongruenz*, Aspekte, die im Folgenden näher erläutert werden sollen.

Kongruenz

Eines der wichtigsten Merkmale des Aspekts „Kongruenz" in einer Coachingsituation ist, dass das Coaching nach den Bedürfnissen des Lerncoachees auszurichten ist. Ein aktiv steuerndes Handeln im Sinne der Bedürfnisse des Anderen ist hier unabdingbar (vgl. Sachse, 2016, S. 15). Dies ist aber nur möglich, wenn der Coach seine eigenen Bedürfnisse kennt und seine Erfahrung mit ihnen authentisch in die Lernsituation miteinbringt, sofern diese mit denen des Klienten übereinstimmen. Auch Pallasch und Kölln (2014, S. 34f) merken an, dass die Selbsterfahrung im Coaching einen wichtigen Stellenwert hat. Stimmen die eingebrachten Erfahrungen mit dem Selbstkonzept des Coachs überein (authentisch), so spricht man von Kongruenz.

Akzeptanz

Unter Akzeptanz wird in Bezug auf das Coaching die bedingungsfreie Wertschätzung des Gegenübers verstanden. Dem Lerncoach obliegt es, dem Coachee Interesse, Wertschätzung und Akzeptanz entgegenzubringen, unabhängig von gängigen Bewertungen, die gegenüber den unterschiedlichen Verhaltensweisen vorhanden sind (vgl. Rogers, 2016, S. 35). Dass der Lerncoach den Coachee wertfrei akzeptiert, „ihn so nimmt, wie er ist" bedeutet aber nicht, dass er dessen Verhalten unbedingt befürworten oder akzeptieren muss. Dem Lerncoach wird stets seine eigene Beurteilung zugestanden, wenn es im Sinne des Klienten nötig ist, hält er sich im Rahmen des Lerncoachings damit aber zurück (vgl. Weinberger & Lindner, 2011, S. 24f).

Empathie

Unter Empathie versteht man die Fähigkeit, die Bamberger (2015, S. 150) beschreibt als „Mit dem Herzen hören!" Jemandem Empathie entgegen zu bringen, bedeutet dessen Gefühle nachzuvollziehen als ob es die eigenen wären, in dem Bewusstsein, dass es nicht die eigenen *sind.* Die „Als-ob-Position" sollte unbedingt während des Prozesses des Coachings durchgehalten werden (vgl. Rogers, 2016, S. 37). Gleichsam durch die Brille des Lerncoachees schätzt der Coach die Situation ein und überprüft regelmäßig, ob er sich auf der angemessenen Ebene von Nähe und Distanz bewegt. Der Coachee nimmt durch das ihm entgegengebrachte uneingeschränkte Verständnis, mit dem seine Gefühle wertneutral zurückgespiegelt werden, die Möglichkeit wahr, dass es „ungefährlich" ist, sich mit Negativem auseinanderzusetzen und einen Neustart auszuprobieren (vgl. Bamberger, 2015, S. 150).

Neugier und Unwissenheit

Durch gezielte Fragen des Coaches erhält der Coachee eine Chance, sein Gesichtsfeld zu erweitern, indem er dazu angeregt wird, über sein Handeln, sein Denken und seine Gefühle nachzudenken und seine Situation aus einigem Abstand zu betrachten. Im Falle, dass der Coach geschickt vorgeht, kann er allein durch die Fragen sein aufrichtiges Interesse an seinem Gegenüber signalisieren und Veränderungen

anstoßen (vgl. Hardeland, 2019, S. 77). Vermittelt er aber dem Coachee das Gefühl, dass er ausgefragt wird, muss er mit erheblichem Widerstand von dessen Seite rechnen (vgl. Grewe, 2005, S. 21).
Zwischen zwei Arten des Fragens wird üblicherweise unterschieden: zwischen geschlossenen und offenen Fragen. Während geschlossene Fragen auf Ja/Nein-Antworten abzielen, laden offene Fragen zum Nachdenken und Erzählen ein. Um neue Information zu erhalten, empfehlen sich offene Fragen (vgl. Patrzek, 2017, S. 13f). Kreative und wunderschöne Fragen sind im Buch von Carmen Kindl-Beilfuß (2019) aufzufinden. Zu beachten ist auch unter diesem Aspekt, dass die Thematik des Lernenden und nicht die Ideen des Coachs „in Frage stehen" (vgl. Grewe, 2005, S. 20).

Die Expertenwelt des Lerncoaches
Jeder Mensch besitzt wertvolle Ressourcen zur Lösung von Problemen in sich. Demnach ist es eine Grundbedingung, dass der Coach den Coachee als Experten für sich selbst sieht. Aufgabe des Lerncoaches ist es, eine nicht-wissende Haltung während des Coachings einzunehmen. Ziel ist es, unvoreingenommen zu sein in das Coaching einzusteigen (vgl. Meier & Szabo, 2008, S. 21ff). Demnach ist es seine Aufgabe den Lernprozess des Coachees zu lenken und sich mit Tipps oder Ratschlägen zurückzuhalten. Auch wenn dies oftmals von Kunden gewünscht wird und das „an die Hand nehmen" präferiert wird, so kann dies dazu führen, dass die vorhandenen Probleme vergrößert werden (vgl. Schmidt in Radatz 2018, S. 19). Radatz (2018, S. 111) fügt an, dass „Ratschläge von außen nie wirklich genau auf die eigenen Probleme" passen. Aufgabe ist es, die inhaltliche Expertise beim Coachee zu belassen (vgl. Meier & Szabo, 2008, S. 24).

Distanz zum Inhalt
Um sich professionell ins Lerncoaching einzubringen, ist eine Distanz zu den eigenen Gefühlen und zum Inhalt grundlegend notwendig. Ein Lerncoach fühlt zwar mit, was der Coachee ihm vermittelt, er leidet jedoch nicht mit (vgl. Pallasch & Kölln, 2014, S. 84). Raddatz (2011, S. 114) meint, es sei überflüssig, mit dem Kunden zu streiten, und damit in dessen Problematik einzusteigen. Die eigene Sichtweise dem Coachee zu vermitteln oder in dieser Richtung Überzeugungsarbeit leisten zu wollen, ist und bleibt verfehlt.

Gesprächsstörungen vermeiden
Wie bereits mehrfach angeklungen ist, liegt im Coachinggespräch die vollständige Aufmerksamkeit beim Klienten. Geräusche von außen, wie beispielsweise Telefonklingeln, Klopfen usw. sind Störfaktoren, denen möglichst aus dem Weg zu gehen ist. Aber auch intern gibt es Störfaktoren, welche zu vermeiden sind: 1) Fragestellungen nach Art eines Verhörs 2) ungebetene und nutzlose Ratschläge, Tipps oder Lösungen, die eine Behinderung für den eigenen Lösungsprozess des Lernenden darstellen und seine Rolle als Experte außer Kraft setzen 3) das Betrachten des An-

liegens des Lernenden von „oben herab“, also nicht ernsthaft 4) Abschweifungen von der Aufmerksamkeit durch Notizen oder andere Ablenkungs-Mechanismen 5) und im Zusammenhang mit Punkt 4: das zeitweise „Abschalten“ des Coaches, wenn eigene innerliche Prozesse seine Aufmerksamkeit in Beschlag nehmen (vgl. Pallasch & Kölln, 2014, S. 74ff).

5.3.2 Gesprächsführungs(techniken) im Lerncoaching

Die Qualität der Gesprächsführung ist ein entscheidender Faktor, von dem abhängt, ob ein Lerncoachee die Ebene der Selbstreflexion erreicht. Deshalb sollen die wichtigsten Elemente der Gesprächsführung im Folgenden vorgestellt werden. Die speziellen Gesprächstechniken müssen auch vom Lerncoach allererst erlernt und durch kontinuierliche Anwendung verinnerlicht werden, nur so können sie dabei Unterstützung leisten, Gespräche aktiv mitzubestimmen und den jeweils eigenen Stil zu entwickeln, was den Aufbau der Coachingsitzungen angeht.

Pacing und Leading

Im „PL“ geht es darum, dass ein Coach seinen Coachee spiegelt und anschließend die Phasen des Lerncoachings gezielt lenkt. Mittels dieses Vorgehens kann der Coachee zum Lerncoach eine Vertrauensbasis und eine Beziehung aufbauen und auf dieser Basis zu einer Lösung seiner Probleme, die sich stets im Brennpunkt der Aufmerksamkeit befinden, gelangen. Schmidt spricht in diesem Kontext von einem „Solution Talk“ (2017, S. 92).

Im *Pacing* ahmt der Berater synchron mit dem Coachee dessen Verhalten nach. Nonverbal gleicht er sich seiner Körperhaltung, Sitzposition, Mimik und Gestik an und übernimmt auch seine paraverbale Kommunikation, wie Lautstärke, Tempo und Informationsdichte. Beide Beteiligten gelangen auf diese Weise zu einer symmetrischen Kommunikation (vgl. Schmidt, 2017, S. 118). O'Connor & Seymour (2009, S. 49) beschreiben einen Effekt dieses Vorgehens wie folgt: „When people are like each other, they like each other.“ Wenn das Pacing gelungen ist, dann ist zwischen Coach und Coachee eine fruchtbare Arbeitsbasis, ein sogenannter „Rapport“ entstanden. Die beiden Kommunikationspartner haben sich in einem verbalen und nonverbalen Austausch einander angenähert; durch die fließende Kommunikation ist sozusagen ein „Tanz“ kreiert worden, in dem beide Interaktionspartner sich gegenseitig spiegeln. Eine derart entspannte Arbeitsbeziehung bildet eine solide Grundlage für jedes erfolgreiche Coaching (vgl. Schlippe & Schweitzer, 2016).

Ist zwischen Coach und Coachee der Rapport entstanden, kann der Coach zum *Leading* übergehen, zur Lenkung und Führung des Prozesses. Das lösungsorientierte Denken, das der Coach dem Coachee mittels des „Solution Talk“ nahelegen möchte, hat hier seinen Ort. Zu diesem Zweck nimmt der Coach eine aufrechte Sitzhaltung ein, ändert seine Stimmlage und wählt mit Bedacht Worte, die positiv besetzt sind und Zuversicht bewirken.

Aktives Zuhören

Aktives Zuhören gehört ebenfalls zu den Kernkompetenzen eines Coaches, denn dadurch wird für den Coachee ein geschützter Raum geschaffen, der ihm die Möglichkeit gibt, sich zu öffnen, den Blick auf sich selbst zu richten und endlich wieder Lebensfreude zu spüren (vgl. Bamberger, 2015, S. 74). Zunächst, bevor die Inhalte verbalisiert werden können, geht es darum, durch eine zugewandte Körpersprache eine Gesprächssituation zu schaffen, die dem Coachee signalisiert, dass ausreichend Zeit für das Coaching eingeplant ist und der Coach echtes Interesse für die Anliegen des Coachees empfindet (vgl. Rauen, 2005, S. 20). Vom Lerncoach wird erwartet, dass er konzentriert und aufmerksam zuhört, Ratschläge und Tipps für sich behält und in einem aktiven Zuhören auf Interjektionen, Blickkontakt und nonverbale Signale achtet (vgl. Pallasch & Kölln, 2014, S. 67f).

Gesprächspausen ermöglichen

Gesprächspausen dienen im Coaching als innerer Klärungsprozess für den Coachee. Pallasch & Kölln (2014, S. 69) reden vom „Ertragen" von Pausen als einer Basisfertigkeit, welche sich auch therapeutisch Tätige wieder aneignen müssten. Im Wortlaut klingt dies so: „Das Pausen ertragen ist eine über den didaktischen Rahmen hinausgreifende, grundlegende kommunikative Basisfertigkeit, die sich jeder pädagogisch-therapeutisch Tätige (wieder) aneignen muss." In den Gesprächspausen ist jeder Lernende, also auch der Lehrende auf sich selbst zurückgeworfen und erhält die Möglichkeit, sich zu sammeln und sich auf die eigenen Gefühle und Bedürfnisse zurückzubesinnen, eine Situation, welche im Alltag zu oft durch hektische Betriebsamkeit vermieden wird (vgl. Hardeland, 2019, S. 81). Auch wenn die relative Ruhe in den Pausen zunächst schwer auszuhalten ist, werden erfahrungsgemäß mit zunehmender Routine die Pausen geschätzt werden.

Paraphrasieren

Um das Gespräch auf die sachliche Ebene zu leiten, kann man paraphrasierend vorgehen, d. h. die Kernbotschaft des Klienten mit eigenen Worten zusammengefasst wiedergeben. Eine Paraphrase ist auch die Gewähr dafür, dass der Klient richtig verstanden wurde. Dabei unterscheidet man das wörtliche Paraphrasieren, bei dem der Coach die zentralen Wörter akkurat wiederholt, vom zusammenfassenden Paraphrasieren, bei dem diejenigen Aussagen, die den Kern des Problems ausmachen, gebündelt und so wertfrei wie möglich wiedergegeben werden. Im Zweifel hilft die knappe Nachfrage: „Wichtiger?" (vgl. Hardeland, 2019, S. 82). Coach und Coachee können sich in dieser Weise sprachlich einander annähern, ohne dass eine verfrühte Interpretation des Coachs dazwischenkommt. Auf beiden Seiten, aber besonders auf der Seite des Beraters ist wieder einmal Geduld das A und O und die Fähigkeit, auch die Gedanken *hinter* den Worthülsen zu erfassen (vgl. Grewe, 2005, S. 21).

Verbalisieren

Das Verbalisieren, in geeignete Sprache fassen, zollt der Tatsache Rechnung, dass Emotionen positiver oder negativer Art Veränderungsabsichten jedes Lernenden extrem beeinflussen. Positive Emotionen, wie Freude oder Hoffnung, die mit einer Änderungsabsicht verbunden sind, geben dem Vorhaben den nötigen Schwung, während Ängste oder Furcht geplante Veränderungen im Extremfall komplett lahmlegen.

Der Lerncoach steht vor der mehr oder weniger komplizierten Aufgabe, die Botschaft des Klienten, die hinter den Worten steht und in der tieferen Gefühlsebene wurzelt, in treffende Sprache zu fassen. Mitunter lassen sich die eigentlichen Triebkräfte des Problems aber so prägnant verbalisieren, dass Lösungen wie aus dem Nichts auftauchen (vgl. Redlich, 2009, S. 43).

Kausalfragen vermeiden

Zur Kunst des Fragens gehört es, Kausalfragen zu vermeiden. Ein Klient, der sich auf ein Coaching einlässt, möchte sich gewöhnlich nicht einem Frageverhör ausgesetzt fühlen. Fragen nach dem Grund nach dem Muster: Wieso? Weshalb? Warum? sind auch besonders dann obsolet, wenn der Klient darauf keine Antwort geben kann. Ein Beispiel ist die Frage: „Warum sind Sie nicht schon früher ins Lerncoaching gekommen?“, die noch dazu keinen Erklärungswert besitzt (vgl. Pallasch & Kölln, 2014, S. 79). Die sogenannten Kausalfragen lenken die Aufmerksamkeit auf die Vergangenheit und suchen inquisitorisch nach Problemen, die danach „aufgewärmt“ werden können. Eine mögliche Reaktion des Coachees ist, dass er sich, unter Rechtfertigungsdruck gesetzt, mies fühlt (vgl. Hardeland 2019, S. 87). Da die Gründe für Lernschwierigkeiten komplex sind, vergiften Kausalfragen zudem das Gesprächsklima und eignen sich in keiner Weise zum Nachdenken.

Inhaltliche Stränge/Aspekte herausarbeiten

Zur aktiven Gestaltung des Coaching-Gesprächs gehört auch das Herstellen einer geeigneten Struktur, die es erlaubt, der Komplexität des Themas gerecht zu werden, es präzise zu erfassen und zu gliedern. Der Coach sieht sich diesbezüglich einer doppelten Aufgabe gegenüber: Einerseits gilt seine volle Konzentration dem Durchlauf des Coaching-Prozesses und auf der anderen Seite muss er sich gleichzeitig um die inhaltliche Strukturierung und Moderation zur Erarbeitung des Kernthemas des Klienten kümmern (vgl. Grewe, 2005, S. 22f; Kölln & Pallasch, 2014, S. 112ff).

In dieser komplexen Aufgabe kann die Nutzung von Karten, auf die die unterschiedlichen Stränge notiert werden, Erleichterung bieten. Diese Karten, die gemeinsam mit den Probanden angefertigt werden, können anschließend nach Bildern sortiert und hierarchisiert werden. Dem Lernenden bleibt anschließend die Entscheidung überlassen, auf welchen Bereich zunächst der Fokus gelegt werden soll (vgl. Hardeland, 2019, S. 88).

Nonverbale und paraverbale Signale
Wenn Watzlawick (2016) äußert, „man kann nicht *nicht* kommunizieren" , so ist das Phänomen angesprochen, dass es unterschiedliche Ebenen der Kommunikation gibt. Es sind vor allem die zumeist unbewussten und unkontrolliert ausgesendeten nonverbalen Signale, die entscheidende Hinweise darauf enthalten, wie sich ein Klient fühlt. Da oftmals auf der nonverbalen Ebene vermittelte Botschaften im Widerspruch zu Botschaften stehen, welche der paraverbalen Ebene entspringen, sind Coachinggespräche dazu da, die Wahrnehmung der nonverbalen Signale zu verstärken, indem Diskrepanzen angesprochen werden, um eine der Realität angemessene Einschätzung möglich zu machen (vgl. Pallasch & Kölln, 2014, S. 99ff).

Offene Angebote machen
In Berücksichtigung des Grundsatzes, dass der Coach seine eigenen Lebenserfahrungen im Hintergrund halten sollte, bringt er doch aufgrund seines theoretischen Wissens und seiner Praxiserfahrungen grundlegende Kompetenzen, von denen der Lernende profitieren könnte, mit in die Gesprächssituation ein. Auch hier muss darauf geachtet werden, dass der Coach lediglich Ideen *anbieten* kann, weil es kein Rezept gibt, dass für alle Probleme geeignet wäre (vgl. Redlich, 2009, S. 80). Offene Angebote haben die Eigenschaft, dass sie nicht belehrend daherkommen, sondern neue, möglicherweise bis dato noch unbekannte Perspektiven eröffnen.

5.4 Lerncoaching in der Schule

Im Bereich der Schule erfüllt Coaching zwei wichtige Funktionen, nämlich die der Begleitung und Unterstützung von Lernen und diejenige einer zielgerichteten didaktischen Gestaltung von Lehr-Lern-Prozessen. Den Lernenden dient es als unterstützende Lernbegleitung, während es den Lehrenden Hilfestellung in Bezug auf didaktische Fragen gibt, oder wie Schnebel letzteren Sachverhalt beschreibt, als „Lernbegleitung des professionellen Lernens" bzw. der professionellen „Weiter-Entwicklung von Lernprozessen" nützlich ist (Schnebel, 2020, S. 87). Die lernbegleitende, emotional unterstützende Beziehung des Coachs zu seinem Pendant fördert somit – wie Busse bemerkt – die Teilnahme und die soziale Eingebundenheit (vgl. Busse et al., 2018).
Die heutige Schule ist sehr stark durchgetaktet. Demnach ist auch für Coaching oder Beratung in der Schule wenig Spielraum vorhanden, nichtsdestoweniger gibt es unterschiedliche Beispiele, wie man Lerncoaching trotz der Zeitknappheit in der Schule erfolgversprechend anwenden kann (vgl. Hardeland, 2019; Hameyer et al., 2009, Pallasch & Hameyer, 2012; Nicolaisen, 2017). Die Konzepte der Genannten sind auf der metakognitiven und motivationalen Ebene von Lernprozessen angesiedelt und befassen sich schwerpunktmäßig mit der Selbststeuerung. In der Schule hilft eine passende Lernunterstützung, die das nachhaltige Lernen fördert und die

Motivation für das Lernen aktiviert (vgl. Eschelmüller, 2018, S. 66), Grund genug für Lerncoaching in der Schule einen zeitlichen Raum zu verschaffen. Auch im Bereich der Professionalisierung von Lehrpersonen wächst allmählich die Bedeutung von Coaching in der ersten Ausbildungsphase – dem Studium –, umso mehr noch in der zunehmenden Dringlichkeit der Fort- und Weiterbildung. Im fachspezifisch-pädagogischen Coaching (Straub, 2011) gibt es bereits Vorstellungen davon, wie Coaching als „individualisierte und situationsbezogene Unterstützung eines Lerners, bei der Bearbeitung einer komplexen Aufgabenstellung durch eine Person, die in der Bearbeitung solcher Aufgabenstellungen selber über eine hohe Expertise verfügt" (ebd., S. 183) eingesetzt werden kann. Das fachspezifische Unterrichtscoaching hat „die von Coach und Coachee gemeinsam verantwortete Unterrichtsgestaltung zur bestmöglichen Unterstützung des Lernens der Schüler und Schülerinnen in einem bestimmten Fach" zum Ziel (Straub & Kreis, 2013, S. 9). Matsumura et al. (2013) haben in ihren Studien positive Effekte von Coaching in Bezug auf Schülerleistungen und Unterrichtsentwicklung hervorgehoben. Auch kollegiales Unterrichtscoaching trägt – laut Kreis – zur Unterrichtsentwicklung bei (vgl. Kreis et al., 2008).

5.4.1 Umsetzungsmöglichkeiten in der Praxis

Lerncoaching, welches sich aus mehreren Handlungsfeldern zusammensetzt, ist nicht lediglich ein Gesprächskonzept, das sich für verschiedene Themen, die das Lernen beeinflusst, eignet. Es inkludiert beispielsweise Selbstmanagement, Beziehungsgestaltung oder auch Diagnostik und Förderung (vgl. Eschelmüller, 2018, S. 67). Schlagwörter wie „Beratung", „Information", „Unterstützung" „Förderung", „Steuerung", „Feedback" oder auch „Dialog" werden nicht zu Unrecht gern dem Lerncoaching zugeordnet (vgl. Bohl & Kucharz, 2010). Die gemeinsame Arbeit zwischen Lerncoach und Lerncoachee berührt somit emotionale, motivationale und volitionale Elemente (vgl. Van Nieuwerburgh, 2016).

Im schulischen Bereich stellt sich dem Lerncoach die Aufgabe, die Lernhürden des Lerncoachees in ihrer Auswirkung auf den Lernprozess aufzuspüren. Themen wie Antriebslosigkeit bezüglich des Lernens, Fehlen eines Lernplatzes zu Hause, auf dem sich ungestört lernen lässt, geringes Selbstvertrauen, umreißen das Aufgabenfeld eines Lerncoachs. Auch Themen, die sich tiefgründiger mit Problemen der Lernenden befassen und deren Lernerfolg oftmals beeinträchtigen, wie beispielsweise Konflikte im Elternhaus, Verlustängste, Beziehungsprobleme, die sich auf die Lernenden auswirken … gehören zum Tätigkeitsfeld des Lerncoachs (vgl. Hameyer, 2014, S. 7).

Bei allen angeführten Themen sind die Beteiligten bemüht, im Prozess des Lerncoachings kooperativ die situativen Konfliktpunkte herauszuarbeiten und zu benennen, um Lösungen erarbeiten zu können. Zu diesem Zweck werden Lern- und Bewältigungsstrategien aufgebaut, im Vertrauen darauf, dass sie das Selbstmanagement des Lerncoachees fördern und seine Kompetenzen erweitern (vgl. Hameyer, 2013, S. 4). In der Begleitung durch den Coach wird auch ein Zugang zur Metaebene hergestellt, und die Lernenden erhalten die Gelegenheit, über ihr Lernen und die Faktoren, die ihr Lernen beeinflussen, wie z. B. die motivationalen Gegebenheiten, nachzudenken und die neu erworbenen Kenntnisse als Wissen zu speichern. Im Blick bleibt hierbei stets die praktische Anwendung (vgl. Hameyer & Hardeland, 2011). Nach dem Lerncoaching-Prozess sollten die Lerncoachees in der Lage sein, ihr Lernen mit ihren eigenen Bedürfnissen abzustimmen.

5.4.2 Lerncoaching im schulischen Kontext

Neben der Selbstexploration mit dem Ziel, auch bisher unbewusste Züge an sich selbst zu entdecken und die eigene Wirksamkeit zu erfahren, steht die Auseinandersetzung mit dem Lerngegenstand im Zentrum des Coachings (vgl. Nicolaisen, 2009, S. 44).

Bei der Auswahl der Themen ist auf die Lebenssituation des Coachees Rücksicht zu nehmen; der Lerngegenstand muss optimal zur individuellen Person „passen", nur so ist ein nachhaltiger Lernerfolg gewährleistet, und notwendige Kompetenzen für das Lernen werden aufgebaut, die lebenslang von Nutzen sind (vgl. Pallasch & Hameyer, 2012).

Zu diesen Kompetenzen zählt auch die Entwicklung individueller Lernstrategien, die einerseits auf den zu behandelnden Gegenstand zugeschnitten sein müssen, andererseits aber das Repertoire bereits vorhandener Unterstützungsmaßnahmen erweitern. Auf der Basis eines umfangreichen Angebots kann der Lerncoachee diejenigen auswählen, die seiner Einschätzung nach am besten für die Bearbeitung eines spezifischen Lehrgegenstands geeignet sind.

Die Entwicklung von Lernkompetenzen kann im Lerncoaching-Prozess zwar angebahnt, muss aber der Natur der Sache nach vom Lernenden eigenständig absolviert werden (vgl. Hameyer, 2013, S. 7). Hameyer beschreibt den schrittweise erfolgenden Vorgang der Entfaltung der Eigenständigkeit – des „Lernens des Lernens", wie man auch sagen kann – folgendermaßen: „er (der Lernende) setzt sich erreichbare Ziele und gestaltet diese; er wendet geeignete Lern- und Arbeitsstrategien an, reflektiert und bewertet diese; er schätzt seinen eigenen Lernzuwachs ein, analysiert sein Vorgehen und seine Arbeitsweise" (Hameyer et al., 2010).

5.4.3 Einsatzmöglichkeiten für das Lerncoaching in der Schule

Lern-Hemmnisse oder Blockaden, die im Schulalltag häufig auftreten, können durch den Einsatz von Lerncoaching in vielen Fällen ausgeräumt werden. Dazu ist aber nur ein ausgebildeter Lerncoach in der Lage, denn dieser hat „am eigenen Leib" erfahren, was es heißt, eine stressfreie Arbeits- und Lernatmosphäre zu schaffen, einen Raum zur Verfügung zu stellen, in dem aus den eigenen Ressourcen geschöpft werden kann (vgl. Nicolaisen, 2009, S. 44). In einem solchen geschützten

Raum kann es gelingen, durch Lerncoaching persönliche Lern- und Arbeitstechniken herauszuarbeiten, das Zeitmanagement zu verbessern oder Konzentrations- oder Motivationsprobleme zu beheben. Auch Themen wie Stress- oder Selbstmanagement können im Lerncoaching aufgegriffen werden.
Nach Hameyer kann in der Schule eine Förderung des Lernens sowie die Entwicklung jedes einzelnen Lernenden bezüglich seiner Sozialkompetenzen angeregt werden. (vgl. Hameyer & Hardeland, 2011) Auch können Schwierigkeiten sowie Ziele im Lerncoaching dargestellt und gleichzeitig reflektiert werden – ein Prozess, innerhalb dessen der Lernende sein eigenes Lernen und seine Bedürfnisse zunehmend besser zu verstehen lernt (vgl. Hameyer, 2013, S. 9).
Knapp resümierend kann festgehalten werden: Das Lerncoaching orientiert sich an den Ressourcen der Lernenden, der Fokus liegt auf der Lösungsorientierung. Durch diesen Gesprächsaustausch unter Experten kann das Selbstwertgefühl der Lernenden positiv beeinflusst werden, und durch die Erfahrung ihrer eigenen Fähigkeiten und Präferenzen erhalten sie eine Chance zur Ausbildung ihrer Selbstkompetenzen (vgl. Hameyer, 2013, S. 9).
Zudem wird ein Wachstum in den Lernkompetenzen bewirkt, welches es nach und nach erlaubt, Methoden zweckmäßig auszuwählen und selbstständig anzuwenden. In der gemeinsamen Arbeit und durch Denkanstöße werden mögliche, in der Persönlichkeit oder in der Sache verborgene Stolpersteine identifiziert, Ideen erarbeitet, Probleme gelöst, etc. Die zur Lösung von Problemen notwendige Geduld stellt sich durch gesteigerte Motivation und Neugierde ein. Im „Glücksfall" nimmt auch die Frustrationstoleranz zu. Alles in allem: Der Lerncoachee erweitert seine Kompetenz in der Planung, Gestaltung und Bewertung von Lernprozessen (ebd., 2013, S. 9-10).

5.4.4 Lerncoaching in der Schule – Feedback

Das erklärte Ziel des Lerncoachings, den individuellen Lernprozess des Coachees zu unterstützen, verfolgt auch die Technik des Feedbacks, welche Hattie in seiner Kategorisierung von Effektstärken auf dem zehnten Rang seiner Skala verortet hat (Hattie, 2013, S. 433f).
Das Landesinstitut für Schulentwicklung zieht ebenfalls enge Parallelen zwischen Lerncoaching und Feedback (vgl. LS, 2015a, S. 11). Unter dem Aspekt von Feedback ergeben sich für das Coaching neue Gesichtspunkte. Nach Hattie sind die drei Feedbackfragen in „Feed Up", „Feed Back" und „Feed Forward" unterscheidbar (Hattie, 2013, S. 209), übersetzt etwa: „Wohin gehst du?" „Wie kommst du voran? „Wohin geht es danach?". Entlang dieser Fragen gelingt es den Lernenden, die Stationen ihres Lernprozesses eigenständig zu beurteilen. Wegen dieser Funktion sollte Feedback auf der Ebene von Lehrenden, Lernenden sowie Erziehungs-/Sorgeberechtigten gefördert und gefordert werden (vgl. LS, 2015a, S. 13). Bezüglich der Lern-Fortschritte gilt, dass notwendige Fehler als Lernchancen gesehen werden sollten (vgl. Berger & Waack, 2013, S. 19f).

5.5 Lerncoaching in der PROGRESS-Methode

Lerncoaching in der PROGRESS-Methode hat eine doppelte Funktion. Auf der einen Seite dient es der Unterstützung auf Seiten der Lehrperson, um die theoretischen Inhalte auch in die Praxis zu transferieren, auf der anderen Seite bietet sich Lerncoaching auch im Entwicklungsprozess der PROGRESS-Methode auf Schülerseite an, damit diese erfolgreich zum selbstgesteuerten Lernen herangeführt werden können.

5.5.1 Lerncoaching in Weg 1

Lehrperson
Im Zentrum des Coachings steht der Coachee, der mit Hilfe seiner individuellen Ressourcen seine Visionen angeht. Um anvisierte Ziele zu erreichen, wirken Motto-Ziele besonders unterstützend. In der Praxis hat sich die Zielpyramide als gewinnbringende Unterstützungsmaßnahme erwiesen, die in Haltung, Ergebnis und Verhalten aufgeteilt wird.

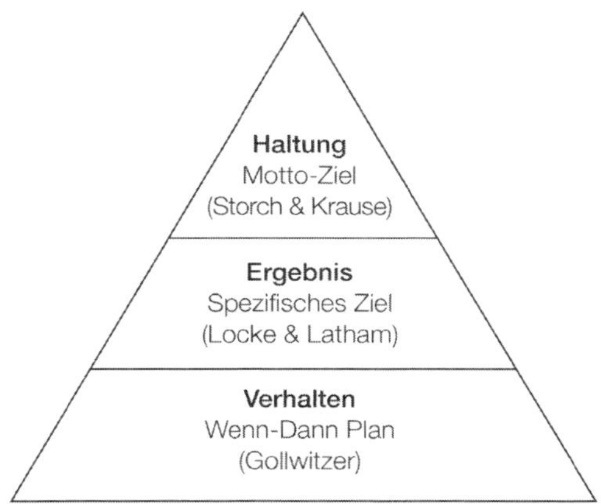

Abb. 14: Zielpyramide nach Storch & Krause (2017, S. 145)

In der Regel nutzt der Lehrer das Lerncoaching mit einer Intention, um die PROGRESS-Methode erfolgreich in die Praxis zu transferieren, demnach ist das Ziel „Ich möchte ein guter PROGRESS-Lehrer werden“. Aufgrund dieses Wunsches liegt es nahe, zunächst auf der Verhaltensebene – der mittleren Ebene – mit der Formulierung von S.M.A.R.T-Zielen (vgl. Locke u. a. 2013) zu beginnen. Beispielsweise könnte dies „Jede Woche wende ich eine neue Methode im Unterricht der Klasse 5a an“ heißen. Formuliert man das Ziel auf der Haltungsebene, würde man nach den Motto-Zielen den Wunsch nach Zielorientierung und Strukturierung einbeziehen, beispielsweise „Mit Power wachse ich wie eine Lotusblume“. Die

Grundlage der Pyramide bilden empirisch abgesicherte Wenn-Dann-Pläne nach Gollwitzer (vgl. Faude-Koivisto u. a. 2011), beispielsweise „Wenn ich am Wochenende meinen Unterricht für die Klasse 5a plane, dann erarbeite ich für jeden Montag eine neue Methode für das Fach Deutsch."
Neue und bereits eingeführte Methoden werden in den Unterricht integriert, um den Methodenrucksack der Lernenden zu festigen und auszubauen. Hierbei bietet es sich an, über den Einsatz der Methoden zu reflektieren. Oftmals funktionieren Methoden bei den ersten Einsätzen nicht so wie geplant. Hierbei ist es wichtig, sich vor Augen zu halten, dass der Weg vom Novizen zum Experten ein steiniger, weiter Weg ist. Es ist zudem nicht verwunderlich, denn sowohl auf der Lehrenden als auch auf der Lernendenseite befinden sich Novizen, die sich gemeinsam auf den Weg machen, PROGRESS zu erlernen. Bekanntlich ist noch „kein Meister vom Himmel gefallen".

Lernende

Die Motto-Ziele eignen sich ebenso für die Schülerebene, hierbei liegt vor allem der Fokus auf der Reflexion. Die allgemein formulierten Haltungsziele, die eine innere Haltung beschreiben, haben einen situationsübergreifenden Charakter. Aus psychologischer Sicht werden sie als stärker zum Selbst gehörend erlebt und sind mehr mit Emotionen verbunden (McClelland u. a. 1989), aus diesem Grund wirken sie motivierender als konkrete Ziele. Da sie sich auf viele Lebensbereiche und Situationen übertragen lassen, werden sie auch als Identitätsziele oder unstillbare Ziele bezeichnet (Gollwitzer 1987). Wichtig ist hierbei jedoch, dass die übergeordneten Haltungsziele immer auch auf konkrete Verhaltensziele bezogen werden müssen, da das daraus abgeleitete Verhalten auf die jeweilige Situation angepasst werden muss. Eine gewisse Reflexionsfähigkeit ist hierbei von Nöten. Beispielsweise könnte sich der Schüler folgendes Ziel aussuchen: „Ich möchte mehr Verantwortung für mein Lernen übernehmen". Eines seiner Verhaltensziele könnte er folgendermaßen formulieren: „Am Wochenende nutze ich die 5-Schritt-Lesetechnik für das nächste Buchkapitel". Auf der Haltungsebene formuliert der Lernende folgendes Ziel zum Bergsteiger: „Kontinuierlich und mit Ausdauer gelange ich ans Ziel". Und als Unterstützung nutzt er den Wenn-Dann-Plan: „Wenn ich am Wochenende mein Buch lese, dann nutze ich hierfür die 5-Schritt-Lesetechnik."
Zudem ermöglicht das Lerncoaching die Anwendung und Reflexion über unterschiedliche Lernmethoden. Hierbei ist es wichtig, dass die Lernende unterstützt werden, die für sich optimale Lernmethode zu finden. Zu Beginn wird der Lerncoach noch mehrfach als Ideenkellner fungieren und unterschiedliche Lernstrategien anbieten, aus dessen Vielfalt der Lernende die für ihn passende Methode aussuchen kann, wie beispielsweise das Anfertigen einer Mindmap, einer Struktur-Lege-Technik oder auch die 5-Schritt-Lesetechnik (siehe hierzu auch im Methodenrucksack).

5.5.2 Lerncoaching in Weg 2

Lehrperson

Auch im Weg zwei bietet sich die Arbeit mit der Zielpyramide an. Auf der Verhaltensebene – den S.M.A.R.T.-Zielen – könnte man sich das Ziel stecken, alle zwei Wochen eine Sandwich-Stunde für den Unterricht vorzubereiten: „Jeden zweiten Mittwoch unterrichte ich die Geographiestunde der Klasse 7b im Sandwich". Die Formulierung des Haltungsziels kann in diese Pyramide übertragen werden, da sich das Haltungsziel – ich möchte ein guter PROGRESS-Lehrer werden – nicht geändert hat (vgl. hierzu auch die Schülerebene im vorhergehenden Kapitel). Unterstützend werden Wenn-Dann-Pläne formuliert: „Wenn ich den Unterricht für die 7b vorbereite, dann plane ich nach der Input-Phase eine Verarbeitungsphase vor der Anwendungsphase ein." Oder: „Wenn ich die Mittwochsstunde für die 7b plane, dann konzipiere ich diese im Sandwich-Prinzip."

Zudem bietet es sich an, den Ressourcenspeicher neben dem Motto-Ziel und dem Bild mit Gegenständen (Primes und Zielauslösern) zu verstärken. Von dem Einsatz als Zielauslöser spricht man dann, wenn der Klient den Gegenstand bewusst benutzt, weil er merkt, dass das neue Motto-Zielnetz in Gefahr ist und Unterstützung braucht. Von einem Einsatz als Prime spricht man dann, wenn der Gegenstand vom Klienten an einem Ort installiert ist, wo er, ohne dass der Klient weiter darüber nachdenken muss, unterhalb der Bewusstseinsschwelle wahrgenommen wird und das neue Motto-Ziel bahnt (primt). Um Installations-Orte für Primes zu finden, gibt es unterschiedliche Methoden, wie beispielsweise die Tagesablauf-Fragen. Diese Fragetechnik zielt darauf ab, herauszufinden, bei welchen Gelegenheiten das Motto-Ziel in Handlung umgesetzt werden soll und eignet sich daher vor allem für spezifische Themen wie die PROGRESS-Lehrerperson: Wo in deinem Tagesablauf sind Momente, in denen du dein neues Motto-Ziel in Handlung umsetzen willst? Morgens beim Frühstück? In der Schule? In Elterngesprächen? Im Kollegium? Bei der Unterrichtsplanung? Nachmittags am Schreibtisch? Abends bei der Unterrichtsvorbereitung? …

Weiterhin sollten neue und bereits eingeführte Methoden in den Unterricht integriert werden, um den Methodenrucksack der Lernenden weiter auszubauen. In der Nachbereitung des Unterrichts sollte die Reflexion der eingesetzten Methoden stattfinden, entweder in der Eigenreflexion, im Tandem, in Kleingruppen oder mit Unterstützung des Lerncoachs.

Lernende

Die selbstgesteuerten Phasen im Unterricht werden im Sandwich-Prinzip ausgedehnt. Hierbei werden vermehrt Methoden des wechselseitigen Lehrens und Lernens genutzt, so dass mehr Kooperation im Unterricht stattfindet.

Auf dieser Basis könnte die Zielpyramide des Lernenden im zweiten Weg folgendermaßen aussehen: das Verhaltensziel auf der S.M.A.R.T.-Ebene könnte „In den

kooperativen Phasen höre ich meinen Mitschülern aufmerksam zu“ heißen. Das Haltungsziel bleibt identisch und der passende Wenn-Dann-Plan würde „Wenn ich in einer kooperativen Phase mit meinen Mitschülern arbeite, dann höre ich aufmerksam zu und notiere mir wichtige Erkenntnisse“ heißen.
Um das Haltungsziel zu unterstützen macht auch hier die Installation von Primes und Zielauslösern Sinn, um den Ressourcenpool zu erweitern. Für die Installation der Erinnerungshilfen eignet sich die Hänsel- und Gretel-Fragetechnik, die den Alltag des Lernenden abfraget, um einen Prime-Spur durch den gesamten Tagesverlauf zu legen, wie eben Hänsel und Gretel dies mit der Brotspur gemacht haben: Was siehst du als erstes, wenn du morgens aufwachst? Wo gehst du dann hin? Wo kannst du im Badezimmer Primes installieren? Wo beim Frühstück? Wo beim Verlassen des Hauses? Auf dem Fahrrad? Unterwegs? In der Schule? Im Klassenzimmer? Auf dem Heimweg? In meinem Zimmer? Hierbei ist es wichtig, dass in der gemeinsamen Arbeit überlegt wird, wann der Lernende in die gewünschte Haltung versetzt werden möchte. Wichtig sind Entscheidungen zur Aktivierung des Motto-Ziels: ist dies beim Aufstehen erwünscht, beim Verlassen des Hauses oder erst beim Ankommen in der Schule?
In Weg zwei sollte der Methodenrucksack der Lernenden weiter ausgebaut werden und Einzel- oder Kleingruppengespräche in Bezug auf ausgewählte Lernmethoden geführt werden. Hierfür eignen sich die Fragen: Hast du unterschiedliche Methoden beim Lernen angewendet? Welche Methode war für dich hilfreich? Welche Methode unterstützt dich beim Lernen? Hast du eine Lieblingsmethode? Gibt es Methoden, die für dich nicht passend sind?

5.5.3 Lerncoaching in Weg 3

Lehrperson:
Im dritten Weg ist das laute Denken sehr ungewohnt für die Lehrperson. Die lauten Gedanken müssen formuliert werden und die einzelnen Arbeitsschritte vor den Lernenden vorgemacht werden. Die Lernenden können dadurch in die Welt der Experten eintreten, wenn es denn gelingt – ein Meilenstein in ihrer Entwicklung. Unterstützend eignet sich hierfür das Lerncoaching, um Hemmschwellen zu überwinden und sich gemeinsam mit den Lernenden auf den Weg drei zu machen. Zudem bietet es sich an, sich über das laute Denken mit Kollegen auszutauschen, beispielsweise in einem Kleingruppencoaching mit 2-5 Kollegen. Hierbei sind Erfahrungen mit dem lauten Denken und der Austausch sehr gewinnbringend.
Die Zielpyramide kann auch für Weg 3 angepasst werden. Ein mögliches Verhaltensziel könnte „Ich übe das laute Denken mit meinen Kollegen während der Teamsitzung“ oder „Das laute Denken nutze ich zu Hause beim Bügeln und spreche laut vor, was als nächstes folgt, um mich auf das laute Denken in Weg 3 vorzubereiten“ heißen. Zum Haltungsziel können dann die folgenden Wenn-Dann-Pläne entwickelt werden: „Wenn ich das laute Denken in der Klasse einführe, dann gehe ich

kleinschrittig vor und nutze meine Karteikarten als Erinnerungshilfe“ oder „Wenn ich das Laute Denken im Unterricht nutze, dann verbalisiere ich genau die einzelnen Schritte, die ich nacheinander durchführe“.

Der weitere Ausbau des Ressourcenspeichers bietet sich an, zu Bild, Motto-Ziel und den Zielauslösern kann dieser durch das Embodiment erweitert werden. Zentrale Annahme der Ansätze des Embodiments sind die Wechselwirkungen von Körper und Psyche (Leipelt et al., 2012). Meier et al. geben dies in folgendem Satz wieder: „all comprehension involves bodily simulation“ (2012, S. 4). Im Lerncoaching wird das Embodiment, wie auch im ZRM, aus zwei Gründen genutzt. Der eine Grund ist die Verbreiterung der Informationsspur des neuronalen Netzwerks im Gedächtnis. Hierdurch werden die Bahnen verdickt und dadurch die Aktivierung erleichtert. Der andere Grund ist, dass motorischen Prozesse Stimmungen, Einstellungen und Informationsverarbeitungsprozesse beeinflussen können (Rieder Nussbaum & Storch, 2018, S. 118). Gemeinsam mit dem Lerncoach oder in 3er-Gruppen wird im 90°-Winkel das Embodiment in der Makroversion erarbeitet und schriftlich festgehalten. Es bietet sich an, die Endversion per Video festzuhalten, damit es zu jedem Zeitpunkt auch greifbar ist. Aus der finalen Version der Makroversion wird anschließend die Mikroversion entwickelt, damit auch in Situationen, die mehr Zurückhaltung fordern, der Körper miteinbezogen werden kann.

Im Sinne von Collins et al. (1989, S. 480ff) sollte das modellhafte Vormachen (Modelling) immer routinierter werden. Wichtig sind in dieser Phase die Verbalisierung von Problemen und die Sichtbarmachung von kognitiven Prozessen. Zudem findet eine differenzierte Unterstützung (Scaffolding) und das schrittweise Zurücknehmen (Fading) der Lehrperson statt. Diese Phase beschreibt die auf Hilfestellungen (je nach den individuellen Bedürfnissen der Lernenden) wie beispielsweise Lenkung durch Hinweise, Vorschläge, Notizen, … folgende notwendige schrittweise Zurücknahme der Lehrkraft, damit der Raum für Eigeninitiative des Lernenden frei wird.

Lernende

Für den dritten Weg eignet sich das *Coaching*, das auch in der kognitiven Meisterlehre im 6-Phasigen Modell bei Collins et al. (1989, S. 480ff) als Anleiten zu finden ist: Rückmeldungen und Hilfestellungen der Lehrkraft erleichtern den Lernenden den Aufbau von Wissen in Richtung Expertenniveau durch den permanenten Kommunikationsaustausch mit der Lehrkraft. Zudem ist auch die *Reflexion* angesiedelt, ein Nachdenken über den durchgeführten Arbeitsprozess, ein gedankliches Zurückrufen der einzelnen Lösungsschritte ermöglicht einen Vergleich mit dem Vorgehen der Lehrperson. Neben der Eigenreflexion ist auch im Lerncoaching eine *Reflexion über die einzelnen Lösungsschritte* wünschenswert. Die Versprachlichung der einzelnen Phasen sollte im Coaching genutzt werden – hierbei sind die Lernenden aufgerufen, ihr frisch angeeignetes Wissen sowie ihre Lösungsvorschläge zu verbalisieren.

Zudem eignet sich das Führen eines Portfolios oder *Arbeitshefts*. Die schriftliche Fixierung des Gedankengangs beinhaltet auch die Metakognitionen, was zweierlei bewirkt. Die den Lernprozess begleitenden Notizen über das beobachtete Verhalten tragen erheblich zu dem Verständnis des Themas bei, und zum anderen ermöglichen sie einen späteren Rückgriff auf die darin enthaltenen Informationen, die im Lerncoaching aufgegriffen werden können. Nach längeren Arbeitsphasen sollte ein *Arbeitsrückblick* erfolgen – dafür muss die Möglichkeit eingeräumt werden, Notizen im Arbeitsheft zu den gemachten Lernerfahrungen festzuhalten, also alles das, was sie während der Bearbeitung über sich selber, die Strategie und über die Arbeit gelernt haben. Auch *Lernpatenschaften* – in denen die Lernenden sich gemeinsam unterstützen oder als Ansprechpartner fungieren – sowie *Klassenkonferenzen* – in denen über Lernerfahrungen im Plenum diskutiert wird – fördern das Verständnis der PROGRESS-Methode, in denen die Lehrperson als Moderator fungiert (vgl. Beck et al., 1991, S. 742f).
Die Zielpyramide kann auf der Ebene der Lernenden für den dritten Weg angepasst werden. Hierfür kann folgendes Verhaltensziel formuliert werden: „Ich höre aufmerksam dem lauten Denken der Lehrperson zu und versuche anschließend die kognitiven Prozesse auf meinen Themenbereich zu übertragen“. Dazu passt der Wenn-Dann-Plan: „Wenn ich im Unterricht beim lauten Denken aufmerksam zuhöre, dann kann ich die einzelnen Phasen gut auf meinen Themenbereich übertragen.“
Auch bei den Lernenden erweitert das Embodiment den Ressourcenpool, zielführend erfolgt dies entweder in einer Einzelsitzung mit dem Lerncoach oder in kleinen Gruppencoaching-Sitzungen mit der Lehrperson und einer oder zwei weiteren Lernenden. Vorteil der Gruppe ist das direkte Feedback und mehr Personen, die Vorschläge unterbreiten. Hilfreich ist eine Aufstellung im Kreis, so dass jeder von jedem gesehen werden kann. Es hat sich bereits als hilfreich erwiesen, wenn der Coach mit Bewegungen beginnt, damit die Hemmschwelle bei den Lernenden recht zügig überwunden werden kann. Zu jeder Makroversion sollte anschließend eine Mikroversion entwickelt werden, die beispielsweise auch im Unterrichtsalltag zu jeder Zeit durchgeführt werden kann.

5.5.4 Lerncoaching in Weg 4

Lehrperson:
Für den vierten Weg ist der Austausch im Kollegium oder in Arbeitsgruppen sehr hilfreich. Auf dem Weg vom Novizen zum Experten bedarf es an unterschiedlichen Formen von Unterstützung, um auch tatsächlich die PROGRESS-Methode in die Praxis umzusetzen. Anders als gewohnt werden in der PROGRESS-Methode zunächst in einer Vorbereitungsphase unterrichtsorganisatorische Voraussetzungen geschaffen, die der eigentlichen Projektarbeit vorausgehen. Fruchtbar ist bei der ersten Durchführung der selbstgesteuerten Kleingruppenarbeit die Durchführung

im Tandem, da hierbei die gegenseitige Intervision ermöglicht wird und ein fruchtbarer Austausch stattfinden kann. Zudem ist man im Team kreativer und kann sich gegenseitig bei der Planung und Umsetzung unterstützen. Die Reflexion mit Hilfe des Lerncoachs ermöglicht das Sehen von blinden Flecken und schafft neue Lösungswege.
Wenn-Dann-Pläne, die eine Strategie der Selbstregulation für effektives Zielstreben ermöglichen, eigenen sich auch für den vierten Weg. Der Wenn-Dann-Plan besteht aus dem Auslösereiz (dem Wenn-Teil), der zuführenden Handlung (dem Dann-Teil) und der Verbindung („Wenn …, dann …"). Ist der Wenn-Teil hoch aktiviert ist, wird die zielführende Handlung automatisch, ohne Überlegung ausgelöst Wenn-Dann-Pläne (WDP) erleichtern uns das Realisieren eines gewünschten Verhaltens. Bei den WDP ist eine höhere Aktivität im medialen Areal vorhanden, während Zielbedingen eine höhere Aktivität im lateralen Areal aufweisen (vgl. Faude-Koivisto et al., 2011). Wenn-Dann-Pläne eignen sich vor allem, wenn man neue Automatismen aufbauen möchte – als Start-Wenn-Dann-Plan – oder alte Automatismen vermeiden (als Stopp-Wenn-Dann-Plan) möchte. Die Erweiterung in der Zielpyramide bleibt wie in den Wegen 1-3 gleich. Beispielsweise kann das S.M.A.R.T.-Ziel heißen: „Ich agiere während der selbstgesteuerten Kleingruppenarbeit als Beobachter" oder „In der letzten Tagesstunde beenden wir die selbstgesteuerte Kleingruppenarbeit mit einer Gruppenreflexion". Der passende Wenn-Dann-Plan würde „Wenn ich während der selbstgesteuerten Kleingruppenarbeit im Klassenzimmer bin, dann agiere ich als Beobachter und halte mich zurück" oder „Wenn es zur letzten Unterrichtsstunde am Tag läutet, dann beginnen wir mit der Gruppenreflexion".

Lernende
Durch die Schnittstellen in der selbstgesteuerten Kleingruppenarbeit findet ein kontinuierlicher Austausch der Beteiligten statt. In diesen wertvollen Phasen erfahren die Klassenkameraden sowie die Lehrperson, auf welchem Arbeitsstand die jeweiligen Gruppen sind. Genauso ist hier Raum für Probleme, Hilfestellung sowie Unterstützungsmaßnahmen vorhanden. Durch die Reflexion kann auch ein Lerncoaching als zusätzliche Unterstützung angeboten werden, wenn eine Gruppe beispielsweise mit der Bearbeitung des Themas noch mehr Unterstützung notwendig hat.
Für die eigenständige Arbeit in den Gruppen eignet sich die Zielpyramide, die sich jeder Lernende in Bezug auf sein Thema kreieren kann. Wenn wir beim allgemeinen Thema bleiben würde das S.M.A.R.T.-Ziel beispielsweise „Ich arbeite kooperativ mit meiner Gruppe zusammen und kann Vorschläge geben, aber auch Ideen von anderen annehmen". Als Wenn-Dann-Plan könnte das Ziel „Wenn ich eine neue Idee habe, dann tausche ich mich mit meiner Kleingruppe aus." Oder „Wenn ich mit meiner Gruppe zusammenarbeite, dann kann ich auch Ideen von anderen annehmen und meine einen Ideen verwerfen."

Zusätzlich können sich die Schüler auch eine soziale Ressource für den Unterricht suchen, beispielsweise eine stille soziale Ressource, indem ich mich neben einen Mitschüler setze, der konzentriert und aufmerksam arbeitet, damit ich mich nicht ablenken lasse. Die stille soziale Ressource weiß nicht, dass sie meine Ressource ist. Um sich darüber im Klaren zu sein, welche Ressource einem in der selbstgesteuerten Kleingruppenarbeit dienlich sein kann, bietet sich ein individuelles Lerncoaching an.

5.6 Zusammenfassung

In diesem Kapitel stand die PROGRESS-Methode in Kombination mit dem Lerncoaching im Fokus. Zunächst wurden die Begriffe Coaching und Lerncoaching unterschieden und definiert. Anschließend wurde der Lerncoaching-Prozess dargestellt, denn dieser bildet die Basis für jede einzelne Coachingsitzung. Die Kompetenzen des Lerncoachs wurden anschließend in Augenschein genommen, da die Grundhaltung, genauso wie die Techniken der Gesprächsführung das Coaching lebendig machen. Diese sollten kontinuierlich geübt und umgesetzt werden, im Idealfall im Privatleben, denn hier ergeben sich viele Möglichkeiten zum Üben.
Anschließend flossen die Aspekte in die Übertragung des Lerncoachings auf die Schule und den Vorteil von Lerncoaching, das im Idealfall flächendeckend in Schulen etabliert wird. Neben dem thematischen Angebot bietet das Lerncoaching eine Begleitung des Entwicklungsprozesses für die Lehrpersonen, damit sie sich auf ihrem Weg ins Neuland, in eine verbesserte Schulpraxis, nicht allein gelassen fühlen müssen und jederzeit die Möglichkeit bekommen, sich Unterstützung zu holen. Ein gut ausgebildeter Coach erkennt, wenn der „Zeitfresser“ und der alltägliche Stress die Anwendungen des neu Gelernten hemmt und kann motivierend, und helfend einspringen oder aber feststellen, ob eine gewünschte Änderung in den gegebenen Umständen überhaupt durchführbar ist. Ebenso eignet sich das Lerncoaching für die Lernenden, damit diese auf dem Weg zum selbstgesteuerten Lernen bestmögliche Unterstützung angeboten bekommen. Durch das Lerncoaching wird im Prinzip eine kontinuierliche Begleitung und Kontrolle in der probeweisen Umsetzung neuer Ziele im Unterrichtsalltag in den Bereich des „Machbaren“ gerückt. Bisher nur vage Vorstellungen und Verbesserungswünsche werden – wie sich gezeigt hat – bevorzugt mit Motto-Zielen im Rahmen der PROGRESS-Arbeit ins Bewusstsein transferiert und können auf diese Weise in reale Handlungen übersetzt werden.

Lesevorschläge

Der Fokus lag in diesem Kapitel auf der Kombination der PROGRESS-Methode mit dem Lerncoaching. Um sich intensiver mit der Thematik auseinanderzusetzen bietet sich die folgende Literatur an:

Hardeland, H. (2019). Lerncoaching und Lernberatung. Lernende in ihrem Lernprozess wirksam begleiten und unterstützen. Schneider: Hohengehren.
Das Buch setzt sich mit Aspekten von Lerncoaching und Lernberatung auseinander, es basiert auf der Lerncoaching-Ausbildung von Hameyer & Pallasch. Die grundlegenden Kompetenzen des Lerncoachs werden übersichtlich zusammengefasst und die lernbeeinflussenden Faktoren verständlich erläutert. Methoden, die das Lernen unterstützen, vervollständigen das Angebot in diesem Buch.

Storch, M. & Krause F. (2017). Selbstmanagement – ressourcenorientiert. Grundlagen und Trainingsmanual für die Arbeit mit dem Zürcher Ressourcen Modell (ZRM®). Bern: Huber.
Die Nutzung von persönlichen Ressourcen ist die optimale Voraussetzung für Selbstmanagement. Das Zürcher Ressourcen Modell unterstützt auf der Basis von Haltungszielen die Lösungsorientierung und Erweiterung von Handlungspotentialen. Mit einem stimmigen Motto-Ziel kann der Rubikon überquert und anschließend der Ressourcenpool reichlich bestückt werden.

6 | Leistungsbeurteilung selbstgesteuerter Kleingruppenprojektarbeit auf der Basis der PROGRESS-Methode

Kann und soll selbstgesteuerte Projektarbeit oder projektorientiertes Arbeiten im Rahmen der PROGRESS-Methode überhaupt beurteilt werden? Und wenn ja, wie kann dies durchgeführt werden?
Eines ist sicher: Die Projektleistung ist nicht ausschließlich in Ziffernnoten auszudrücken und darf sich auch nicht auf klausurartige Überprüfungen oder fragend-antwortende Prüfungsgespräche reduzieren lassen. In traditionellen Formen der Leistungsmessung wird nicht der Lernprozess dargestellt, sondern das Lernergebnis. Es wird in der Regel individuell erbracht und nicht in der Gruppe. Selbstgesteuerte Kleingruppenprojektarbeit stellt aber selbst einen Prozess dar, der unter besonderen Gesichtspunkten beurteilt werden kann. Diese Möglichkeit der Beurteilung wird im Folgenden diskutiert und Überlegungen für eine mögliche Leistungsbewertung der selbstgesteuerten Kleingruppenprojektarbeit angestellt.

● Bevor Sie mit dem Lesen beginnen...

Überlegen Sie sich zunächst selbst einmal, wie Sie bisher Projektarbeit beurteilt haben und wie zufrieden Sie mit Ihren gefundenen Formen sind. Denken Sie sich dann in den Advance Organizer ein.

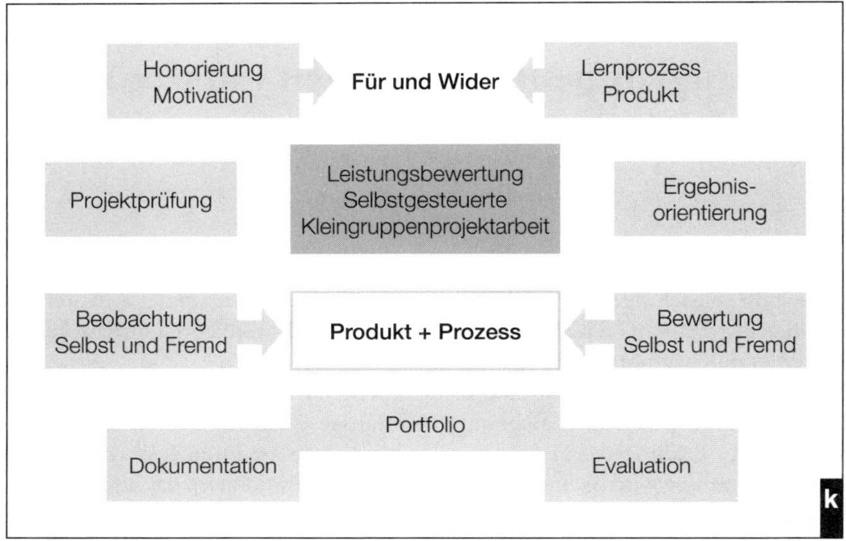

Abb. 15: Advance Organizer zu Kapitel 6

6.1 Für und Wider einer Leistungsbeurteilung im Spiegel der Literatur

Wenn Projektarbeit beurteilt werden soll, dann muss dies im Dialog zwischen Lehrenden und Lernenden geschehen und vor allem den Prozess der Projektarbeit im Blick haben. Dies bedeutet, dass Lernende den Prozess kommunizieren, reflektieren und dokumentieren können und ihn sogar beurteilen müssen.

Dies kann zu einem Dilemma führen, da über der Projektarbeit ständig das Damoklesschwert der Benotung schwebt und die Lernenden kaum frei von Druck arbeiten oder gar diese Arbeit reflektieren und bewerten können. Ganz zu schweigen von der Umsetzung des für Projektarbeit so wichtigen Sprichworts „aus Fehlern lernt man“. Dürfen Fehler gemacht werden, wenn der Prozess nachher benotet wird?

Andererseits strengen sich die Lernenden bei der Projektarbeit an, lernen viel dazu und setzen ihre Kompetenzen bestmöglich ein. Das kann und darf nicht ohne Honorierung bleiben und in der Schule wird nun eben über Leistungsbewertung honoriert. Wenn diese für die Projektarbeit ausbleibt, wird die große Mehrheit der Schülerinnen und Schüler auch nicht darauf ihre Energie verwenden, sondern diese auf „lohnenswertere“ Arbeiten konzentrieren. Damit wird die Motivation von der Projektarbeit abgezogen, was dafürspricht, diese nicht von einer Beurteilung auszuschließen.

Die Projektdidaktiker sehen dieses Dilemma ebenfalls und diskutieren die Frage nach der Beurteilung unterschiedlich.
Emer und Lenzen gehen davon aus, dass Projektbeurteilungen als projektbegleitende, prozesshafte Reflexion stattfinden. Das Produkt stellt ein Ergebnis dar, über dessen Zustandekommen ebenso reflektiert werden muss wie über das Misslingen der Produkterstellung. Der Projektablauf sollte sowohl durch die Lehrperson als auch durch die Lernenden selbst bewertet werden und es bietet sich an, das Ergebnis durch die Öffentlichkeit begutachten zu lassen (Emer & Lenzen 2009, S. 54).
Gudjons sieht es als besonders notwendig an, eine Prozessevaluation durchzuführen, der eine Beratungs- und eine Rückmeldungsphase angeschlossen sind. Hierfür dienen Gespräche, Reflexionsbögen, Lerntagebücher oder Portfolios. Die Kriterien für eine Bewertung müssen vorher festgelegt und mit den Lernenden vereinbart worden sein (Gudjons 2014, S. 104-108).
Frey (2012) sieht keine Selbstverständlichkeit in der Benotung von Projektarbeit. Er benennt Argumente, die eher für die Benotung und solche, die eher gegen eine Benotung sprechen.
Als Argumente dagegen sieht er die Struktur der Projektmethode. Diese ist so aufgebaut, dass sie selbst ein Leistungsnachweis darstellt und deshalb keiner zusätzlichen Zensur bedarf. Es ist auch deshalb keine Note erforderlich, da der Lernende beim Projektverlauf Fortschritte erkennt und diese ihm nicht in Form einer Note widergespiegelt werden müssen. Einzelnoten könnten auch problematisch sein, wenn in einer Projektmethode doch gerade die Gruppenarbeit gefördert werden soll. Außerdem möchte er mit der Projektarbeit auch einen Freiraum schaffen, bei dem es nicht um Noten geht. Aber genau dagegen nennt er ebenfalls ein Argument, nämlich, dass die Lernenden gerade wenn sie sich irgendwo besonders anstrengen, dies auch besonders beurteilt haben wollen, so dass der Lernende seine Leistung auch in einer Note ausgedrückt erhält (siehe auch die Befragung von Günther 1996, S.84). Frey ist sich durchaus bewusst, dass ohne Notengebung die Ernsthaftigkeit einer schulischen Projektarbeit gefährdet sein kann und dass die etwas andere, offenere Beurteilung einer Projektarbeit auch eine Chance im engen Korsett der Leistungsbewertung darstellen könnte. Er kommt zum Schluss, dass jede Lehrperson selbst entscheiden muss, wann, ob und wie eine Projektarbeit beurteilt werden soll. Wichtig ist ihm dabei allerdings, dass auch die Beurteilung in Einklang von Lehrenden und Lernenden stattfindet und dass ebenso wie bei der Projektarbeit ein gemeinsames Vorgehen und eine hohe Transparenz gewährleistet sind. Als Maßstab sieht er die Merkmale eines Projektablaufs, an dem sich dann auch die Kriterien für eine Beurteilung orientieren können. Außerdem hält er es für notwendig, Produkt und Prozess im Zusammenhang zu bewerten und nicht das eine vom anderen zu trennen (Frey 2012, S. 247 ff).
In dieser Argumentation drückt sich die Problematik der Leistungsbeurteilung von Projektarbeit aus. Festzuhalten bleibt allerdings, dass das Beurteilen auf das projekt-

methodische Arbeiten hin bezogen sein muss und dass Lehrende und Lernende – wie auch immer – in diese Art der Beurteilung einbezogen werden.

Folgende grundsätzliche Fragen für die Beurteilung stellen sich Apel und Knoll:

- Soll die Einzel- oder die Gruppenarbeit bewertet werden?
  Die beiden Autoren sprechen sich gegen eine Gruppenbewertung aus, da sie darin eine Ungerechtigkeit sehen, wenn die Gruppenmitglieder unterschiedlich zum Thema beigetragen haben. Deshalb fordern sie neben einer Kollektivnote auf alle Fälle auch eine individuelle Note zu geben. Diese kann über Kriterienkataloge, Beobachtungen, Notizen usw. geschehen.
- Was soll beurteilt werden?
  Die beiden Autoren benennen hier das Arbeits- und Sozialverhalten sowie die erbrachte Leistung als Produkt und als Präsentation.
- Wie soll bewertet werden?
  Schriftlich oder mündlich, zum Beispiel in Form eines Berichts oder mit Hilfe entsprechender Beurteilungsskalen.
- Wer soll beurteilen?
  Hier sehen die Autoren die Schülerinnen und Schüler als wichtige Beurteiler an, die sich selbst und andere einschätzen können und die Lehrpersonen. Ebenso könnten Experten von außen einbezogen werden (Apel & Knoll 2001, 142-137).

Wenn Projektarbeit beurteilt wird, dann müssen andere Formen und Verfahren der Leistungswahrnehmung, -präsentation und -bewertung angewandt werden.
Nach welchen Kriterien kann Leistung in Projekten bewertet werden?
Emer und Lenzen schlagen folgende Kriterien vor:

- Ausgangspunkt:
  Bezug zu gesellschaftlichen Problemen und der Bezug zur Lebenspraxis der Schülerinnen und Schüler
- Bewertungskriterien zum 1. Punkt:
  Welches Reflexionsniveau besitzt die Themenwahl bzw. die -formulierung?
  Welches Problembewusstsein ist erkennbar?
  In welchem Ausmaß werden sachangemessene Problemfragen gestellt?
  Wie entfaltet ist die Interessensartikulation?
  Im Verlauf eines Projektes sind drei Arbeitsformen bedeutsam: das selbstbestimmte Lernen, das ganzheitliche Lernen und das fächerübergreifende Lernen.
- Bewertungskriterien zum 2. Punkt:
  Bewerten des Prozesslernens: Wie gelingt die Planung, Organisation, Entscheidungsfindung usw.?
  Bewertung des Handlungslernens: Wie werden unterschiedliche Kompetenzen, etwa intellektuelle, kreative, organisatorische, erfinderische usw. eingebracht und realisiert?
  Bewertung des Anwendungslernens: Welche Kompetenzen, Inhalte und Methoden werden aus verschiedenen Fächern umgesetzt?

Für den Zielhorizont sind zwei Elemente relevant: Die Produktorientierung zielt auf einen Mitteilungs- und Gebrauchswert des Ergebnisses; mit der Kommunikabilität des Produkts ist eine Vermittlung auch in der Öffentlichkeit gemeint. Folgende Bewertungskriterien können hieraus abgeleitet werden:

- Bewertung der Präsentation (wie wird was mit welchem Grad der inhaltlichen Differenziertheit vorgestellt?)
- Bewertung der Vermittlung (wie präzise, interessant, vollständig usw. ist das Ergebnis?)
- Bewertung der Kommunikation (wie verständlich, plausibel und argumentativ verläuft die Präsentation?) (Emer & Lenzen 2009, S. 54-56)

Aufgrund der Zensierung von Projektleistungen wird die Projektarbeit aufgewertet, da sie dadurch zum Bestandteil von Selektion wird und somit für die Lernenden mit einer großen Außenwirkung versehen ist. Die Notengebung ist in unserem Bildungsbereich ein bedeutsamer Faktor, der die zu benotende Maßnahme aufwertet, aber oftmals den Inhalten und dem Lernprozess nicht gerecht wird. Um dies ein wenig aufzufangen, wird bei der Beurteilung von Projekten häufig auf Kriterienraster zurückgegriffen oder auf andere Verfahren der Bewertungs- bzw. Lernkultur wie zum Beispiel auf das Lerntagebuch oder das Portfolio.
Schulische Projekte werden immer stärker in Anspruch genommen, um Kompetenzen zu entwickeln, wie Teamfähigkeit, Methoden- oder Kommunikationskompetenz. Die im Projekt erbrachten Leistungen werden überwiegend zensiert, mit Ausnahme der Projektwoche am Ende eines Schuljahres, bei der stärker das Erlebnis und der Ausklang im Mittelpunkt stehen und die Zensurengebung für das Schuljahr bereits abgeschlossen ist.

6.2 Projektprüfung und fächerübergreifende Kompetenzprüfung: das Beispiel Baden-Württemberg

Die Bewertung unterrichtlicher Projektarbeit ist heute in vielen Bundesländern in das schulische Beurteilungs- und Prüfungssystem integriert, allerdings in unterschiedlichen Ansätzen. In Baden-Württemberg und in Hessen zunächst als Projektprüfung, später integriert in die Abschlussprüfung, in Thüringen als „Einschätzung der Kompetenzentwicklung" oder in Sachsen in den verbalen Kopfnoten. Im Folgenden wird die Projektprüfung in Baden-Württemberg wie sie seit 2004 bis 2016 praktiziert wurde sowie die nachfolgende Integration in die Prüfungsvorbereitungen etwas näher betrachtet, um festzustellen, ob in diesen Modellen die hier analysierten Überlegungen zur Leistungsbewertung eines Projektes Berücksichtigung finden und inwiefern diese auf die Beurteilung selbstgesteuerter Projektarbeit übertragen werden könnten.

6.2.1 Die Projektprüfung an baden-württembergischen Hauptschulen

Seit dem Schuljahr 2001/2002 ist an baden-württembergischen Hauptschulen die themenorientierte Projektprüfung als verbindlicher Bestandteil der Hauptschulabschlussprüfung eingerichtet. Die Projektarbeit wird als „Teil einer veränderten pädagogischen Arbeit betrachtet", die auf Grund eines „gesellschaftlichen und wirtschaftlichen Wandels" erforderlich ist. Von der Projektprüfung erhoffen sich die Ministerien das „Überprüfbarmachen sogenannter überfachlicher Kompetenzen". Benannt werden Kompetenzen wie hohe Schülerselbstständigkeit, kooperatives Lernen und öffentliche Präsentationen (Schleske 2005, S. 239).
Kerngedanke ist, dass Methoden- und Handlungskompetenzen sowie Gruppenfähigkeit, Einsatzbereitschaft, Durchhaltevermögen, soziales Verhalten und selbstständiges Arbeiten ebenso in die Leistungsmessung mit einbezogen werden sollen wie kognitiv erreichte Lernziele.
Schülerinnen und Schüler der Klasse 9 arbeiten über einen bestimmten Zeitraum an einem von einer Gruppe selbst gewählten Thema. Diese Arbeit an einem Projekt wird von den Lehrkräften beobachtet und nach bestimmten Kriterien bewertet. So sollen alle Phasen eines Projektes in die Prüfung mit einbezogen werden. Bei der Bewertung ist ein zweiter Prüfer anwesend, der sich auch während des laufenden Projekts immer wieder über den aktuellen Stand kundig macht.
Im Rahmen einer Projektprüfung wird von folgender Definition ausgegangen:
Ein Thema wird von den Lernenden über einen vereinbarten Zeitraum so gestaltet, dass der Arbeitsprozess soweit als möglich selbständig geplant, selbständig durchgeführt und selbständig in ein vorweisbares Ergebnis überführt wird. Das Ergebnis der Arbeit ist offen und maßgeblich von der Kreativität und Leistungsfähigkeit der Gruppenmitglieder bestimmt.
Projekte knüpfen an reale, gesellschaftlich relevante Probleme und Bedürfnisse an. Dabei orientieren sie sich an den Interessen und Bedürfnissen der Lernenden und Lehrenden. Zentrale Ziele sind Mitbestimmung bei der Planung und Durchführung des Projektes sowie soziales Lernen.
Zu einem Projekt gehört die Präsentation und Vermittlung nach außen. Der Projektunterricht setzt die Beteiligung mehrerer Fächer voraus.

Bei der Projektprüfung soll folgender Phasenverlauf eingehalten werden:

Vorbereitung: Themenfindung/Gruppenbildung; Material beschaffen/erkunden; Projektbeschreibung erstellen;

Durchführung: Material sammeln, bearbeiten/auswerten; Arbeitsorganisation; Arbeitsdokumentation; Realisierung; Präsentation vorbereiten;

Präsentation: Ergebnis präsentieren; Ergebnis reflektieren; Prozess reflektieren; (vgl. Impulskonzept Hauptschule)

Folgende Vorgaben zur Projektprüfung werden vom Ministerium Baden-Württemberg gemacht:

- Die Projektprüfungen sind Gruppenprüfungen, wobei aber jede Person eine individuelle Leistungsbewertung erhält.
- Überfachliche Kompetenzen müssen neben fachlichen in der Leistungsmessung berücksichtigt werden.
- Alle Phasen des Projekts bilden die Grundlage für die Bewertung.
- Beobachten und Bewerten sind grundsätzlich bei der Leistungsmessung zu trennen. Zuerst werden Beobachtungen durchgeführt, die dann in eine Bewertung überführt werden. Dies soll mit entsprechenden Beobachtungs- und Bewertungsbögen geschehen.
- Lehrende und Lernende stehen während des Projekts in ständiger Kommunikation, bei der Präsentation erfolgt ein Prüfungsgespräch.
- Die Kriterien der Bewertung müssen transparent gemacht werden. Dafür muss ein Bewertungsbogen erstellt werden.
- Neben einer eigenständigen Note muss eine Verbalbeurteilung als Zeugnisnote erstellt werden. (nach den Vorlagen des Ministeriums für Kultus, Jugend und Sport, Baden-Württemberg 2001).

6.2.2 Die fächerübergreifende Kompetenzprüfung an baden-württembergischen Realschulen

Seit dem Schuljahr 2007/2008 gibt es an den Realschulen eine fächerübergreifende Kompetenzprüfung, durch die vor allem themenorientierte Projekte und Fächerverbünde zum Tragen kommen. An dieser Prüfung sind zwei Fächer oder zwei Fächerverbünde oder eine Kombination aus einem Fach und einem Fächerverbund beteiligt.

Die Lernenden suchen sich hierfür zu Beginn des Abschlussschuljahres (10. Schuljahr) eine Kleingruppe und legen gemeinsam ein zu bearbeitendes Thema fest, das von der Stufenkonferenz und der Schulleitung genehmigt werden muss. Lehrkräfte begleiten die Schülerinnen und Schüler bei der Bearbeitung der Themen. Am Ende des Schuljahres findet dann die Kompetenzprüfung statt. Für die Prüfung selbst stehen jedem Lernenden 15 Minuten zur Verfügung. Er bringt eine Dokumentation mit, zu der Fragen gestellt werden können. Geprüft werden fachliche, soziale, personale und methodische Kompetenzen. Die Prüfung wird benotet und muss bestanden werden.

Zur Vorbereitung auf diese Prüfung finden in der Realschule verschiedene verpflichtende themenorientierte Projekte statt (Soziales Engagement; Wirtschaft, Verwalten und Recht; Berufsorientierung und technisches Arbeiten).

Die themenorientierten Projekte gehören zum Regelangebot aller Realschulen in Baden-Württemberg und bilden neben Fächern und Fächerverbünden eine eigene

Unterrichtskategorie. Sie werden als fächerübergreifende Projekte über die sechs Jahre der Realschule angeboten. Folgende Vorgehensweise wird dabei zu Grunde gelegt:

Initiative: Thema finden und Anforderungen klären sowie Ziele beschreiben.

Planung: Vorgehensweise klären; Kriterien für die Bewertung erarbeiten; Arbeitsgruppen bilden; Ideen zum gewählten Thema sammeln und skizzieren; Projektzeitplan erstellen;

Durchführung: Projektmappe anlegen und führen; Von der Ideenskizze zur Fertigungsskizze; Material auswählen; Abfolge der Arbeitsschritte festlegen; Zeitplan für die Herstellung erstellen; Gegenstand herstellen;

Präsentation: Ergebnisse präsentieren;

Bewertung: Fachliche, methodische, soziale und personale Leistungen bewerten; vom Beurteilungsbogen zum Testat.

Evaluation: Projektthema und einzelne Arbeitsschritte reflektieren.
Der Bewertung liegen Kriterien zu Grunde, die die vier Kompetenzbereiche umfassen und die sowohl produkt- als auch prozessorientiert angelegt sein sollen.

Fachkompetenz: fachliche Inhalte werden bewertet;

Methodenkompetenz: Führung der Projektmappe; Präsentation der Ergebnisse

Sozialkompetenz: Verhalten in der Klasse und in der Arbeitsgruppe

Personale Kompetenz: Selbstständigkeit, Verantwortungsfähigkeit; Umgang mit Materialien; Einhaltung von Terminen.
Die Leistungen werden mit einer verbalen Beurteilung zu diesen vier Kompetenzbereichen und einer Gesamtnote bewertet (Ministerium für Kultus, Jugend und Sport 2004).

6.2.3 Leistungsbewertung bei der Projektprüfung und der fächerübergreifenden Kompetenzprüfung

Werden diese beiden in Baden-Württemberg praktizierten Leistungsbeurteilungen den Ansprüchen an einen Projektunterricht auf der Grundlage selbstgesteuerten Lernens gerecht? Dies würde bedeuten, dass die Leistungsbeurteilung sich an den Kriterien einer Projektarbeit orientiert, die Merkmale selbstgesteuerten Lernens berücksichtigt und durch Kommunikation zwischen Lehrenden und Lernenden untereinander entsteht.
Schleske hat in seiner empirischen Untersuchung 20 Schulen aus zwei Oberschulamtsbezirken in Baden-Württemberg berücksichtigt und dabei 652 Schülerinnen und Schüler sowie 53 Lehrkräfte schriftlich und mündlich hierzu befragt.
Zur Bewertung der Schülerleistung im Projektunterricht kommt er zu folgenden Ergebnissen:

- Die Praxis der Notengebung ähnelt der, die bei den herkömmlichen mündlichen Prüfungen praktiziert und von Vertretern der pädagogischen Diagnostik kritisiert werden: Die Beobachtungen werden meist auf Bögen festgehalten, die auf ein Kategorien- oder Zeichensystem verzichten.
- Es soll in der Projektprüfung sowohl fachliches Wissen als auch überfachliche Kompetenzen bewertet werden. Diese Kompetenzen werden meist nicht definiert und operationalisiert: Die Beurteilungen sind deswegen meist sehr subjektiv und inferent. Lehrpersonen sind zu einer anderen Bewertung kaum in der Lage, da keine eindeutigen Begriffsdefinitionen vorhanden sind.
- Die Lernenden werden kaum auf die Projektprüfung vorbereitet, wodurch etwas zensiert wird, was weder trainiert, eingeübt oder bereits mehrfach durchgeführt wurde (Schleske 2005, S. 244).

In der Beurteilung der Lehrkräfte spielt vor allem die Ergebnisorientierung und die Qualität der Präsentation eine Rolle. Die Bereiche Kooperation und Motivation spielen für die Einschätzung, ob ein Projekt gelungen oder misslungen ist, eine eher untergeordnete Rolle. Die Motivation wird eher als Voraussetzung angesehen. Die einzelnen Phasen des Projekts bleiben bei der Benotung der Projektarbeit eher unberücksichtigt. Sie werden zwar bei der Projektarbeit benannt und wohl auch von den Lernenden durchlaufen, aber bei der Beurteilung nicht oder nur gering berücksichtigt. Als ein zentraler Aspekt wird aber die Fähigkeit gesehen, ob eine Gruppe eigenständig Material beschaffen und sich informieren kann. Dabei spielt eher die Quantität, denn die Qualität eine Rolle. Lernstrategien, wie die Fähigkeit Material auszuwerten werden als zentrale Voraussetzung gesehen und als wichtiger Aspekt für das Gelingen eines Projektes bewertet. Die Lehrkräfte sehen sich bei der Bewertung häufig überfordert und diese als problematisch an (Schleske 2005, S. 145-146).

Auch bei einer von mir durchgeführten Befragung von 150 Hauptschullehrerinnen und -lehrern in einem Staatlichen Schulamt in Baden-Württemberg stellte sich heraus, dass die Lehrenden mit der Projektprüfung zwar zufrieden sind, aber auch große Probleme bei der Umsetzung und vor allem bei der Beurteilung und Bewertung sehen. Die Lehrenden sehen die Prozessmerkmale in der Projektprüfung überwiegend erfüllt. Lernende können sich aktiv einbringen, selbstgesteuert lernen, ein Thema wählen und dabei wird auch zusammengearbeitet.

Weit über die Hälfte der Lehrerinnen und Lehrer bestätigen, dass über 50% der Lernenden die Phasen der Projektarbeit wie Themenfindung, Durchführung und Präsentation eigenständig angehen.

Allerdings sehen die Lehrerinnen und Lehrer auch Probleme bei der Durchführung der Projektprüfung. Folgende Punkte werden genannt:

- Die Lernenden sind überfordert
- Die Erwartungshaltung an die Projektprüfung ist sehr hoch

- Der Wissenszuwachs ist gering
- Wenig Eigeninitiative der Lernenden ist vorhanden
- Fehlende Grundlagen bei Schülerinnen und Schülern
- Mangelnde Methodenkompetenz
- Keine Vorbereitung in unteren Klassen
- Schwerpunkt liegt auf dem Produkt, nicht auf dem Prozess
- Selbstüberschätzung
- Fehlende Recherchekompetenz
- Organisatorische Rahmenbedingungen fehlen
- Schwierigkeiten im verbalen Bereich bei der Präsentation
- Es muss viel vorgegeben werden
- Keine Methode für schlechte Schülerinnen und Schüler
- Teamfähigkeit ist zu gering (Traub 2004c).

Diese Befragungen machen deutlich, dass zwar Kompetenzen (fachliche, soziale, methodische und personale) abgeprüft werden, deren Entwicklung aber eher außen vor bleibt. Dadurch kommt es bei vielen der Projektprüfungen zu einer Zweiteilung:
Entweder die Lernenden werden bei der Durchführung der Projekte allein gelassen und arbeiten sich dann mehr schlecht als recht durch die einzelnen Phasen bzw. übertragen diese Aufgaben Freunden, Eltern und Bekannten. Die zweite häufig praktizierte Vorgehensweise ist ein kleinschrittiges Vorgehen, bei denen die Lehrkräfte den Lernenden sehr genau vorgeben, was wann zu tun ist und wie etwas gemacht werden kann. Dieses Vorgehen hemmt die Entwicklung selbstgesteuerten Lernens und entspricht nicht den Kriterien einer Projektarbeit, ermöglicht aber relativ gute Beurteilungen in den Formen der Projektprüfungen und damit ein nach außen hin zu präsentierendes erfolgreiches Abschneiden.
Die Ergebnisse der Analyse und der Befragung zeigen, dass die Projektprüfung und die fächerübergreifende Kompetenzprüfung zwar den Überlegungen des Ministeriums entsprechen können, aber eher wenig eine Übereinstimmung der Anforderungen einer Leistungsbeurteilung im Rahmen einer Projektarbeit erreichen. Es sieht eher so aus, als würden bisherige, herkömmliche Beurteilungsverfahren etwas aufgewertet und dann auf die Projektarbeit übertragen. Dies wird der Projektarbeit mit ihren Ansprüchen und Besonderheiten kaum gerecht. Die Projektarbeit fordert eine eigene Art der Leistungsbewertung und -beurteilung, die nicht über herkömmliche Verfahren erreicht wird, da durch diese nicht die gewünschten Ergebnisse zustande kommen.

6.2.4. Novellierung der Projektprüfung in Baden-Württemberg

Mit dem Bildungsplan von 2016 wurde die Projektprüfung aktuellen Gegebenheiten angepasst und diese damit novelliert. Für die Klassen 9 der Haupt- und Werkrealschule, der Realschule und der Gemeinschaftsschule wird Projektarbeit zu einem verpflichtenden Bestandteil. Für Lernende, die in Klasse 9 oder 10 die Hauptschulabschlussprüfung anstreben, gilt die Projektarbeit als Teil der Prüfungsleistung. Bereits ab Klasse 9 müssen Schülerinnen und Schüler, welche den Hauptschulabschluss am Ende von Klasse 10 anstreben, an der Projektarbeit teilnehmen. Für alle anderen wird die Projektarbeit als Teil der Jahresleistung des Faches Wirtschaft/Berufs- und Studienorientierung (WBS) in Klasse 9 gewertet (Ministerium für Kultus, Jugend und Sport, 2019, S. 55).

In die Projektarbeit werden die Standards des Fachs WBS auf die Standards der Klasse 7-9 des zweiten Faches bezogen. Der Sinn dieser Vorschriften ist, dass die Schülerinnen und Schüler durch das Projekt lernen, Entscheidungen zu treffen und ihre Ziele bzw. Erwartungen mit den Anforderungen der Arbeitswelt in Einklang zu bringen. Verantwortung zu übernehmen und eigeninitiativ zu handeln bzw. gegebenenfalls ungünstige Verhältnisse ändern zu helfen, sind Fähigkeiten, die der späteren Berufswahl entgegenkommen (vgl. Ministerium für Kultus, Jugend und Sport, 2019, S. 4).

Die Projektarbeit umfasst die Auswahl des Themas, die Bildung einer Projektgruppe und die Beschreibung des Projektes, welches letztere in der Schule im Umfang von 16 Unterrichtsstunden umgesetzt und mit einem anschließenden Prüfungsgespräch und einer Präsentation abgeschlossen wird.

Für die beiden Teile der Prüfung sind jeweils etwa 15 Minuten vorgesehen. Durch die Projektarbeit präsentieren die Lernenden ihre inhalts- und prozessbezogenen Kompetenzen im Fach WBS mit Bezug zu einem weiteren Fach (Ministerium für Kultus, Jugend und Sport, 2019).

6.3 Vorschläge für eine angemessene Projektbeurteilung

Eine Leistungsbeurteilung und -bewertung für eine Projektarbeit durchzuführen birgt zunächst einmal Chancen und Grenzen. Als wichtige Chance sei hier nochmals auf die Bedeutsamkeit einer solchen Arbeit verwiesen, wenn sie bewertet und damit honoriert wird. Wenn dies umgekehrt nicht erfolgen würde, dann wäre jegliche Motivation der Lernenden für diese Art des Lernens von vornherein aufgehoben. Deshalb stellt sich weniger die Frage, ob oder ob nicht bewertet werden soll, sondern viel eher wie kann und womit wird bewertet und beurteilt?

Die Leistungsbewertung und -beurteilung bei der Projektprüfung und der fächerübergreifenden Kompetenzprüfung erfolgt über drei Maßnahmen:

- Die Beobachtung, die vor allem als Grundlage für die Beurteilung des Projektverlaufs dient und mit oder ohne Kriterienraster von einer Lehrperson durchgeführt wird.
- Das Präsentationsverfahren, in der die Projektgruppe ihr Produkt präsentiert bzw. eine Dokumentationsmappe, die vorgelegt und jeweils von zwei Lehrkräften beurteilt wird.
- Ein sich der Präsentation anschließendes Prüfungsgespräch, bei dem die Kompetenzen nochmals abgefragt werden.

Bei diesem bisher praktizierten Vorgehen überwiegt nach wie vor die Frage „wie kann ich das bewerten, was die Lernenden hier machen?“ und weniger „wie kann ich den Lernprozess der Lernenden unterstützen, damit der Einzelne weiterkommt und sich weiter entwickeln kann?“

Durch die Novellierung soll diesen Überlegungen Rechnung getragen und der Prozess der Projektarbeit stärker in den Fokus gestellt werden.

Um diese Maßnahmen für die Beurteilung einer Projektarbeit nutzbar zu machen, müssen sie weiter spezifiziert und an allgemeine Evaluationsvorgaben angepasst werden. Außerdem müssen sie durch entsprechende Instrumente ergänzt und erweitert werden.

6.3.1 Die Beobachtung

Wenn Projekte bewertet und beurteilt werden sollen, dann muss die Projektarbeit zunächst beobachtet werden. Bei der Durchführung unsystematischer Beobachtungen müssen die Lehrkräfte sehr genau wissen, was sie beobachten wollen, um dies entsprechend auf einem Beobachtungsbogen einzutragen. Ansonsten wird ein Kriterienraster benötigt, welches die dem Projektunterricht zugrunde gelegten Kriterien benennt und aufzeigt, wie diese zu beobachten sind. Es müssen also Indikatoren festgelegt werden (Konrad 2008, S.93 ff.).

Im Hinblick auf die Projektarbeit ist die Unterscheidung zwischen Selbstbeobachtung und Fremdbeobachtung zentral. Sollen Schülerinnen und Schüler ihr Lernen als selbst regulierbare Handlungen auffassen, müssen sie ihre Aktivitäten und die Bedingungen des Lernens zunächst einmal wahrnehmen und systematisch beobachten. Damit können sie ihr Augenmerk in zunehmendem Umfang und mit ansteigender Differenzierungsmöglichkeit auf die verschiedenen Facetten, die Regulation und die Wirkungen eigener Lernhandlungen lenken. Aber auch die Fremdeinschätzung, z. B. seitens der Lehrperson oder durch Forscher kann wichtig sein. Sie gibt oftmals Anlass für Gespräche über unterschiedliche oder gleiche Einschätzungen. Auf diese Weise kann auch die Fähigkeit und Bereitschaft, adäquate Einschätzungen vorzunehmen, gefördert werden (Konrad 2008).

Von Huber, Konrad und Wahl (2008) wird als ein vielseitig einsetzbares, unkompliziertes und praktikables Verfahren die „Minutenweise freie Beobachtung“ (MFB)

vorgestellt. Es handelt sich um eine unstrukturierte Beobachtung, bei der in einem Protokollbogen pro Minute (oder variiert alle fünf Minuten) eine Eintragung zu machen ist. Der Protokoll- bzw. Beobachtungsbogen enthält eine Situations- und eine Reaktionsspalte. Damit kann man vor allem Interaktionsgeschehen recht gut erfassen. Bei der Durchsicht des Beobachtungsprotokolls werden Zusammenhänge deutlich; es lassen sich auch Quantifizierungen vornehmen. Bei der MFB ist nicht von vornherein festgelegt, was genau in die Situations- und in die Reaktionsspalte einzutragen ist. Festgelegt ist nur der Zeitrhythmus (vgl. auch Traub 2020a).
Strukturierte Varianten betonen die Notwendigkeit der Festlegung relevanter Indikatoren für die Beobachtung und Beschreibung, was wiederum die Präzisierung der theoretischen Grundlagen unerlässlich macht (Konrad 2008, S. 93 ff.). Folgt der Beobachter beispielsweise einer handlungstheoretischen Perspektive, so kann er sein Augenmerk darauflegen,

- ob und wie der Lernende diesen Prozess aktiv gestaltend selbst lenkt,
- ob und welche Handlungshilfen er in Anspruch nimmt,
- ob er aktiv auf den Lehrenden zugeht und ihn fragt (personale Umgebung),
- ob er die ihm zur Verfügung stehenden Materialien z. B. Arbeitsblätter, das Internet, Fachbücher analysiert,
- ob und wie er seine eigenen Lernvoraussetzungen reflektiert.

Diese oder ähnliche Dimensionen können Lehrkräfte als Basis für die Beobachtung und die anschließende Bewertung der Projektarbeit einsetzen.

Die Vorzüge der Beobachtung lassen sich wie folgt zusammenfassen:

- Systematische Beobachtungen können über das offene Lernverhalten Auskunft geben.
- Dieses Verfahren bietet außerdem den Vorteil, dass es bei jüngeren Kindern eingesetzt werden kann, deren verbale Fähigkeiten für die anderen Methoden noch zu wenig weit entwickelt sind.

Einschränkend sind die folgenden Punkte anzumerken:

- In vielen Fällen kann die Beobachtung wenig über die Qualität der Projektarbeit aussagen; vielmehr wird durch das Auszählen bestimmter Aktivitäten allein der quantitative Aspekt erfasst.
- Schließlich lässt die Methode nur spärliche Rückschlüsse darüber zu, welche kognitiven oder gar metakognitiven Aktivitäten diesen Lernschritten zu Grunde liegen (Konrad 2008, S. 93 ff.).

Die Beobachtung kann durch geeignete Kriterien unterstützt werden:

Beobachtungssysteme: Festlegen des Vorkommens bestimmter Verhaltenskategorien.

Schätzskalen: Das einzuschätzende inhaltliche Kriterium wird vorgegeben und der Ausprägungsgrad auf einer Skala angegeben. Dabei können die Antwortskalen

verbal oder numerisch sein oder eine Mischung aus beidem darstellen (1=kritisch; 5= unkritisch). Hier wird vor allem festgehalten, in welchem Grad eine bestimmte Verhaltensweise auftritt, während beim Beurteilungsraster festgehalten wird, ob eine Verhaltensweise vorkommt oder nicht.
Das Beurteilungsraster eignet sich zur lernbegleitenden Diagnose, aber auch zur Beurteilung von Lernergebnissen. Sie besteht in der Regel aus einer Liste von Kriterien und der Einschätzung ihrer Qualität anhand von Beispielen. Die Kriterien können Einzelleistungen, Lernprozessmerkmale, Lernziele, Kompetenzen und Ähnliches sein.

Beurteilungsraster unterscheiden sich anhand von drei Kennzeichen:

Qualitätsausprägungsstufen:
Die Einschätzung des Lernstands kann auf einer unterschiedlichen Anzahl von Qualitätsstufen vorgenommen werden, z. B. wird auf einer zweistufigen Skala nur zwischen vorhanden/nicht vorhanden unterschieden. Auf einer vielstufigen Skala können dagegen Qualitätsunterschiede ausgedrückt werden (stark ausgeprägt – ausgeprägt – wenig ausgeprägt – nicht ausgeprägt).

Anwendungsbereich allgemein – spezifisch:
Ein Beurteilungsraster kann allgemein oder aufgabenspezifisch angewendet werden. Ein Allgemeines kann auf verschiedene Bereiche wie mündliche Vorträge, Präsentationen oder die gesamte Projektarbeit passen. Es kann aber auch bei einzelnen Aufgaben genutzt werden und ist damit wesentlich spezifischer.

Beurteilungsperspektive analytisch-holistisch:
Ein analytisches Beurteilungsraster ist dimensional angelegt, es enthält zwei oder mehr zu beurteilende Kriterien. Diese lassen sich einzeln auswerten oder auch zu einem Gesamturteil summieren.
Das holistische Beurteilungsraster enthält nur eine Dimension oder Skala, die ein ganzheitliches Urteil liefert. In der Regel sind dies komplexe Leistungen wie z. B. mathematische Kompetenz oder ein ganzes Portfolio. Im Kern handelt es sich um eine Schätzskala.
Holistische Raster sind ökonomischer in der Anwendung, analytische dagegen liefern detailliertere Informationen für Gespräche mit den Lernenden.
Beurteilungsraster weisen insgesamt eine relativ breite Erfassung des Lernstands, einen Tätigkeitsbezug zu beurteilender Beispiele und einige Lernprinzipien auf.

Zu den Lernprinzipien:

Detailliertheit des Lernstands:
Durch mehrere Kriterien wird gewährleistet, dass ein Lerngegenstand seiner Komplexität gemäß in relativ hoher Auflösung beurteilt werden kann.

Can-Do-Statements:
Die Verhaltensbeispiele zur Kennzeichnung der Niveaustufen haben bestimmte Formulierungen: Der Schüler kann...

Wird ein entsprechendes Verhalten beobachtet, entscheidet man sich mit der Verhaltensbeschreibung schon für eine bestimmte Niveaustufe. Deshalb kann diese Form auch bei Selbstbeobachtung und Beobachtung durch Mitlernende verwendet werden.

Beteiligung:
Lernende sollten an der Entwicklung von Beurteilungsraster beteiligt werden und auch die Möglichkeit haben, diese auszufüllen, um sich selbst und andere zu beurteilen.

Aktivität:
Lernende sollen sich aktiv mit dem Lerngegenstand auseinandersetzen und deshalb können die Raster zur Evaluation und als Selbstführungsinstrument eingesetzt werden.

Selbstständigkeit:
Beurteilungsraster können hier eine Entwicklung aufzeigen und den Lernprozess wiedergeben.

Reflexion:
Ein Beurteilungsraster lädt zur Reflexion ein, weil die eigene Position wiedergegeben wird und darüber diskutiert werden kann.

Beurteilungsraster helfen Verhaltensmuster zu beurteilen. Sie dienen als Grundlage für Bewertungen, Reflexionen und Entwicklungen, aber es muss auch berücksichtigt werden, dass eine hohe Fehlerquelle vorhanden sein kann, da es doch ein subjektives Vorgehen ist, Kriterien festzulegen, Niveaukonkretisierungen zu beschreiben usw., an denen sich dann die Beurteilungen ausrichten (Lissmann 2007, S. 93-102).

Um bei der Beurteilung von Projektarbeit den Gütekriterien zumindest ansatzweise zu entsprechen, sollten folgende Punkte berücksichtigt werden:

- die Objektivität kann am ehesten erreicht werden, wenn gleichzeitig mehrere Beobachter eingesetzt werden.
- Die Beobachter müssen sich darüber im Klaren sein, was sie beobachten möchten und sollen. Dies setzt die Kenntnis über Kompetenzen und deren Situationsabhängigkeit voraus.
- Zuverlässig können die Beobachtungen nur dann werden, wenn dasselbe Verhalten jeweils gleich kategorisiert wird. Um diesem Punkt einigermaßen gerecht zu werden, müssen die Beobachter sich genau über die zu beobachtenden Kriterien abstimmen und diese immer wieder miteinander vergleichen (Schleske 2005, S. 64 ff).

  Lehrpersonen profitieren davon, wenn sie schon mit Beginn des Projektes die Art und Weise der Beurteilung und die Kriterien festlegen und wenn sie auf bewährte Beurteilungsinstrumente zurückgreifen können (Gautschi 2001).

6.3.2 Prozess- und Produktbeurteilung

Meist wird die Projektbeurteilung über eine Produktbeurteilung vorgenommen und findet am Ende der Projektarbeit statt. Allerdings ist dies manchmal schwer durchzuführen, da bis zum Produktende eine ganze Menge an Dingen stattgefunden hat und häufig auch nicht mehr genau zu differenzieren ist, was denn nun Eltern, Experten oder aber einzelne Schülerinnen und Schüler zu diesem Produkt beigetragen haben. Um hier eine kontinuierliche Bewertungsstrategie anwenden zu können, ist es notwendig, neben einer Produktbeurteilung vor allem eine Prozessbeurteilung durchzuführen.
Zentral ist, dass bereits im Vorfeld gemeinsam mit den Lernenden überlegt wird, wie die Beurteilung anschließend vorgenommen werden soll. Dadurch kann sowohl eine Fremdbeurteilung (durch die Lehrperson) und eine Selbstbeurteilung (durch den Schüler / die Schülerin) vorgenommen werden.
Neben der schriftlichen Beurteilung über ein Kriterienraster kann auch eine mündliche Prüfung in Form eines Colloquiums durchgeführt werden, da hier die Denkprozesse noch stärker berücksichtigt werden können als bei schriftlichen Antworten, ebenso die Entwicklungsleistungen und die Merkmale der Projektarbeit.
Zentraler Aspekt ist die Transparenz: Lehrenden und Lernenden muss klar sein, wie beurteilt und bewertet wird.
Auch wenn diese Instrumente Aufschluss über wichtige subjektive Einschätzungen und Reflexionen der Lernenden geben können, bleibt doch offen, welche Prozesse dabei stattfinden und was als Erfolg der Projektarbeit zu bewerten ist.
Hierfür haben sich zwei Perspektiven als hilfreich erwiesen:
Lernereignisse werden betrachtet als individuelle Prozesse im Lerngeschehen, die kognitiv bei den Lernenden stattfinden und als soziale partizipatorische Prozesse. Beide Betrachtungsweisen stehen in einem komplementären Zusammenhang (Konrad 2008, S. 129).

Das Portfolio

Das Portfolio stellt ein Instrument zur Bewertung dieser Prozesse dar. „Portfolio bezeichnet die zielgerichtete Sammlung von Arbeiten eines/einer Lernenden, welche die Anstrengung, den Lernfortschritt und die Leistungsresultate auf einem oder mehreren Gebieten zeigen. Die Sammlung schließt die Beteiligung des /der Lernenden bei der Auswahl der Inhalte, Kriterien für die Auswahl und zur Beurteilung sowie selbstreflexive Gedanken ein.“ (Konrad 2008, S.129)

Diese Portfolios dienen zumindest zwei Funktionen:

- Dokumentation eines Lernprozesses und/oder Darstellung eines Ergebnisses für sich selbst und/oder für andere. Lernen gelingt nur dann, wenn man versucht, das Gelernte auch anzuwenden und darüber zu reflektieren. Portfolios sollen hierzu Gelegenheit geben.

- Evaluation eines Lernprozesses und/oder eines Ergebnisses für sich selbst und/ oder für andere. Portfolios sind zwar aufwändiger zu bewerten, aber in vielen Fällen sehr aussagekräftig und gerade zur Beurteilung und Bewertung von Projektarbeit gut geeignet.

Um diese Funktionen zu erfüllen, muss das Portfolio einen klaren äußeren Rahmen aufweisen, der sich an bestimmten Regeln orientiert. Seine Inhalte dagegen können alle erdenklichen Formen haben, je nachdem, was die jeweilige Aufgabenstellung erfordert. Auch Handschriftliches und Werkstücke wie Videos, Bilder, Plakate usw. können dabei sein (Konrad 2008, S. 129 ff.).

Winter benennt einige Vorteile der Leistungsbewertung durch Portfolios:

- Leistungen werden direkt dokumentiert. Das eröffnet andere Formen der Leistungsbewertung. Portfolios können von verschiedenen Personen eingesehen werden und dadurch aus unterschiedlichen Blickwinkeln eine Bewertung vorgenommen werden.
- Es lassen sich auch Leistungsentwicklungen erkennen. Die Schülerinnen und Schüler sehen ihre Lernfortschritte durch die Dokumentation.
- Anhand der Portfolios können die Lernenden aktiv Rechenschaft über ihre Leistungen in einem bestimmten Zeitraum ablegen. Dadurch findet die Leistungsbeurteilung in einem demokratischen und sozialen Rahmen statt. Schülerinnen und Schüler können ihre Lernwege sowie ihre Lernergebnisse vor anderen darlegen und begründen. Sie können aber auch anhand der Portfolios beraten werden und sich damit weiterentwickeln.
- Portfolios stellen eine Basis für neue Prüfungsformen dar.
- Portfolios machen es möglich, andere Formen der Leistungsbewertung zuzulassen, was besonders bei Projektarbeit sinnvoll erscheint (Winter 2007, S. 109 ff.).

Das Portfolio schafft Raum für eine offene Feedback-Kultur, weil es konkrete Leistungen sichtbar macht, weil es während des Prozesses immer wieder reflektiert und besprochen wird und weil eine Benotung der Einzelprodukte entfällt.

Um auch für Portfolios Noten geben zu können, sind die Bewertungskriterien sehr wichtig. Dies kann über drei Schritte erfolgen:

- Das Vorgehen für den Bewertungsprozess festlegen, mit dem man sich einer Schülerarbeit nähert, um zu Beurteilungsgesichtspunkten zu gelangen. Bei der Projektarbeit wären hier das Portfolio und ein dazugehörendes Gespräch hilfreich.
- Das Entwickeln und Anwenden von Kriterien, die zu einer Bewertung führen. Kriterien einer Projektarbeit sollten vorher gemeinsam festgelegt und die Ziele im Verlauf nicht aus den Augen verloren werden. Dabei können im Portfolio Kommentare und Rückmeldungen geschrieben werden, die eine persönliche Resonanz darstellen. Außerdem sollten Qualitätsmerkmale ausfindig gemacht werden, also

was ist schon sehr gut gelungen, wo liegen die Stärken, um dann auch Verbesserungsvorschläge zu machen, aber eben keine reine Fehleranalyse durchzuführen. Bewertungsraster und Kompetenzbeschreibungen können hierfür ein transparentes Instrument sein, das aber dann in einem folgenden Gespräch offen diskutiert und auf das eingegangen werden muss.
- Die Form, in der die Bewertung ausgedrückt und mitgeteilt wird. Für die derzeitige Schullandschaft und die Benotungshierarchie bieten sich tatsächlich die Kombination von verbaler Beurteilung und Ziffernote an.

Lerntagebuch

Ein Lerntagebuch weist eine klare Struktur auf:
Teil A soll unmittelbar vor Beginn der täglichen Projektarbeit ausgefüllt werden und sollte enthalten:
- Allgemeine aktuelle Daten: Datum, Uhrzeit und die Beschreibung der Lernabsicht für diesen Tag.
- Überlegungen zur eigenen emotionalen Befindlichkeit.
- Überlegungen zum Vorgehen und zum Einsatz der notwendigen Strategien und Methoden.
- Überlegungen zur eigenen Motivation und zur Selbstwirksamkeit gegenüber der anstehenden Aufgabe.

Teil B soll nach der täglichen Projektarbeit ausgefüllt werden:
Hierbei soll beschrieben werden, was genau während der Projektarbeit getan wurde und welche Schwierigkeiten auftauchten. Dabei sollte auch auf die Zufriedenheit mit dem Lernergebnis eingegangen und die Ergebnisse dargestellt bzw. festgehalten werden. Ebenso sollte auf die emotionale Befindlichkeit eingegangen werden und eine Reflexion der getätigten Arbeit vorgenommen werden.
Zum Abschluss wird erläutert, wie weiter vorgegangen werden soll (Konrad 2008, S. 132-134).
Portfolios und Lerntagebücher können gut zur Bewertung von Lernprozessen und Lernergebnissen eingesetzt werden.
Bei der Beurteilung von Portfolios und Lerntagebüchern gilt die Aufmerksamkeit vor allem den Beurteilungskriterien (was?), Beurteilungshilfen (wie gut?) und der Selbstbeurteilung (wer?). Die Beurteilungskriterien dienen dazu, Lernfortschritte und Lerndefizite aufzudecken. Diese werden auf das fertige Portfolio angewendet, müssen den Lernenden aber im Vorfeld der Projektarbeit bekannt gemacht und mit ihnen besprochen werden. Die Beurteilungskriterien richten sich an die Anforderungen, Ziele und Kompetenzentwicklung der jeweiligen Projektarbeit (Lissmann 2007, S. 103-104).

6.4 Leistungsbeurteilung im Projektmodell „selbstgesteuerte Kleingruppenprojekte auf der Basis der PROGRESS-Methode“

Projektarbeit kann nicht von jetzt auf nachher beurteilt und bewertet werden, sondern muss zunächst in kleinen Schritten geübt und trainiert werden. Lehrende und Lernende müssen sich langsam auf den Weg in den Prozess der Projektarbeit begeben, dabei muss der Lehrende zunächst stärker unterstützen und sich dann immer weiter zurücknehmen, so dass den Lernenden mehr Verantwortung für ihr Lernen übertragen werden kann und sie sich langsam auf den Weg zum selbstgesteuerten Lernen begeben können. Dieser Weg muss begleitet und bereitet werden und das ist an sich schon ein Prozess, der möglichst früh beginnen und zunächst einmal von einer herkömmlichen Leistungsbeurteilung ausgespart bleiben soll.

6.4.1 Die Bedeutung der PROGRESS-Methode für die Durchführung einer Leistungsbeurteilung

Die PROGRESS-Methode besteht aus zwei Stufen, die jeweils über zwei Wege erreicht werden können. Für jede Stufe gibt es einen Weg, der sehr angeleitet und strukturiert ist und wo der Lernende seine Fähigkeiten und Strategien entwickeln und ständig überprüfen und reflektieren kann. Der zweite Weg stellt die selbstgesteuerte Umsetzung des zuvor gemeinsam gegangenen Weges dar. Diese Aufteilung erleichtert auch das Vorgehen bei der Leistungsbeurteilung.
Die Wege 1 und 3 sind angeleitete und begleitende Wege, in denen die Beobachtung, die Reflexion und die Unterstützung im Vordergrund stehen und die deshalb nicht in eine Leistungsbeurteilung direkt einbezogen werden können. Hier ist zunächst einmal Platz für die Diagnose, um herauszufinden, welche Bedürfnisse die Lernenden haben und welche Strategien zum Erreichen bestimmter Kompetenzen benötigt werden. Um eine Bewertung und Beurteilung vornehmen zu können, muss der Lernprozess immer wieder diagnostiziert und reflektiert werden, hier müssen Instrumente gefunden werden, durch die dies gut gelingen kann wie Fragebogen, Interviews, lautes Denken usw. Nur auf Grundlage einer genauen Diagnose kann mit den Lernenden ein Entwicklungsplan festgelegt und gemeinsam an einer Weiterentwicklung im Hinblick auf selbstgesteuertes Lernen durch Projektarbeit gearbeitet werden. Diese Diagnoseinstrumente sollten vor Beginn der Projektarbeit eingesetzt werden; sie wurden im vorausgehenden Kapitel eingehend vorgestellt.
Die sich daraus ergebenden Strategien und Kompetenzen können dann vermittelt und eingeübt und über die Erfahrungen in Gesprächen zwischen Lehrenden und Lernenden reflektiert werden.
Am Ende dieser Wege bietet es sich auch an, bevor die Wege 2 bzw. 4 eingeschlagen werden, gemeinsam Kriterien und Entwicklungsaufgaben festzulegen, die bei der stärker selbstgesteuerten Durchführung von Projektarbeit oder projektorientiertem

Arbeiten in den Blickpunkt der Beurteilung bzw. in den Mittelpunkt des Lernprozesses gerückt werden.
Bei den Wegen 2 und 4 geht es jeweils auf unterschiedlichen Projektstufen darum, die erworbenen Kenntnisse, Fähigkeiten und Kompetenzen weiter auszubauen und über den eigenen Lernprozess allein und mit anderen zu reflektieren. Da bis dahin sehr kleinschrittig vorgegangen und die Lernenden auf ihrem jeweiligen Weg begleitet wurden, kann hier auch eine Leistung und eine Entwicklung im Zusammenhang des selbstgesteuerten Lernens erwartet werden und mit entsprechenden Maßnahmen und Instrumenten eine Bewertung bzw. eine Beurteilung vorgenommen werden. Die als Zielerreichung festgelegten Kriterien bzw. die zu erreichenden Kompetenzen variieren in ihrer Ausprägung zwischen Weg 2 und 4 deutlich, da Weg 4 die Endstufe der selbstgesteuerten Projektarbeit darstellt, während es bei Weg 2 vor allem um projektorientiertes Lernen geht, welches in eine Orientierung bietende Lernumgebung eingebettet ist. Deshalb muss bei diesen beiden Wegen jeweils ein anderer Maßstab von Niveaubeschreibungen auf der jeweiligen Kompetenzstufe angelegt werden.

6.4.2 Beurteilungsinstrumente

Die Bewertung und Beurteilung muss aus verschiedenen Maßnahmen bestehen, am sinnvollsten erscheint – wenn die Kriterien der Projektarbeit und die Überlegungen zum selbstgesteuerten Lernen – ernst genommen und man diesen auch bei der Bewertung Rechnung tragen möchte- eine Kombination aus Beobachtung und einer sich daraus anschließenden Prozess- und Produktbeurteilung. Die Beobachtung sollte dabei aus Selbst- und Fremdbeobachtungen (Lernende und Lehrende) bestehen. Für die Prozessbeurteilung ist es sinnvoll, ein Portfolio zu führen, bestehend aus Arbeitsprozessbericht, Reflexions- und Leistungsportfolio. Zur Beurteilung des Produkts bietet sich eine Präsentation bzw. eine Dokumentation an. In einem sich anschließenden Reflexionsgespräch tauschen sich Lehrende und Lernende über den Lernprozess aus und reflektieren diesen auf Grundlage der genannten Instrumente.

Beobachtung

Hierzu können Leitfragen zur Bildung von Kategorienraster und als Grundlage für die Portfolioarbeit und das anschließende Prüfungsgespräch genutzt werden.
Diese Fragen werden hier im Hinblick auf die Tätigkeit des Einzelnen formuliert, sie ließen sich aber genauso auf die Kleingruppentätigkeit hin anwenden. Es handelt sich hierbei um eine Auswahl, die nicht Vollständigkeit beansprucht und bewusst offen formuliert ist, so dass auch Ideen und Anregungen von Lehrenden und vor allem von Lernenden aufgegriffen werden können:

- Hat sich der/die Lernende bereits im Vorfeld über mögliche Projektthemen Gedanken gemacht und diese artikuliert?
- Welche Interessen am Thema artikuliert der/die Lernende?

- Kann der/die Lernende das Thema im Alltag verorten?
- Welche Ideen, Überlegungen bringt der/die Lernende zur Themenbearbeitung ein?
- Welchen Beitrag leistet der/die Lernende zur Erstellung des Arbeitsplans?
- Welche Lernstrategien setzt der/die Lernende ein?
- Sind die eingesetzten Lernstrategien passend gewählt?
- Kann der/die Lernende seine/ihre Vorgehensweise artikulieren und reflektieren?
- Nimmt der/die Lernende neue Gedanken und Ideen von Gruppenmitgliedern auf?
- Kann der/die Lernende Feedback geben?
- Kann der/die Lernende seine Stärken und Schwächen benennen?
- Kann der/die Lernende Inhalte in einen größeren Zusammenhang einordnen?
- Arbeitet der/die Lernende mit anderen zusammen?
- Wie gut artikuliert der/die Lernende sein Wissen?
- Nimmt der/die Lernende Aspekte von anderen auf und setzt diese sinnvoll mit eigenem Wissen zusammen?
- Wie stark ist der/die Lernende an der Problemlösung beteiligt?
- Kann der/die Lernende Konflikte austragen bzw. diese schlichten?
- Kann der/die Lernende sein Verhalten und das der Gruppe reflektieren?
- Überprüft der/die Lernende das eigene Weiterkommen?
- Ist der /die Lernende an der Koordination der Lernabläufe beteiligt?
- Kann der/die Lernende die vorgegebene Zeit und die Planungsschritte einhalten?
- Wie stark ist der/die Lernende an der Beschaffung von Informationen beteiligt?
- Verwendet der/die Lernende geeignete Quellen (Medien, Institutionen, Personen)?
- Werden die Informationen sinnvoll ausgewertet und verarbeitet?
- Auf welche Weise sichert der/die Lernende die gewonnenen Informationen?
- Welchen Beitrag leistet der/die Lernende zum Gruppenergebnis und zum Ergebnis des gesamten Projekts?
- Wie bringt sich der/die Lernende bei der Aufbereitung der Ergebnisse ein?
- Wie präsentiert der/die Lernende seine/ihre Ergebnisse in der Gruppe?
- Welche Methoden/Lernstrategien werden dabei eingesetzt?
- Wie wird jeweils der Expertenstatus/Novizenstatus in der Gruppe genutzt?
- Wie verarbeitet der/die Lernende die Inhalte und was weiß er darüber?
- Wie präsentiert der/die Lernende sein/ihr Teilergebnis im Rahmen des gesamten Projekts?

Wenn Projektarbeit zur „denkenden Erfahrung“ (Dewey) werden soll, dann sind Prozessreflexionen während der Projektarbeit notwendig. Solche Zwischenbilanzen sind auch Leistungsbilanzen, wenn Lehrende und Lernende über ihre Beobachtungen miteinander sprechen und diese gemeinsam reflektieren. Hier sollen auch Schwierigkeiten benannt und Hilfe eingefordert werden, auch das ist eine Leistung, die nicht zu unterschätzen ist.

Folgende Fragen können für die Schnittstellen und Pufferzonen zu Grunde gelegt werden:

- Kann der/die Lernende Auskunft über den Stand der Arbeit geben?
- Kann der/die Lernende die Ziele des kleinen und großen Projektplans benennen und erläutern?
- Kann der/die Lernende das eigene Vorgehen und das der Gruppe vorstellen und gegebenenfalls argumentativ vertreten?
- Wie reflektiert der/die Lernende die eigene Arbeit in der Gruppe?
- Wo und wie fordert der/die Lernende Hilfe und Unterstützung an?
- Stimmt der/die Lernende das eigene Vorgehen mit der Zielerreichung ab?
- Wie drückt der/die Lernende seine emotionale Befindlichkeit aus?

Diese Fragen können nun gezielt in ein Kriterienraster umgewandelt werden oder aber als Grundlage für offene Beobachtungen bzw. als Leitfragen eingesetzt werden. Außerdem können auch nur einzelne Aspekte ausgewählt und die dafür geeigneten Leitfragen genutzt werden. Berücksichtigt werden muss hier allerdings, dass die Leitfragen oder das Kriterienraster von Lehrenden und Lernenden gemeinsam getragen werden muss und transparent zu sein hat, damit es nicht ausschließlich als Kontrollinstanz, sondern in erste Linie als Unterstützung angesehen werden kann. Bei der Nutzung der Leitfragen zur anschließenden Beurteilung einer Projektleistung ist wichtig, dass beachtet wird, dass Weg 2 das Erreichen von Stufe 1 anzeigt, während Weg 4 das Erreichen von Stufe 2 bzw. des Gipfels bedeutet. Dementsprechend sind hier Abstufungen in der Beurteilung notwendig. Diese können am besten über Schätzskalen erreicht werden, wobei dann eben auf Stufe 1 ein Durchschnittswert von 3 durchaus als Zielform akzeptabel ist, während bei Stufe 2 eigentlich ein höherer Wert erwartet werden kann (zum Beispiel bei einer 5-fach abgestuften Ratingskala).

Grundsätzlich bietet es sich auch an, in dieser Phase der Beobachtung den CLES nochmals einzusetzen und diesen auf den verschiedenen Wegen miteinander zu vergleichen. Dadurch kann gut der Lernprozess des Einzelnen bezogen auf selbstgesteuertes Lernen dokumentiert und die Ergebnisse als Grundlage des Gesprächs eingesetzt werden.

Es kann auch ein Gespräch im Rahmen der Pufferzonen bzw. der Schnittstellen mit Lernenden durchgeführt werden, in denen die einzelnen Merkmale selbstgesteuerten Lernens mit Beispielen den Lernenden vorgelegt werden und diese dann mit dem Lehrenden über ihre eigene Einschätzung und die Fremdeinschätzung des Lehrenden gesprochen werden können.

Führen eines Portfolios

Das Portfolio ermöglicht eine inhaltliche Kommunikation über Lernen und Leistung zwischen Lehrenden und Lernenden in Gang zu bringen. Dabei liegt die

Betonung eindeutig auf dem Lernprozess und das Portfolio soll zu einer Weiterentwicklung der fachlichen, sozialen und persönlichen Kompetenzen beitragen.
„Bei der schulischen Arbeit mit Portfolios werden Produkte gesammelt, geordnet, reflektiert, ausgewählt, gestaltet, besprochen, präsentiert und bewertet. Im Portfolio werden gewissermaßen Spuren von Lernvorgängen und Lernergebnissen dokumentiert. Dies geschieht im Rahmen eines längerfristig angelegten Lernvorgangs." (Winter 2007, S. 115).
Dafür müssen zunächst Bedingungen und Ziele festgelegt und entsprechende Kriterien erarbeitet werden. Dies kann mit Hilfe der Leitfragen geschehen.
Die Schülerinnen und Schüler sollten von Anfang an (bereits ab Weg 1) dazu angehalten werden, ihre eigenen Beobachtungen, Erfahrungen und Eindrücke, die sie mit dem Erwerb neuer Methoden und Lernstrategien sammeln konnten, zu notieren. Diese schriftlichen Reflexionen werden dann ausgeweitet, indem zum Beispiel die aufgeführten Leitfragen den Lernenden an die Hand gegeben werden (eine Auswahl), um sie für sich selbst zu reflektieren. Daraus können dann ein Arbeitsprozessbericht bzw. ein Prozessportfolio entstehen. Dieses Portfolio unterstützt das anschließende Gespräch und hilft dem Lernenden, seinen Lernprozess und die erreichte Leistung besser zu dokumentieren und zu diskutieren. Ziel ist eine schrittweise Differenzierung der Dokumentation von der Prozessbeschreibung zur Prozessreflexion (Bastian, et.al. 1997, S. 242).
Dabei richtet sich das Portfolio hauptsächlich auf die Ergebnisse des Lernens. Diese werden durch die Reflexion der einzelnen Phasen des Projektes sichtbar gemacht und der Lernprozess wird dadurch erläutert und auch die Ergebnisse bewertet. Da die Projektarbeit längerfristig angelegt ist, ermöglicht das Portfolio Reflexionen, die helfen, Bildungsprozesse und ihre Ergebnisse zu überschauen. Diese können immer am Ende eines Prozessportfolios in Form eines Reflexionsportfolios gesammelt werden.
Die Lernenden suchen sich aus den verschiedenen Leitfragen diejenigen aus, zu denen sie gerne etwas schreiben oder etwas dokumentieren und reflektieren wollen. Als Vorgabe könnte festgehalten werden, zu allen Phasen mindestens drei Leitfragen intensiver zu bearbeiten.
Über diese Dokumentationen wird bereits während der Projektarbeit ein Dialog mit anderen Lernenden und mit der Lehrperson geführt. Später dient das Portfolio als Grundlage des Reflexionsgesprächs bzw. des Prüfungsgesprächs.
Nach diesem Gespräch und am Ende eines Schuljahres erhalten die Lernenden eine verbale Beurteilung, die sie in einem so genannten Leistungsportfolio sammeln und aufbewahren und bei entsprechenden Anlässen vorlegen können (siehe Leistungsdokumentation).

Produktpräsentation

Der Projektprozess der gesamten Gruppe führt in der Regel zu einem Produkt, das sachliche Komponenten enthält, aber auch die Erfahrungen des Prozesses aufnimmt und einen entsprechenden Wert für die Lernenden darstellt.
Für Präsentationen können hier wiederum Kriterien vereinbart werden:

- Herstellung von sachlichen Bezügen, wie welche Informationen zum Produkt gegeben werden können, die Bezüge zu Quellen und Materialien, die Reflexion über die inhaltliche Auseinandersetzung usw.
- Die Vermittlungsqualität, d. h. die Verständlichkeit der Präsentation, die eingesetzten Mittel, die Darstellung usw.

Im Rahmen der selbstgesteuerten Kleingruppenprojektarbeit findet eine erste Präsentation im Gruppenpuzzle statt, hier hat jeder Einzelne die Möglichkeit, sein Wissen und sein Expertentum weiterzugeben und als Novize von anderen und deren Wissen zu profitieren. Um auch diese Phase beobachten und beurteilen zu können, dienen die bereits aufgeführten Leitfragen.
Eine Präsentation in der Öffentlichkeit kann in der Phase „Abschluss“ durchgeführt werden und hierfür gelten die hier genannten Kriterien, sowie die eingesetzten Präsentationsstrategien, die wiederum vom eigenen Kompetenzniveau abhängen und entsprechend einzustufen und zu beurteilen sind.

Reflexions-, (Prüfungs-)gespräch

Diese veränderte Form der Leistungsbeurteilung setzt die Verständigung zwischen Lehrenden und Lernenden voraus. Erst wenn beiden Seiten bewusst wird, dass Leistung nicht im Sinne von „Falsch“ und „Richtig“ definiert wird, sondern als Prozess beurteilt wird, bei dem auch Fehler gemacht werden dürfen, dann kann eine offene Reflexion erreicht werden.
Dies kann besonders gut in einem sich an die Projektarbeit anschließenden Gespräch geschehen. Diesem Gespräch sollte die Lektüre und Kommentierung des Portfolios durchaus vorausgehen und Grundlage sollten die jeweiligen Selbsteinschätzungen der Lernenden sein.
Der Lernende hat hier die Möglichkeit, differenziert darzustellen, wie er vorgegangen ist, welche Fortschritte er gemacht, aber auch mit welchen Schwierigkeiten er zu kämpfen hatte und dies allein ist bereits eine gute Leistung und sollte nicht mit anderen Lernenden verglichen werden. Hier kann dann auch nochmals gezielt nachgefragt und so ein offenes Gespräch über die Projektarbeit geführt werden.

6.4.3 Leistungsdokumentation

Lernen ist ein hochgradig individueller Prozess. Dies trifft auch auf die selbstgesteuerte Kleingruppenprojektarbeit zu, denn hier wird zwar gemeinsam und miteinander gearbeitet, trotzdem aber muss jeder für sich seinen eigenen Lernprozess

durchführen und dies ist dann auch seine individuelle Leistung. Deshalb scheint es sehr angemessen, keine Gruppenbewertung, sondern eine Einzelbewertung durchzuführen und dabei den Maßstab der individuellen Bezugsnorm anzulegen. Dies ist hier besonders zentral, da es ja um die Entwicklung des jeweils individuellen Lernprozesses geht und dabei das eigene Vorwärtskommen und die eigene Weiterentwicklung im Vordergrund stehen muss.
Am Ende könnten die Lernenden für sich selbst eine Entwicklungsaufgabe festlegen und dabei dokumentieren, wo sie bei der nächsten Projektarbeit intensiver arbeiten möchten und was für sie die Maßstäbe für eine Beobachtung und eine Bewertung sein könnten.

Die Leistung der Projektarbeit kann dann in drei Bereichen dokumentiert werden:
- Die Lehrperson verfasst im Anschluss an das Einzelgespräch und nach Einsicht des Portfolios und der Produktpräsentation unter Heranziehen der eigenen Beobachtungen und der Schülerbeobachtung einen Abschlussbericht. Dieser wird mit dem Schüler/der Schülerin besprochen und schließt mit einer Zielvereinbarung für die Weiterarbeit bei der nächsten Projektarbeit ab. Dieser Bericht legt der Schüler/die Schülerin im Reflexionsportfolio ab.
- Die Leistung einer jeden Projektarbeit wird durch eine Verbalbeurteilung festgehalten und dokumentiert. Diese findet Eingang in das Leistungsportfolio und am Ende des Schuljahres als Gesamtbeurteilung im Zeugnis.
- Für jede Projektarbeit wird auch eine Ziffernnote gegeben, die in die Zeugnisnoten mit einfließen muss.

Mit diesen drei Formen der Leistungsdokumentation kann am ehesten sowohl den Ansprüchen der Bewertung von Projektarbeit Rechnung getragen werden als auch den Vorgaben zur Leistungsbewertung in unserem Schulsystem entsprochen werden.

6.5 Zusammenfassung

Projektarbeit soll und muss bewertet und beurteilt werden können. Diesem Anspruch kann aber nicht mit herkömmlicher Notengebung in Form von Ziffernnoten entsprochen werden. Es werden alternative Formen der Leistungsbewertung benötigt. In diesem Kapitel wurden zunächst allgemein die Notwendigkeit der Beurteilung und die Möglichkeiten hierzu diskutiert, bevor sie dann auf die selbstgesteuerte Kleingruppenprojektarbeit übertragen wurden. Außerdem wurde dargestellt, dass nicht ausschließlich das Produkt, sondern vor allem der Lernprozess dokumentiert und dann bewertet werden muss. Hierzu wurden einige Vorschläge diskutiert. Insgesamt wurde vor allem betont, dass eine Kombination aus Beobachtung und einer sich daran anschließenden Prozess- und Produktbeurteilung sich als sinnvoll herausgestellt hat. Die Beobachtung sollte dabei aus Selbst- und

Fremdbeobachtungen bestehen. Bei der Prozessbeurteilung können Instrumente wie das Portfolio genutzt werden. Der Produktbeurteilung kann eine Präsentation oder Dokumentation, die mündlich und schriftlich durchgeführt werden kann, zu Grunde gelegt werden. Notwendig ist jeweils ein Gespräch, das den Vorgang abschließt und weniger als Prüfungsgespräch, denn als Reflexionsgespräch durchgeführt wird. An dessen Ende können die Lernenden für sich selbst eine Entwicklungsaufgabe formulieren und dabei festhalten, woran sie bei der nächsten Projektarbeit intensiver arbeiten möchten und welche Maßstäbe für eine Beobachtung und eine Bewertung in Frage kommen.

● Arbeitsvorschläge

Notieren Sie sich Vor- und Nachteile einer Leistungsbewertung der Projektarbeit. Beginnen Sie selbst ein Lerntagebuch oder ein Portfolio Ihres eigenen Unterrichts zu führen und reflektieren Sie dieses. Dies hilft bei der Einführung eines solchen Instruments für Schülerinnen und Schüler.

Lesevorschläge

Um sich über andere Formen der Leistungsbewertung im Allgemeinen und über das Portfolio im Besonderen Gedanken machen und sich für einzelne Bewertungsvorhaben zu entscheiden, bieten die folgenden beiden Büchern Hilfestellung an:

Winter, Felix (2012). Leistungsbewertung. Eine neue Lernkultur braucht einen anderen Umgang mit den Schülerleistungen. Hohengehren: Schneider

Sacher, W. / Winter, F. (2011). Diagnose und Beurteilung von Schülerleistungen – Grundlagen und Reformansätze. Hohengehren: Schneider.

7 | Umsetzung der PROGRESS-Methode im Unterricht: Praxisbeispiele

Im folgenden Kapitel kommen ein ehemaliger Student, zwei Lehrerinnen und ein Lehrer zu Wort, die die PROGRESS-Methode mit ihren Schülerinnen und Schülern durchlaufen haben und ihr Praxisbeispiel vorstellen sowie über ihre Erfahrungen reflektieren. Dabei wurde auf eine Vereinheitlichung der Beispiele verzichtet, um dem individuellen Anspruch der PROGRESS-Methode auch in dieser Darstellung gerecht zu werden. Die Kolleginnen und Kollegen legen ihre Schwerpunkte unterschiedlich und das soll auch in der jeweiligen Beschreibung deutlich werden.
Johann-Frédéric Freund beschreibt das Durchlaufen des Weges 2 mit der PROGRESS-Methode mit einer 9. Realschulklasse im Fach Religion, Maresa Coly schildert ihre Erfahrungen mit einer 7. Gymnasialklasse im Fach Mathematik und in GWG (Fächerverbund Geographie-Wirtschaftskunde-Gemeinschaftskunde), Anne Zapf erläutert die Durchführung der PROGRESS-Methode mit einer 6. Realschulklasse im Rahmen des Themenorientierten Projekts Soziales Engagement (ToP SE) und Steffen Wagner hat sich mit einer 7. Klasse Hauptschule auf die Projektarbeit im Fach Deutsch mit Hilfe der PROGRESS-Methode vorbereitet.
Dieses Kapitel lässt sich nicht in einem Advance Organizer zusammenführen, da es sich um Umsetzungsbeispiele handelt, die getrennt voneinander betrachtet werden müssen. Deshalb wird auf eine solche Darstellung verzichtet.

7.1 „Kirche erkunden" – Ein Beispiel für eine projektorientierte Kleingruppenarbeit (Johann Frédéric Freund)

Im Rahmen meiner Wissenschaftlichen Hausarbeit während meines Lehramtsstudiums habe ich mich mit der PROGRESS-Methode auseinandergesetzt und diese in einer 9. Klasse eines Gymnasiums im Fach Katholische Religion umgesetzt.
Das Thema der Unterrichtseinheit ist „Kirchen erkunden" und stellt die Entwicklung der Kirche, die verschiedenen Baustile und ihre Bedeutungen in den Fokus der Betrachtung.

Die Klasse konnte zu Beginn folgende Erfahrungen aufweisen:

- Das Arbeiten in Kleingruppen und mit Partnern war ihnen aus der Freiarbeit bekannt.
- Projektähnliches Arbeiten war ihnen aus einem Klosterprojekt bereits bekannt.
- Grundlegende Arbeitstechniken, wie das Bearbeiten eines Textes, waren vorhanden.
- Außerdem folgt diese Schule dem „Marchtaler Plan", welcher Freie Stillarbeit, Freie Studien, vernetzten Unterricht und Morgenkreis verstärkt fordert.

Aufgrund dieser Vorkenntnisse wurde dann Weg 2 der ersten Stufe gewählt. Die Schülerinnen und Schüler sollten dadurch das Arbeiten im Sandwichprinzip, neue Lernstrategien und Methoden des kooperativen Lernens kennenlernen und anwenden.

Die Unterrichtseinheit ist in 9 Unterrichtsstunden mit jeweils 45 Minuten eingeteilt, wobei die Unterrichtseinheit als großes Sandwich geplant wurde:

Einstieg
Fragebogen, um Vorkenntnisse zu erfassen
Selbsterkundung der Kirche
Bekanntgabe des Themas
Brainstorming
Kennenlernen des Advance Organizer

Subjektive Auseinandersetzungsphase
Arbeit in Kleingruppen zum Thema „Kirchenraum"
Erstellen eines Plakats aufgrund ihrer Vorkenntnisse
Schnittstelle A: Austausch von Informationen/Lückentext
Reflexion über Gruppenarbeit

Kollektive Lernphase
Lernen am Modell: Kennenlernen von „WELL"
Schnittstelle B: Einführung der Methode „Gruppenpuzzle"
Festlegung der zu bearbeitenden Themenbereiche
Einteilung der Gruppen
Arbeitsauftrag wird erteilt

Subjektive Auseinandersetzungsphase
Durchführung eines Gruppenpuzzles
Durch Materialien angeleitete Gruppenarbeit
Schnittstelle C: Arbeitsauftrag für Vermittlungsphase

Austausch der Ergebnisse
Reflexion des Gruppenpuzzles: Blitzlicht
Schnittstelle C: Transfer: Bilderrätsel
Vorbereitung auf Lerntempo-Duett
Durchführung eines Lerntempo-Duetts

Ausstieg
Besuch einer Jugendkirche – Bezug schaffen
Reflexion und emotionale Verarbeitung

k

Abb. 16: Weg 2 – Unterrichtseinheit „Kirche erkunden".

Ziel dieser Unterrichtseinheit ist es, dass Schülerinnen und Schüler die verschiedenen geschichtlich bedingten Kirchenbauformen und -stile kennenlernen, sie wiedererkennen können und ihren epochalen Bezug begreifen. Im baden-württembergischen Bildungsplan wird ein Projekt vorgeschlagen, das in Zusammenarbeit mit den Fächern Kunst und Geschichte einen Lehrgang durch die verschiedenen Kirchen vorschlägt. Für mich war es jedoch wichtig, die Grundlagen des Kirchenbaus durch kooperative Lernformen zu vermitteln, und die praktische Erkundung einer Kirche als Rahmen dieser Arbeit zu setzen. So finden der Einstieg und auch der Ausstieg in Kirchen statt.

Den Lernenden wurde zunächst die PROGRESS – Methode und auch das Sandwich-Prinzip vorgestellt. Für mich ist die Transparenz des Lernprozesses maßgeblich für das richtige Funktionieren von autonomem Lernen und somit auch von Projektarbeit.

Die nächste Stunde dient als Einstieg in das projektartige Arbeiten. Die Lernenden erleben in der schulnahen Kirche das Thema hautnah und begegnen dem ihnen schon vertrauten Ort mit neuen Fragen. Hauptpunkt dieser Stunde wird der von mir erstellte Advance Organizer, der den Lernenden eine Struktur zu den Themenschwerpunkten der nächsten Wochen vorgibt. Die Schülerinnen und Schüler sind im Besitz von Grundkenntnissen über den Kirchenraum und seine Elemente. Die wichtigsten Regeln der Zusammenarbeit wie das Zuhören und Ausreden lassen sind ihnen bekannt.

Im nächsten Schritt zeichnen die Lernenden in 3er-Gruppen den Grundriss einer Kirche auf ein Plakat und stellen die wichtigsten Merkmale dar. Ziel ist es, bevor wir auf die unterschiedlichen Kirchenstile eingehen, das Gemeinsame, das alles Verbindende hervorzuheben. Die Lernenden nutzen dafür ihre Erinnerungen aus der letzten Stunde und ihre Vorkenntnisse. Diese frühe Gruppenarbeitsphase bietet mir die Möglichkeit, die Ausprägung der Fähigkeiten zu beobachten, die für die Gruppenarbeit notwendig sind. In der darauffolgenden Reflexion fällt auf, dass die Lernenden ihren Lernprozess kritisch begutachten, Probleme schnell erkennen und sogar Lösungsansätze vorschlagen. Den Lernenden fällt dabei auf, dass man auch Gruppenarbeit üben muss, um es zu perfektionieren.

Thema der nächsten Stunde ist die frühe Art des Kirchenbaus: die Hauskirche. Im Unterrichtsgespräch sollen die Schülerinnen und Schüler verstehen, dass jegliche Art von Kirchenbau einen bestimmten Grund hat und einen bestimmten Sinn verfolgt. Da sich die Lernenden in den nächsten Stunden in einem Gruppenpuzzle die restlichen Stile selbst aneignen, sollen sie die Aneignungsphasen eines Gruppenpuzzles in dieser Stunde am Modell kennenlernen. Dabei ist es wichtig, dass sie nicht nur zuhören und mitschreiben, sondern mit mir, sozusagen in einer Großgruppenarbeit, diese Phase durchlaufen. Ich stelle hierfür meinen Arbeitsauftrag vor und erkläre durch lautes Denken meine einzelnen Arbeitsschritte. Zuerst wird zusammen mit den Schülern ein Plan entwickelt, wie vorgegangen werden soll.

Dann wird das zu Verfügung stehende Material gesichtet und ein grober Überblick über das Thema geschaffen. Anschließend wird überlegt, welches Arbeitsmaterial benutzt werden soll, um das Thema zu vermitteln (im Hinblick auf das wechselseitige Lehren und Lernen in der nächsten Stunde). Die Gruppe einigt sich auf ein Arbeitsblatt. Daraufhin wird in die Tiefe gegangen. Die Arbeit am Text ist den Lernenden gut bekannt, sodass wir die Texte gemeinsam lesen, darüber diskutieren und die wichtigsten Punkte herausarbeiten. Daraufhin erstellen wir gemeinsam einen Text, der zur Präsentation der Inhalte verwendet wird. Dann folgt die Erstellung eines Arbeitsmaterials. Zur Veranschaulichung habe ich im Vorfeld ein Arbeitsblatt erstellt, das ich ihnen austeile. Die Lernenden bekommen somit einen Einblick in die Arbeitsphasen eines Gruppenpuzzles und fühlen sich für den bevorstehenden Arbeitsauftrag gewappnet Insgesamt haben die Lernenden ausreichende Kenntnisse über Lernstrategien, um in der nächsten Stunde ein Gruppenpuzzle durchzuführen.

Nun muss die Methode des Gruppenpuzzles vorgestellt, das Arbeitsmaterial verteilt und die Gruppen für die Expertenphase eingeteilt werden. Diese Phase ist auf zwei Stunden ausgelegt, der dann die Vermittlungsphase in den Puzzlegruppen folgt. Um die Lernenden nicht zu überfordern, habe ich mich entschieden, die Arbeitsaufträge zu sequenzieren, das heißt, dass sie erst einmal nur die Arbeitsanweisung für die anstehende Erarbeitungsphase bekommen. Für die Einteilung der Gruppen verwende ich farbige Blätter, was die Zugehörigkeit zu einer gewissen Expertengruppe regelt und die schriftliche Arbeitsanweisung darstellt. Die Expertenphase ist auf fünf Gruppen mit je vier Teilnehmern ausgelegt. Die Schülerinnen und Schüler sollen zu Experten in den folgenden Bereichen werden: Basilika, Romanik, Gotik, Barock und Moderne. Für jedes Themengebiet habe ich Material zusammengestellt, aber die Lernenden haben auch die Möglichkeit, in der Bibliothek und im Internet nach Informationsmaterial zu suchen. Um alle Gruppen zu betreuen und ihren Arbeitsprozess zu beobachten, wechsle ich häufig zwischen dem Klassenzimmer und der Bibliothek. Da der Klassenlehrer in dieser Stunde auch anwesend ist, können wir uns aufteilen, so dass meistens eine Lehrperson in jedem Raum anwesend ist. Auffällig ist, dass die Gruppen, welche mit dem von mir bereitgestellten Material arbeiten und nicht zusätzliche Informationen suchen, einen Arbeitsplan entwickelt, sich für ein Arbeitsmaterial entschieden und mit der Textarbeit begonnen haben. Eine andere Gruppe hat zwar einen Arbeitsplan erstellt, ansonsten jedoch viel Zeit im Internet verloren. Die übrigen haben das Internet nur als ersten Überblick benutzt und machen dann mit der Bearbeitung des von mir bereitgestellten Materials weiter. Es ist mir wichtig, dass die Lernenden die Möglichkeit haben, eigenes Informationsmaterial zu besorgen, da nicht jeder mit jedem Material gleich gut lernen kann und dies auch in der eigentlichen Projektarbeit so gefordert wird. Eine der Gruppen beschließt von alleine, sich in der Mittagspause zu treffen, um gemeinsam am Thema weiterzuarbeiten und die „verlorene" Zeit aufzuholen. Dies

zeigt eine hohe Eigenmotivation, das Ziel zu erreichen und die Aufgabe zufriedenstellend zu lösen. Dies ist für mich und den Klassenlehrer sehr erstaunlich, da vor allem in dieser Gruppe die eher „verhaltensauffälligen" Lernenden sind. Doch die Motivation, die anstehende Vermittlungsphase effektiv zu gestalten und einen guten „Lehrer" abzugeben, scheint für sie sehr hoch zu sein. Somit können alle die Erarbeitungsphase nach 2 Stunden erfolgreich beenden und haben einen Präsentationstext sowie ein Arbeitsmaterial für Ihre Puzzlegruppe erstellt. Dabei geben sie sich besondere Mühe bei der Erstellung des Arbeitsmaterials. Die Expertengruppe „Moderne" entwarf zum Beispiel ein 2-teiliges Arbeitsblatt bei dem die „Novizen" in einem ersten Teil ihr Vorwissen anwenden müssen, um dann im zweiten Teil zusätzliches Expertenwissen zu erarbeiten. Diese Expertengruppe verlangt also von ihren Mitschülern das selbstständige Erarbeiten von den Wissensinhalten, die sie bereits erarbeitet haben. Dies ergab sich jedoch nicht einfach so: Die Gruppe hat sehr viel darüber diskutiert und den Schwerpunkt ihrer Arbeit auf diese Vermittlungsphase gelegt. Eine andere Gruppe hat einen Text erstellt, der den Mitschülern ausgeteilt, gelesen und diskutiert wird Die übrigen Gruppen erstellen Plakate mit dem Grundriss einer Kirche, einer Mindmap und Bildern. Alle Arbeitsmaterialien sind sehr zufriedenstellend und versprechen eine effektive Vermittlungsphase.
Nachdem alle Expertengruppen ihre Arbeit erledigt haben, muss nun der Übergang in die Puzzlegruppen organisiert werden. Dabei müssen der neue Arbeitsauftrag erteilt und die Puzzlegruppen eingeteilt werden. Dafür wird auf die farbigen Arbeitsblätter zurückgegriffen, die zur Einteilung der Expertengruppen gedient haben. Auf ihnen habe ich schon im Vorfeld die Ziffern 1-4 geschrieben, die nun die Zugehörigkeit zur jeweiligen Puzzlegruppe regeln soll. Die Schülerinnen und Schüler können dann mit der Vermittlungsphase beginnen.
Man bemerkt sehr stark, dass die Lernenden allmählich Erfahrung sammeln bei der Organisation von Gruppenarbeitsphasen, da die Gruppeneinteilung wesentlich schneller und ruhiger vonstattengeht. Diese Erfahrung spiegelt sich auch in der Vermittlungsphase selber wider: Die Schülerinnen und Schüler hören ihren Mitschülern zu, notieren Wesentliches und arbeiten allgemein viel konzentrierter. Dies bemerkt man auch stark an den immer weniger auftretenden Störphasen, in denen einzelne Schüler vom Thema ablenken.
Die nächste Stunde besteht aus einer kollektiven Verarbeitungs- und einer Transferphase. In der Verarbeitungsphase sollen die Schülerinnen und Schüler den Arbeitsprozess im Gruppenpuzzle durch die Methode des Blitzlichtes reflektieren. Die Lernenden können sich kritisch mit der Methode auseinandersetzen. In ihren Aussagen zeigen sich die Vorteile und Chancen, die ein Gruppenpuzzle in sich birgt.
Nach dieser Phase sollen sie in einem Bilderrätsel verschiedene Baustile wiedererkennen. Dafür werden Stimmzettel ausgeteilt, die den Farben der ursprünglichen Gruppeneinteilung, also der verschiedenen Stile, entsprechen. Nach jedem Bild, welches an die Wand projiziert wird, wird abgestimmt. Gibt es verschiedene

Meinungen, so wird darüber diskutiert und die richtige Antwort gefunden. Auf den Bildern sieht man Kirchen aus der Umgebung der Schülerinnen und Schüler, wie auch Kirchen anderer Länder. Dadurch sollen die Schülerinnen und Schüler das in der Theorie erworbene Wissen anwenden. Außerdem besteht für mich die Möglichkeit zu sehen, ob die Lernenden die Merkmale der verschiedenen Bauformen richtig verstanden haben und die Vermittlungsphase in den Puzzlegruppen erfolgreich war.

Da nun die verschiedenen Stile der christlichen Kirchen bearbeitet und die erworbenen Kenntnisse angewendet wurden, soll ein Blick über den Tellerrand riskiert werden: Die Schülerinnen und Schüler sollen sich mit den Gotteshäusern des Islams und des Judentums auseinandersetzen. Dafür wähle ich die Methode des Lerntempoduetts.

Die Schülerinnen und Schüler bearbeiten in einem ersten Schritt entweder den von mir erstellten Text einer Moschee oder den einer Synagoge. Dazu sollen sie sich Notizen machen, um die Inhalte dem späteren Duettpartner vorstellen zu können. Nach der Vermittlungsphase folgt dann noch eine Gelenkstelle, in der mit Hilfe des Advance Organizers nochmals Revue passiert wird, was in den letzten 9 Stunden geschehen ist. Hier können die Schülerinnen und Schüler sagen, was sie gestört hat, was sie besonders gut fanden und vor allem was sie aus dieser Unterrichtseinheit mitnehmen. Der eigentliche Abschluss ist dann die Exkursion in die Jugendkirche, aber ein erster inhaltlicher Abschluss findet schon hier statt.

Die Abschlussveranstaltung findet in einer Jugendkirche statt und bildet den emotionalen Abschluss der Unterrichtseinheit „Kirche erkunden“. Der dortige Jugendpfarrer versucht Kirche für Jugendliche attraktiver zu machen, indem er den Kirchenraum verändert und den Gottesdienst „jugendlicher“ gestaltet. In diesem Rahmen bietet der Jugendpfarrer zusammen mit einer Ordensschwester Kirchenpädagogik für Schulklassen an.

Eines der in diesem Rahmen angebotenen Module lautet „Kirchenbau – Basics des Kirchenraums“, also genau das Thema unserer Unterrichtseinheit. Für mich ist es wichtig, dass die Schülerinnen und Schüler dem Thema nicht nur im Klassenraum begegnen, sondern auch körperlich und emotional damit in Berührung kommen. Da ich im Laufe der Einheit jedoch gemerkt habe, dass kaum einer regelmäßig in die Kirche geht, ist es für mich wichtig, ihnen nicht nur den Kirchenbau, sondern auch die Kirche an sich näherzubringen. Daher finde ich diese Möglichkeit des Abschlusses sinnvoll, bei der ein Mann und eine Frau der Kirche den Schülerinnen und Schülern einen neuen Zugang zur Kirche geben. Um langwierige Wiederholungen zu vermeiden, bespreche ich im Vorfeld mit dem Pfarrer das Programm.

Die Veranstaltung ist auf 120 Minuten ausgelegt und in drei Teile gegliedert. In einem ersten Teil sollen die Lernenden den Kirchenraum bewusst erleben, indem sie die Kirche ganz bewusst betreten und den Kirchenraum wahrnehmen. In einer Art Brainstorming sollen sie die bezeichnenden Merkmale des Kirchenbaus und

Kirchenraums nennen. Im zweiten Teil findet eine Diskussion im Chorraum der Kirche statt, in dem die innenarchitektonischen Veränderungen der Jugendkirche, wie Lichtinstallation und modernere sakrale Kunst und ihre Wirkung auf uns thematisiert werden.

Der dritte Teil bildet dann den spirituellen Ausstieg aus der Veranstaltung und auch der Unterrichtseinheit. Die Schülerinnen und Schüler, aber auch die beteiligten Lehrkräfte sollen sich, ausgehend von einem Impuls, Gedanken über das Erlebte machen.

Zu Beginn meiner Reflexion möchte ich bemerken, dass das Arbeiten mit der PROGRESS-Methode in meinem Unterrichtsstil und meiner Auffassung von „richtigem“ Lehren Grundlegendes verändert hat. Natürlich wurde ich in meinem Lehramtsstudium schon mit kooperativen Lernformen, wie Gruppenarbeit oder Freiarbeit konfrontiert. Auch war mir bewusst, dass derartige Lernformen effektiver als herkömmliche Unterrichtsmethoden sein können. Jedoch war für mich die Spanne zwischen Theorie und Praxis so groß, dass ich dachte, eine wirklich effektive Gruppenarbeit selten zustande bringen zu können. Dies mag aus meiner eigenen Schulzeit resultieren, bei der Gruppenarbeit eher ein gemütliches Beisammensitzen war, oder auch an der Einstellung der meisten Lehrer in meinem Umfeld liegen, bei denen Gruppenarbeit meist scheitert. Dieses Gefühl, dass ich mit Gruppenarbeit scheitern müsste, verflüchtigte sich jedoch bei der Vorbereitung der Unterrichtseinheit mit der PROGRESS-Methode. Nun war ich davon überzeugt, dass auch ich erfolgreiche Gruppen- und Projektarbeit planen und durchführen kann. Diese Einstellung veränderte sich nicht nur, weil ich mich zum ersten Mal intensiv mit selbstgesteuertem Lernen beschäftigte, sondern vor allem auch, da die PROGRESS-Methode eine wirklich gelungene Anleitung für mich darstellt. Zum ersten Mal wurde mir klar, warum Gruppenarbeit bei Schülern wie auch bei Lehrern unbeliebt ist: Die unzureichende Anleitung und Hinführung der Lehrer wie auch der Schüler bringt ein Scheitern mit sich. Für erfolgreiche kooperative Arbeit bedarf es vielerlei Kenntnisse und Fähigkeiten, die auf beiden Seiten systematisch entwickelt werden müssen und nicht vorausgesetzt werden dürfen. Natürlich ist auch die PROGRESS-Methode kein Wunderwerk, nach dessen Lektüre Projektarbeit wie von alleine funktioniert. Der Vorwurf der Lehrerinnen und Lehrer, dass kooperatives Arbeiten viel Vorbereitungsaufwand bedarf, ist vor allem am Anfang vollkommen berechtigt. Für eine Unterrichtsstunde habe ich ca. 5-6 Stunden gebraucht, um Materialien und Unterrichtsstruktur vorzubereiten. Diese Vorbereitungszeit ist jedoch relativ zu sehen, da ich, außer durch meine Praktika, allgemein wenig Erfahrung mit Unterrichtsvorbereitung habe. Schon nach ein paar Stunden hatte sich aber eine gewisse Routine eingestellt, so dass ich in der Vorbereitung immer schneller wurde.

Es hat sich nicht nur bei mir, sondern vor allem bei den Schülern – und darum geht es ja schließlich – durch die Arbeit mit der PROGRESS-Methode eine große

Veränderung aufgetan. Meine Begeisterung für diese Art des Lernens hat sich zweifelsohne auch auf die Lerngruppe übertragen. Da das Thema aus dem Bildungsplan stammt und nicht unbedingt den Interessen der Schüler entspricht, muss die höhere Motivation durch die Art und Weise des Wissenserwerbs entstanden sein. Die eigenständige Arbeit im Sandwichprinzip, bei der dem Lernenden die Verantwortung für den eigenen Prozess gegeben wird, hat sich derartig motivierend auf die Schülerinnen und Schüler ausgewirkt, dass sie selbst in einem unbeliebteren Fach wie Religion und einem sie nicht unbedingt betreffenden Thema Lust am Lernen empfanden. Die Schülerinnen und Schüler befanden sich während der Unterrichtseinheit in einem Gefüge, das ihnen zwar Orientierung und Anleitung gab, ihnen jedoch auch Vertrauen entgegenbrachte, die Verantwortung für ihren Lernprozess selbst tragen zu können. Dieses Ernstnehmen der Schülerperson als selbstständigen Wissenskonstrukteur ist meiner Ansicht nach der Hauptgrund für die derart positiv veränderte Motivation der Schüler. Auch die vorherrschenden Gruppenarbeitsphasen, in denen miteinander gelernt wurde und nicht wie im Frontalunterricht nebeneinander, tragen ihren Teil an der Motivation bei. Die Schülerinnen und Schüler haben sich in diesen wenigen Stunden ein Methodenrepertoire angeeignet und können in diesem effizient arbeiten. In kooperativen Arbeitsphasen fühlen sie sich laut der durchgeführten Fragebögen nach dieser Unterrichtseinheit wesentlich sicherer als vorher. Obwohl die Methoden erst einmal eingeführt werden mussten, da sie für die Lernenden neu waren, hat das Fachliche nicht darunter gelitten.

Im Gegenteil: Die Schülerinnen und Schüler fanden sogar, dass die Erarbeitung in den neuen Methoden effektiver sei als die Vermittlung in herkömmlichen Unterrichtsformen. Für diese Unterrichtseinheit im herkömmlichen Stil hätte der Religionslehrer der Klasse den gleichen Zeitraum angesetzt und auch die Stofffülle wäre identisch gewesen. Also haben die Schülerinnen und Schüler in der gleichen Zeit gleichviel Stoff bearbeitet. Nur wären bei einem rein fachlich orientierten Frontalunterricht die restlichen Kompetenzen unbeachtet geblieben. Nicht nur die Ergebnisse der Evaluationsinstrumente, sondern auch die Eindrücke des Klassenlehrers und mir zeigen eine eindeutige Steigerung in den sozialen und überfachlichen Kompetenzen auf.

Allgemein kann man feststellen, dass der Lernprozess für alle Beteiligten, Lehrkräfte wie auch Schüler, sehr positiv verlaufen ist. Alle geplanten fachlichen wie auch überfachlichen Kompetenzen konnten innerhalb der Unterrichtseinheit vermittelt werden.

Abschließend bleibt mir nur zu sagen, dass nicht nur ich, sondern auch der Klassenlehrer, der die Entwicklung während der kompletten Unterrichtseinheit beobachten konnte, hier von einem „Aha-Effekt" sprechen. Auch er konnte sich von dieser Unterrichtsart begeistern lassen und beschloss, in Zukunft einiges aus der PROGRESS-Methode zu übernehmen. Denn für uns war das Arbeiten mit dieser Methode ein wirkliches Erfolgserlebnis, das uns zum verstärkt kooperativen Arbeiten motiviert hat. Ich bin überzeugt, dass diese Unterrichtsform und somit auch die Projektarbeit als solche einer besseren Zukunft entgegensehen, wenn mehr Lehrerinnen und Lehrer ein derartiges Erfolgserlebnis mit kooperativen Lernformen hätten.

7.2 Wie aus Projektlaien eigenständige und selbstverantwortliche Akteure werden (Maresa Coly)

Die Erfahrung zeigt, dass Lernende nur geringfügig auf eigenständige Projektarbeit vorbereitet sind. Daher sind sie häufig nicht in der Lage, eine Projektarbeit mit einer akzeptablen Leistung abzuschließen. Aber nicht nur bei Lernenden sind Defizite zu erkennen, auch Lehrende erfahren mit der Projekt- oder Präsentationsprüfung eine neue Situation, die den Lehreralltag mit neuen Aufgaben füllt. Häufig fehlen ihnen Werkzeuge, die sie den Lernenden mit auf den Weg zu einer erfolgreichen Prüfung geben können. Der Beitrag stellt an einer siebten Gymnasialkasse dar, wie die Vorbereitung auf die Projekt- bzw. Präsentationsprüfung durchgeführt werden kann. Die Klasse besteht aus 30 Jugendlichen und setzt sich aus 18 Jungen und 12 Mädchen zusammen. Als Klassenlehrerin unterrichtete ich GWG (Fächerverbund Geographie-Wirtschaftskunde-Gemeinschaftskunde) und Mathematik.

In der siebten Klasse werden in GWG Themen unterrichtet, die die Experimentierfreude anregen.

Weg 1: Von der Instruktion zum Sandwich

Im Rahmen des Fächerverbundes „GWG" begann ich mit der Anwendung von Methoden im „normalen Unterricht". Mit einer schriftlichen Agenda auf Folie machte ich die Lernenden mit der Thematik vertraut. Anschließend führten wir ein Gruppenpuzzle durch. Mit der Methode des Gruppenpuzzles waren die Lernenden bereits vertraut. Das Gruppenpuzzle bestand aus drei Texten, in denen die heutige Lebensweise der Inuit und ihre problematische Situation dargestellt wurden.
Dem Thema „Leben der Inuit" folgte der „Tourismus am Nordpol". Nach der Anfertigung der Agenda bildeten die Schüler Vierer-Gruppen und erstellten mit Hilfe eines Aufgabenblattes und unter Auswertung von Reiseprospekten ein Reiseplakat für eine Tour zum Nordpol. Die Gruppenarbeit und die Kurzpräsentation beendeten die Lernenden nach zwei Schulstunden. Jede Gruppe hatte sich eine andere Reiseroute bzw. einen anderen Urlaub am Nordpol ausgesucht. Abschließend überlegten wir gemeinsam, welche Vor- und Nachteile Gruppenarbeit mit sich bringt und wann sie sinnvoll im Unterricht eingesetzt werden kann. Um das Thema „Arktis/Antarktis" zu vertiefen, führten wir das Spiel „Der Große Preis" durch. Zu den Themen „Arktis", „Antarktis", „Polartag/Polarnacht", „Inuit", „Tourismus", „Wettlauf" und „Tiere" stellten die Lernenden Fragen zusammen, die anschließend von den übrigen, in zwei Gruppen aufgeteilten Klassenmitgliedern beantwortet werden sollten.

Um das Thema „Kalte Zone“ abzurunden, führten wir in den Folgestunden eine Gruppenrallye zu diesem Thema durch. Erstaunlich war, dass sich alle Lernenden unaufgefordert Karteikarten anlegten, um ihre Ergebnisse festzuhalten. Im Abschlussgespräch zur dieser Stunde stellte ich den Lernenden die Frage, aus welchem Grund sich fast alle Gruppen mit Hilfe von Karteikarten auf die Rallye vorbereitet hätten. Es stellte sich heraus, dass die meisten diese Methode anwenden, weil sie keine andere kennen. Dieser Umstand machte mir klar, wie notwendig es ist, alternativen Methoden einzuführen.
In „Mathematik“ begann ich ebenfalls mit dem Methodentraining. Nach der Agenda bearbeiteten die Lernenden einen Tandembogen zur Wiederholdung von Thermen und Klammern. Den Tandembogen (Partnerinterview) setze ich gern ein zwecks Wiederholung und Vertiefung von bereits erarbeiteten Themen. Anschließend erklärte ich den Unterschied zwischen Gleichung und Ungleichung. In einem Lerntempoduett bekamen die Lernenden die Gelegenheit, dieses Thema weiter zu verankern. Auch an diesem Ort wurden Vor- und Nachteile der Methode diskutiert und sinnvolle Einsatzmöglichkeiten ausgedacht. Außerdem konnten die Lernenden sich emotional auf das Thema der Folgestunde einstimmen.

Partner A: Berechne durch Ausmultiplizieren!

A1: $7(8x+5)$	B1: $5\cdot3x+5\cdot10=15x+50$
A2: $(-2)\cdot(a+bc)$	B2: $(-3\cdot x)+(-3\cdot2\cdot yz)=-3x-6yz$
A3: $4a\,(a+5-3b)$	B3: $8a\cdot a+8\cdot6\cdot a-8\cdot7\cdot a\cdot b=8a^2+48a-56ab$
A4: $(700a+21b):7$	B4: $7a:7+49b:7=a+7b$
A5: $(144xy-12xy):12$	B5: $110xy:11-33xy:11=10xy-3xy=7xy$
A6: $(-13)\cdot(-1{,}8x+2y)$	B6: $(-15)\cdot(-1{,}5x)+(-15)\cdot2{,}8y=22{,}5x\cdot42y$
A7: $5a\cdot(2{,}1a+5{,}8b-7{,}2)$	B7: $3a\cdot5{,}2a+3a\cdot4{,}8b-3a\cdot6{,}2=15{,}6a2+14{,}4ab-18{,}6a$
A8: $\frac{1}{2}x\left(5-8z+\frac{1}{4}\right)$	B8: $\frac{1}{3}z\cdot8-\frac{1}{5}z\cdot3c+\frac{1}{5}z\cdot\frac{1}{6}-\frac{8}{5}z-\frac{3}{5}zt+\frac{1}{30}z=1\ \frac{19}{30}z\cdot\frac{3}{5}zt$
A9: $\frac{3}{5}u\left(\frac{1}{10}+5v+\frac{2}{3}\right)$	B9: $\frac{3}{4}k\cdot\frac{1}{2}+\frac{3}{4}k\cdot8z+\frac{3}{4}k\cdot\frac{2}{3}-\frac{3}{8}k+6kz+\frac{1}{2}k=\frac{7}{8}k+6kz$

Partner B: Berechne durch Ausmultiplizieren!

B1: $5\,(3x+10)$	A1: $7\cdot8x+7\cdot5=56x+35$
B2: $(-3)\cdot(x+2yz)$	A2: $(-2\cdot a)+(-2\cdot bc)=-2a-2bc$
B3: $8a\,(a+6-7b)$	A3: $4a\cdot a+4\cdot5\cdot a-4\cdot3\cdot a\cdot b=4a^2+20a-12ab$
B4: $(7a+49b):7$	A4: $700a:7+21b:7=100a+3b$
B5: $(110xy-33xy):11$	A5: $144xy:12-12xy:12=12xy-xy=11xy$
B6: $(-15).(-1{,}5x+2{,}8y)$	A6: $(-13)\cdot(-1{,}8x)+(-13)\cdot2y=23{,}4x-26y$
B7: $3a\cdot(5{,}2a+4{,}8b-6{,}2)$	A7: $5a\cdot2{,}1a+5a\cdot5{,}8b-5a\cdot7{,}2=10{,}5a^2+29ab-36a$
B8: $\frac{1}{5}z\left(8-3t+\frac{1}{6}\right)$	A8: $\frac{1}{2}x\cdot5-\frac{1}{2}x\cdot8z+\frac{1}{2}x\cdot\frac{1}{4}-\frac{5}{2}x-4xz+\frac{1}{8}x=2\frac{5}{8}x-4xz$
B9: $\frac{3}{4}k\left(\frac{1}{2}+8z+\frac{2}{3}\right)$	A9: $\frac{3}{5}u\cdot\frac{1}{10}+\frac{3}{5}u\cdot5v+\frac{3}{5}u\cdot\frac{2}{3}-\frac{3}{50}u+3uv+\frac{2}{5}u=\frac{23}{50}u+3uv$

Abb. 17: Tandembogen

Gleichungen berechnen

$5 + 5 = 3 + 7$

Eine Gleichung ist eine Waage, bei der auf beiden Waagschalen etwas liegt. Wenn beide Seiten gleich schwer sind, dann ist die Waage im Lot. Stell dir vor, deine Rechnung ist eine Waage. Links und rechts liegen Zahlen in den Waagschalen.

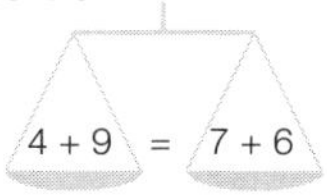

$4 + 9 = 7 + 6$

Kennt man eine Zahl nicht, kann dafür auch ein Platzhalter stehen.

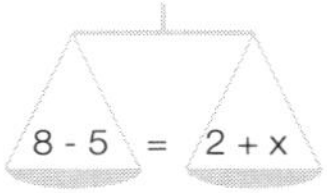

$8 - 5 = 2 + x$

Die Platzhalter benennt man mit Kleinbuchstaben (x, y, z).
Sollst du eine Gleichung lösen, musst du x alleine auf einer Seite stehen haben. Dabei darf die Waage nicht aus dem Gleichgewicht geraten.
Damit die Gleichung nicht aus dem Gleichgewicht gerät, musst du immer auf beiden Seiten die gleiche Rechnung ausführen.

$$5x + 3 = 10 + 3 \quad | -3$$
$$5x = 10 : 5 \quad | :5$$
$$x = 2$$

Haben wir richtig gerechnet?

$$5 \cdot 2 + 3 = 10 + 3$$
$$13 = 13$$

Unleichungen berechnen

$5 + 5 > 3$

Eine Ungleichung ist wie eine Waage, auf der auf beiden Waagschalen etwas liegt. Wichtig ist bei einer Ungleichung, dass eine Seite der Waage immer schwerer ist, als die andere Seite der Waage. Stell dir vor, diene Rechnung ist eine Waage. Links und rechts liegen Zahlen in den Waagschalen.

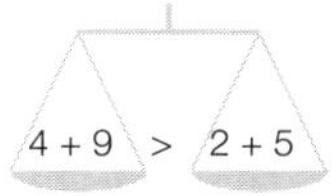

$4 + 9 > 2 + 5$

Kennt man eine Zahl nicht, kann dafür auch ein Platzhalter stehen.

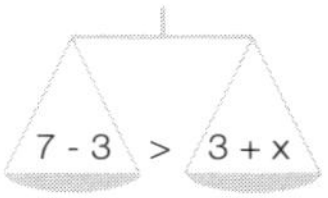

$7 - 3 > 3 + x$

Die Platzhalter benennt man mit Kleinbuchstaben (x, y, z).
Wenn du eine Ungleichung lösen sollst, musst du x alleine auf eine Seite bringen. Dabei ist wichtig, dass das Ungleichgewicht beibehalten wird.
Damit die Waage nicht auf einer Seite schwerer als auf der anderen wird, musst du immer auf beiden Seiten die gleiche Rechnung ausführen.

$$4x - 6 > 24 - 6 \quad | -6$$
$$4x > 24 \quad | :4$$
$$x > 6$$

Haben wir richtig gerechnet?

$$x > 6 \quad \rightarrow \text{beispielsweise } 7$$
$$4 \cdot 7 - 6 > 24 - 6$$
$$22 > 18$$

k

Abb. 18: Lerntempoduett

In der nächsten Stunde erklärte ich – nach der Bekanntgabe der Agenda – was eine Sortieraufgabe und eine Struktur-Lege-Technik ist und geleitete sie so zum Thema „Gleichungen/Ungleichungen“, unter anderem, um den Kenntnisstand festzustellen. Die Strukturen wurden anschließend verglichen.

Sortieraufgabe / Struktur-Lege-Technik zu Gleichungen / Ungleichungen		
Gleichung	Ungleichung	$>$
Distributivgesetz	Assoziativgesetz	$<$
Kommutativgesetz	Ausklammern	$\geq$
Ausmultiplitieren	Umformen	$=$
$2 \cdot 3 = 3 \cdot 2$	$2 \cdot (3 + 4) = 2 \cdot 3 + 2 \cdot 4$	$\leq$
$2 + (3 + 4) = (2 + 3) + 4$	Terme	$a + a + a = 3a$
Vereinfachen	Äquivalent	Rechengesetz
Klammern auflösen	$2x + 3$	$7x - 28 = 14$
$25y + 12 \leq 21$	$17 + 13x \geq 35$	Variable

Abb. 19:

In der ersten „GWG"-Stunde nach den Ferien „stiegen" wir in das Thema „Hochgebirge" ein. Mit Hilfe eines Advance Organizers machte ich Angaben dazu, mit welchen Teilthemen wir uns beschäftigen würden.

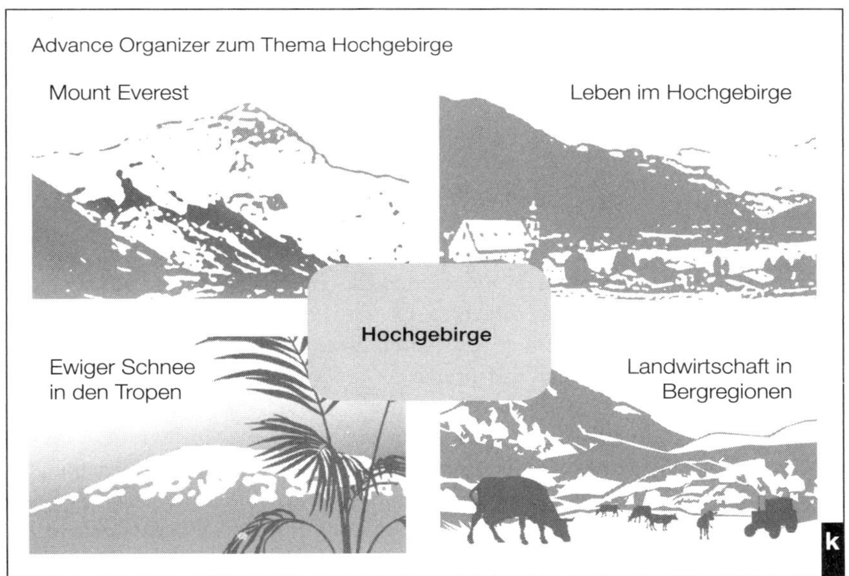

Abb. 20: Advance Organizer

Die Lernenden aktivierten ihr Vorwissen zum Thema „Hochgebirge" mit Hilfe einer Blitzlichtrunde. Alle wurden aufgefordert, sich zum Thema „Hochgebirge" zu äußern. Einige brachten Vergleiche mit dem Schwarzwald ins Gespräch. Anhand verschiedener Bilder von Hochgebirgen wurden charakteristische Merkmale zusammengestellt. Nachdem wir die wichtigsten Kriterien an der Tafel festgehalten und die Schüler diese in ihr Heft übertragen hatten, wurde eine Sortieraufgabe zum Thema mittels einer Partner-Struktur-Lege-Technik durchgeführt. In der Phase, in der jeder Schüler die Gelegenheit bekommt, sich individuell mit dem Thema zu befassen, wurden zentrale Begriffe von den Schülern wiederholt. Individuelle Unsicherheiten konnten durch Informationsaustausch in der Gruppe oder Hilfe von „außen" leicht überwunden werden. In einem abschließenden „Betrachtungsrundgang" fanden alle eine Gelegenheit, die Strukturen der anderen zu würdigen. In der Folgestunde bearbeiteten die Schüler ein Kreuzworträtsel zum Thema „Gleichungen". Einen Tag später, führten wir nach der Agenda zum Thema „Gleichungen/Ungleichungen" ein Kugellager durch. Anschließend bearbeiteten die Schüler Klappaufgaben zu diesem Thema. Klappaufgaben kennen sie bereits aus den vorausgegangenen Schuljahren. Den Lernenden standen verschiedene Schwierigkeitsstufen zur Wahl. Jeder konnte bestimmen, mit welcher Schwierigkeitsstufe er/sie beginnen wollte und ob er/sie die Aufgaben allein, gemeinsam oder in einer kleinen Gruppe bearbeiten wollte. Klappaufgaben ermöglichen einen selbsttätigen Vergleich der individuellen Lösungen mit einer Lösungsvorlage.
In „GWG" eruierten die Lernenden nach Vorgabe durch den Advance Organizer und gemäß der Agenda die Gefahren, denen Bergsteiger am Mount Everest ins Auge sehen. Hier kam auch die Technik des Partnerinterviews zum Einsatz. Alle lasen gemeinsam den Text zu den Gefahren durch. Anschließend fanden sie Antworten auf die unterschiedlichen Fragen und bildeten sich so zu Experten aus. In Mischteams wurden die Fragen publik gemacht und mit Unterstützung durch die Experten beantwortet. Zum Ende der Stunde erfolgten eine Methodenreflexion und der obligatorische Ausblick auf die kommende Stunde.
In der Mathematikstunde übten die Lernenden mit Hilfe eines Memorys „Gleichungen und Ungleichungen". Auf der einen Karte befand sich die Rechnung, auf der anderen Karte das mögliche Ergebnis. Da es bei diesem Spiel mehrere Möglichkeiten für die Zusammenstellung von Paaren gibt, waren mehr Lösungen als Rechenoperationen möglich. Um überprüfen zu können, ob richtig gerechnet wurde, mussten Lösungen der jeweiligen Aufgaben von mindestens zwei Personen einer Gruppe vorliegen. In einigen Gruppen rechneten immer alle Spieler mit, ohne ausdrücklich dazu verpflichtet worden zu sein, sodass sie ihr Wissen zu „Gleichungen/Ungleichungen" spielerisch ausbauen konnten.
Nach dem Advance Organizer und der Agenda filterten die Lernenden in der GWG-Stunde Informationen aus einem Text und fassten diesen in 10 Stichpunkten zusammen. Anschließend erstellten sie eine Mindmap zu diesem Thema. In

einem Rundgang wurde die Leistung aller gewürdigt. Nach und nach verbesserten die Schüler ihre Lernstrategien und begannen, auch in anderen Fächern die erlernten Methoden anzuwenden.
In der Mathematikstunde bekamen die Lernenden ein Blatt mit verschiedenen Stichworten oder Zeichen (beispielsweise: „Variable“, „=“, „≠“ etc.) zum Thema „Terme und Gleichungen“. Diese Kärtchen schnitten sie aus und versuchten, sie in eine für sie stimmige Mindmap zu bringen. Kärtchen, mit denen sie nichts anfangen konnten oder die in ihrer Mindmap keinen Platz fanden, legten sie zur Seite. Anschließend klebten sie die Mindmap auf ein DIN A3-Blatt auf. Wer seine Arbeit in der Schule nicht fertig stellen konnte, vollendete sie als Hausaufgabe, da in der Folgestunde, einen Tag später, die Mindmap-Besichtigung anstand. Anschließend führten wir in drei Großgruppen ein Netzwerk zu „Gleichungen/Ungleichungen“ durch. Die Mindmap hatte die Lernenden zuvor auf die Begrifflichkeit vorbereitet, so dass die Anwendung dieser neuen Methode für sie mit wenigen Problemen belastet war. Nach dem Netzwerk konnten sie sich an einer Lerntheke verschiedene Aufgaben zu den Themen auswählen. Neben drei Pflichtaufgaben zu den Themen „Aufstellen, Umformen von Thermen“ und „Lösen von Gleichungen“, die von allen bearbeitet werden mussten, konnten sie nach der Bearbeitung der Pflichtaufgaben unter den Themen „Ungleichungen“, „Probleme lösen“ und „Kreuzzahlrätsel“ wählen. In der „GWG“-Stunde führten wir nach der Verortung auf dem AO und der Agenda eine Ampelmethode durch.
Anschließend wurden die Lernenden aufgefordert zu überlegen, auf welchem Kontinent man mehr als sechs Vegetationszonen finden könnte. Diese Frage sollte als Einstieg in das Thema der Höhenstufen am Kilimandscharo dienen. Viele tippten auf Australien oder Asien. Die meisten Vegetationszonen dicht beieinander findet man am Kilimandscharo. Anschließend erkundeten die Lernenden in Partnerarbeit die Höhenstufen oder die Landnutzung am Kilimandscharo. In der Folgestunde führten sie zu diesem Thema ein Lerntempoduett durch.
In Mathematik führte ich nach der Agenda das Thema „Zuordnung“ ein. Jeder Schüler erhielt ein DIN A3-Blatt. Mit den übergeordneten Themen des Schulbuches wurde eine Mindmap erstellt. Wann immer den Lernenden im Unterricht oder zu Hause etwas zu einem Begriff einfiel, fand er Gelegenheit, seine Mindmap zu ergänzen. Auch Formeln, Zeichnungen oder Beispiele kamen in der Mindmap vor. Die Klasse wurde in kleine Gruppen eingeteilt. Jede Gruppe bekam einen Versuch mit einer Anleitung und sollte diesen durchführen. Jede Gruppe präsentierte ihre Ergebnisse. Wir versuchten, mit Hilfe von Pfeilen und laminierten Karten die Versuche verbal zu beschreiben. In Zusammenarbeit wurde ein Merksatz formuliert. Um das Thema auszubauen, bekamen die Lernenden Aufgaben, die sie mit einem Partner ihrer Wahl bearbeiteten. In der „GWG“-Stunde an diesem Tag begannen wir mit dem Thema „Klima Global“. Nach der Erläuterung des Advance Organizers und der Bekanntgabe der Agenda führten die Lernenden nach einer

kurzen Wiederholung (dieses Thema steht bereits in Klasse 5 auf dem Plan) ein Lerntempoduett zu den Beleuchtungszonen und Jahreszeiten der Erde durch. Die Experten der Beleuchtungszonen beschäftigten sich mit den astronomischen Voraussetzungen und den verschiedenen Klimazonen vom Äquator bis zum Nordpol. Die Experten der Jahreszeiten beschäftigten sich mit dem Einfallswinkel der Sonnenstrahlen und stellten Gründe heraus, warum Frühling und Herbst sehr ähnliche Jahreszeiten sind. Anschließend tauschten sich Experten, die in annähernd gleicher Geschwindigkeit zu ihren Lernergebnissen gekommen waren, bezüglich ihrer Daten zu den unterschiedlichen Themen aus und legten sich gegenseitig ihre Ansichten dar. Abschließend wurden offene Fragen geklärt, Anregungen aufgegriffen und die Arbeit reflektiert.

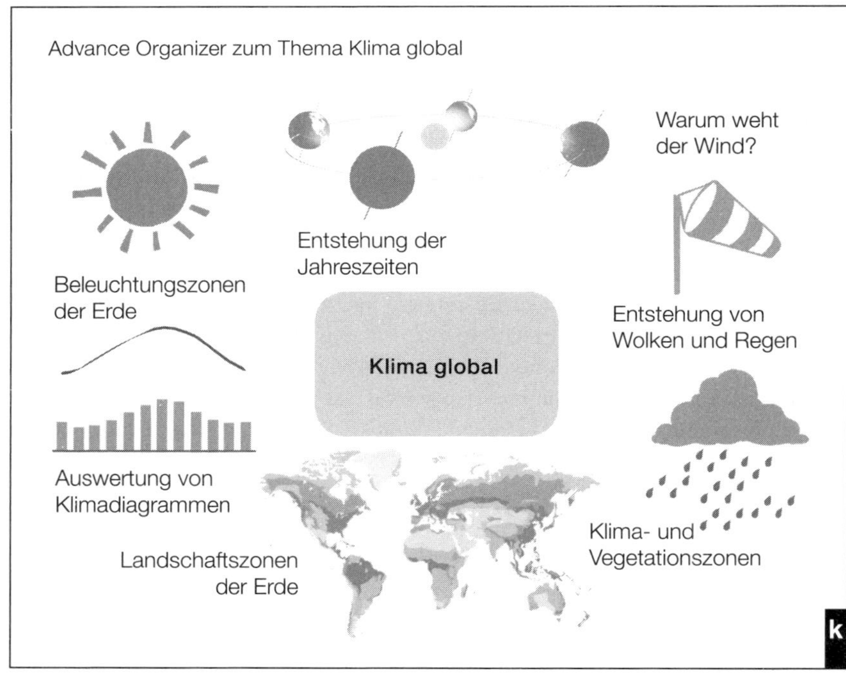

Abb. 21: Advance Organizer

Weg 2: Vom Sandwich zum projektorientierten Lernen

In der Mathematikstunde verorteten wir unser neues Thema im Advance Organizer. In Partnerarbeit erarbeiteten sie sich eine Zuordnung mittels Pfeilbildern. Anschließend ordneten sie Graphen den jeweiligen Zuordnungen bei. Sie konnten die Aufgaben in Einzelarbeit ausführen und anschließend mit ihrem Partner besprechen oder gemeinsam bearbeiten, besprechen und lösen.

Die erste „GWG"-Stunde auf Weg zwei der PROGRESS-Methode war eine Sandwichstunde zum Thema „Luft".
Nach einem Blitzlicht, dem Advance Organizer und der Agenda konnten die Lernenden mit Hilfe der Ampelmethode Anregungen zum Thema sammeln.
Aus dem Vorwissen ergaben sich die Fragen, ob Luft ein Nichts sei, aus vielen Molekülen bestünde oder/und ein Gasgemisch sei. Ein kurzer Lehrervortrag mit Hilfe einer „Powerpoint"-Präsentation, machte die Grundtatsachen bezüglich dessen, was Luft ist, wer Luft zum Leben benötigt, klar. Anschließend tauschten sich die Lernenden über die Eigenschaften von Luft aus. Dabei benutzten sie das eben Gehörte und konnten so ihr Vorwissen damit verknüpfen. Es folgte der Experimentierteil der Stunde. Mit Hilfe von „Powerpoint" wurde der Versuchsaufbau und die dazu nötigen Materialien vorgestellt.
Die Lernenden bearbeiteten drei Versuche ihrer Wahl in Einzel-, Partner oder Gruppenarbeit. Schnelllerner bekamen Gelegenheit zu Extra-Versuchen. Nach der Experimentierphase verglichen wir die Ergebnisse und übertrugen sie auf Phänomene in der Natur. Zum Abschluss ampelten die Schüler erneut die Einstiegsfrage.
In der Mathematikstunde an diesem Tag verorteten wir das Thema im Advance Organizer. Nach der Agenda wiederholten wir, wie man Pfeilbilder von Zuordnungen erstellt. Anschließend bearbeiteten die Lernenden in Teamarbeit zwei Arbeitsblätter. Jeder Partner bekam ein Blatt mit unterschiedlichem Inhalt. Danach stellten sich die Partner gegenseitig ihre Aufgaben vor, klärten aufgetauchte Fragen und machten sich Gedanken über mögliche korrekte Lösungswege. Zur Vertiefung wurden als Hausaufgabe weitere Übungsaufgaben aufgegeben. Vor- und Nachteile der gemeinsamen Bearbeitung wurden gegen Ende der Stunde ausdiskutiert.
In der nächsten Mathematikstunde besprachen wir zu Beginn die Hausaufgaben. Anschließend bearbeiteten die Lernenden paarweise einen Tandembogen zu „Graphen von Zuordnungen". Der Tandembogen bestand aus mehreren Textaufgaben und Graphen. Beispielsweise sollte eine Geschichte zu einem Graphen geschrieben und überprüft werden, ob eine Geschichte zu einem Graphen passen könnte. Hier konnten die Lernenden Grundsätze, die sie in den vorherigen Stunden zum Thema „Zuordnungen" geübt hatten, anwenden.
In der GWG-Sandwichstunde stand das Thema „Wolken und Regen" an. Nach dem Advance Organizer und der Agenda tauschten die Lernenden Gedanken zum Thema „Wolken" aus. Nachdem die Gruppen ihre Gedanken und Erklärungen mir und der Klasse dargelegt hatten, wurde diese in 5 Gruppen eingeteilt und Experimente durchgeführt. Im Mathematikunterricht an diesem Tage bearbeiteten wir in einem Gruppenpuzzle die Gesetzmäßigkeit bei den Zuordnungen. Nach dem Advance Organizer und der Agenda wurde kurz auf die Gesetzmäßigkeit bei Zuordnungen eingegangen und Fragen geklärt. Im Anschluss bekamen alle ein Arbeitsblatt mit vier verschiedenen Aufgaben. Jede Expertengruppe erstellte eine Wertetabelle für ihre Aufgabe und zeichnete in einem zweiten Schritt einen Graphen

für ihre Zuordnung. Nach der Rückkehr in die jeweilige Stammgruppe erläuterte jeder den Gruppenmitgliedern seine Aufgabe, die erstellte Wertetabelle und den dazugehörigen Graphen. Als Hausaufgabe sollte die Aufgabe der anderen Expertengruppen gelöst werden. Anregungen für die Lösung konnten aus den Stammgruppen „nach Hause getragen" werden.

Am darauffolgenden Tag wurde das Gruppenpuzzle erörtert. Unklarheiten und Fragen mussten geklärt werden. Nach der Besprechung der Hausaufgaben wurden Überlegungen angestellt, welche Schwierigkeiten mit diesem Thema verbunden wären und wie man diese bewältigen könnte. Die Lernenden bekamen zur weiteren Übung Aufgaben aus dem Buch, wobei die Wahl zwischen schwereren und leichteren Aufgaben freigestellt war. Sie konnten selbst entscheiden, ob sie die Aufgaben in Einzelarbeit oder gemeinsam mit einem Partner ihrer Wahl lösen wollten. Vorgabe war, dass sie mindestens drei Aufgaben bearbeiten mussten. War solches in der Schule nicht zu leisten, sollte die Arbeit zu Hause komplettiert werden. Zum Ende der Stunden wurden Fragen und Probleme besprochen und die Schüler auf die nächste Stunde inhaltlich hingewiesen.

In der letzten „GWG"-Stunde vor den Pfingstferien wurde der Frage des Aufkommens von Wind nachgegangen. Nach der Verortung im Advance Organizer und der Agenda legte ich auf der Heizung und auf dem Pult verschiedene Windbilder aus. Jeder Schüler nahm sich ein Bild, das für ihn „Wind" am deutlichsten symbolisierte. Anschließend suchten sich alle einen Partner, dem sie ihre Motive darlegten, sich gerade dieses Bild zum Thema ausgesucht zu haben. Anschließend gesellten sie sich einem anderen Pärchen zu und tauschten ihre Gedanken erneut aus. In der Erarbeitungsphase wurde ein Lückentext zu einem Film ausgeteilt, den sie während der Vorführung des Filmes ausfüllen sollten. Von Beginn an war sicher, dass der Film zweimal präsentiert werden würde, so dass genügend Zeit für das Ausfüllen des Arbeitsblattes zur Verfügung stünde.

Im Anschluss besprachen wir das Arbeitsblatt. An die Erarbeitungsphase schloss ein Experiment an. Am nächsten Schultag erarbeiteten wir uns in „GWG" das Thema „Klima- und Vegetationszonen der Erde". Nach der Verortung im Advance Organizer und der Agenda, wurden in einer Austauschphase viele verschiedene Klima- und Vegetationszonen aus dem Fundus des Vorwissens hervorgeholt. Auf der Weltkarte war die Verteilung der Zonen für jeden nachvollziehbar dargestellt. Bereits in Klasse 6 wird der erste Teil der Klimazonen und in Klasse 7 werden die Klimazonen vom Regenwald bis zur Wüste und die kalten Zonen behandelt. So sind den meisten alle Klima- und Vegetationszonen bereits vage bekannt.

Die Klasse wurde in acht gleich große Gruppen eingeteilt und widmete sich jeweils einer Vegetationszone. Es galt, Informationen zusammenzustellen bezüglich der geographischen Lage und der klimatischen- und Wetterverhältnisse der entsprechenden Zone. Erwünscht waren auch Informationen über Flora und Fauna der Gegend und über spezifische Probleme und Besonderheiten der Region.

Es galt, entweder ein Infoblatt, ein Plakat oder eine Mappe über „seine“ Klima- und Vegetationszone anzufertigen. Für die Bearbeitung und Vorstellung standen den Lernenden im Computerraum drei Stunden zur Verfügung. Als Suchseiten waren auf dem Arbeitsblatt neben den Arbeitsaufträgen und Vorschlägen zur Gestaltung Beispielseiten aus dem Internet eingefügt. Diese sollten im Internet-Dschungel zu brauchbaren Informationen verhelfen. In den ersten beiden Stunden wurde eifrig im Internet recherchiert. Es folgten Vorschläge zur Plakatgestaltung. (Alle Gruppen kamen auf die gleiche Idee, ein Plakat und ein Informationsblatt herzustellen). Für die Informationsgestaltung auf dem Plakat standen Klebetechnik oder Edding zur Diskussion. Den Lernenden wurde die Benutzung des Farbdruckers der Schule gestattet, damit sie ihr Werk schön farbig gestalten konnten.
In der dritten Stunde fand ein „Museumsrundgang“ zu den acht Vegetationszonen statt. Die Gruppen wurden in vier Gruppen eingeteilt wanderten im Uhrzeigersinn durch das Schulhaus. An jedem Plakatstand präsentierte der jeweilige Experte in einer Gruppe „seine“ Klima- und Vegetationszone. So kam es, dass alle jeden Vortrag einmal hören und die aufgetauchten Fragen an den Experten richten konnten.
In der letzten „GWG“-Sandwichstunde wiederholten wir die bisherigen Erkenntnisse zum Klima. Nach der Agenda schauten wir uns den Advance Organizer an. Das Thema „Klima“ sollte mittels der Körbchenmethode abgeschlossen werden. Jeder Schüler schrieb eine Frage zum Thema auf ein Kärtchen. Die Kärtchen wurden nach Farben sortiert und so gehörten alle gelben, grünen, roten, rosa, orangenen, Kärtchen thematisch zusammen. Jeder Schüler zog aus seinem Körbchen einen Zettel. Anschließend bekam jeder Schüler Bedenkzeit, um Informationen zu notieren. Reihum beantwortete jedes Gruppenmitglied die gezogene Frage, anschließend bekam die Restgruppe Gelegenheit zu einer Ergänzung der Antwort. Nach der Lösung der meisten Probleme wurden unbeantwortete Fragen im Plenum geklärt. Es wurde eine Methodenreflexion angefügt.

Weg 3: Lernen am Modell

Wir begannen mit der Planung des ersten Projekts der PROGRESS-Methode. Ein „Brainstorming“ förderte ungefähr vierzig Ideen und Lieblingsthemen zu Tage, die an der Tafel fixiert und geordnet wurden. Doppelungen von Themen und solche, die nicht umsetzbar waren, wurden einfach ausgewischt. Jeder Schüler äußerte sich zu seinem Thema präzise genug, sodass sich alle ein Bild davon machen konnten. In der folgenden Bedenkzeit wurden Präferenzen festgestellt. Es folgte die Abstimmung über ein mögliches Projektthema. Mit großer Mehrheit entschieden sich die Lernenden für das Thema „Dubai“. Zufälligerweise handelte es sich um ein „GWG“-Thema der Klasse 7, jedoch war von mir keine Einschränkung bei der Themenwahl gemacht worden. Hausaufgabe war die Informationsbeschaffung zu diesem Thema.
Wir führten ein Blitzlicht zum Thema „Dubai“ durch. Jeder Schüler äußerte frei heraus, was ihm zu diesem Thema einfiel.

In der zweiten Projektstunde wurde das Projekt mit Hilfe eines Advance Organizers strukturiert. Es kam mir darauf an, Funktion und Aussehen des Advance Organizers ins Bewusstsein zu rücken, während er gleichzeitig eingesetzt wurde. Jeder Schüler hatte sich bereits zu Hause Teilthemen zum Projekt „Dubai“ zurechtgelegt, die für den Advance Organizer übernommen wurden. Anschließend erläuterte ich, dass die Entscheidung für ein bestimmtes Unterthema nicht von Äußerlichkeiten wie etwa Lieblingsmitschülern abhängig gemacht werden, sondern von den tatsächlichen Interessen motiviert sein sollte. Die einzelnen Themen wurden daraufhin im Klassenzimmer auf DIN A4-Blättern verteilt, und die Lernenden wählten sich in Vierergruppen Themenblätter aus. Sie entschieden sich für die Themen „Verkehr in Dubai“, „Scheiche in Dubai“, „Einkaufsmöglichkeiten“, „Erdöl“, „Bauwerke in Dubai“ und „aktuelle Bauprojekte“. Jede Gruppe bestimmte einen Gruppensprecher, dessen Name auf dem Advance Organizer notiert wurde.
Zu den Überlegungen über das Ziel des Projektes warf ich in die Runde, wie wichtig es sei, realistische Ziele zu setzen, solche, die in zwei Wochen erreicht werden könnten. Die Idee, ein Bauwerk herzustellen, wurde umgehend verworfen, da zu viel Projektzeit in Anspruch genommen worden wäre. Die Lernenden formulierten eigene Ziele, die wir an der Tafel und in den Heften festhielten. Es wurden Ziele aufgelistet wie: „Lage und Besonderheiten von Dubai“, „Dubai/Vereinigte Arabische Emirate im Vergleich mit Furtwangen/Deutschland“. Neben der Übung in der Arbeit mit Projekten wollten die Lernenden ihre Fertigkeiten im Umgang mit Computern weiterentwickeln. Um Schulzeit einzusparen, sollte die Recherche für das Dubai-Projekt überwiegend arbeitsteilig zu Hause erledigt werden. Die Schulzeit sollte Prozessen vorbehalten werden, die gemeinsame Entscheidungen erforderten. An der Tafel nahm der Projektablauf Gestalt an: zwei Stunden Informationsbeschaffung, zwei Stunden für die Materialherstellung, zwei Stunden für den Museumsrundgang und zwei abschließende Stunden für die Verarbeitung des Projektes, Reflexion und den emotionalen Ausstieg aus dem Projekt.
Bevor die Lernenden in der GWG-Stunde mit der Recherche begannen, gab ich zu bedenken, dass das Thema „Dubai“ nicht in allen Aspekten mit Hilfe von Büchern in den Griff zu bekommen ist. Die Nutzung des Internets würde für einige Gruppen mit ihren speziellen Themen nicht zu umgehen sein. Dies betraf beispielsweise „die neusten Bauwerke in Dubai“. Da Informationen aus dem Internet nicht immer seriös sind, forderte ich die Lernenden auf, diejenigen Seiten, denen sie Informationen entnehmen wollten, stets zu notieren. Am effektivsten sei die Recherche über große Suchmaschinen, wie beispielsweise google.de. Zunächst sollte aber aus Büchern recherchiert werden, da Informationen aus dieser Quelle gewöhnlich zuverlässiger sind als Informationen aus dem Internet. Nach diesen Instruktionen wurden die letzten zehn Minuten des Unterrichts für ein Feedback eingesetzt, das den Stand der Gruppen wiedergeben sollte.

Im anschließenden „GWG"-Unterricht befanden sich die Lernenden in der zweiten Stunde der Informationsbeschaffung zu ihrem Projektthema „Dubai". Für diesen Unterricht hatte ich den Computerraum reserviert, damit den Schülern eine Internetrecherche möglich war. Natürlich wurden auch Bücher eingesetzt. Die Lernenden hatten bereits zu Hause einige Informationen gesammelt und standen vor der Entscheidung, welche weiteren Informationen benötigt würden, welche als brauchbar einzustufen wären und welche für die Präsentation des Themas verwendbar. Die letzte Viertelstunde diente der Reflexion über die Arbeit und der Beantwortung von Fragen.
Die Unterrichtseinheiten in der Zeit danach nutzten wir für das Dubai-Projekt. Als Modelle erklärte ich den Lernenden, welche Möglichkeiten ihnen zur Verfügung für eine Präsentation stünden. Sie stellten in beiden Stunden Material für die Präsentation her. Alle Schülergruppen fertigten ein Plakat über ihr Thema an, ohne dass von meiner Seite konkrete Vorgaben gemacht worden wären. Allerdings hatte ich die Lernenden verpflichtet, eine Verarbeitungsmethode zu ersinnen, die es zuließ, dass sich jeder nach dem Museumsrundgang individuell mit den Themen auseinanderzusetzen vermochte. Viele Methoden sind ihnen aus dem Unterricht bekannt, für weitere Methoden habe ich einen Ordner mit verschiedenen Verarbeitungsmethoden während der Projektphase zur Verfügung gestellt.
Des Weiteren war jeder Gruppe aufgetragen, sich acht Fragen zu ihrem Thema zu überlegen, diese auf dem Computer abzutippen und an mich zu schicken. Diese Fragen würden wir für das Abschlussspiel des Projektes gebrauchen. Am Ende jeder Stunde vergewisserten wir uns mittels einer Feedback-Runde der Fortschritte der einzelnen Gruppen in ihrer Vorbereitung auf die Präsentation. Einige Gruppen schlossen ihre Aufgaben schon vor dem Ende der zweiten Material-Stunde ab und konnten deshalb vor den anderen damit beginnen, Karten für die Präsentation anzufertigen.
In der „GWG"-Stunde wurde die Klasse in vier „Museumsgruppen" eingeteilt. Niemand aus der eigenen Arbeitsgruppe durfte in der Museumsgruppe des Experten sein. Im Uhrzeigersinn defilierten die Lernenden von Plakat zu Plakat, und jedes Gruppenmitglied stellte als Experte „sein" Plakat vor und beantwortete Fragen der anderen Gruppenmitglieder. Die letzten Minuten der Stunde nutzten wir als Feedbackrunde. Nachdem alle Plakate präsentiert waren, trafen wir uns im Klassenzimmer. Dort lagen die verschiedenen Verarbeitungsmethoden aus. Jeder konnte selber auswählen, mit welcher Verarbeitungsmethode er sich beschäftigen wollte, um das Thema „Dubai" weiter zu verinnerlichen.
In unserer letzten „GWG"-Stunde spielten die Lernenden das „Dubai-Spiel". Jede Gruppe hatte auftragsgemäß während der Materialgestaltung Fragen an mich geschickt, die ich zu einem Spiel verarbeitet hatte. Durch dieses Spiel wurden neue Aspekte zum Thema „Dubai" in die Runde gebracht. Anschließend trafen wir uns in einem Sitzkreis und machten uns Gedanken über das Projekt. Ich begann die

Feedbackrunde mit der Hervorhebung von Vorzügen des Projekts, brachte aber auch zum Ausdruck, was ich beim nächsten Mal anders machen würde, weil es sich nicht bewährt habe. Anschließend äußerte sich jeder Schüler. Wir entwarfen eine Strategie, wie man das Projekt am besten in den Unterricht integrieren könnte und welche Möglichkeiten es gäbe, an diesem Thema „dran“ zu bleiben.
Gegen Ende der Klassenlehrerstunde und zur Verabschiedung meiner Schüler führten wir zum Abschluss des letzten Schultages die Methode „Wunschmurmel“ durch. In der Mitte des Sitzkreises lagen verschiedene Murmeln aus. Jeder Schüler suchte sich nach seinem Geschmack eine Murmel aus. Anschließend überlegte er sich, wem aus der Klasse er gerne diese Murmel schenken und welchen Wunsch er/sie ihm/ihr mit auf den Weg geben würde. Vorgabe war lediglich, dass jeder Schüler nur eine Murmel geschenkt bekommen durfte, da so gewährleistet war, dass kein Schüler ohne Murmel nach Hause gehen würde.

Phase 1: Einstieg in die Projektarbeit:
Lehrperson agiert als Modell
Brainstorming zur Themenfindung – Themenwahl: „DUBAI"
Informationsbeschaffung zum Thema Dubai als Hausaufgabe Blitzlicht zu Dubai
Advance Organizer durch die Lehrperson; Themenwahl der SchülerInnen Lehrers – Themenblätter im Klassenzimmer
Ziele des Projekts festlegen
Projektablauf – festlegen des großen Projektplans

Phase 2: Selbstgesteuerte Kleingruppenarbeit
Lehrperson erstellt laut einen kleinen Projektplan, anschließend erstellen die SchülerInnen in ihren Kleingruppen ihren eigenen Projektplan
Schnittstelle A: Vorstellung des kleinen Projektplans im Plenum
Projektplan umsetzen: Informationen sammeln, auswerten und sichern; Lehrperson erläutert ein sinnvolles Vorgehen; sie weist darauf hin, dass das Internet für einige Gruppen nicht zu umgehen ist – aufgrund der speziellen Themen – Durchführung der Informationsrecherche durch die SchülerInnen
Schnittstelle B: Reflexion und Feedback
Ergebnisse für andere Gruppen aufbereiten: Lehrerin nennt Möglichkeiten für die Präsentation und die Aufbereitung des Themas für die Verarbeitungsphase (Methodenordner steht den SchülerInnen zur Verfügung)

Phase 3: Austausch der Informationen zwischen den Kleingruppen
Durchführung von Schnittstelle A: Lehrperson gibt Rückmeldung zu den Methoden
Durchführung eines Gruppenpuzzles als Museumsrundgang nach der genauen Erläuterung durch die Lehrerin

Phase 4: Verarbeitungsphase
Subjektive Verarbeitungsphase: nach der Erläuterung durch die Lehrerin bearbeiten die SchülerInnen die von den jeweiligen Gruppen hergestellten Methoden (Quartett, Quiz, Spiel, Rätsel, ...)
Kollektive Verarbeitungsphase: Spielen des DUBAI-Spiels in Kleingruppen

Phase 5: Ausstieg aus der Projektarbeit
Feedbackrunde
Inhaltlicher Abschluss – Transfer anbahnen (Integration des Projekts in den Unterricht & Vertiefung des Themas)
Emotionale Verarbeitung mit der Methode „Wunschmurmel"

k

Abb. 22: Weg 3 – Projekt „Dubai"

Weg 4: Selbstgesteuerte Kleingruppenprojektarbeit

In der ersten Doppelstunde legten sich die Lernenden Themen zurecht, die sie an der Tafel notierten. Jeder schrieb mindestens ein Thema an die Tafel. Anschließend wurden Doppelungen zusammengefasst und Themen eliminiert, die nicht umsetzbar waren. Jeder Schüler besaß eine Stimme für die Themenwahl. Nach der Abstimmung war die Mehrheit der Schüler für die Themen „Musik“, „Adipositas“ und „Drogen“. Die Lernenden kamen von sich aus auf die Idee, die Klasse zu dritteln, damit sich jede Gruppe im Vorfeld mit einem der drei Themen gründlicher befassen konnte. Es kam eine Einigung zustande, wer sich über welches Thema informieren und es so aufbereiten sollte, dass es in der nächsten Stunde vorgestellt werden konnte. Die Lernenden legten einen Projekthefter an, in dem sie notierten, welche Gedanken zum Thema ihnen kamen und welche methodischen Schritte zu unternehmen wären. Dieser Ordner diente auch der Informationsrecherche. Alle Informationen, die wir zu diesem Thema akquirierten, wurden in den Ordner geheftet.
In der zweiten Stunde durchforsteten die Lernenden das Internet und anschließend stellten die drei Gruppen ihre jeweiligen Themen vor, so dass alle einen Überblick über die Themen „Musik“, „Adipositas“ und „Drogen“ gewannen. Die Entscheidung für ein konkretes Projektthema war durch die umfassenden Eindrücke der drei möglichen Themen erheblich erleichtert worden. Dies gilt umso eher, als jede Gruppe eigens ein Plakat mit zum Thema passenden Bildern erstellt hatte, so dass „ihr“ Thema anschaulich, sozusagen sinnlich fassbar war. Nachdem alle Themen vorgestellt waren, entschieden sich die Lernenden mit großer Mehrheit für das Thema „Drogen“. Jeder Schüler erstellte eine Mindmap zu diesem Thema, um sein/ihr Vorwissen einzubringen. Die Lernenden bekamen den Auftrag, Informationen über das Thema zu sammeln. Die übrige Zeit wurde für eine vorläufige Recherche an Information eingesetzt. Als Hausaufgabe sollten sie sich gründlicher mit dem Thema beschäftigen. Für die nächste Schulstunde sollte von jedem mindestens ein Buch mitgebracht werden, in dem das Thema „Drogen“ behandelt wurde.
In der dritten Woche stellte ich meinen Advance Organizer zum Thema vor. Meine Überlegungen darin ergänzten wir durch Ideen der Lernenden. Einige Themen, die ins Spiel gebracht worden waren, wie beispielsweise „das Herstellen von Drogen“, wurden stehenden Fußes wieder gestrichen. Aus der Vielzahl an Themen wählten die Lernenden in Gruppen sechs Themen aus: „Drogenkonsum“; „legale und illegale Drogen“; „Sucht“; „Wirkung von Drogen“; „verschiedene Drogen“ und „Doping“. Anschließend einigten wir uns auf die Ziele, die wir mit diesem Projekt in Zusammenarbeit erreichen wollten: Die Lernenden waren an einem Überblick über das Thema interessiert, der ihre „Internettüchtigkeit“ auf die Probe stellen würde. Informationen, Wissen und Kenntnisse zu diesem Thema sollten dem Internet entnommen werden und – wie alle hofften – eine „abschreckende“ Wirkung entfalten. Als letzten organisatorischen Punkt entwickelten wir einen umfangreichen, detaillierten Projektplan.

Die fünf Unterrichtseinheiten sollten in folgender Reihenfolge abgewickelt werden:

- Unmittelbar folgen sollte die Informationsrecherche.
- Danach standen in der zweiten und dritten Stunde die Akquirierung des Materials, die Herstellung von Plakaten und die Wahl der Verarbeitungsmethoden, an.
- Die vierte Stunde war für den Museumsrundgang geplant.
- In der fünften und letzten Stunde sollten die Metareflexion der Verarbeitungsmethoden und die Kritik am Projekt zentrale Themen sein.

In Kleingruppen erarbeiteten sich die Lernenden einen kleinen Projektplan in Form einer Mindmap, um eine vorläufige Übersicht zu gewinnen. Nachdem der Projektplan auf die „Beine gestellt" worden war, stellte sich die Frage seiner Umsetzbarkeit innerhalb des vorgegebenen Zeitrahmens. Dieses Thema machte die Runde, und nach der Schnittstelle A setzten die Lernenden ihren Projektplan um.
Emsig wurden Informationen aus dem Internet und aus Büchern zusammengetragen. Beinahe jeder Schüler hatte ein Buch dabei, in dem das Thema „Drogen" behandelt wurde. Da es in Furtwangen nur eine kleine Bücherei gibt, hatte ich vorsorglich aus der Bibliothek der Pädagogischen Hochschule mehrere Bücher zu diesem Thema ausgeliehen. Nachdem der Schatz an Informationen von den Lernenden ausgewertet und gesichert worden war, konnten wir uns gegen Ende der Stunde wieder dem bekannten Abschlussritual widmen. Metareflexion, Hausaufgabe und Ausblick auf die kommende Stunde.
In der nächsten Doppelstunde bereiteten die Lernenden das Thema für die Präsentation vor. Es wurden verschiedene Materialien und diverse Darstellungsweisen in Betracht gezogen. Die Entscheidung fiel zugunsten von Plakaten. Neben dem Material wurde eine Verarbeitungsmethode für die individuelle Auseinandersetzung mit dem Thema erstellt. In dieser Doppelstunde arbeiteten die Lernenden die Ergebnisse präzise genug auf, sodass sie eine übersichtliche Präsentation bieten konnten. Zum Ende der Doppelstunde nutzten wir die knappe Zeitspanne, um bekannt zu geben, wie weit die einzelnen Gruppen gekommen waren, und was in der Folgestunde noch zu erledigen war.

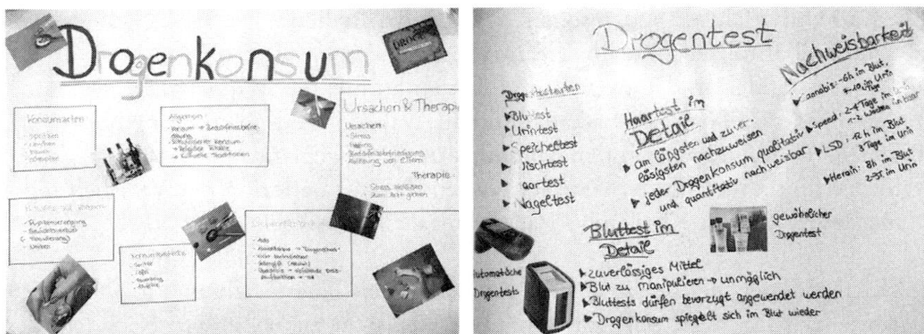

Abb. 23: Plakate

In der letzten Doppelstunde veranstalteten die Lernenden mit Hilfe eines Gruppenpuzzles den Museumsrundgang des Drogenprojektes. An jedem Plakat erklärte der Experte den Gruppenmitgliedern das Thema und bezog Stellung zu aufgetretenen Fragen.

Im Klassenzimmer standen, von den einzelnen Gruppen bereitgestellt, Hilfsmittel (Memorys, Quiz, Spiele, Quartette, Kreuzworträtsel, …) zur Verfügung. Die Lernenden entschieden aus freien Stücken, mit welchem Thema sie sich vertiefend beschäftigen wollten.

Es folgten die Einleitung zum gemeinsamen Ausstiegsritual, Beantwortung offener Fragen, Metareflexion. Dieses Mal wurde aber zusätzlich an einen jeden ein roter und ein grüner Zettel ausgeteilt. Auf diesen Zetteln sollte jeder jeweils einen positiven Aspekt und einen verbesserungswürdigen Aspekt des Projektes aufschreiben. Im Plenum hatten die Lernenden die Option, den positiven oder den negativen Aspekt von dem entsprechenden Blatt abzulesen. Als emotionalen Abschluss spielten wir das Spiel „Koffer packen". Jeder äußerte, was sie aus der PROGRESS-Methode für sich und seine/ihre weitere Schullaufbahn gern mitnehmen würde.

Phase 1: Einstieg in die Projektarbeit:
Vorwahl des Themas – Informationsrecherche zu den Themen „Musik“, „Drogen“ und „Adipositas“
Entscheidung für das Thema DROGEN
Vorkenntnisse aktivieren – Mindmap erstellen
Gruppen einteilen
Festlegung der Ziele im Projekt
Entwickung eines großen Projektplans

Phase 2: Selbstgesteuerte Kleingruppenarbeit
Ausarbeitung eines kleinen Projektplansin den Arbeitsgruppen (als Mindmaps)
Schnittstelle A: Vorstellung des Projektplans & Überlegungen zur Umsetzung
Projektplan umsetzen: Informationen recherchieren, sammeln und verwerten
Schnittstelle B: Metareflexion
Ergebnisse für andere Gruppen aufbereiten (für die Verarbeitungsphasen)

Phase 3: Austausch der Informationen zwischen den Kleingruppen
Durchführung von Schnittstelle A
Durchführung eines Gruppenpuzzles als Museumsrundgang

Phase 4: Verarbeitungsphase
Subjektive Verarbeitungsphase (Quiz, Kreuzworträtsel, Spiele, ...)
Gesamtergebnis erarbeiten

Phase 5: Ausstieg aus der Projektarbeit
Ausstiegsritual, Beantwortung offener Fragen
Metareflexion
Positive/verbesserungswürdige Aspekte des Projekts
Methode „Kofferpacken“ als emotionaler Ausstieg

k

Abb. 24: Weg 4 – Projekt „Drogen“

Reflexion

Meine Vorstellungen bezüglich der Umsetzung der PROGRESS-Methode im Unterricht waren naturgemäß zu Beginn etwas „blauäugig". Ich hatte mir gedacht, dass ich ohne Probleme in zwei Stunden „GWG" pro Woche mit meiner Klasse die Stationen der Methode von A bis Z durchziehen könnte, dies würde jedoch nur reichen, wenn man die Methode über mehrere Schuljahre mit einer Klasse durchlaufen würde.

Es hat sich ebenfalls überdeutlich die Notwendigkeit abgezeichnet, die PROGRESS-Methode für einen wesentlich längeren Zeitraum in Kooperation mit mehreren Fachlehrern in den Klassen umzusetzen. Mein Vorschlag für die Umsetzung in der weiterführenden Schule sieht deshalb folgendermaßen aus: Klasse 5: Weg eins – Von der Instruktion zum Sandwich; Klasse 6: Weg zwei – Vom Sandwich zum projektorientierten Lernen; Klasse 7: Weg drei – Lernen am Modell und Weg vier – Selbstgesteuerte Kleingruppenprojektarbeit.

Die Lernenden sollten die neuen Lernmethoden zu Beginn der weiterführenden Schule kennen lernen. Im Idealfall müssen die Methodenkenntnisse lediglich aufgefrischt werden, weil sie bereits in der Grundschule rudimentär angebahnt worden sind.

Sicherlich trägt die Hauptaufgabe im Durchlaufen der PROGRESS-Methode nach wie vor der Klassenlehrer, schon allein weil er in der Regel die meisten Stunden in seiner Klasse hat. Dennoch ist es unerlässlich (zudem eine erhebliche Arbeitserleichterung), dass sich Fachlehrer gegenseitig unterstützen und gemeinsam an einem Strang ziehen.

Für die Umsetzung der Methode ist sicherlich auch eine klassenübergreifende Arbeit von diversen Klassenstufen effektiver als ein „Herauspicken" einzelner „auserwählter" Klassen. Hier bietet sich in gleichen Fächern vor allem das Teamteaching an, um den Arbeitsaufwand für den einzelnen Lehrer in Grenzen zu halten.

Mir als Lehrerin war es vergönnt, bereits vor dem Einsatz der PROGRESS-Methode ein halbes Jahr im Rahmen einer Fortbildung die Methoden kennengelernt zu haben. Teilweise hatte ich sie auch schon mit meinen damaligen Schülern ausprobieren können. Dennoch stellte der Einsatz der PROGRESS-Methode im Rahmen des ausführlich dargestellten Projektes für mich eine neue Herausforderung dar.

Für Weg eins eignete ich mir die theoretischen Kenntnisse über die Methoden aus Büchern an, die Umsetzung fiel mir jedoch bei manchen Schritten nicht leicht. Beispielsweise funktionierte das Lerntempoduett bei meinen ersten Versuchen in der 7. Klasse überhaupt nicht. Während die eine Hälfte der SchülerInnen ihre Blätter zügig bearbeitete, hatte die andere Hälfte Schwierigkeiten mit ihrem Teil und kam nicht von der Stelle. Das Eintreffen einer solchen Situation hatte ich im Vorfeld nicht in Erwägung gezogen und stand ihr mit dem entsprechenden Zwang zur Improvisation gegenüber.

Für die Umsetzung von Weg drei – Lernen am Modell – hätte ich mir gewünscht, mehr an Wissen über diesen Projektschritt zu erhalten. Mir fiel das „laute Denken" als neue Methode schwer, ebenfalls bin ich mir sicher, dass ich durch die Methode des pädagogischen Doppeldeckers besser auf diesen Weg durch eine Fortbildung oder vergleichbare Veranstaltung vorbereitet worden wäre.
Für alle Lehrerinnen und Lehrer, die sich mit ihren Klassen auf den Weg der PROGRESS-Methode begeben, ist eine Unterstützung notwendig. Hierzu kann dieses Buch Anregungen bieten.

7.3 Beste Schule Deutschlands – Wir drehen einen Imagefilm (Anne Zapf)

Überblick

Aufgrund schulorganisatorischer Rahmenbedingungen erprobte ich die PROGRESS-Methode mit jeweils einer Hälfte meiner siebten Realschulklasse über ein halbes Schuljahr in einer nachmittäglichen Doppelstunde im Rahmen des Themenorientierten Projekts Soziales Engagement (ToP SE). Der hier dargestellte Verlauf der PROGRESS-Methode endete in Weg 4 im Projekt „Beste Schule Deutschlands – Wir drehen einen Imagefilm!".
Einen Überblick über den Projektverlauf bietet folgende Tabelle. Die erste Spalte bezeichnet den Fortschritt der PROGRESS-Methode. Die zweite Spalte nennt die Anzahl der hierfür aufgebrachten Unterrichtsstunden im ToP SE Unterricht und ergänzend im Fach Deutsch (in Klammern angegeben). Die letzte Spalte nennt im jeweiligen Weg eingesetzte Mikromethoden (Lern- und Arbeitstechniken sowie Gesprächs- und Kooperationstechniken) und Makromethoden.

Tab. 2: Tabellarischer Projektverlauf

PROGRESS-Methode	Anzahl der Unterrichtsstunden	Eingesetzte Mikro- und Makromethoden
Vor Weg 1	(4)	– Regeln im Unterricht – Gruppenregeln – Feedback-Regeln – Plakatgestaltung

Weg 1	4 (4)	– Advance Organizer zu benötigten Methoden – Kooperatives Lernen „Eierflieger“ – Gesprächsregeln – Gruppenrollen – Team-Uhr – Projektmappe führen – Stimmungsbarometer – 5-Schritt-Lesemethode – Grafiken auswerten
Weg 2	4 (10)	„Unsere Klasse stellt sich vor“ – Eine eigene Umfrage vorbereiten – Eine Umfrage durchführen – Ein Diagramm in Excel erstellen – Ein Plakat gestalten – Ergebnisse präsentieren – Berichten – Besuch einer Bibliothek – Methoden der Literaturrecherche
Weg 3	4 (6)	„Wir planen einen Ausflug für die Klasse“ – Advance Organizer zum Projektmodell – Methode des lauten Denkens – Murmelphase – Kartenabfrage – Ranking mit Klebepunkten – Großer Projektplan mit Hilfe einer Mind-Map – Einteilung von Kleingruppen nach thematischem Interesse – Zeitplan erstellen – Bewerbungsvideo zur „Besten Klasse Deutschlands“
Weg 4	18	„Imagefilm – Beste Schule Deutschlands“ – Gruppendiskussion zu vorgeschlagenen Themen – Kartenabfrage – Ranking – Großer Projektplan (Agenda) – Kleinen Projektplan ausarbeiten – Zeitplan erstellen – Gruppenportrait erstellen – Advance Organizer zu den Arbeitsgruppen – Tagesberichte schreiben – Internetrecherche – Expertenbefragung – Literaturrecherche und -auswertung – Zielscheibe – Selbst- und Fremdbewertung – Rückblick auf das Projekt – Reflexion der vier Wege – Stimmungsbarometer

Vor Weg 1

Die Lernenden können mit dem Begriff Projekt im schulischen Kontext noch nichts verbinden. In Klasse 6 wurde zwar das ToP TA (Themenorientiertes Projekt Technisches Arbeiten) durchgeführt, das einige Projektmerkmale – wie beispielsweise die Handlungsorientierung – aufwies, die Lernenden aber nicht an der Zielsetzung und Planung beteiligte, die Schülerorientierung sowie die Prozessorientierung somit vernachlässigte. Ich erkläre kurz, was ein Projekt vom Lehrgang unterscheidet und versuche, eine positive Grundstimmung zum Projektlernen zu erzeugen, indem ich hervorhebe, dass in einem Projekt die Interessen aller Beteiligten berücksichtigt werden und die Lernenden eigenständig arbeiten können. Um der Klasse eine Idee von einem Projekt zu geben und um mir selbst ein Bild vom Grad der Selbstständigkeit der Lernenden zu machen, schlage ich als „Mini-Projekt" vor, unser Klassenzimmer zu verschönern. Realisierbare Ideen werden in einer Mind-Map an der Tafel gesammelt und von mir ergänzt (Pflanzen, Stundenplan, Geburtstagskalender, Flaggen, selbst gestaltete Bilder, neue Sitzordnung usw.). Die Lernenden teilen sich nach thematischem Interesse ein. Sie bekommen benötigtes Material und den Auftrag, ihre überschaubare Aufgabe eigenständig in der Gruppe zu organisieren. Weitere Unterrichtszeit stelle ich nicht zur Verfügung. Mit dieser Freiheit können einige bereits umgehen, andere nicht. Manche Gruppen organisieren sich eigenständig, andere können ihren Beitrag nicht leisten. Die Lernenden erkennen, dass Projektarbeit hohe Anforderungen an den Einzelnen stellt und viele noch nicht über die hierfür nötigen Kompetenzen verfügen.
Im Unterricht werden Klassenregeln erarbeitet. Die Lernenden fertigen Plakate zum Verhalten im Unterricht, Regeln in der Gruppe und zu Feedback-Regeln an.

Weg 1: Von der Instruktion zum Sandwich

Weg 1 stellt wichtige Mikro- und Makromethoden, die für eine selbstständige Projektarbeit notwendig sind, bereit. Ich beginne mit einem Advance Organizer zum Thema: „Juhu, wir machen ein Projekt! Aber wie?" Welche Methoden, welches Rüstzeug, welche Grundlagen brauchen wir, um selbstständig arbeiten zu können?

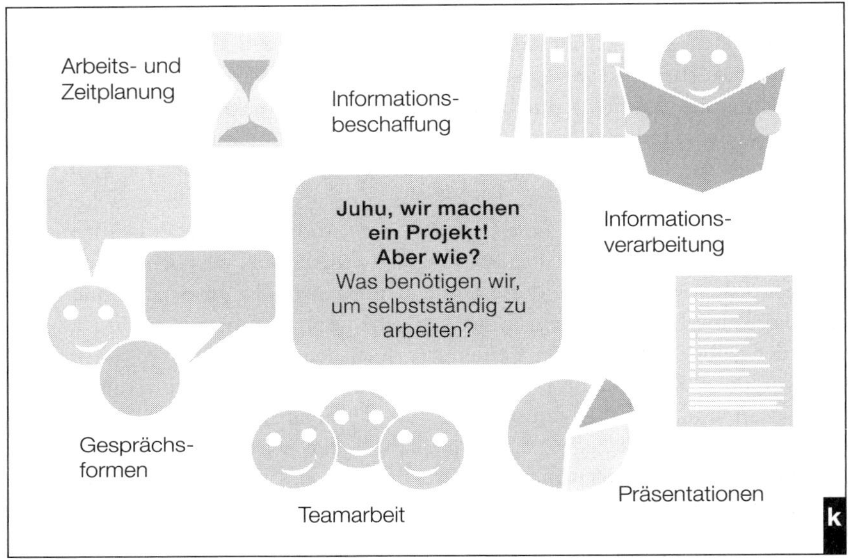

Abb. 25: Advance Organizer: „Juhu, wir machen ein Projekt – Aber wie?"

Im Fokus der heutigen Sitzung steht die Teamentwicklung. Der Bau eines Eierfliegers in einer Gruppe mit anschließender Reflexion des Gruppenprozesses dient zur Sensibilisierung.

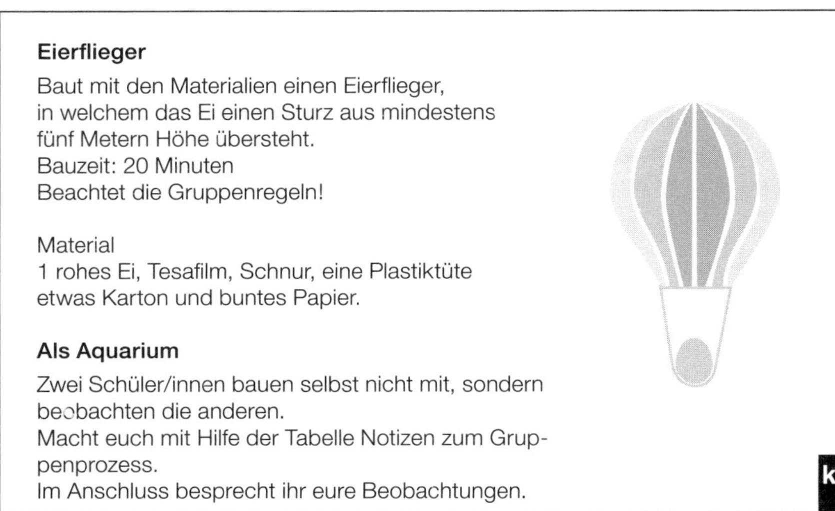

Abb. 26: Eierflieger

Tab. 3: Beobachtungsbogen

	Name:	Name:	Name:
lässt andere ausreden			
beteiligt andere			
bringt Ideen ein			
beteiligt sich aktiv			
kann die Ideen der anderen aufgreifen			
kann Kompromisse finden			
sorgt für eine gute Stimmung			
…			

Des Weiteren kann die Aufgabe als Schreibanlass dienen, eine Bauanleitung zu schreiben. Textverarbeitungsprogramme können genutzt werden und die Verwendung des Passivs findet eine konkrete Anwendung.
Der emotionale Ausstieg aus jeder Projektsitzung erfolgt mit Hilfe eines Stimmungsbarometers, in den die Lernenden ihre momentane Stimmung auf einer Skala eintragen. Dies ist eine sehr schnelle Möglichkeit, eine Rückmeldung zu erhalten und sofort rückfragen zu können, wenn Einzelne eine schlechte Stimmung angeben. Lernenden fühlen sich ernst genommen und fordern die Barometer – einmal eingeführt – geradezu ein.

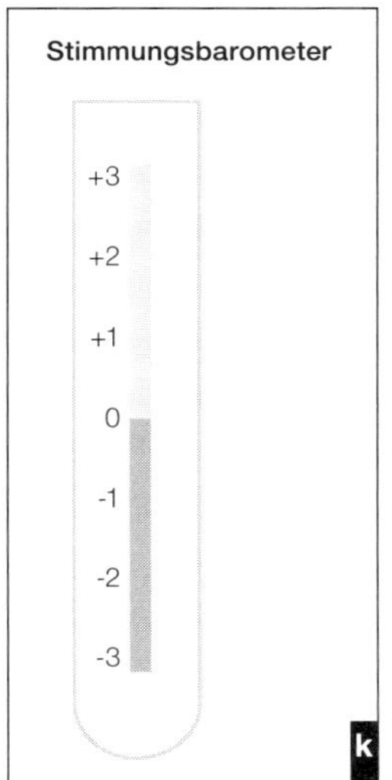

Abb. 27: Stimmungsbarometer

Im Sitzkreis wird das Befinden in der Gruppe thematisiert. Als Gedankenstütze dienen der eigene Aufschrieb sowie die Notizen der Aquariumsbeobachter. Das Rederecht wird durch einen Gegenstand angezeigt. Vorkenntnisse und Erfahrungen mit Gruppenarbeiten in der bisherigen Schulzeit werden aufgegriffen und das Thema „Klassenklima" wird von Seiten der Lernenden angeschnitten. Sie stellen Regeln für eine erfolgreiche Gruppenarbeit auf.
Ich stelle die Team-Uhr mit den Phasen Eingewöhnung, Konflikt, Organisation und Lösung vor und erkläre, dass Konfliktphasen dazu gehören und produktiv sind. Einige Gruppenrollen werden mit Kärtchen visualisiert und deren Aufgaben erklärt. Beispielsweise das Krokodil achtet auf die Einhaltung der Gruppenregeln, der Zeitwächter achtet auf die Zeit und das Thema, der Schreiberling notiert Zwischenergebnisse.

Das Führen einer Projektmappe wird erläutert. Im Deutschunterricht werden die 5-Schritt-Lesemethode sowie der Umgang mit Grafiken wiederholt.

Weg 2: Vom Sandwich zum projektorientierten Lernen

Die folgenden beiden Doppelstunden sind nach dem Sandwich-Prinzip aufgebaut: Der Einstieg informiert über das Thema und soll Transparenz schaffen: „Unsere Klasse stellt sich vor“. Wir bereiten Umfragen zu Themen über die Klasse vor, führen diese Umfragen in der Klasse durch, erstellen aus den Ergebnissen Diagramme, gestalten ein gemeinsames Plakat und stellen dieses der Klasse vor. Ich mache meine Intentionen transparent. Im Partnergespräch können die Schüler eruieren, welches Umfragethema sie interessiert.

In der ersten kollektiven Lernphase demonstriere ich, wie eine kleine Umfrage vorbereitet werden kann und wie die Antwortkategorien beschaffen sein müssen.

Die anschließende subjektive Lernphase besteht aus einer Kleingruppenarbeit in Zufallsgruppen, die mit Hilfe zerschnittener Postkarten gebildet werden. Die Lernenden einigen sich auf ein Thema, entwerfen eine passende Frage und Antwortmöglichkeiten. Als Hilfe für die Gruppenarbeit dienen die Gruppenrollen-Kärtchen.

In einer kollektiven Phase demonstriere ich kurz, wie die Umfrage in der Klasse durchgeführt werden kann.

Es folgt eine subjektive Lernphase: Am nächsten Tag führen die Lernenden die Umfrage in der gesamten Klasse durch.

In einer kollektiven Lernphase in der kommenden Sitzung gebe ich eine Einführung in Excel und den Diagrammassistenten.

In der anschließenden individuellen Lernphase erstellen die Lernenden in Excel verschiedene Diagramme zu ihrer eigenen Umfrage und drucken diese farbig aus.

In einer Gelenkstelle nenne ich die Aufgabe, ein gemeinsames Plakat zu gestalten.

Es folgt eine subjektive Lernphase, in der die Lernenden die Diagramme auf einem Plakat anordnen und dieses gestalten.

Als Ausstieg aus dem Sandwich präsentieren die Lernenden mit Hilfe des Plakats ihre Ergebnisse der Lerngruppe und am nächsten Tag der gesamten Klasse. Das Produkt erfährt Anerkennung und wird im Klassenzimmer ausgestellt.

Im Deutschunterricht wird das Thema „Berichten“ ausführlich behandelt. Dies wird für die Tagesberichte im späteren Projekt benötigt. Außerdem besucht die Klasse die Städtische Bibliothek: Alle Schüler/innen bekommen einen Leseausweis und lernen Möglichkeiten der Literaturrecherche kennen.

Einstieg
Thema: „Unsere Klasse stellt sich vor"
Information und Transparenz schaffen
Partnergespräch über mögliche Themen

Kollektive Lernphase
Demonstration der Vorbereitung einer Umfrage durch die Lehrperson

Subjektive bzw. individuelle Auseinandersetzungsphase
Schüler/innen entwerfen eine Umfrage zu einem eigenen Thema
Gruppenrollenkärtchen unterstützen den Gruppenprozess

Kollektive Lernphase
Demonstration der Durchführung einer Umfrage durch die Lehrperson

Subjektive bzw. individuelle Auseinandersetzungsphase
Schüler/innen führen die Umfrage in der Klasse durch

Kollektive Lernphase
Einführung in Excel und den Diagrammassistenten durch die Lehrperson

Subjektive bzw. individuelle Auseinandersetzungsphase
Schüler/innen erstellen in Gruppen Diagramme in Excel aus ihrer eigenen Umfrage

Gelenkstelle
Lehrperson erläutert die Aufgabe, aus den einzelnen Umfragen ein gemeinsames Plakat zu erstellen

Individuelle Lernphase
Schüler/innen ordnen die Umfragen an und gestalten ein gemeinsames Plakat

Ausstieg
Die Umfrageergebnisse werden der Klasse erläutert
Das Plakat erfährt Anerkennung und wird im Klassenzimmer ausgestellt

k

Abb. 28: Weg 2 „Unsere Klasse stellt sich vor"

Weg 3: Lernen des Modells durch Lernen am Modell

Ich stelle den Lernenden das Projektmodell vor und erkläre, dass ein Projekt aus verschiedenen Phasen besteht, die wir heute modellhaft gemeinsam durchlaufen und dass ab nächster Woche die Ideen der Jugendlichen im Vordergrund stehen. Dies dient als Advance Organizer.

Ich nenne das Thema des kleinen Projekts „Wir planen einen Ausflug für die Klasse" und äußere meine Überlegungen hierzu durch lautes Denken. Im Partnergespräch sollen sich die Lernenden auf einen Vorschlag für ein Ausflugsziel einigen. Mit Hilfe der Kartenabfrage werden unsere Ideen an der Tafel gesammelt. Mit der Methode des lauten Denkens wäge ich Vor- und Nachteile der einzelnen Vorschläge ab. Die Klasse äußert sich ebenfalls, zuerst im Partnergespräch in einer Murmelphase, dann im Plenum. Jeder erhält zwei Klebepunkte, um seine Favoriten auszuwählen. Die Abstimmung führt zu dem Ausflug „Weihnachtsmarktbesuch mit Schlittschuhlaufen". Im Plenum überlegen wir, welche Kleingruppen sinnvoll sind (Elternbrief schreiben; Öffnungszeiten, Preise, Reservierung; Terminabsprache mit der Schulleitung; Dokumentation für die Klasse und das Schuljahrbuch mit Fotos und einem Bericht) und halten diese an der Tafel in Form einer Mindmap fest. Die Gruppeneinteilung erfolgt nach thematischem Interesse. Das Ziel ist festgelegt, zeitlich sollen alle Arbeiten bis zur kommenden Woche abgeschlossen sein. Ich entwerfe exemplarisch einen Gruppenzeitplan (Wer macht was bis wann? Was macht jeder allein? Was machen wir gemeinsam? Wo und wann treffen wir uns? Welche Hilfsmittel benötigen wir?). Die Gruppen erstellen eigene Zeitpläne, die dem Plenum vorgestellt und ergänzt werden.

Die Erarbeitung des kleinen Projektplans in selbstgesteuerter Kleingruppenarbeit erfolgt eigenständig, nachdem die Lehrperson ihr Vorgehen an einem Beispiel mit Hilfe des lauten Denkens transparent gemacht hat. Die Lernenden geben ihre Ergebnisse ab und informieren die Klasse mit Hilfe eines Elternbriefs über den anstehenden Ausflug. Die Durchführung und Dokumentation des Ausflugs stellen das Gesamtergebnis dar. Die Reflexion des Ausflugs und des Vorgehens bilden den Abschluss dieses Modellprojekts.

Phase 1: Einstieg in die Projektarbeit
Das Projektmodell wird erläutert und dient als AO
Lehrperson nennt das Thema „Wir planen einen Ausflug für die Klasse" und macht ihre Intentionen transparent
Zeitlicher Rahmen wird im großen Projektplan festgelegt
Im Partnergespräch werden Ausflugsziele diskutiert
Lehrperson wägt Vorschläge durch lautes Denken ab
Kartenabfrage und Hitparade führen zu dem Ziel „Weihnachtsmarkt und Schlittschuhlauf"
Kleingruppen werden nach thematischem Interesse eingeteilt

Phase 2: Selbstgesteuerte Kleingruppenarbeit
Lehrperson arbeitet einen kleinen Projektplan aus und denkt dabei laut
Gruppen entwerfen einen kleinen Projektplan
Schnittstelle A: Projektpläne werden diskutiert und ergänzt
Gruppen setzen ihren Projektplan um (Elternbrief schreiben; Öffnungszeiten, Preise, Reservierung; Terminabsprache mit der Schulleitung; Dokumentation in Wort und Bild vorbereiten)

Phase 3: Austausch der Informationen zwischen den Kleingruppen
Lehrperson macht Methode transparent
Die Gruppen tauschen im Gruppenpuzzle ihre Informationen aus

Phase 4: Verarbeitungsphase
Lehrperson agiert an einem Beispiel als Modell
Die Gruppen stellen der Klasse den Ausflug vor
Gesamtergebnis erarbeiten: Der Ausflug wird durchgeführt und dokumentiert

Phase 5: Ausstieg aus der Projektarbeit
Der Ausflug sowie das Vorgehen im Modellprojekt werden reflektiert

k

Abb. 29: Weg 3„Wir planen einen Ausflug für die Klasse"

Weg 4: Projektarbeit in Reinform

Die Lernenden sind froh, nun mit ihrem eigenen Projekt beginnen zu dürfen. Ich erkläre, dass die Themenfindung ein wichtiger Punkt ist, für den wir uns Zeit lassen und frage, wie wir unsere Ideen visualisieren könnten. Die Kartenabfrage, die in Weg 2 zum Einsatz kam, wird vorgeschlagen. In Partnerarbeit dürfen alle Klassenmitglieder und die Lehrerin Ideen festhalten, die mit Kärtchen an der Tafel visualisiert werden. Die Vorgabe besteht darin, dass sie eine soziale Komponente haben müssen und in einigen Wochen von Siebtklässlern umsetzbar sein müssen.

Vor- und Nachteile einiger Ideen (Liebesfilm, Imagefilm über die Schule, Computerkurs für Senioren, Spielenachmittag für Fünftklässler, Schulkleidung, Klassenzimmer streichen, Schule ohne Rassismus – Schule mit Courage ...) werden diskutiert. Die Lernenden sollen bis zur kommenden Sitzung ihre Favoriten auswählen. Ich ordne die Ideen, fasse ähnliche zusammen und verwerfe sehr abwegige.

Die von mir strukturierten Ideen werden zur Abstimmung gestellt. Die Schülerorientierung ist zentral für ein Projekt. Die Mitbestimmung muss in jedem Fall gegeben sein.

Nach einer Gruppendiskussion sprechen sich fast alle Jugendlichen für die Projektidee „Imagefilm – Beste Schule Deutschlands" aus. Dieser könnte beispielsweise Viertklässler/innen gezeigt werden, die sich für die Schule interessieren.

Die Lernenden können ihre Vorkenntnisse äußern. Die gesamte Klasse drehte vorangegangene Woche ein Bewerbungsvideo zu der Quizshow „Beste Klasse Deutschlands" des Kinderkanals. Die Idee hierzu wurde von einer Schülerin vorgebracht. Bei der Umsetzung waren Lehrkräfte maßgeblich beteiligt. Hierauf konnte verwiesen werden und der Unterschied zu einem Projekt verdeutlicht werden: Diesmal schreiben die Jugendlichen selbst das Drehbuch, führen Regie und schneiden den Film. Zwei Schüler waren bereits in ein Filmprojekt eines regionalen Fernsehsenders involviert und konnten ihre Erfahrungen mit der Kameraführung einbringen.

Das Projektziel wird festgehalten: Wir drehen einen Imagefilm über unsere Schule. Gemeinsam wird überlegt, welche verschiedenen Kleingruppen notwendig sind. Die Gruppen finden sich nach thematischem Interesse, erfinden einen identitätsstiftenden Gruppennamen und halten ihre Grobziele fest. Die „Schnittlen" erkundigen sich über verschiedene Schnittprogramme, wählen ein geeignetes aus, arbeiten sich ein und schneiden schließlich den Film. Die „Kameraden" kümmern sich um eine Kamera, informieren sich über Kameraführung und drehen den Film. Die „Regie" schreibt das Drehbuch und führt Regie. „Filmmusik" wählt in Absprache mit „Regie" geeignete Musik aus und übergibt sie den „Schnittlen". „Undercover" erstellt ein DVD-Cover. Die Kleingruppen erarbeiten eine Grobplanung.

Mit Hilfe eines Advance Organizers wird visualisiert, wie die Kleingruppen voneinander abhängen.

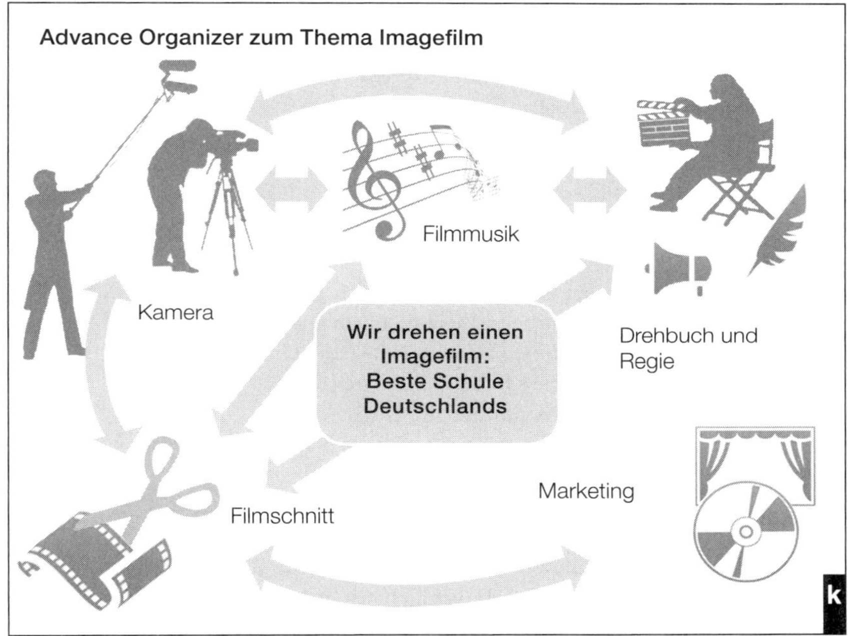

Abb. 30: Advance Organizer Imagefilm

Eine Agenda zeigt die verbleibenden Sitzungen und es wird gemeinsam ein großer Projektplan erstellt. Die Kleingruppen verteilen Aufgaben und legen ihre zeitliche Planung fest. Die Zeitpläne werden im Plenum vorgestellt und verbessert.

In der nun folgenden längeren Phase der selbstgesteuerten Kleingruppenarbeit erarbeiten sich die Lernenden ihre Themen weitgehend selbstständig. Jede Sitzung beginnt mit einer Schnittstelle A, in der Informationen über den Arbeitsstand und anstehende Aufgaben ausgetauscht werden und endet mit einer Schnittstelle B, in der der Arbeitsstand sowie die Stimmung in der Gruppe mit Hilfe des Stimmungsbarometers thematisiert werden. Die einzelnen Gruppen arbeiten an ihren jeweiligen Aufgaben, teilweise im Klassenzimmer, teilweise im Computerraum. Beim Schreiben des Drehbuchs und bei der Kameraführung muss ich helfend unterstützen.

In Schnittstelle C werden Pufferzonen genutzt: Die Arbeitsbelastung der einzelnen Gruppen tritt zu verschiedenen Zeiten im Projekt auf, weshalb über eine gleichmäßige Verteilung diskutiert und die Anwesenheitszeit während der nachmittäglichen Doppelstunde flexibel gestaltet wird.

Am Advance Organizer erläutere ich die Teilaufgaben der einzelnen Gruppen. Danach werden in einem Gruppenpuzzle die Informationen zwischen den Klein-

gruppen ausgetauscht. Die Mitglieder der einzelnen Kleingruppen informieren sich über ihr jeweiliges Vorgehen.
Wir präsentieren den Film der gesamten Klasse in einer Verarbeitungsphase. Das Gesamtergebnis wird präsentiert. Die Lernenden sind stolz auf ihr Produkt. Einige Verbesserungsvorschläge werden noch aufgenommen und eingearbeitet.
Ausstieg aus der Projektarbeit: Das Projekt wird von der Klasse evaluiert und abgeschlossen.
Verschiedene Aspekte des Projektes werden auf einer Zielscheibe bewertet:

Das Projektthema war interessant.
- Ich konnte selbstständiger arbeiten als im „normalen" Unterricht.
- Ich konnte mehr mitbestimmen als im „normalen" Unterricht.
- Ich würde gerne öfter Projekte in der Schule machen.
- Ich habe mehr gelernt als im „normalen" Unterricht.
- Die Arbeit in der Gruppe war besser als alleine zu arbeiten.
- ...

Die Schülerinnen und Schüler sind an der Notengebung beteiligt und füllen einen Selbst- und Fremdbewertungsbogen aus, in welchem sie sich und ihren Gruppenmitgliedern eine Note geben. Die Jugendlichen reflektieren das Projekt sowie die vier Wege schriftlich.

Phase 1: Einstieg in die Projektarbeit
Thema festlegen: „Wir drehen einen Imagefilm!"
Vorkenntnisse erfassen und implementieren
Zielsetzung: Der Film kann interessierten 4.Klässlern gezeigt werden
Gruppeneinteilung nach thematischem Interesse
Großer Projektplan wird visualisiert

Phase 2: Selbstgesteuerte Kleingruppenarbeit
Die verschiedenen Gruppen erarbeiten einen kleinen Projektplan
Schnittstelle A: Informationen austauschen: Wie ist der Arbeitsstand? Was steht heute an?
Der kleine Projektplan wird in arbeitsteiligen Gruppen umgesetzt:
„Regie" schreibt ein Drehbuch und führt Regie
„Filmmusik" stellt in Absprache mit Regie geeignete Musik zusammen
„Kameraden" kümmern sich um eine Kamera, üben die Kameraführung und nehmen den Film auf
„Schnittlen" wählen ein geeignetes Schnittprogramm aus, arbeiten sich ein und schneiden den Film
„Undercover" entwirft ein Cover für die DVD und die Hülle
Schnittstelle B: Wie ist der Arbeitsstand? Wie ist die Stimmung in der Gruppe?
Die jeweiligen Ergebnisse werden für die anderen Gruppen aufbereitet
Schnittstelle C: Die Anwesenheitspflicht wird flexibel gestaltet

Phase 3: Austausch der Informationen zwischen den Kleingruppen
Die Lehrperson erläutert am AO, wie die Gruppen voneinander abhängen
Die Mitglieder der einzelnen Gruppen informieren sich über ihr Vorgehen und ihre Ergebnisse

Phase 4: Verarbeitungsphase
Der Film wird der gesamten Klasse präsentiert und Verbesserungsvorschläge werden eingearbeitet

Phase 5: Ausstieg aus der Projektarbeit
Zielscheibe
Selbst-und Fremdbewertung
Schriftliche Reflexion des Projekts sowie der vier Wege

k

Abb. 31: Weg 4 „Wir drehen einen Imagefilm"

Reflexion

Empirische Ergebnisse
Nach jedem der hier dargestellten Wege füllten die Lernenden einen standardisierten Fragebogen aus, der verschiedene Dimensionen selbstgesteuerten Lernens erfasst: metakognitive Strategien, Reflexivität und Bewusstheit, Motivation, Kooperation, kognitive Lernstrategien, persönlicher Lernerfolg, Projektcharakter. Im Verlauf der hier dargestellten vier Wege der PROGRESS-Methode konnte ein signifikanter Anstieg innerhalb der vier Wege sowie gegenüber bisher erlebtem Projektunterricht in allen Bereichen festgestellt werden.

Themenfindung

Die Mitbestimmung ist Grundlage der Demokratie und somit des Projektgedankens. Dies bedeutet jedoch nicht, dass sich die Lehrperson aus der Phase der Themenfindung vollkommen heraushalten muss. Auch die Interessen des Lehrenden sind mit zu berücksichtigen. Die Kinder sind bereits schulisch dahingehend sozialisiert, dass sie ihre Interessen im lehrgangsorientierten Unterricht gerade nicht äußern dürfen und müssen dies erst wieder erfahren. Des Weiteren entsteht Interesse erst in der Beschäftigung mit einer Sache.

Selbstorganisation

Die Selbstorganisation und Verantwortungsübernahme der Lernenden nimmt in dem Maße zu, wie sie merken, dass das Gelingen des Projekts von jedem Einzelnen abhängt und nicht von der Lehrerin. Die Lehrperson wird als Helferin gesehen, die auch Arbeitsanweisungen bekommt: „Hallo Frau Zapf, wir haben eine Schauspielerin für unseren 4.-Klässler gefunden: L. 5c. Könnten Sie bitte mit ihrer Klassenlehrerin sprechen? Könnten Sie bitte Herr B. fragen, ob wir am Donnerstag bei ihm im BK-Raum filmen dürfen? Dankeschön!!! Liebe Grüße C. und K."

Produkt versus Prozess

In einer arbeitsteiligen Gruppenarbeit mit einem gemeinsamen Ergebnis sind alle Gruppen voneinander abhängig und die Qualität des Gesamtergebnisses ist von der Arbeit jeder einzelnen Gruppe bestimmt. Ich überschätzte die Vorkenntnisse des Schülers, der in dem Filmprojekt eines regionalen Fernsehsenders involviert war. Dies wurde erst beim Drehtermin offenbar und führte zu einer schlechten Tonaufzeichnung sowie teilweise wackeligen Bildern unserer kleinen Handkamera.
Die „Kameraden" hatten im Vorfeld eine professionelle Kamera des regionalen Fernsehsenders organisiert sowie einen Kameramann, der uns unterstützen wollte. Wegen der noch sehr frischen Erfahrung mit dem Dreh des Bewerbungsvideos zur Quizshow des Kinderkanals entschied ich mich jedoch gegen diese Idee. Ich befürchtete, die Kamera sei dann nur in den Händen des ausgebildeten Kameramannes und die Jugendlichen würden zu Kabelträgern, was ich im Projekt gerade

verhindern will. Kurz nach Fertigstellung des Films und der offenbar gewordenen Qualitätseinbußen hätte ich diese Entscheidung anders getroffen und die Hilfe des Kameramannes dankbar angenommen – mit dem vermuteten Ergebnis, dass die Qualität des Filmes gesteigert worden wäre. Aus heutiger Sicht fiele mir eine Entscheidung wieder schwerer. Die Klasse war mit dem Ergebnis des Films zufrieden. („Mir hat besonders gefallen, dass am Ende ein tolles Ergebnis rausgekommen ist.") Es war ihr eigenes Produkt, auch wenn er Qualitätskriterien der Erwachsenen nicht genügte. Im Fokus steht nicht die Qualität des Produktes, sondern der Lernprozess (auch in Bezug auf personale, soziale und methodische Kompetenz) der Schüler/innen!

Eine Möglichkeit, die Qualität des Endproduktes zu erhöhen, wäre auch, längere Phasen der von der Lehrperson oder von externen Experten gelenkten Wissensvermittlung zu Themen, die im Projektverlauf nicht von den Lernenden eigenständig erarbeitet werden können, einzuschieben. Dies hätte in unserem Fall ein Kurs zur Kameraführung sein können. Aber auch Grundlagen des Drehbuchschreibens hätten vermittelt werden können, ein Exkurs über Filmmusik und die Wirkung von Musik, die Arbeit mit Schnittprogrammen hätte kollektiv vermittelt und das Erstellen von DVD-Covern thematisiert werden können. Diese eingeschobenen lehrergelenkten Phasen könnten im Projektmodell in Schnittstellen vermittelt werden. Allerdings sind der zeitliche Rahmen (diese Phasen hätten einige Zeit in Anspruch genommen), die Kompetenz der Lehrperson (eine Lehrperson kann nicht in allen Gebieten als Wissensvermittlerin dienen) sowie die Motivation der Schüler/innen (diese könnte darunter leiden und die Schüler/innen doch wieder nur zu Anwendern des vorher rezeptiv erworbenen Wissens machen) zu bedenken.

Rolle der Lehrperson

Auch die Lehrerin muss sich immer wieder ihre Rolle ins Gedächtnis rufen. Beispielsweise bin ich der Meinung, dass es in dem Imagefilm weniger darum gehen sollte, einzelne Räume der Schule zu zeigen als vielmehr das Besondere der Schule – beispielsweise die große Anzahl an Arbeitsgemeinschaften oder die freundliche Atmosphäre – herauszustellen. Meine Klasse geht aber auf meinen wiederholten Vorschlag, die AGs mit aufzunehmen, nicht ein. Sie äußern sogar explizit, dass sie das nicht wollten und nicht für wichtig erachten. Ich akzeptiere schließlich ihre Meinung „Ihr habt recht, es ist euer Film". Auch der Lernprozess der Lehrerin ist ein langwieriger. Diese Erfahrung, nicht immer die letzte Instanz zu sein und auch nicht für alles verantwortlich zu sein, kenne ich als Mathematik- und Deutschlehrerin fast nur aus Projekten. Wenn man diese veränderte Rolle akzeptiert, entlastet sie die Lehrperson im Projekt auch ein wenig und lässt sie gelassener werden.

7.4 Die Klasse HS 8a gestaltet eine Zeitungsseite – Ein Beispiel einer Kleingruppenprojektarbeit nach der PROGRESS-Methode (Steffen Wagner)

Als ich die Leitung der Klasse 8 Hauptschule übertragen bekam, erkannte ich eine schwierige soziale Interaktionsstruktur: Die Schülerinnen und Schüler sprachen kaum miteinander und schon gar nicht mit mir, ihrem neuen Klassenlehrer. Es schien, als wirkten mächtige Rollenzuschreibungen und Hierarchien innerhalb der Gruppe und machten ein freies und dem individuellen Potential der Schülerinnen und Schüler entsprechendes Mitarbeiten im herkömmlichen Unterrichtssetting unmöglich. Die Lernenden tauschten ständig sichernde Blicke aus, antworteten nicht auf Fragen und gaben auch sonst keine emotionalen oder motivationalen Signale von sich. Ich fühlte mich, wie vor einer weißen Wand stehend, einer Wand ohne Kontur und Struktur.

Soziale und kooperative Lern- und Arbeitsarrangements funktionierten in der Folgezeit mehr schlecht als recht, sodass ich mehr Zeit als erwartet in Methodentraining investieren musste. Selbst Tandemarbeit mit einem vorgegebenen Partner war in vielen Konstellationen gar nicht möglich oder verlor sich in Belanglosigkeit. Methoden des Erfahrungsaustauschs (Kugellager, Partnerinterview, Glückstopf usw.), des Planens (Placemat, Mindmapping usw.) oder des Rückmeldens (Punktabfrage, Schwarz-Weiß-Methode usw.) waren gänzlich unbekannt und scheiterten teilweise bei den ersten Versuchen im Ansatz.

Bevor ich mich also mit dieser Klasse auf den Projektarbeits-Weg machen konnte, musste eine umfangreiche Vorbereitungsphase eingeschaltet werden. Im Projektmodell der PROGRESS-Methode entspricht die Evaluation der geschilderten Wahrnehmungen der Phase 0. Auch das Training eines methodischen Grundstocks und dessen Routinisierung fallen in diese Phase des Projektmodells.

Nach einer mehrmonatigen Vorbereitungszeit erschien mir der Zeitpunkt günstig, die mittlerweile erworbenen oder positiv veränderten methodischen und sozialen Kompetenzen der Schülerinnen und Schüler in den Dienst einer ersten Kleingruppenprojektarbeit zu stellen.

Vor dem Hintergrund der besonderen Kommunikationsverhältnisse und der sozialen Interaktion der Schülerinnen und Schüler in dieser Klasse, schien es sinnvoll, mit einem dezidierten Themenvorschlag vor die Klasse zu treten.

Auf der Suche nach einem relevanten und motivierenden Projektthema stieß ich auf ein Angebot der lokalen Tageszeitung. Unter der plakativen Überschrift „Zeitung macht Schule" offerierte ein Medienkonzern ein interessantes und abgestimmtes medienpädagogisches Kooperationskonzept. Bei einem persönlichen Sondierungsgespräch mit dem verantwortlichen Lokalredakteur, entstand die Idee, der Klasse HS 8 die Gestaltung einer ganzen Themenseite dieser Tageszeitung anzubieten. Diese Arbeit sollte durch eine zweiwöchige „Motivationsphase" angebahnt werden. Die

Zeitung würde in dieser Zeit täglich einen Klassensatz Druckstücke zur Verfügung stellen, sich zu einem Besuch der Lokalredaktion und der hauseigenen Druckerei öffnen und jederzeit für Fragen zur Verfügungen stehen. Danach würde der Lokalredakteur der Klasse das Angebot, eine ganze Zeitungsseite für die lokale Ausgabe der Zeitung zu erstellen, unterbreiten.

Die Idee hinter dieser Form des Vorgehens war es, eine konstruktive Neugier zu generieren: Wie entstehen die Nachrichten, die täglich in dieser Form in die Haushalte unserer Familien kommen? Wer sind die Menschen, die diese Nachrichten sammeln und aufbereiten? Wann ist eine Nachricht eine Nachricht? Wie entstehen die Bilder dazu und was darf fotografiert und gedruckt werden? Was ist ein Interview und wie führt man es?

Diese und weitere Fragen waren es schließlich, die bei den Schülerinnen und Schüler in der Vorbereitungsphase eine deutlich wahrnehmbare kollektive aber auch individuelle Relevanz erzeugten.

Der Vorschlag des Lokalredakteurs, eine Themenseite eigenständig zu erarbeiten zu dürfen, stieß bei den Schülerinnen und Schülern offene Türen ein.

Die Klasse war von der Idee, selbst Nachrichten zu erzeugen, fasziniert. Jedoch war diese Begeisterung diffus und hochgradig unkonkret: obwohl aus meiner Sicht, der Sicht des Lehrers, gut vorbereitet, war die Lerngruppe nicht handlungsfähig.

Derartige Situationen bergen grundsätzlich das Risiko in sich, dass Lehrende die Initiative ergreifen und die Möglichkeiten der Steuerung und Zielsetzung an sich ziehen. Dabei geraten die Lernenden häufig in die Funktion von Erfüllungsgehilfen. Daher erfordern solche Momente meines Erachtens bei den Lehrenden die Bereitschaft innezuhalten, zu reflektieren und die Situation realistisch einzuschätzen. Die Projektarbeit befindet sich also an einem Scheideweg: Übernahme der Kontrolle durch den Lehrer oder gezielte Vorbereitung von Entscheidungen, die durch die Schülerinnen und Schüler teilautonom getroffen werden sollen. Letztere Option setzt auch die Bereitschaft voraus, das Projektthema als ungeeignet oder undurchführbar aufzugeben, beziehungsweise es erst nach einer gezielten methodisch-strategischen Vorbereitung der Lernenden erneut aufzugreifen.

In diesem Fall war die Option des Verwerfens der Kleingruppenprojektarbeit an die Klasse delegiert. Ein strukturierter Meinungsaustausch zur Abschätzung der Machbarkeit des Projekts sollte einer Entscheidung vorausgehen.

Die Placemat-Methode bietet die Möglichkeit, dreifach gestuft die Meinungsbildung vorzubereiten: Individuelle Klärung des motivationalen und sachlich-fachlichen Lernantriebs im ersten Teil der Methode. Vergewisserung des eigenen Standorts durch den Abgleich mit den anderen Gruppenmitgliedern im Placemat während des zweiten Teils der Methode, um schließlich kommunikativ eine Entscheidung in der Kleingruppe (Klasse) im Verlauf des dritten Teils der Methode herbeizuführen. Die Gruppenentscheidung, schriftlich fixiert als „zentrales Argument“ im Zentrum des Placemat, stellte schließlich die Klimax des kommunikativen Prozesses dar und

war gleichzeitig die Diskussionsgrundlage in der Klärungsrunde mit den anderen drei Placemat-Gruppen. Zuvor hatten die Gruppen jeweils den Arbeitsauftrag, ihr Zentralargument rhetorisch aufzubauen und eine mögliche Verteidigungsstrategie zu erdenken.
Im dem folgenden Gruppen-Streitgespräch blieben hitzige Debatten aus. Vielmehr herrschte in den vier Placemat-Gruppen Konsens, dass die Zeitungsseite ein lohnendes und erreichbares Ziel sei. Lediglich das Thema der Zeitungsseite müsse noch diskutiert und geprüft werden.
In diesem Stadium der Kleingruppenprojektarbeit war es von Bedeutung, den Schülerinnen und Schüler eine Struktur zur Meinungsbildung und Entscheidungsfindung anzubieten. Die Placemat-Methode und das Gruppenstreitgespräch stellten ein methodisches Gerüst dar und leiteten die Handlungsfähigkeit der Lerngruppe ein. Der beschriebene Modus weist den Lernenden die Handlungsverantwortung zu und ermöglicht dem Lehrenden dennoch die aktive Teilnahme am Arbeitsprozess. Dieser Aspekt, die aktive Teilnahme und Teilhabe des Lehrers, sollte meines Erachtens nicht unberücksichtigt bleiben. Durch die Bereitstellung der Struktur, kann er sich im Prozess als aktives Mitglied der Lerngemeinschaft wiederfinden.
Die Schülerinnen und Schüler bekamen nun die Aufgabe ein Thema für die Themenseite der Tageszeitung zu beschließen (Strukturell ist dieser Arbeitsschritt noch immer der Projektphase 0 zuzuschreiben). Dazu sollten mehrere Vorschläge erarbeitet und im Plenum vorgestellt werden. Zunächst erfolgte diese Arbeit in einer unstrukturierten Sozialform; die Schülerinnen und Schüler konnten zusammenarbeiten mit wem sie wollten. Einzige Vorgabe: Keine Gruppe kleiner als zwei, keine größer als vier Personen. Als Produkt sollte ein Plakat vorbereitet werden, welches das vorgeschlagene Thema benennt und grob skizziert: Welche Texte, Interviewpartner, Bilder sollen wo und wie auf die Zeitungsseite kommen?
Insgesamt wurden so vier Themen und Zeitungsseiten entworfen und vorgestellt: „jung sein in unserem Dorf", „Drogen in unserem Tal?", „die Schule von morgen" und „Berufe in unserem Tal". Die Präsentationen durften insgesamt 10 Minuten pro Thema nicht überschreiten. Eine Fragerunde musste in diese Zeitspanne integriert sein.
Über eine Punktabfrage entschied sich die Klasse für „Drogen in unserem Tal?" Dabei konnte jeder insgesamt drei Klebepunkte kumuliert oder einzeln verteilt zu den Themenvorschlägen kleben. Das Thema mit den meisten Punkten sollte das Projektthema sein. Nachdem die Gruppe, welche diesen Vorschlag erarbeitet hatte, noch einmal ihre Ideen vorstellte, war die Phase der Themenfindung beendet. Insgesamt verlief dieser Abschnitt der Kleingruppenprojektarbeit harmonisch und spannungsfrei – zwar wollte jede Gruppe ihren Vorschlag als Siegerthema sehen, doch war die demokratische Vorstellung und Wahl der Vorschläge für jeden transparent, verständlich und gut zu akzeptieren. Nun erging der Auftrag an den Lehrer, den Kontakt mit der Zeitung aufzunehmen und die Redaktion über das

Thema zu informieren. Dieses erste Gespräch sollte nach Meinung der Klasse dem Lehrer obliegen, da er in der Redaktion mittlerweile bekannt sei und schneller Ergebnisse erreiche, als ein Schüler.
Als nächster Arbeitsschritt wurden die Arbeitsgruppen gebildet (die Kleingruppenprojektarbeit war mittlerweile in der Phase 1 angelangt). Die Einteilung folgte den geplanten inhaltlichen Arbeiten an der Zeitungsseite: Eine Reportage, ein informativer Sachtext und ein Interview. Dazu die jeweils passenden Bilder und Bildunterschriften. Die Gruppe, welche die Bilder und Bildunterschriften erarbeiten sollte, würde auch für den Kontakt zur Redaktion zuständig sein. Erwartungsgemäß wollten zahlenmäßig viele Schülerinnen und Schüler in der „Fotogruppe" mitarbeiten. Da die strikte Vorgabe lautete keine Gruppe kleiner drei, keine größer als vier Personen, waren bei vier Arbeitsbereichen schließlich drei Gruppen a vier Personen und eine mit drei Personen entstanden. Eine rein neigungsgesteuerte Gruppeneinteilung konnte hier nicht realisiert werden, da die Themen in der Attraktivitätsbewertung der Schülerinnen und Schüler nicht gleichwertig waren. Dennoch mussten im Sinne des Gesamtproduktes – eine Zeitungsseite erarbeiten – auch die anderen Arbeits- bzw. Aufgabengruppen funktionsfähig sein. Die Klasse schaffte in diesem Fall keine einvernehmliche Lösung, so dass ich zwei Schüler aus der überzähligen „Fotogruppe" zu anderen Gruppen einteilte.
Der nächste Arbeitsschritt war die inhaltliche Grobplanung der einzelnen Textsorten. Dazu mussten Gesprächs- und Interviewpartner gefunden und ein detaillierter Zeitplan erstellt werden (wobei dieser Zeitplan den Bedürfnissen der Redaktion untergeordnet war, also von den Schülern nur begrenzt zu planen und zu steuern war). Alle Planungsarbeiten waren schriftlich bis zu einem fixen Termin vorzulegen. Dieser Arbeitsabschnitt kann im Projektmodell nach der PROGRESS-Methode dem großen Projektplan zugeordnet werden.
Die Lehrkraft hat in dieser Phase eine kritisch beratende Funktion. Kritisch, da sie aufgrund von Erfahrung und ihrer höheren Beobachtungsperspektive unrealistische Annahmen erkennt und in aller Regel ebenso die gruppenpsychologischen Interdependenzen derartiger Über- bzw. Unterforderungen einzuschätzen weiß. Dabei ist es jedoch nicht die Aufgabe der Lehrerin, des Lehrers, den großen Projektplan der Kleingruppe zu revidieren, vielmehr gilt es die richtigen Fragen an die Gruppe zu stellen: „Habt ihr schon bei eurem Interviewpartner angerufen, wird er euch ein Interview geben?", „Ihr wollt diese Arbeit bis übermorgen erledigt haben? Habt ihr denn schon einen Termin beim Redakteur angefragt? Schafft ihr diesen Termin auch dann, wenn er diese Woche keine Zeit mehr für euch hat?" Aber auch umgekehrt ist es die Aufgabe der Lehrperson in dieser Arbeitsphase anzuspornen: „Ihr habt euch dafür eine Woche Zeit eingeplant. Das erscheint mir zu viel, bitte erklärt mir das genauer!" Das heißt, dass die Steuerung und Initialisierung von Reflexions- und Planungsgesprächen in dieser frühen Phase der Kleingruppenarbeit (besonders bei projektunerfahrenen Kleingruppen) noch stark an die Lehrkraft gebunden ist.

Das heißt aber auch, dass Lehrende die Chance nutzen können und sollen, die Vorteile der Reflexions- und Planungsgespräche deutlich aufzuzeigen: Vermeidung von Planungsfehlern, Erkennen von unrealistischen Zeitansätzen, Erkennen von Informationslücken, Nachspüren von sozialen Spannungen in der Kleingruppe usw. Diese Anleitung zur Reflexion kann auf Ebene der Kleingruppe im Gruppengespräch oder auf Klassenebene auf der unterrichtlichen Metaebene geschehen. Beide Kommunikationsdimensionen ergänzen sich ausgezeichnet. Eine weitere zielführende Maßnahme ist die Methode des lauten Denkens. Hier fungiert der Lehrer als Modell und gewährt Einblick in seine Denk- und Handlungsmuster. Die Lehrperson spricht die Gedanken, die zu einer Entscheidung, zu einer Bewertung führen oder begleitend zu einer Handlung gedacht werden laut vor der Gruppe. Gerade für das Erlernen von Rückmeldungsprozessen, Einschätzungen der Machbarkeit und des Zeitmanagements ist das laute Denken eine gut geeignete Methode (die jedoch von der Lehrperson geübt werden sollte, bevor sie zum Einsatz kommt).
Die Arbeit, die eine einzelne Kleingruppe leistet, erfüllt keinen Selbstzweck, sondern dient dem Erreichen des Gesamtziels: Die Themenseite in der Tageszeitung. Demnach sind die Kleingruppen als teilautonom zu betrachten. Sie müssen letztlich sicherstellen, dass ihre Arbeit dem Gesamtziel dient. Diese Einschätzung treffen sie nicht alleine, vielmehr ist dies Aufgabe der Klasse, also aller, die am Klassenprojekt beteiligt sind. Um also mit der Kleingruppenprojektarbeit beginnen und fortfahren zu dürfen, bedarf es der Zustimmung aller.
Hier erfolgt in der Projektphase 2 nach PROGRESS die Schnittstelle A: Informationen austauschen
Dies ist sicherlich eine von zwei wesentlichen und kennzeichnenden Merkmalen des PROGRESS Projektmodells: Die Kleingruppe muss sich ihre Weiterarbeit von den anderen Kleingruppen genehmigen lassen.
Im vorgestellten Kleingruppenprojekt bedurfte dieser Arbeitsschritt der Moderation durch den Lehrer. Dabei galt es den Schülerinnen und Schülern zu helfen, ein günstiges Maß an Anforderungen an die jeweils anderen Gruppen zu formulieren, ohne diese unangemessen zu lähmen oder gar zu gängeln. Empathie und Vertrauen in die jeweils anderen Kleingruppen zu setzen, stellten ungewohnte Leistungsanforderungen für die Klasse HS 8 dar.
Die Schnittstelle A endete demnach mit dem Konsens aller Projektgruppen. Ein erst später erkannter Nebeneffekt war es, dass die Kleingruppen nach der Konsensfindung und gegenseitigen Information, mehr Interesse an der Arbeit der jeweils anderen Projektgruppen entwickelten. Aus dem Interesse erwuchsen schließlich auch gute Tipps und Hilfestellungen in Situationen, wo die Kleingruppe alleine nicht weiter kam. Das Konkurrenzverhalten schwand und an seine Stelle trat gegenseitiges Interesse und die Sicherheit, das Richtige im Gesamtsinne zu tun.
An den folgenden zwei Schultagen konnten die Kleingruppen ungestört jeweils 6 Schulstunden in eigener Regie an ihrem Arbeitsgebiet arbeiten. Einzige Zwangs-

punkte waren die Arbeitsbesprechung zu Beginn des Arbeitstages und die Abschlussreflexion am Ende des Arbeitstages. Die Abschlussbesprechung musste schriftlich fixiert werden und diente als Besprechungsgrundlage für die Arbeitsbesprechung des nächsten Tages. Nach der PROGRESS Klassifikation entspricht dieser Arbeitsabschnitt der Schnittstelle B, also der kritischen Würdigung dessen, was bisher erreicht wurde und der Arbeit, die noch vor der Kleingruppe liegt. Diese Reflexionsarbeit leistet die Lerngruppe intern. Am Ende des zweiten Tages war die Abschlussbesprechung „klassenöffentlich". Das heißt, die Kleingruppen stellten (kurz) ihren Arbeitsfortschritt untereinander vor. Die Vorstellung verlief in einer Form, die dem Museumsgang (Vernissage) nahekommt: Die Gruppen gingen reihum bei den anderen Kleingruppen vorbei und informierten sich gegenseitig über den Arbeitsfortschritt. Ein weiterführender Austausch war an dieser Stelle nicht vorgesehen, da die vorzeigbaren Arbeitsergebnisse noch gering waren und die gruppeninternen Befindlichkeiten nicht klassenweit diskutiert werden sollten. Die „Foto-Gruppe" hatte den Auftrag, die Kleingruppen hinsichtlich der grafischen Unterstützung zu beraten. Sie sollten Ideen entwickeln, welche Bilder zu welchen Texten passen, wie der Textumbruch gestaltet werden könnte und wie das Verhältnis zwischen PC-Text zu gesetztem Zeitungstext ist. Dazu musste diese Kleingruppe intensiv mit der Zeitungsredaktion kommunizieren.
Das zentrale Sachthema der Zeitungsseite war die Frage, ob es einen nennenswerten Drogenkonsum in unserem Dorf, unserer näheren Umgebung gibt. Dazu standen Polizeibeamte, Drogenberater des Landratsamtes, zwei Betroffene und ein Arzt als Gesprächspartner zur Verfügung. Die Informationen, die diese Personen anbieten konnten, waren teilweise spezifisch für die einzelnen Arbeitsgruppen zugeschnitten, aber auch zu weiten Teilen wichtig für das Verständnis des sachlichen Gesamtzusammenhanges, den jede Schülerin, jeder Schüler aus der Projektarbeit mitnehmen sollte. Aus diesem Grund wurden immer wieder kollektive Lernphasen zwischengeschaltet, bei denen die Klasse außerschulische Lernorte aufsuchte oder die Kooperationspartner in die Schule kamen. Die Verarbeitung dieser Lernphasen erfolgte individuell in den Kleingruppen prozess- und produktorientiert. Diese Sandwich-Architektur hatte den Vorteil, dass die für die Weiterarbeit notwendige Information für alle Arbeitsgruppen spezifisch vertieft und vernetzt werden konnte. So war die Information der Polizei besonders für die „Reportage-Gruppe" von Bedeutung. Sie erhielt für ihren Text wichtige Informationen und Anregungen. Der Besuch des Arztes hingegen bereitete vor allem die „Interview-Gruppe" auf das folgende Interview mit dem Mediziner vor. Die Drogenberaterin half besonders der „Sachtext-Gruppe" die Wirkungsmechanismen verschiedener Drogen kennen- und beschreiben zu lernen. Alle Lernenden gemeinsam profitierten zweifelsohne von den offenen und sehr persönlichen Schilderungen zweier ehemaliger Drogenkonsumenten.

Als Lehrer befand ich mich gelegentlich in einem inneren Zwiespalt: Wem obliegt die Organisation der Kooperationsarbeit? Ist es eine (Entwicklungs-)Aufgabe für die Schülerinnen und Schüler oder ist es die originäre Aufgabe des Lernbegleiters, die Lernumgebung bereitzustellen? Letztlich entschied ich mich dafür, die Organisation selbst zu übernehmen. Ausschlaggebend war die Beobachtung, dass die Kooperationspartner (mit Ausnahme der Drogenberaterin) die jungen Lernenden in der organisatorischen Zusammenarbeit wenig ernst nahmen und sich die Schülerinnen und Schüler meist überfordert fühlten. Zu einer verlässlichen Zusammenarbeit zwischen den Lernenden und den Lehrenden gehört es meiner Ansicht nach, dass die Leistungsanforderungen im Prozess nicht kontinuierlich gesteigert werden. Die sukzessive Übergabe der Organisationsverantwortung wurde von den Schülerinnen und Schülern jedoch als schleichende Überforderung empfunden. Diese emotionale Bewertung durch die Schulklasse wollte ich respektieren.

Nach drei weiteren Arbeitstagen, in denen die Kleingruppen konzentriert, kontinuierlich und produktionsorientiert weiterarbeiten konnten, war es an der Zeit, die Phase 3 einzuleiten. Im Zentrum dieser Phase steht der gegenseitige Informations- und Ergebnisaustausch.

Die Kleingruppen bekamen nun den Auftrag, die Texte fertig zu stellen und mit der „Foto-Gruppe“ die Bildauswahl vorzunehmen. Jedes Gruppenmitglied einer jeden Kleingruppe musste nach Abschluss dieser Vorbereitungsphase in der Lage sein, das Arbeitsprodukt der Gruppe zu repräsentieren.

In anderen Projektbeispielen obliegt es den Kleingruppen, die geeigneten Präsentationsmethoden den Inhalten angepasst auszuwählen. Die Auswahl war innerhalb des geschilderten Kleingruppenprojekts jedoch stark eingegrenzt und orientierte sich am weiteren Arbeitsprozess: Der Gestaltung des Gesamtergebnisses, einer Zeitungsseite. Wichtig waren demnach Expertenkenntnisse im Bereich der jeweiligen Textsorte Reportage, Sachtextinformation und Interview. Dazu die inhaltliche Expertise zu den Themen „Umfang des Drogenproblems im Dorf“ (Reportage-Gruppe); „Drogen und ihre Wirkungsweise“ (Sachtext-Gruppe); „Folgen des Drogenkonsums“ (Interview-Gruppe).

Eine wichtige Funktion dieser Vorbereitungsphase ist die kommunikative Ko-Konstruktion der Wissensinhalte. Die Kleingruppenmitglieder wissen, dass sie die Information alleine, als Experten in einer Austauschrunde, wiedergeben müssen. Da die wenigsten Lerner sich als inkompetent in einer solchen Situation erleben wollen, erwächst daraus das Bedürfnis, sich die wichtigsten Sachverhalte anzueignen. Da nach einer längeren, zum Teil arbeitsteiligen Informations- und Arbeitsphase, das zu bewältigende Wissensvolumen groß ist, muss eine kommunikative Auseinandersetzung in der Gruppe zum Inhalt und zur strategischen Weitergabe der Information erfolgen. Bei diesem Austauschprozess werden Zusammenhänge geschaffen, Wissensinhalte (neu) strukturiert und Verständnis- und Darstellungslücken sichtbar. Um diese individuellen Lücken zu schließen, muss jedes Gruppen-

mitglied aktiv Hilfestellung anbieten und annehmen können sowie Einblicke in die eigene Wissensstruktur gewähren.
Zu Beginn der Phase 3 stellte der Lehrer noch einmal das bisher geleistete übersichtlich in einem Advance Organizer dar. Wobei der Begriff an dieser Stelle nicht der Definition des Advance Organizers gerecht wird. Die „vorweggenommene Expertenstruktur" war hier eher als Zwischenresümee und Vorausschau zu sehen und wurde nicht als Lernhilfe zu Beginn des Kleingruppenprojektes erarbeitet beziehungsweise gezeigt. So lag dann der Effekt auch weniger darin, eine Lernorganisation anzubieten, vielmehr war es eine Maßnahme der Arbeitsorganisation.
Danach ging das Klassenprojekt in eine (für mich als Lehrer) entscheidende Phase über: Der gegenseitige Informationsaustausch im Gruppenpuzzle. Die Schülerinnen und Schüler waren zwar an die Arbeit mit dieser Methode gewöhnt, jedoch nicht in dieser Komplexität und in diesem Informationsumfang. Als Zeitansatz standen für die gegenseitige Information zwei Schulstunden zur Verfügung, die im Arbeitsprozess um zwei weitere Schulstunden ergänzt werden mussten.
Gearbeitet wurde in drei Gruppen, die aus je einem Mitglied der Interview-, der Reportage-, der Sachtext- und der Fotogruppe bestand. Da die Klasse aus fünfzehn Schülerinnen und Schülern besteht und die Fotogruppe nur drei Mitglieder hatte, entschied ich mich für die Arbeit in drei Gruppen. So war von jeder Kleingruppe mindestens ein Vertreter präsent und jede der „Textgruppen" schickte in eine der Austauschgruppen einen weiteren Vertreter. Von Stamm- und Expertengruppen, der üblichen Benennung der Gruppensequenzen, sehe ich ab, da diese Standardform des Gruppenpuzzles hier nicht zur Anwendung kam.
Üblicherweise mündet der Austausch in eine spezifische Form der Dokumentation, einem Arbeitsblatt, einer Übersichtsgrafik oder einer anderen zielführenden Ergebnissicherung. Dies entspricht der Phase 4 im Projektmodell der PROGRESS-Methode. Im betrachteten Beispiel fiel die Entscheidung auf ein zweistufiges Vorgehen. Für die Sachexpertise zu den einzelnen Textsorten sollte ein „Text-Steckbrief" erarbeitet werden: Welcher Einsatzbereich; Welche Merkmale; Wo, außerhalb der Tageszeitung eingesetzt; Tipps und Tricks; ein Beispiel (stark verkürzte Wiedergabe). Für den Bereich der inhaltlichen Information, also das, was die Kleingruppe konkret für die Zeitungsseite erarbeitet hatte, war nur ein mündlicher Austausch und das Vorzeigen des Produktes vorgesehen. Wichtiger erschienen eine kritische Diskussion des Beitrags und die Impulsgabe durch die Unbeteiligten aus anderen Kleingruppen.
Meine Aufgabe bestand in dieser Arbeitsphase darin, die Austauschgruppen zu beobachten und die konzentrierte Mitarbeit aller einzufordern. In einen vorbereiteten Beobachtungsbogen ergänzte ich meine personenbezogenen Wahrnehmungen für spätere individuelle Feedbackgespräche.
Nach der gegenseitigen Information im Gruppenpuzzle gingen die Kleingruppen wieder zurück an ihre Arbeit und evaluierten die gewonnenen Impulse. Es war

der Moment der letzten Korrekturen und Ergänzungen. Nach vier weiteren Schulstunden sollte der Lokalredaktion ein Besuch abgestattet und Texte sowie Bilder übergeben werden. Nach diesem Zeitpunkt oblagen alle weiteren Veränderungen direkt der Redaktion. Diese Entscheidung trug der technischen und rechtlichen Endverantwortung der Zeitung Rechnung.

Nach der Übergabe der Arbeiten würde die Redaktion der Klasse einen gesetzten Entwurf im realistischen Format der Zeitung vorstellen. Bis es jedoch soweit sein würde war Zeit, zu reflektieren. Die Kleingruppen hatten den Auftrag, sich detaillierte Rückmeldungen zu folgenden Dimensionen zu geben: Beitrag der Kleingruppe zum Klassenprojekt; Beitrag der einzelnen Schülerin, des einzelnen Schülers zur Arbeit der Kleingruppe; Qualität des Gesamtprodukts und erwartete Reaktionen der Umwelt auf das Produkt. Dazu sollte der größte individuelle Meilen- und Stolperstein benannt werden. Nach PROGRESS Taxonomie stellt dieses Vorgehen eine Schnittstelle B in Projektphase 4 dar.

Bis zu diesem Zeitpunkt hatte das gesamte Projekt einen Umfang von ca. 42 Schulstunden

Nach vier Tagen lieferte die Redaktion ein Ansichtsexemplar der Zeitungsseite. Erwartungsgemäß fand die Klasse einige kleinere Veränderungen vor: Texte wurden noch einmal gekürzt, Überschriften geringfügig verändert und Bildunterschriften ergänzt. Zwei der letztlich eingesetzten Bilder entsprachen nicht der ersten Wahl der Schülerinnen und Schüler. Die Zeitung griff auf andere Bilder der Fotogruppe zurück, da diese für den Textumbruch besser geeignet waren. Alles in allem betrachtet erfüllte das Produkt die Klasse mit großem Stolz.

Der emotionale Ausstieg aus der Kleingruppenprojektarbeit war eine Aktion der besonderen Art: Die Klasse half am Erscheinungsmorgen beim Ausbringen der Zeitung den „Zeitungsausträgern". Um 4 Uhr trafen sich die Schülerinnen und Schüler mit den Boten und begleiteten diese zu den Haushalten, welche die Zeitung abonniert hatten. Anschließend wurde gemeinsam gefrühstückt und gespannt auf die ersten Rückmeldungen der Leser gewartet.

Abschließend betrachtet, stellten sich durch diese Kleingruppenprojektarbeit keine gravierenden Veränderungen im Sozial- oder Arbeitsverhalten der Klasse ein. Sicher aber stellte die Arbeit einen wichtigen Entwicklungsschritt hin zu mehr Kooperation und Verantwortungsübernahme dar. Für mich als Lehrer eröffnete diese Projektarbeit die Chance, Kompetenzen der Schülerinnen und Schüler zu erkennen, die ich im „normalen" Unterricht nicht hätte beobachten können. Eine Chance der individuellen und schülerorientierten Förderung.

7.5 Zusammenfassung

Dieses Kapitel stellt einen Einblick in die Projektarbeit mit Hilfe der PROGRESS-Methode dar. An verschiedenen Praxisbeispielen sollte verdeutlicht werden, wie eine selbstgesteuerte Kleingruppenprojektarbeit auf der Basis der PROGRESS-Methode aussehen kann und wie unterschiedlich sie letztendlich auch auszugestalten ist. Die vier Wege in Form der zwei Stufen sind in allen Beispielen ersichtlich, die inhaltliche Umsetzung orientiert sich aber in erster Linie an den Lernenden, dem Thema und der genauen Zielsetzung. Somit zeigt sich auch die PROGRESS-Methode als individualisierte Lernmethode, die unterschiedlich in der Praxis umgesetzt werden kann.
Die Beispiele sollen Mut machen, selbst mit der Anwendung der PROGRESS-Methode zu beginnen, um zu einer selbstgesteuerten Kleingruppenarbeit auf sinnvoller Art zu gelangen. Ideen und Anregungen sollen dabei unterstützen. Außerdem veranschaulichen die Beispiele, dass die Umsetzung machbar und möglich ist und nicht nur theoretisch angedacht wurde.

● Arbeitsvorschläge

Befassen Sie sich auf Ihre eigene Art und Weise mit diesem Berichten und überlegen Sie sich, welche Hilfestellungen diese für Ihre eigene Projektarbeit bieten.

8 | Schlussbemerkung

Der Schule kommt eine wichtige Bedeutung für die Entwicklung von Kompetenzen selbstgesteuerten Lernens zu. Schule soll Kompetenzen vermitteln, sie soll Lernende befähigen, Probleme zu erkennen und zu lösen, sie soll ihnen ein Selbstkonzept vermitteln (d. h. zu einer realistischen Einschätzung ihres eigenen Lernprozesses befähigen) und ihnen die Möglichkeit geben, ihre eigenen Potenziale voll auszuschöpfen. Schülerinnen und Schüler sollen das Gelernte auch anwenden können und zu kooperativem Verhalten in der Lage sein. Lernende sollen in anderen Worten nicht passiv lernen, was ihnen angetragen wird, sondern aktiv in den Prozess einbezogen werden, ihren Lernprozess reflektieren, sich die Wirklichkeit konstruktiv aneignen.
Dabei zeigen sich im Bereich der Selbststeuerung im unterrichtlichen Kontext deutliche Diskrepanzen: Autonomie-Ziele werden besonders stark angestrebt, aber nicht stärker umgesetzt als andere Ziele (wie die Vermittlung von Wissen und Fertigkeiten oder die Einhaltung von Disziplin).
Hier stellt sich die Frage, mit welcher Methode dieses Ziel erreicht werden kann.
All diese Anforderungen an nachhaltige, sinnvolle Lernprozesse, die Schülerinnen und Schüler kompetent machen für spätere Berufs- und Lebenssituationen, lassen sich – so die Annahme in der Alltagstheorie, aber auch in der Literatur – durch Projektlernen erreichen. An einem Projekt zu arbeiten heißt, an einem Thema zu forschen, etwas selbst zu erkunden, neue Einsichten zu gewinnen – mit offenem Ausgang.
Aus diesen Überlegungen heraus wurde seit dem Schuljahr 2001/2002 an baden-württembergischen Hauptschulen die themenorientierte Projektprüfung als verbindlicher Bestandteil der Hauptschulabschlussprüfung eingerichtet.
Auch an den Realschulen Baden-Württembergs wurden themenorientierte Projekte verbindlich eingeführt und eine fachübergreifende Kompetenzprüfung als Bestandteil der Abschlussprüfung durchgeführt.
Die Projektarbeit wird als „Teil einer veränderten pädagogischen Arbeit betrachtet", die auf Grund eines „gesellschaftlichen und wirtschaftlichen Wandels" erforderlich ist. Von der Projektprüfung erhoffen sich die Ministerien das „Überprüfbarmachen so genannter überfachlicher Kompetenzen". Benannt werden Kompetenzen wie hohe Schülerselbstständigkeit, kooperatives Lernen und öffentliche Präsentationen (Schleske 2005, S. 239). Im ministeriellen Verständnis zentral für projektartiges Arbeiten ist ein hoher Grad an Schüler-Selbständigkeit (Schleske 2005, S. 4).

Vor allem die Problemlösefähigkeit soll angeblich durch die Projektarbeit besonders gut gefördert werden, ebenso wie die Kommunikations- und Kooperationsfähigkeit. Um ein Problem im Rahmen einer Projektarbeit zu lösen und die einzelnen Schritte hierfür planen und ausführen zu können, benötigt der Lernende unter anderem die Fähigkeit, sein Wissen einzuschätzen und seine kognitiven Prozesse bei der Problemlösung zu überwachen, zu steuern und zu evaluieren. Ein Problemlöser muss also über kognitive und metakognitive Strategien verfügen (vgl. Schleske 2005, S.26). Damit werden gezielt die Merkmale selbstgesteuerten Lernens angesprochen, womit nochmals deutlich wird, dass der Anspruch an Projektunterricht mit der Umsetzung selbstgesteuerten Lernens verbunden wird.

Von der Effektivität von projektartigem Lernen ist man von offizieller Seite überzeugt. Es wird davon ausgegangen, dass Projektunterricht effektiver und anwendungsorientierter Unterricht ist (Schavan & Köberle 2000 S.4 zitiert in Schleske 2005, S. 18). Außerdem sind die Merkmale selbstgesteuerten Lernens immanent in den vom Ministerium genannten Qualifikationen, die durch Projektarbeit erworben werden sollen, genannt, so zum Beispiel die „Arbeitstugend“, in der das Merkmal Selbstregulation und Auswirkungen auf den Lernerfolg sowie die Nutzung geeigneter Lernstrategien eingebettet sind oder im Bereich der „sozialen Kompetenzen“, in der die Kooperation und die Nutzung sozialer Strategien vertreten sind sowie in den „Persönlichkeitsmerkmalen“, in der die Merkmale Bewusstheit und die Reflexivität eingebettet sind. Genannt wird explizit auch die Nutzung geeigneter Lernstrategien im Zusammenhang der überfachlichen Kompetenz „Methodik“. In den in der Projektliteratur beschriebenen Projektmodellen sind die Merkmale selbstgesteuerten Lernens ebenfalls benannt und ausdrücklich auch als Merkmale des Projektunterrichts beschrieben (vgl. Traub 2012).

In einer empirischen Studie, an der 30 Lehrerinnen und Lehrer sowie ca. 2000 Schülerinnen und Schüler und ca. 40 Beobachter beteiligt waren, wurde untersucht, ob sich die theoretischen Annahmen auch in der Praxis wiederfinden. Dabei lagen folgende Fragen der Untersuchung zu Grunde:

1. Entsprechen die in der Praxis durchgeführten Projekte den in der Literatur genannten Kriterien eines Projektunterrichts und handelt es sich damit um echte Projektarbeit?

Leider musste diese Frage aus allen drei Perspektiven verneint werden. Sowohl die Projektbeschreibungen der Lehrkräfte als auch die der Schülerinnen und Schüler und die der Beobachter entsprachen in etwa zu zwei Dritteln nicht den Kriterien eines von der Literatur erstellen Kriterienkatalogs für Projektunterricht. Oder anders formuliert: Nur ein Drittel der in der Schule durchgeführten Projekte entsprechen den Kriterien eines Projektunterrichts.

2. Entspricht der Projektunterricht den Merkmalen selbstgesteuerten Lernens?

Auch diese Frage muss eindeutig verneint werden.

Die Lehrenden sehen die Merkmale selbstgesteuerten Lernens kaum im Projektunterricht verwirklicht, sie scheinen oftmals in ihrem Erwartungshorizont auch gar nicht vorhanden zu sein. Wenn über diese Merkmale gesprochen wird, dann eher als Zielvorstellung, dass irgendwann und irgendwie durch Projektunterricht diese Merkmale erreicht werden könnten (Pfingstwunderdidaktik). Meist wird aber eher auf die Merkmale als Voraussetzung für Projektunterricht eingegangen und diese dann als bei Lernenden nicht vorhanden eingestuft. Die Ausnahmen bilden die Merkmale der Motivation und der Kooperation, die durchaus als deutlich wahrnehmbar im Projektunterricht genannt werden.

Auch aus der Perspektive der Lernenden ergibt sich ein ähnliches Bild. Dieses zeigt die Diskrepanz zwischen Theorie und Praxis noch deutlicher auf, werden doch die Merkmale selbstgesteuerten Lernens im „normalen“ Unterricht signifikant höher eingeschätzt als im Projektunterricht. Neben dieser Signifikanz zeigt auch der Durchschnittsmittelwert von ca. 2,5 (auf einer 5-wertigen Skala) einen eher geringen Verwirklichungsgrad der Merkmale selbstgesteuerten Lernens auf. Auch hier bildet die Motivation eine Ausnahme. Die Signifikanzen sprechen bei diesem Merkmal für den Projektunterricht.

Ähnlich fallen auch die Ergebnisse der Beobachterperspektive auf. Aus deren Perspektive finden die Merkmale selbstgesteuerten Lernens keine gesteigerte Umsetzung im Projektunterricht, aber auch hier wird die Motivation wieder als Ausnahme bestätigt.

Insgesamt zeigt der Blick in die Praxis ein eigentlich schockierendes Ergebnis: Die dem Projektunterricht von vielen Seiten zugesprochene Umsetzung selbstgesteuerten Lernens wird von den Lehrenden und Lernenden und auch von den Beobachtern so nicht wahrgenommen und bewertet. Projektunterricht kann damit dem formulierten Anspruch nicht gerecht werden und scheidet nach dieser Untersuchung in seiner derzeitigen Umsetzung als „selbstgesteuerte Lernumgebung“ aus (entnommen aus: Traub 2012).

Ziel dieses Buches war es, ein neues Modell selbstgesteuerter Projektarbeit darzustellen unter Einbeziehung historischer Ansprüche an Projektarbeit und aktueller Theorien und Überlegungen zum selbstgesteuerten Lernen sowie die Umsetzung desselben mit Hilfe der PROGRESS-Methode zu ermöglichen. Dieses neue Modell stellt eine selbstgesteuerte Kleingruppenprojektarbeit dar, die auf der Grundlage der Lernumgebung des Sandwich-Prinzips entwickelt wurde. Damit wechseln sich in diesem Modell instruktionale mit selbstgesteuerten Lernphasen ab, wobei die selbstgesteuerten Phasen deutlich dominieren, zumindest was das Endstadium dieses Modells anbelangt. Um zu diesem Endstadium – im Modell mit Weg 4 gekennzeichnet – zu kommen, müssen die Lernenden, je nach ihren Voraussetzungen verschiedene Stufen mit unterschiedlichen Wegen durchlaufen. Die PROGRESS-Methode stellt einen Prozess zur Umsetzung des neu konzipierten Projektmodells im Sinne eines Projektsandwichs dar. Es kann mit Lernenden auf jeder Stufe dieses

Prozesses eingestiegen werden. Ziel ist immer die Projektarbeit in Reinform. Da Lernende von ihrem Leistungsvermögen her aber sehr unterschiedlich sind, kann es durchaus auch sein, dass mit einigen Klassen eine bestimmte Stufe gar nicht mehr erreicht werden kann, sich Projektarbeit also auf einer der unteren Stufen abspielt. Trotzdem handelt es sich hier um Projektarbeit, aber eben nicht auf der höchsten Stufe, sondern abgestimmt auf die jeweilige Lerngruppe. Damit stellt die PROGRESS-Methode auch eine adaptive Lernumgebung dar. Sie reagiert auf die Unterschiede der Lerngruppen, so dass alle möglichst optimal von der Projektarbeit profitieren können und die einzelnen bestmöglich gefördert werden. Lernende mit eher ungünstigeren Lernvoraussetzungen profitieren im Zusammenhang der Projektarbeit am ehesten von Stufe 1. Dort sind die Phasen der Informationsvermittlung am größten. Lernende, die über eine höhere Selbstwirksamkeit, hohes Vorwissen, hohe Intelligenz und gutes Strategierepertoire verfügen profitieren dagegen eher von offeneren Lernumgebungen, also im Hinblick auf die Projektarbeit von Stufe 2. Selbst innerhalb einer Klasse kann hier differenziert werden, so dass einzelne Lernende in der Klasse Projektarbeit auf unterschiedlichem Niveau durchführen. Damit hierfür richtige Entscheidungen getroffen werden können, müssen die Lernende über eine gute Lerndiagnose verfügen und mit dem Projektmodell und der PROGRESS-Methode und ihren einzelnen Stufen vertraut gemacht werden. Hierzu gehören

- Aufgaben, bei denen Lernende das selbstgesteuerte Lernen kennenlernen;
- Aufgaben, bei denen Lernende das selbstgesteuerte Lernen aufbauen;
- Aufgaben, bei denen Lernende das selbstgesteuerte Lernen strukturieren;
- Aufgaben, bei denen Lernende das selbstgesteuerte Lernen erproben;
- Aufgaben, bei denen Lernende selbstgesteuert lernen.

Durch diese Einteilung werden bereits eine Höher- bzw. eine Weiterentwicklung vorgegeben. Zunächst werden die einzelnen Strategien und Techniken eher unbewusst angewandt durch die Vorgaben der Lehrperson, dann werden sie bewusst wahrgenommen und ausgewählt und schließlich soll der Prozess so automatisiert werden, dass die geeigneten Strategien routiniert genutzt werden.

Damit setzt die „PROGRESS-Methode“ an der prozesshaften Umsetzung des Projektgedankens an.

An einigen Beispielen konnte die Umsetzung des Modells dargestellt und reflektiert werden. Die empirischen Ergebnisse der Umsetzungsbeispiele zeigen, dass mit Hilfe dieses Projektmodells die Diskrepanz zwischen Theorie und Praxis der Projektarbeit zumindest verringert werden und eine weitere Optimierung des hier entwickelten selbstgesteuerten Kleingruppenprojektmodells auf der Basis der PROGRESS-Methode angezeigt wäre.

Das Modell wurde durch eine Pilotstudie auf den Prüfstand gestellt. Dabei wurden die Wege 1 und 2 mehrfach einzeln durchgeführt und evaluiert. Außerdem fanden

drei größere Studien statt, in denen jeweils eine Klasse die gesamte PROGRESS-Methode innerhalb eines halben Schuljahres durchlaufen hat.
Die Ergebnisse bestätigen die Hoffnungen, durch die „selbstgesteuerte Kleingruppenprojektarbeit auf der Basis der PROGRESS-Methode“ ein Modell gefunden zu haben, Projektarbeit als selbstgesteuerte Lernumgebung vorzubereiten, in denen Lernende dann selbstgesteuert Kleingruppenprojekte durchführen können. Dabei wird vor allem die PROGRESS-Methode als sehr bedeutsam eingestuft, gelingt es durch sie doch, Lernstrategien für selbstgesteuertes Lernen zu vermitteln und den Lernenden deren Nutzung zu zeigen. Die Lernenden bewerten die selbstgesteuerte Projektarbeit auf der Basis der PROGRESS-Methode signifikant höher bezüglich der Merkmale selbstgesteuerten Lernens als bisherige Projektarbeit und auch als den von ihnen „normal“ wahrgenommenen Unterricht. Vor allem Weg 4 sticht durch deutliche Signifikanzen in allen Merkmalen heraus. Auch zwischen den beiden Stufen konnten Signifikanzen in fast allen Merkmalen für Stufe 2 festgestellt werden, so dass auch hier der Nachweis erbracht wurde, dass durch die PROGRESS-Methode die Lernenden sich zunehmend als selbstgesteuert lernend wahrnehmen und dies auch sehr positiv bewerten. Diese Ergebnisse wurden durch die unabhängigen Beobachter bestätigt.
Die PROGRESS-Methode wurde in dieser aktualisierten Auflage noch um ein Kapitel zum Lerncoaching erweitert. Das Coaching soll die PROGRESS-Methode noch effektiver werden lassen.
Auch die an der Pilotstudie beteiligten Lehrpersonen äußerten sich zum selbstgesteuerten Kleingruppenprojekt auf der Basis der PROGRESS-Methode und bestätigen überwiegend die positiven Befunde. Die PROGRESS-Methode bietet eine Antwort auf häufiges Klagen vieler Lehrerinnen und Lehrer „unsere Schüler können das nicht“, „Projekte sind chaotisch.“ und wirkt gegen Demotivation und Desinteresse durch Überforderung auf Schülerseite. Die PROGRESS-Methode ist als mehrjähriger Prozess zu sehen. Ganz positiv wird auch bewertet, dass durch die situierten Lernangebote, Schule etwas mit dem Leben zu tun hat, die Lernenden etwas für sich tun können, sich selbst als selbstbestimmt erleben und ihre Stärken einbringen können.
Das selbstgesteuerte Kleingruppenprojektmodell auf der Basis der PROGRESS-Methode stellt nach dieser Evaluation eine Lernumgebung dar, in der selbstgesteuert gelernt werden kann. Dabei ist die PROGRESS-Methode als Lernmethode zu verstehen, durch die die Lernenden von Weg 1 bis Weg 4 immer stärker in das selbstgesteuerte Lernen eingeführt und dieses von ihnen zunehmend eigenständig durchgeführt werden kann.
Es scheint also ein Projektmodell gefunden zu sein, das den theoretischen Anspruch in der Praxis umsetzen und damit die Diskrepanz zwischen Anspruch und Wirklichkeit aufheben kann. Um diese These weiter zu festigen, muss das selbstgesteuerte Kleingruppenprojekt auf der Basis der PROGRESS-Methode aber weiter unter verschiedenen Aspekten evaluiert und auch flächendeckender implementiert werden.

Das Buch wurde als Studienbuch konzipiert, um zu verdeutlichen, dass man sich mit Projektarbeit auf einen Weg begibt: Lehrende weil sie zunächst die Überlegungen zur Umsetzung selbstgesteuerter Kleingruppenprojektarbeit „studieren", sich also didaktisch und methodisch auf einen Weg begeben müssen und Lernende, weil sie sich Schritt für Schritt in Richtung Projektarbeit begeben. Beide befinden sich somit in einem Lernprozess. Das Buch möchte diesen Lernprozess erfolgreich gestalten und möglich machen.
Um sich auf den Weg machen zu können, sollten einige Gedanken zur Projektarbeit berücksichtigt werden:

1.

Projektunterricht ist nicht unhinterfragt als Lernumgebung zu betrachten, in der selbstgesteuertes Lernen stattfindet und von Lehrenden und Lernenden so wahrgenommen wird. Unter dem Deckmäntelchen schulischer Projektarbeit verbergen sich viele Vorstellungen, sowohl tatsächliche Problemstellungen, die von Lernenden bearbeitet werden können als auch erlebnispädagogische Spiele und Übungen oder auch Exkursionen bzw. Expertenbefragungen. Die Palette an Darstellungen ließe sich weiter fortführen.
Dieser Sachverhalt macht deutlich, dass zunächst einmal geklärt werden muss, was Projektarbeit eigentlich ist und welche Zielsetzung sie in Schule und Unterricht erfüllen soll. In diesem Buch wurde der Zusammenhang zwischen selbstgesteuertem Lernen und der Projektarbeit herausgegriffen, da dieser von vielen Seiten als immanente Korrelation gesehen wird, was zunächst einmal überprüft und widerlegt werden musste (vgl. Traub 2012).
Der Begriff ist in Schule und Unterricht bisher in einer extrem großen Bandbreite verwendet worden, was eine Klärung erschwert und vor allem immer wieder für Missverständnisse sorgen wird.

2.

Projektarbeit lässt sich nicht von heute auf morgen in den Unterricht integrieren, sondern wird als ein Prozess aufgefasst, der langsam, aber stetig fortgeführt wird.
Projektarbeit stellt ein sehr anspruchsvolles Unterrichtskonzept dar. Damit dieses Konzept erfolgreich sein kann, müssen die Lernenden über bestimmte Kompetenzen verfügen, sich diese aneignen, um sie dann selbständig anwenden zu können. Dazu muss Projektarbeit auch als Lernprozess aufgefasst werden. In ihm verschiebt sich die Rolle des Lehrenden vom aktiven Lenker hin zum eher passiven Berater, die Rolle des Lernenden vom passiven Zuhörer zum aktiv Handelnden. In diese neuen Rollen müssen Lehrende und Lernende hineinwachsen. Lernende müssen Schritt für Schritt auf Projektarbeit vorbereitet werden. Dadurch werden die Grundlagen und Voraussetzungen für eine effektive Projektarbeit geschaffen. In der Literatur zum „Projektunterricht" werden bisher nur Phasen und Schritte eines Projekt-

ablaufs genannt oder Beispiele gelungener Projektarbeit vorgestellt; ein Konzept zur Umsetzung von Projektarbeit auf unterschiedlichem Prozessniveau der Lehrenden und Lernenden wurde durch das selbstgesteuerte Kleingruppenprojekt auf der Basis der PROGRESS-Methode geschaffen. Die positive Evaluation der Pilotstudie bestätigt dieses Modell und macht Mut, es weiter in der Schulpraxis zu erproben.

3.

In diesem Buch wird bewusst von Projektarbeit gesprochen und diese von Projektunterricht abgegrenzt. Es geht um die Arbeit in Projektform, die sich in Kleingruppen äußert und in der sich Lernende selbstgesteuert und selbstverantwortlich mit einer von ihnen als bedeutsam betrachteten Frage oder Problemstellung auseinandersetzen.

Alle anderen Formen bisherigen Projektunterrichts haben sicher ebenfalls ihre Berechtigung im schulischen Alltag. Warum nicht zu Beginn oder am Ende des Schuljahres erlebnispädagogische Unternehmungen durchführen? Das stärkt das soziale Klima, zeigt Lehrern und Schülern Schule von einer anderen Seite, macht Spaß, wirkt entspannend und dergleichen mehr.

Warum nicht Experten in die Schule und in den Unterricht holen? Diese schildern meist eine neue Sicht auf Inhalte, wirken authentisch und faszinieren und regen damit zum Nachdenken und letztendlich zum Lernen an.

Warum nicht mehrere Tage hintereinander gemeinsam Sport treiben oder basteln? Dadurch können Kindern und Jugendlichen Hobbys nahegebracht bzw. Interessen geweckt und Fähigkeiten bzw. Talente entwickelt und gefördert werden.

Wir werden den Begriff des Projektunterrichts als Oberbegriff und Sammelbegriff für all die genannten Aktionen und Tätigkeiten, aber auch für echte Projektarbeit nicht aus der Schule entfernen können, aber wir müssen uns bei der Beschäftigung mit dieser Materie bewusst sein, von welchem Projektbegriff wir aus agieren und welche Zielsetzung dabei verfolgt wird.

4.

Projektunterricht wird als wichtiges Instrument zur Umsetzung der Forderungen der Lehr-Lern-Forschung an die Gestaltung von Lernumgebungen angesehen. Aus diesen Gründen erhält er auch zunehmend Verbindlichkeit, in dem die Projektarbeit mittlerweile – zumindest in Baden-Württemberg, aber auch in den meisten anderen Bundesländern – in die Abschlussprüfungen aller Schularten Eingang gefunden hat.

In der Hauptschule gab es die Projektprüfung als Bestandteil der Hauptschulabschlussprüfung. In der Realschule die fächerübergreifende Kompetenzprüfung als Bestandteil der Mittleren Reifeprüfung, die über die Themenorientierte Projektarbeit ab Klasse 6 vorbereitet werden soll. Mittlerweile wird Projektarbeit als wesentlicher Bestandteil des Unterrichts gesehen, welche auch in die Beurteilung der

Abschlussprüfungen Eingang findet. Im Gymnasium gibt es die ab Klasse 7 stattfindende GFS, eine eigenständige Schülerarbeit, die als gleichwertige Feststellung von Schülerleistung in die Endnote des Faches einbezogen wird, in der die GFS erbracht wurde.

5.
Um die Lehrerinnen und Lehrer bei der Umsetzung des Projektmodells zu unterstützen, gibt es auch eine Handreichung für Lehrerinnen und Lehrer. Diese ist als Broschüre konzipiert, mit deren Hilfe sich die Lehrpersonen die einzelnen Wege und dazu passenden Methoden anschauen und nach einer entsprechenden Lernstandsdiagnose die optimalen Bereiche für ihre Klasse auswählen können.

Sowie die anderen Kapitel mit einem Advance Organizer eingeleitet wurden, so soll dieses Kapitel mit einem Post Organizer schließen.
Der Projektunterricht wird hierbei als Projektlandschaft abgebildet.
Die Hochform des Projektunterrichts ist die Projektarbeit im engeren Sinne, hier die „selbstgesteuerte Kleingruppenprojektarbeit am Beispiel der PROGRESS-Methode“. Sie wird als Gebirgskette dargestellt. Damit soll sowohl die Hochform der Projektarbeit gekennzeichnet werden als auch mit der Höhe der einzelnen Gipfel die PROGRESS-Methode symbolisiert werden. Die Gipfel, die durch die Wege 1 bis 4 bestiegen werden, werden immer höher. Am Fuße der Berge gibt es weitere in die Projektlandschaft gehörende „Lernkonzepte“, die aber nicht zur eigentlichen Projektarbeit gehören und nur einige der Merkmale bzw. der Kriterien einer echten Projektarbeit erfüllen.
Das projektorientierte Lernen ist dabei durch einen Hügel gekennzeichnet, in diesen Hügel sind beispielhaft einige projektorientierte „Lernkonzepte“ genannt, die beliebig erweiterbar sind. Damit soll angedeutet werden, dass zunächst einmal die Hügel durchwandert werden müssen, bevor das Besteigen der Bergkette von den Schülerinnen und Schülern in Angriff genommen werden kann. Das projektorientierte Vorgehen stellt eine wichtige Hinführung und Übungsmöglichkeit für die eigentliche Projektarbeit dar und ist deshalb bildlich auf der gleichen Ebene wie die Bergkette dargestellt.
Andere – nicht im eigentlichen Sinne der Projektarbeit – verstandene Projektunterrichtsformen werden als Wald dargestellt. Sie gehören auch zur Projektlandschaft, sind aber insgesamt nicht im engeren Kontext mit einer Projektarbeit verknüpft. Hierzu gehören vor allem erlebnispädagogische Aspekte, aber auch Arbeitsgemeinschaften und andere Aktivitäten aller Art. Einzelne Elemente dieser Ebene können natürlich auch bei der eigentlichen Projektarbeit eine Rolle spielen, weshalb es auch in der Bergkette einzelne Bäume gibt. Diese müssen aber mit einer Problemstellung verbunden und von den Lernenden selbst initiiert und umgesetzt werden.

Ebenso verhält es sich mit dem Adler, der hier als Symbol für einen Experten bzw. für das Aufsuchen von außerschulischen Lernorten oder anderen Institutionen, in denen man vor Ort wichtige Informationen erhält, steht. Solche Elemente sollten in jeden Unterricht eingebaut werden, sind also kein besonderes Kennzeichen der eigentlichen Projektarbeit. Aber natürlich spielen sie auch da eine nicht untergeordnete Rolle, weshalb auch der Adler die Bergkette überfliegt. Aber auch hier gilt: Die Lernenden entscheiden selbst, welche Experten bzw. welche außerschulischen Lernorte sie aufsuchen und nutzen wollen und wie sie eine solche Begegnung bzw. Exkursion planen und durchführen. Damit werden diese zum Teil des eigentlichen Projektes. Ansonsten sind es Vorgehensweisen, die derzeit zum Projektunterricht gerechnet werden und deshalb in der symbolisierten Projektlandschaft ihren Platz haben, aber mit der im eigentlichen Sinne gemeinten Projektarbeit nur am Rande etwas zu tun haben.

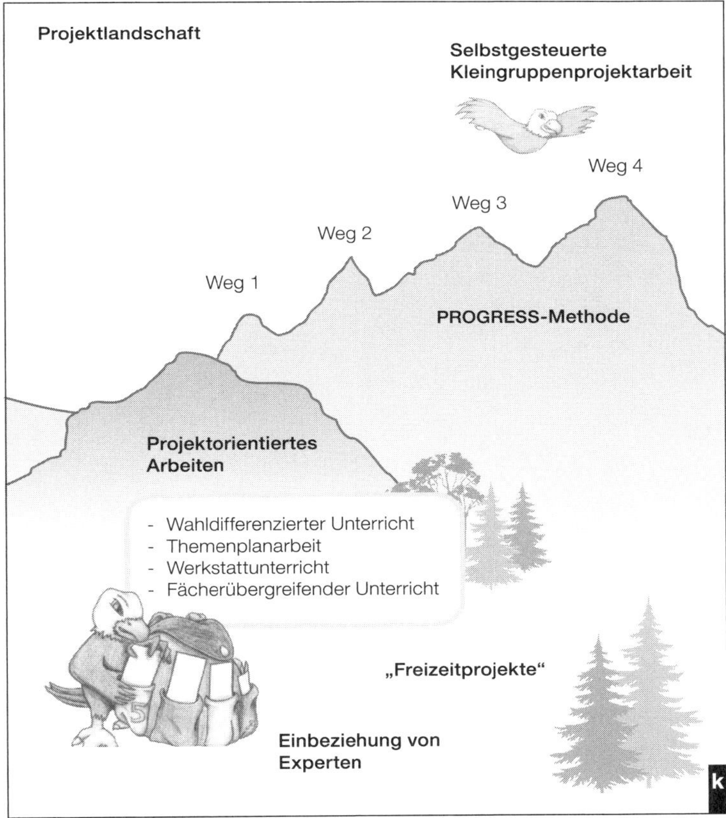

Abb. 32: Projektunterricht als Projektlandschaft dargestellt

So wie ich das Buch begonnen habe, so möchte ich es auch schließen – mit einem Wunsch an alle Leserinnen und Leser und einem Zitat:
Möge es nicht beim Studieren des Buches bleiben, sondern selbstgesteuerte Projektarbeit auf der Basis der PROGRESS-Methode viele Anhänger finden, die das Modell in die Praxis umsetzen.

„Jeder Weg von tausend Meilen beginnt mit dem ersten Schritt.“
(alte chinesische Weisheit)

9 | Literaturverzeichnis

Adl-Amini, B. & Künzli R. (Hrsg) (1991 [3]). Didaktische Modelle und Unterrichtsplanung. Weinheim und Basel, 3: Juventus.

Aebli, H. (1980, 1981). Denken: Das Ordnen des Tuns. Bd. 1: Kognitive Aspekte der Handlungstheorie. Bd. 2: Denkprozesse. Stuttgart.

Aebli, H. (1983). Zwölf Grundformen des Lehrens. Stuttgart.

Ahlring, I. (Hrsg.) (2003). Selbständig Lernen in Projekten. In: Extra Praxis Schule 5-10. Braunschweig: Westermann Schulbuchverlag.

Apel, H. J. & Knoll, M. (2001). Aus Projekten lernen. Grundlegung und Anregungen. München: Oldenburg.

Apel, H. J. & Sacher, W. (Hrsg.). (2002). Studienbuch Schulpädagogik. Bad Heilbrunn: Klinkhardt.

Arnold, K.-H., Hascher, T., Messner, R., Niggli, A., Patry, J.-L. & Rahm, S. (2011). Empowerment durch Schulpraktika. Perspektiven wechseln in der Lehrerbildung. Heilbrunn: Klinkhardt.

Ausubel, D. P. (1974). Psychologie des Unterrichts. Band 1 und 2. Weinheim: Beltz.

Bastian, J., Gudjons, H., Schnack J. & Speth, M. (Hrsg.) (1997). Theorie des Projektunterrichts. Hamburg: Bergmann und Helbig.

Beck, E., Guldimann, T. & Zutavern, M. (1995). Eigenständig lernen. St. Gallen: UVK Fachverlag.

Beck, E., Gudimann, T. & Zutavern, M. (1991). Eigenständig lernende Schülerinnen und Schüler. Ein Bericht über ein empirisches Forschungsprojekt. In: Zeitschrift für Pädagogik, 37 (5), 735-768.

Beilfuß, C. (2017 [2]). Ein Himmel voller Fragen. Systemische Interviews, die glücklich machen. Heidelberg: Auer.

Berger, R. & Waack S. (2013). Feedback gezielt geben. Was wirkt: Lernprozessbegleitendes Feedback. In: Grundschule 44, Heft 7/8, 19-20.

Boeckaerts, M. (1999). Self-regulated learning: Where we are today. Internatinal Journal of Education Research, 31, 445-447.

Böning, U. (2005 [3]). Coaching: Der Siegeszug eines Personalentwicklungs-Instruments. Eine 10-Jahres-Bilanz. In: C. Rauen (Hrsg.), Handbuch Coaching. 21-54. Göttingen: Hogrefe.

Bohl, T. (2004). Prüfen und Bewerten im Offenen Unterricht. Weinheim: Beltz.

Brüggemann, H., Ehret-Ivankovic, K. & Klütmann, C. (2009). Systemische Beratung in fünf Gängen. Ein Leitfaden. Göttingen: Vandenhoeck.

Busse, H., Campbell, R., & Kipping, R. (2018). Developing a typology of mentoring programmes for young people attending secondary school in the United Kingdom using qualitative methods. In: Children and Youth Services Review, 88, 401–415.

Buholzer, A., Kummer Wyss, A. (Hrsg.) (2010). Alle gleich – alle unterschiedlich! Zum Umgang mit Heterogenität in Schule und Unterricht. Zug: Klett und Kallmeyer.

Brandt, S. (2011). Lehren und Lernen im Unterricht. Band 2 der Reihe Professionswissen für Lehrerinnen und Lehrer. Baltmannsweiler: Schneider-Verlag Hohengehren.

Carver, C. & Scheier, M. (2009). Action, affect and two-mode models of functioning. In: E. Morsella, J. A. Bargh & P. M. Gollwitzer (Hrsg.), Oxford Handbook of Human Action. 298-327. Oxford: OUP.

Collins, A., Brown, J.S. & Newman, S.E. (1989). Cognitive apprenticeship.Teaching the crafts of reading, writing and mathematics. In: L.B. Resnick (Ed.): Knowing, learning and instruction. Hillsdale, S. 453-494.

De Charms, R. (1979). Motivation in der Klasse. München: Moderne Verlagsgesellschaft.

Dewey, J. (1993). Demokratie und Erziehung. Eine Einleitung in die philosophische Pädagogik. Herausgegeben von Jürgen Oelkers, übersetzt von Erich Hylla. Weinheim und Basel: Beltz.

DBVC (2020). Definition Coaching. https://www.dbvc.de/der-verband/ueber-uns/definition-coaching (08.05.2020).

De Shazer, S. & Dolan, Y. (2016[5]). Mehr als ein Wunder. Lösungsfokussierte Kurzzeittherapie heute. Heidelberg: Auer.

Dubs, R. (1995). Lehrerverhalten. Ein Beitrag zur Interaktion von Lehrenden und Lernenden im Unterricht. Zürich: Verlag des Schweizerischen Kaufmännischen Verbandes.

Emer, W. & Lenzen, K.-D. (2009). Projektunterricht gestalten – Schule verändern. Baltmannsweiler: Schneider-Verlag Hohengehren.

Erpenbeck, M. (2017). Wirksam werden im Kontakt. Die systemische Haltung im Coaching. Heidelberg: Auer.

Eschelmüller, M. (2018). Gelingesbedingungen für Lerncoaching schaffen. In: Journal für Schulentwicklung, 2, 66-71.

Faude-Koivisto, T. & Gollwitzer, P. (2011[2]). Wenn-Dann Pläne: eine effektive Planungsstrategie aus der Motivationspsychologie. In: B. Birgmeier (Hrsg.), Coachingwissen. 209-227. Wiesbaden: VS.

Frey, K. (2012[12]). Die Projektmethode. Der Weg zum bildenden Tun. Weinheim: Beltz.

Friedrich, H. F. & Mandl, H. (1992). Lern- und Denkstrategien: Ein Problemaufriss. In: H. Mandl & H. F. Friedrich (Hrsg.): Lern- und Denkstrategien. Analyse und Intervention. Göttingen, S. 3-54.

Fuhr, R. (2003). Struktur und Dynamik der Klient-Berater-Beziehung. In C. Krause, B. Fittkau, R. Fuhr & H.-U. Thiel (Hrsg.), Pädagogische Beratung. Grundlagen und Praxisanwendung. 32-50. Paderborn: Schöningh.

Führer, F.-M & Cramer, C. (2020). Mentoring & Coaching in der Lehrerinnen- und Lehrerbildung. In: C. Cramer, J. König, M. Rothland & S. Blömeke (Hrsg.)(2020), Handbuch Lehrerinnen und Lehrerbildung. 748-756. Heilbrunn: Klinkhardt.

Gautschi, P. (2001). Beurteilung als Kompass für das Lernen in Projekten. In: Praxis Schule 5-10. Dezember 2001, Heft 6, S. 19-22: Westermann.

Gläser-Zikuda, M. & Hascher, T. (Hrsg.) (2007). Lernprozesse dokumentieren, reflektieren und beurteilen. Lerntagebuch und Portfolio in Bildungsforschung und Bildungspraxis. Bad Heilbrunn: Klinkhardt.

Geißler, H. (2005). Was kommt nach der Coaching-Euphorie? – Strategien für eine zukunftsweisende Entwicklung. In: U. Elsholz, J. Gillen, R. Meyer, G. Molzberger & G. Zimmer (Hrsg.), Berufsbildung heißt: Arbeiten und Lernen verbinden. Bildungspolitik, Kompetenzerwerb, Betrieb. 241-254. München: Waxmann.

Gollwitzer, P.M. (1987): Suchen, Finden und Festigen der eigenen Identitaet. Unstillbare Zielintentionen. In: Heckhausen, H./Gollwirzer, P.M./Weinert F.E. (Hg.): Jenseits des Rubikons: Der Wille in den Humanwissenschaften. Heidelberg, S. 176-189.

Grewe, N. (2005). Praxishandbuch Beratung in der Schule. Grundlagen, Aufgaben und zwei Beispiele. Neuwied: Luchterhand.

Grow, G. O. (1991). Teaching learners to be self-directed.Audult Education Quaterly, 41, S. 125-149.

Grow, G. O. (1993). In defence of the staged self-directed learning model. Audult Education Ouaterly, 43.

Gudjons, H. (2014[8]). Handlungsorientiert lehren und lernen. Bad Heilbrunn: Klinkhardt.

Gudjons, H. (2006). Neue Unterrichtskultur – veränderte Lehrerrolle. Bad Heilbrunn: Klinkhardt.

Günther, H. (1996). Kritik des offenen Unterrichts. Bielefeld.

Guldimann, T. (2010). Lernen verstehen und eigenständig Lernen fördern. In: Buholzer, A., Kummer Wyss, A. (Hrsg.). Alle gleich – alle unterschiedlich! Zum Umgang mit Heterogenität in Schule und Unterricht. Zug: Klett und Kallmeyer, S. 109-121.

Haag, L., Fürst, C. & Dann, H. D. (2000). Lehrervariablen erfolgreichen Gruppenunterrichts. In: Psychologie in Erziehung und Unterricht, 47 Jg. (2000), 4. S. 266-279.

Haas, G. (2004[5]). Handlungs- und produktionsorientierter Literaturunterricht. Theorie und Praxis eines „anderen“ Literaturunterrichts für die Primar- und Sekundarstufe.

Hänsel, D. (1999[2]). Projektunterricht. Weinheim und Basel: Beltz.

Hameyer, U., Klaffke, T. & Pallasch, W. (2009)(Hrsg.). Lerncoaching. In: Themenband Lernende Schule, 45. Seelze: Friedrich.

Hameyer, U., Käller, O. & Behr, U. (2010). Kompetent warden – Begriffliche Orientierung zur Lehrplanarbeit in Thüringen. Bad Berka: THILLM.

Hameyer, U. & Hardeland, H. (2011). Wissen, Wollen, Können. Lerncoaching als wirksame Kompetenzförderung. In: Schulverwaltung Spezial 1/2011, 11-13.

Hameyer, U. (2018). Lerncoaching unterwegs. Etablierungsprozesse in der Praxis. In: Journal für Schulentwicklung, 2, 8-14.

Hameyer, U. (2013). Lerncoaching in der Schule. Grundriss und Praxis. https://webcache.googleusercontent.com/search?q=cache:Lzp_QZLW07MJ:https://www.schulentwicklung.nrw.de/referenzrahmen/rr_datei_download.php%3Fdateiid%3D4255+&cd=1&hl=de&ct=clnk&gl=de (09.03.2021).

Hameyer, U. (2014). Lerncoaching in der Schule. Bezugspunkte nachhaltiger Umsetzungspraxis. https://webcache.googleusercontent.com/search?q=cache:AQ8_xC-yPmMJ:https://silo.tips/download/lerncoaching-in-der-schule+&cd=5&hl=de&ct=clnk&gl=de (09.03.2021).

Hardeland, H. (2019[7]). Lerncoaching und Lernberatung. Lernende in ihrem Lernprozess wirksam begleiten und unterstützen. Schneider: Hohengehren.

Hattie, J. (20132). Lernen sichtbar Machen. Überarbeitete deutschsprachige Ausgabe von “Visible learning”. Baltmannsweiler: Hohengehren.

Hasselhorn & Gold (2017[4]). Pädagogische Psychologie. Erfolgreiches Lernen und Lehren. Stuttgart: Kohlhammer.

Helmke, A. (2015[6]). Unterrichtsqualität und Lehrerprofessionalität. Diagnose Evaluation und Verbesserung des Unterrichts. Seelze: Klett-Kallmeyer.

Hepting, R. (2004). Zeitgemäße Methodenkompetenz im Unterricht. Eine praxisnahe Einführung in neue Formen des Lehrens und Lernens. Mit Unterrichtsvideo auf CD-Rom. Bad Heilbrunn: Klinkhardt.

Huber, A. (1999). Bedingungen effektiven Lernens in Kleingruppen unter besonderer Berücksichtigung der Rolle von Lernskripten. Schwangau: Huber.

Huber, A., Konrad, K. & Wahl, D. (2008). Lernen durch wechselseitiges Lehren. In: Pädagogisches Handeln, 5. Jg., Heft 2, S. 33-46.

Huber, A. A. (Hrsg.) (2004). Kooperatives Lernen – kein Problem! Effektive Methoden der Partner- und Gruppenarbeit. Leipzig: Klett.

Hurrelmann, B. (2002). Leseleistung – Lesekompetenz: Folgerungen aus PISA, mit einem Konzept des didaktischen Lesens als kultureller Praxis. In: Praxis Deutsch H.176.

Johnson, D. W. & Johnson, R. T. (1992). Encouraging thinking through constructive controversy. In: N. Davidson & T. Worsham (Hrsg.): Enchancing thinking through cooperative learning. New York, S. 120-127.

Kehr, H. (2009). Authentisches Selbstmanagement. Übungen zur Steigerung von Motivation und Willensstärke. Weinheim: Beltz.

Kindl-Beilfuß, C. (2019[9]). Fragen können wir Küsse schmecken. Systemische Fragetechniken für Anfänger und Fortgeschrittene. Heidelberg: Auer.

Kleinbeck, U. (2018[5]). Handlungsziele. In: J. Heckhausen & H. Heckhausen (Hrsg.), Motivation und Handeln. 255-275. Heidelberg: Springer.

KMK (Kultusministerkonferenz) (2004/2019). Standards für die Lehrerbildung: Bildungswissenschaften. Standards Lehrerbildung KMK-Arbeitsgruppe (10.03.2021).

Konrad, K. (2008). Erfolgreich selbstgesteuert lernen. Theoretische Grundlagen, Forschungsergebnisse, Impulse für die Praxis. Bad Heilbrunn: Klinkhardt.

Konrad, K. (2011). Wege zum erfolgreichen Lernen. Ansatzpunkte, Strategien, Beispiele. Weinheim und Basel: Beltz Juventa.

Konrad, K. & Traub, S. (2019[7]). Kooperatives Lernen. Theorie und Praxis in Schule, Hochschule und Erwachsenenbildung. Baltmannsweiler: Hohengehren.

Konrad, K. & Traub, S. (2018[6]). Selbstgesteuertes Lernen. Grundwissen und Tipps für die Praxis. Baltmannsweiler: Hohengehren.

Kreis, A. & Straub, F. C. (2008). Praxislehrpersonen als Unterrichtscoachs und als Mediatoren in der Rekontextualisierung unterrichtsbezogenen Wissens. In: Beiträge zur Lehrerinnen- und Lehrerbildung, 26 (2), 198-210.

Landesinstitut für Schulentwicklung (LS)(2015a). Lerncoaching. Unterstützung des individuellen Lernprozesses. Stuttgart. https://www.schule-bw.de/themen-und-impulse/individuelles-lernen-und-individuelle-foerderung/allgemein-bildende-schulen/kompetenzraster-als-paedagogische-umsetzungshilfen/lerncoaching/nl24_lerncoaching_unterstuetzung_des_indiv_lernprozesses.pdf (10.03.2021).

Liepelt, R., Dolk, T. & Prinz, W. (2012). Bidirectional semantiv interferences between action and speech. In: Psychological Research, 76, 446-455.

Lissmann, U. (2007). Beurteilungsraster und Portfoliobeurteilung. In: M. Gläser-Zikuda & T. Hascher (Hrsg.) (2007). Lernprozesse dokumentieren, reflektieren und beurteilen. Lerntagebuch und Portfolio in Bildungsforschung und Bildungspraxis, S. 87-108. Bad Heilbrunn: Klinkhardt.

Locke, E. & Latham, G. (2013). New developements in goal setting and task performance. New York: Routledge.

Löwisch, D.-J. (2000). Kompetentes Handeln. Bausteine für eine lebensweltbezogene Bildung. Darmstadt: Wissenschaftliche Buchgesellschaft.

Mandl, H., Gruber, H. & Renkl, A. (2002). Situiertes Lernen in multimedialen Lernumgebungen. In: L. J. Issing & P. Klimsa (Hrsg.). Information und Lernen mit Multimedia und Internet (S. 167-178). Weinheim: Beltz.

Matsumura, L. C., Garnier, H. E. & Spybrook, J. (2013). Literacy coaching to improve student reading achievement. A multi-level mediation model. In: Learning and Instruction, 25, 35-48.

McClelland, D.C./Kiestner, R./Weinberger, J. (1989): How do self-attributed and implicit motives differ? In: Psychological Review, 96 (4), pp. 690-702.

McLeod, J. (2004). Counselling – eine Einführung in Beratung. Tübingen: Dgtv.

Meier, B. P., Schall, S. Schwarz, N. & Bargh, J. A. (2012). Embodiment in Social Psychology. In: Topics in Cognitive Science, 4 (4), 705–716.

Meier, D. & Szabo, P. (2008). Coaching – erfrischend einfach. Einführung ins lösungsorientierte Kurzzeitcoaching. Luzern: Solutionsurfers.

Meyer, H. (2019[14]). Was ist guter Unterricht? Berlin: Cornelsen.

MKJS (2000). Ministerium für Kultus, Jugend und Sport Baden-Württemberg (Hrsg.). Projektprüfung Hauptschule: Info-Update 2000: Stuttgart.

Ministerium für Kultus, Jugend und Sport Baden-Württemberg (Hrsg.) (2004): Bildungspläne für die Grund-, Haupt- und Realschule: Stuttgart.

Ministerium für Kultus, Jugend und Sport (MKJS)(2016a). Gemeinsamer Bildungsplan für die Sekundarstufe I. https://www.bildungsplaene-bw.de/,Lde/BP2016BW_ALLG_SEK1 (14.07.2020).

Ministerium für Kultus, Jugend und Sport (MKJS)(2016b). Die Gemeinschaftsschule in BadenWürttemberg.Stuttgart.https://www.baden-wuerttemberg.de/fileadmin/redaktion/dateien/PDF/Gemeinschaftschule_Broschuere_neu.pdf (14.03.2021).

Ministerium für Kultus, Jugend und Sport (MKJS), Baden-Württemberg (2019a). Handreichung zur Projektarbeit für Hauptschulen, Werkrealschulen, Realschulen und Gemeinschaftsschulen. Stuttgart: Bechtel.

Ministerium für Kultus, Jugend und Sport, Baden-Württemberg (2019b). Abschlussprüfungen. Handreichung zur Hauptschulabschlussprüfung, Werkrealschulabschlussprüfung und Realschulabschlussprüfung. Stuttgart: Bechtel.

Müller, G. & Braun, W. (2009). Selbstführung. Wege zu einem erfolgreichen und erfüllten Berufs- und Arbeitsleben. Bern: Huber.

Nicolaisen, T. (2009). Erkenne dich selbst! Selbstexploration und Lerncoaching. In: Lernende Schule, 45, 45-46.

Nicolaisen, T. (2017 [2]). Lerncoaching-Praxis: Coaching in pädagogischen Arbeitsfeldern. Weinheim: Juventa.

O'Connor, J. & Seymour, J. (2009 [16]). Neurolinguistisches Programmieren: Gelungene Kommunikation und persönliche Entfaltung. Freiburg: VAK.

Pallasch, W. (2006). Lerncoaching. Ein Weg aus der schulischen Krise? In: Grundschule, Heft 3, 16-19.

Pallasch, W. & Hameyer, U. (2012 [2]). Lerncoaching: Theoretische Grundlagen und Praxisbeispiele zu einer didaktischen Herausforderung. Weinheim und Basel: Beltz.

Pallasch, W. & Kölln, D. (2014 [9]). Pädagogisches Gesprächstraining. Lern- und Trainingsprogramm zur Vermittlung pädagogisch-therapeutischer Gesprächs- und Beratungskompetenz. Weinheim: Juventa.

Patrzek, A. (2017 [2]). Systemisches Fragen. Professionelle Fragetechniken für Führungskräfte, Berater und Coaches. Wiesbaden: Springer.

Peterßen, W. (2008 [2]). Kleines Methoden-Lexikon. München: Oldenbourg.

Petri, G. (1991). Idee, Realität und Entwicklungsmöglichkeiten des Projektlernens. Graz. Herausgegeben vom Bundesministerium für Unterricht, Kunst und Sport. Zentrum für Schulversuche und Schulentwicklung.

Prohaska, S. (2013). Coaching in der Praxis. Tipps, Übungen und Methoden für unterschiedliche Coaching-Anlässe. Paderborn: Junfermann.

Radatz, S. (2010 [4]). Einführung in das systemische Coaching. Heidelberg: Auer.

Radatz, S. (2018 [10]). Beratung ohne Ratschlag. Systemisches Coaching für Führungskräfte und BeraterInnen. Wien: VSM.

Rauen, C. (2005 [3]). Handbuch Coaching. Göttingen: Hogrefe.

Rauen, C. (2001). Coaching. Göttingen: Hogrefe.

Redlich, A. (2009). Gesprächsführung in der Beratung von Lehrern, Eltern und Erziehern. Hamburg: Alumni-Verein.

Reinmann-Rothmeier G. & Mandl, H. (1999). Unterrichten und Lernumgebungen gestalten. Forschungsbericht Nr. 60. München: Ludwig-Maximilians Universität, Lehrstuhl für Empirische Pädagogik und Pädagogische Psychologie.

Renkl, A. (1996). Träges Wissen: Wenn Erlerntes nicht genutzt wird. Psychologische Rundschau, 47 (2), S. 78-92.

Rieder Nussbaum, A. & Storch, M. (2018). Ich packs! Selbstmanagement für Jugendliche. Ein Trainingsmanual für die Arbeit mit dem Zürcher Ressourcen Modell. Göttingen: Hogrefe.

Rogers, C. R. (2002). Therapeut und Klient. Grundlagen der Gesprächspsychotherapie. Frankfurt: Fischer.

Rogers, C. R. (2016[2]). Eine Theorie der Psychotherapie, der Persönlichkeit und der zwischenmenschlichen Beziehung. München: Reinhardt.

Rückle, H. (2005). Gruppen-Coaching. In: C. Rauen (Hrsg.), Handbuch Coaching. 183-197. Göttingen: Hogrefe.

Ryter, A. (2018). Coaching als neuer Trend in der Lehrerinnen- und Lehrerbildung. Eine erste Bestandsaufnahme. In: C. Reintjes, G. Bellenberg & G. im Brahm (Hrsg.), Mentoring und Coaching als Beitrag der Professionalisierung angehender Lehrpersonen. 23-40. München: Waxmann.

Sachse, R. (2016[2]). Therapeutische Beziehungsgestaltung. Hogrefe: Göttingen.

Schleske, M. (2005). Die Projektprüfung und ihre Umsetzung. Eine empirische Studie an den Hauptschulen Baden-Württembergs. Baltmannsweiler: Schneider-Verlag Hohengehren.

Schlippe, A. & Schweitzer, J. (2016[3]). Lehrbuch der systemischen Therapie und Beratung I. Göttingen: VR.

Schlippe, A. & Schweitzer, J. (2017[3]). Systemische Intervention. Göttingen: Vandenhoeck & Ruprecht.

Schmidt-Lellek, C. & Buer, F. (2011). Life-Coaching in der Praxis; Wie Coaches umfassend beraten. Göttingen: Vandenhoeck & Ruprecht.

Schmidt, G. (2018[8]). Einführung in die hypnosystemische Therapie und Beratung. Heidelberg: Auer.

Schmidt, G. (2019[8]). Liebesaffäre zwischen Problem und Lösung. Hypnosesystemisches Arbeiten in schwierigen Kontexten. Heidelberg: Auer.

Schmid, B. (2016). Häufig gestellte Fragen. In: Coaching-Magazin, 4, 35.

Schnebel, S. (2020). Coaching und Mentoring als Gegenstand der Lehrerinnen- und Lehrerbildung. In: In: C. Cramer, J. König, M. Rothland & S. Blömeke (Hrsg.)(2020), Handbuch Lehrerinnen und Lehrerbildung. 85-90. Heilbrunn: Klinkhardt.

Schräder-Nef, R. (1987[3]). Schüler lernen Lernen: Vermittlung von Lern- und Arbeitstechniken in der Schule. Weinheim und Basel: Beltz.

Siebert, H. (2006[2]). Selbstgesteuertes Lernen und Lernberatung. Konstruktivistische Perspektiven. Augsburg: Ziel-Verlag.

Simons, P. R. J. (1992). Lernen selbständig zu lernen – ein Rahmenmodell. In: H. Mandl & H. F. Friedrich (Hrsg.). Lern und Denkstrategien. Analyse und Interventionen. S. 251-264. Göttingen: Hogrefe.

Slavin, R. E. (1995[2]). Cooperative learning: Theory, Research and Practice. Englewood Cliffs, NJ: Prentice-Hall.

Spitzer, M. (2002). Lernen. Gehirnforschung und die Schule des Lebens. Heidelberg, Berlin.

Storch, M. & Krause F. (2017[6]). Selbstmanagement – ressourcenorientiert. Grundlagen und Trainingsmanual für die Arbeit mit dem Zürcher Ressourcen Modell (ZRM®). Bern: Huber.

Storch, M. & Kuhl, J. (2013[2]). Die Kraft aus dem Selbst. Sieben Psychogyms für das Unbewusste. Bern: Huber.

Straub, F. C. & Kreis, A. (2013). Fachspezifisches Unterrichtscoaching in der Aus- und Weiterbildung von Lehrpersonen. In: journal für lehrerInnenbildung, 13 (2), 8-13.

Straub, F. C. (2011). Fachspezifisch-pädagogisches Coaching. Förderung von Unterrichtsexpertise durch Unterrichtsentwicklung. In: Beiträge zur Lehrerbildung, 19 (2), 175-198.

Traub, S. (1999). Auf dem Weg zur Freiarbeit: Entwicklung und Analyse eines Lehrerfortbildungskonzepts zur Vermittlung von Handlungskompetenz für Freiarbeit in der Sekundarstufe. Weingarten: Pädagogische Hochschule, Fakultät Erziehungswissenschaft, unveröffentlichte Dissertation.

Traub, S. (2000). Schrittweise zur erfolgreichen Freiarbeit. Ein Arbeitsbuch für Lehrende und Studierende. Bad Heilbrunn: Klinkhardt.

Traub, S. (2003). Selbstgesteuertes Lernen in der Praxis. In: Zeitschrift Pädagogik, 55. Jahrgang, Heft 5, Mai 2003, S. 19-22.

Traub, S. (2004a). Unterricht kooperativ gestalten. Bad Heilbrunn: Klinkhardt.

Traub, S. (2004b). Offener Unterricht: ein Begriff mit vielen Facetten. In: Französisch heute. Heft 3, 35. Jahrgang, 2004, S. 232-241.

Traub, S. (2004c). Projektprüfung in der Hauptschule. Eine Chance für offenes Arbeiten? In: Zeitschrift Pädagogik, 56. Jahrgang, Heft 12, Dezember 2004, S. 14-19.

Traub, Silke (2004d). Freie Arbeit in der Unterrichtspraxis. Beispiele und Anregungen. In: Zeitschrift Pädagogik, 56. Jahrgang, Heft 12, Dezember 2004, S. 24-29.

Traub, S. (2022[2]) Gespräche führen – leicht gemacht. Gesprächserziehung in der Schule. Baltmannsweiler: Schneider-Verlag Hohengehren.

Traub, S. (2017[3]). Kooperatives Lernen. In: Buholzer, A., Kummer Wyss, A. (Hrsg.). Alle gleich – alle unterschiedlich! Zum Umgang mit Heterogenität in Schule und Unterricht. Zug: Klett und Kallmeyer, S. 138-151.

Traub, S. (2011). Selbstgesteuert Lernen durch PROGRESS. Analyse, Evaluation und Reflexion der selbstgesteuerten Kleingruppenprojektarbeit auf der Basis der PROGRESS-Methode. Habilitation an der Universität Bayreuth, 2011.

Traub, S. (2012). Projektarbeit – ein Unterrichtskonzept selbstgesteuerten Lernens? Analyse und Evaluation bisherigen Projektunterrichts im Vergleich zur „selbstgesteuerte Kleingruppenprojektarbeit auf der Basis der PROGRESS-Methode“. Bad Heilbrunn: Klinkhardt forschung.

Traub, S. (2021[2]a). Lehren und Lernen mit Methode. Baltmannsweiler: Schneider Verlag Hohengehren.

Traub, S. (2021b). Schritt für Schritt zum kooperativen Lernen. Stuttgart: UTB-Studienbuch, Klinkhardt.

Van Nieuwerburgh, C. (2016). Coaching in education: an overview. In: C. van Nieuwerburgh (Hrsg.), Coaching in education. Getting better results für students, educators and parents. 3-24. New York: Routledge.

Vygotsky, L. S. (1986). Thought and language. 2nd edition. Cambridge, MA.

Wahl, D. (1991). Handeln unter Druck. Weinheim: Deutscher Studienverlag.

Wahl, D. u. a.(1984). Psychologie für die Schulpraxis. Ein handlungsorientiertes Lehrbuch für Lehrer. München.

Wahl, D. (2011). Der Advance Organizer: Einstieg in eine Lernumgebung. In: Brandt, S. (2011). Lehren und Lernen im Unterricht. Band 2 der Reihe Professionswissen für Lehrerinnen und Lehrer. Baltmannsweiler: Schneider-Verlag Hohengehren, S. 185-202.

Wahl, D. (2013[3]). Lernumgebungen erfolgreich gestalten. Vom trägen Wissen zum kompetenten Handeln. Bad Heilbrunn: Klinkhardt.

Wahl, D. (2020). Wirkungsvoll unterrichten in Schule, Hochschule und Erwachsenenbildung. Von der Organisation der Vorkenntnisse zur Anbahnung professionellen Handelns. Bad Heilbrunn: Klinkhardt.

Wahren, H.-K. (1997). Coaching. Eschborn: RKW.

Walter, J. L. & Peller, J. E. (2004). Lösungs-orientierte Kurzzeittherapie. Ein Lehr- und Lernbuch. Dortmund: VML.

Wasmann-Frahm, A. (2008): Lernwirksamkeit von Projektunterricht. Eine empirische Studie zur Wirkung des Projektunterrichts in einer sechsten Jahrgangsstufe am Beispiel des Themenfeldes Boden. Baltmannsweiler: Schneider-Verlag Hohengehren.

Watzlawick, P. (2016[2]). Man kann nicht nicht kommunizieren. Das Lesebuch. Göttingen: Hogrefe.

Weinberger, S. & Lindner, H. (2011). Personenzentrierte Beratung. Stuttgart: Kohlhammer.

Wellenreuther, M. (2004). Lehren und Lernen – aber wie? Empirisch-experimentelle Forschungen zum Lehren und Lernen im Unterricht. Baltmannsweiler: Schneider Verlag Hohengehren.

Wellenreuther, M. (20196). Forschungsbasierte Schulpädagogik. Anleitung zur Nutzung empirischer Forschung für die Schulpraxis. Baltmannsweiler: Schneider.

Weinert, F. E. (1982). Selbstgesteuertes Lernen als Voraussetzung, Methode und Ziel des Unterrichts. Unterrichtswissenschaft, 2, S. 99-110.

Weinert, F. E. (1996a). Lerntheorien und Instruktionsmodelle. In: F. E. Weinert (Hrsg.). Psychologie des Lernens und der Instruktion. (Enzyklopädie der Psychologie. Pädagogische Psychologie, Vol. 2, S. 1-48). Göttingen: Hogrefe.

Wiechmann J. (Hrsg) (20002). Zwölf Unterrichtsmethoden. Vielfalt für die Praxis. Weinheim: Beltz.

Wimmer, A., Buchacher, W., Kamp, G. & Wimmer, J. (2012). Das Beratungsgespräch. Skills und Tools für die Fachberatung. Wien: Linde.

Winter, F. (2007). Fragen der Leistungsbewertung beim Lerntagebuch und Portfolio. In: M. Gläser-Zikuda & T. Hascher (Hrsg.) (2007). Lernprozesse dokumentieren, reflektieren und beurteilen. Lerntagebuch und Portfolio in Bildungsforschung und Bildungspraxis. Bad Heilbrunn: Klinkhardt, S. 109-129.

Woodward, C. M. (1905). Manual Trainings in the Secondary Grades and in Colleges. In: Proceedings of the National Educational Association. S. 262-270.